風之帝國

Empire *of* the Winds

The Global Role of Asia's Great Archipelago

全　球　貿　易　的　關　鍵　地　帶　，　海　洋　亞　洲　的　盛　世　繁　華

馮奕達——譯

菲利浦·鮑靈
PHILIP BOWRING

編輯前言

South——南方視點的跨國人文書房

高嘉謙（臺灣大學中文系副教授）

南方，對於台灣，從來不僅僅是一個地理方位的辨識。它有自身的歷史和地緣政治脈絡。尤其從東亞—東南亞的地緣政治，以及閩粵移民大遷徙的角度而言，以南海為核心的海上絲路與朝貢貿易，向來是理解中國境外南方的重要起點。在十六世紀末，福建商人、漁民開始在台灣西海岸水域活動，漢人移民與海上貿易的開拓，凸顯台灣在中國大陸南方以南的島嶼位置。而西方帝國勢力東渡，在殖民東南亞後，為鞏固和拓展殖民地的布局與貿易經營，由南往北，覬覦台灣在海洋貿易的戰略位置。荷蘭人在南台灣建立熱蘭遮城，西班牙占領北台灣淡水，標誌了西方殖民勢力，取道南方，直接將台灣置入龐大的貿易網絡。明鄭時代，鄭成功在台灣的抗清勢力，多方經營從日本長崎、福建、台灣與南洋各處的帆船貿易，正式開啟了南海世界對台灣的意義。海洋台灣，因此有一個顯著的南方視野。到了日本殖民後期，台灣甚至成為日本大東亞侵略戰爭的南進基地，連帶捲入了區域戰爭。戰後的台灣文學和歷史紀錄，清晰可見跟熱帶南方牽連的歷史創傷和記憶。以上種種，指陳了歷史台灣的南方視點。航路強調了移動，而知識視野的建立，也必然在播遷與傳釋過程找出其立基點。我們著眼南方，旨在強調台灣自身不能忽視的知識脈絡。

放眼二十一世紀，現代漢語是亞洲地區的主流與強勢語言。相對於中國大陸，台灣是最密集使用現代漢語的地區。本書系有兩個重點：一是關注南方知識與文化的華語生產，以及不同語種的南方知識在華語世界的出版。二是文化傳釋，認識和探索台灣建構南方知識視域的必要性，關注台灣與南方世界在知識、文學、文化傳播、詮釋的種種可能。

近年「全球華語」概念的興起，乃著眼現代漢語的異質性，強調從語言學與文化生產的脈絡，觀察華語文化與文學文本在不同語境的在地化實踐，進而觀察各地漢語生態環境、華人認同與文化創造。而在「南向」的思維裡，我們擴大解釋「全球華語」的概念，挪用為一種華語界面的知識傳釋和轉譯。我們回顧華人移民史，兼及當代華人離散跨境現象，以及東南亞各語族的文明與文化脈絡，如何透過華語書寫與翻譯的可能，建立其華語世界的南方知識視域。舉例而言，新加坡、馬來西亞是一個漢語方言、華語，以及英語、馬來語、淡米爾語等不同族裔的語言多樣性環境，遂產生了迥異於東亞世界（台灣與中國）的漢語腔調和語用習慣，卻又直接或間接吸收東亞華語世界的養分。此外，台灣對新馬地區的華語傳播更有其歷史脈絡。從一九五〇年代以降，台灣大專院校經由僑教與外籍生政策，長期招收東南亞的僑生和外籍生，從大學部到碩、博士班，迄今「留台人」數量已相當可觀。無論從學術生產、文學創作、影視傳播、流行文化等不同領域，台灣對新馬兩地已播下了無數文化種子，締造了不同層面和意義的華語生產及想像。因而關注東南亞各地的華語知識、文化與文學書寫的呈現，同時將東南亞在地知識透過華語界面的轉譯，建立華語世界的南方想像與接觸，顯得重要與必要。

文化傳釋，涵涉思想、著作、現象、語言等文化內涵，如何在台灣與東南亞各國間傳播，締造知識的連結與文化的交織？我們強調傳釋或轉譯，著眼這些思想、現象、語言、文化等如何在台灣與東南亞各地（國）與地方知識互動。經由出版，我們藉助兩地能動者（agent）的理解與詮釋，在華語世界建立新的知識平台，打開台灣認識南方的門戶，這是轉化後的南方知識，或可名之為「在地化的南洋論述」。

因此，我們所強調的「跨國人文書房」既是展示各種文化、社會歷史思潮的對話和交流形式，又是彼此碰撞火花，交融辯證、相互理解的公共領域。書的編輯與出版，帶動的是學術思潮的傳播和撞擊、文化人與知識人的合作、文學與文化作品的翻譯，以及南方知識的系統引介和編纂。在此基礎上，我們著眼的「新南向」，箇中的「新」，是轉向南方，謀求在地知識。South，是南方、南向、南望、南遷，面向南方的知識起點。我們播撒知識、文化與文學的種子，尋找沃土，在台灣和華語世界謀求文化扎根的最大可能。

本書系得以成立，必須感謝中研院鄭毓瑜院士在擔任科技部人文司長期間的支持，科技部「南向華語與文化傳釋」計畫的支援。最重要的，還是聯經出版公司的大力促成，替我們的知識版圖開啟了新視窗。

目次

編輯前言　South——南方視點的跨國人文書房　高嘉謙　003
推薦序一　季風吹拂下的海洋東南亞　陳國棟　015
推薦序二　尋回東南亞的歷史圖景　鄭維中　019
序言　027
台灣版序　031
導論　037

第一章
水下家世　045
描述巽他古陸的洪水——海水在距今七千年前急遽上升——如何創造出努山塔里亞海洋世界，以及努山塔里亞人的起源。

第二章
努山塔里亞的特色與早期居民　057
天氣與風向模式形塑了努山塔里亞的地貌與生活方式，居民必須在海上移動，以物易物，交換各種物產。

第二十七章　自由、恐懼與未來　365
分歧的意識形態路線隨著民族主義而來，但各個獨立國家設法達成妥協，只是它們仍必須仰賴外來的技術。共享的認同感開始重新浮現。

詞彙表　385
注釋　404
參考書目　414

推薦序一

季風吹拂下的海洋東南亞

陳國棟（中央研究院歷史語言研究所研究員）

最近時興一個政治地理名詞叫作「印太地區」（Indo-Pacific region）。顧名思義，當指印度洋與太平洋之內及其周邊的陸塊與海域，涉及區域內兩個極大的國家，以及介於兩國之間、名之為東南亞的那個區塊。本書使用一個創新的名詞「努山塔里亞」（Nusantaria）來描述海洋因素影響所及的整個東南亞。

海洋東南亞最顯著的地理現象就是島嶼、海岸與港口。島嶼與海岸之間透過港口與航道而建立聯繫。浮出海上的島嶼與擁有海岸的大型陸塊為一般人目力所及；航道則因「船過水無痕」，航海家以外的人其實看不出來。只看得見部分的觀察者（且不用說只靠著地圖想像的人），往往驚訝於相隔千萬里外的港口城鎮竟然分享著相同或者相似的宗教與文化、使用著相同的商品。錯過海上交通，難免思路就要斷線。

可以想像要了解這樣一個區域的過去與現在，都不是一件容易的事情。可是《風之帝國》這本書卻能讓讀者感到窩心。讀過之後，你會發現：這塊由多元民族構成、堆疊著多重文化的區域，原來不是那麼難懂。

當然，全書的鋪陳其實反映了作者的認知與想法。讀者因此不僅能從他所建構的海洋東南亞的史地知識獲益，更能受用他的分析與推論手法，型塑自己的見解。

就我個人的認知來說，東南亞全區的歷史特質，簡單地可以分三點來看，而作者都成功地加以面對：

一、只有部分地區的歷史可以有憑有據地追溯到久遠的年代。文獻不足當然是主要的原因。比如說，中南半島地區一帶的歷史可以追溯到耶穌紀元初期，也就是古代的扶南國。可是位居呂里島、龍目島以東的島嶼地區，就要等到十三世紀時才開始有中國人加以記述，而其歷史又要再等到歐洲人侵入以後才開始明確。十九世紀以來新興的史前考古與歷史考古，以其成果補足了若干資訊缺口，作者也適度利用，豐富了可供理解或想像的素材。

二、在地文化的外擴性不強，反倒外來文化經常主導其上層社會。一方面歷史文物所見，不一定能代表整個時代或者所有族群；另一方面要深入了解地方性的歷史，往往要涉入西亞、印度、中國，乃至於更廣闊的世界史知識。

三、在區域外的其他亞洲人來到海洋東南亞貿易、旅居或者定居以後，開始有當地的觀察紀錄產生，後代的學者乃能從事研究。不過，如前所述，還是要到歐洲人來以後才較詳盡、準確。

因為殖民統治的關係，歐洲人對東南亞歷史的重建做出很大的貢獻。即便批評者要說二十世紀中葉以前的那些西方研究者為帝國主義張目，是歐洲中心主義者。或許是可以這麼說吧！然而，若不是這些現在備受批評的前人鍥而不捨地調查、比定四散各處的史料，竭盡所能地加以考證、分析，現在所謂「後殖民」觀點的歷史撰述也就沒有依憑的基礎。

當然，抱持「帝國主義」或者「後殖民」心態去做研究，並且據以撰寫著作，其實都不如壓低意識形態的糾纏，從客觀、科學的角度去重建有意義的知識。

即使在第二次世界大戰結束以後，東南亞的國家紛紛獨立，一九六〇年代以前，該地歷史的主要研究者大多還是英國人、荷蘭人與法國人。在大戰結束以前，主要研究者不乏是殖民地現任官員（包括行政官與外交官）、退休官員與軍人。戰後這些人到本國及不久之後都獨立建國的殖民地大學任職，培養人才，相關的研究走向才日趨多元與客觀。

東南亞在十九世紀以前欠缺用當地在地語言書寫的歷史材料。歐洲人趁殖民之便，將口傳文獻寫定、尋訪古代碑碣、從事考古挖掘、爬梳中國史料。經由這些努力，逐步重建歐洲殖民以前東南亞歷史的面貌。也就是從遙遠的古代到十六世紀之間的這段歷史。知名的研究者相當多，不煩逐一列舉。但是因為有這些前輩學者的努力，作者鮑靈才得以馳騁其生花妙筆。

依據受到外來文化影響的情形，就長期而言，東南亞歷史或許可以分成以下五個區塊：（一）接受印度文化的時代；（二）接受伊斯蘭信仰的時代；（三）阿拉伯人、印度人及華人貿易與旅居的時代；（四）歐洲人建立貿易商站和殖民地、華人移民定居的時代；（五）獨立建國以後、逐漸走向全球化的時代。這五個區塊不見得都是直接相互接續，有時候會出現交錯重疊的現象。讀者心中先有此譜，當能讀出《風之帝國》書中的旋律。

本書的趣味與價值當然要透過讀者按圖索驥才能親自攫獲。不過，我們也可以舉一個例子來說。作者提到直到十六世紀當時，菲律賓群島在文化上都還是屬於努山塔里亞的一部分。不過，先是因為菲律賓地處海洋東南亞的北方，屬於邊緣的位置，參與區域內的活動已然偏少。歐洲人東來以後，更因為受到西班牙的殖民統治，更進一步失去與其他鄰國密切互動的時機。讀過第十六章，我們就明白：當葡萄牙與西班牙開拓亞洲貿易之初，未能避免競爭。一四九四年在天主教羅馬教宗的調解下，葡、西兩國簽訂了《托德西利亞斯條約》。據此，西班牙統治時期的船舶只能往太平洋東岸行駛，路過大部分東南亞海域以及印度洋的航道則保留給葡萄牙人。

台灣位在菲律賓北方，有人認為就是南島語族的原鄉，可以說就是努山塔里亞的北端島嶼，與海洋東南亞有一定程度的交集。作者在同一章的末尾也以簡短的篇幅探討了與台灣有關的問題。他說：「許多台灣原住民與菲律賓原住民有共通的語言和文化。這座大島的居民為何不像菲律賓或琉球居民，反而背向海洋，以農地和森林為生呢？這個問題沒有明確的答案能解釋。」留給大家轉動腦筋的空間！

十六世紀以前的歷史還沒有理想的說法；十六世紀以後，大家都知道台灣經歷了與東南亞地區大體不一樣的歷史進程。無論如何，透過台灣原住民的生活、歷史與文化，想到台灣位在印太地區核心地帶的位置，以及它可以扮演的角色，都值得我們進一步去認知海洋東南亞的過去、現在與未來，接受《風之帝國》的洗禮。

推薦序二

尋回東南亞的歷史圖景

鄭維中（中央研究院臺灣史研究所副研究員）

二〇一五年冬季，我有幸獲邀前往日本參加「亞洲東南亞研究研討會」（Southeast Asian Studies in Asia，簡稱ＳＥＡＳＩＡ）這個為期兩天的大型會議。這次會議的主題演講，由後來獲頒唐獎殊榮的東南亞史巨擘王賡武教授擔綱，王教授的演講內容深入淺出、發人深省，正好與本書內容相關。

他從自身的經驗說起，提到在他人生成長的時期，「東南亞」一詞如何在二戰期間為盟軍所創，而在戰後，在冷戰即將發生的前夕，為各國所採納。環顧此一區域內的各個國家，王教授提到，最早具備獨立建國意識的，乃是在社會文化生活上，被包納於拉丁美洲之菲律賓，其時間點大約在一八八〇年代。相對於菲律賓，緬甸則是到一八九七年，才成為英屬印度的一部分。是以，當菲律賓人開始其獨立思想的啟蒙時，緬甸人尚未遭受帝國主義的併吞。與「東南亞」其他國家一樣，菲律賓與緬甸二者之所以具備共同的命運，大體上乃是二戰後歐洲強權逐步結束在此區域的殖民統治，從而使全區域走上殖民地獨立道路的結果。可以說，今日所稱「東南亞」各國的集體經驗，正是在二戰中與二戰後，從抵抗、排除歐洲殖民者的歷史經驗裡建立起來的（其中僅有少數的國家，例如泰國並未遭受殖民）。

然而，作為在場聆聽演講的台灣人，面對這樣的共同經驗，毋寧有些說不出口的違和感。這是因為正如同緬甸，台灣在一八九五年後被割讓與日本，亦成為殖民地。但在二戰當中，台灣人非但沒有如同東南亞各地持續進行反殖民活動，某種程度而言，還成為了大日本帝國的幫凶，順從地協助皇軍統治東南亞。即使辯稱當時日本人倡議的「大東亞共榮圈」理念，亦主張將歐洲殖民勢力逐出亞洲，也只是讓戰後反省過去錯誤的日本人更加尷尬而已。更有甚者，至二戰之後，台灣並未與東南亞國家一同走上反殖民的道路，而是突如其來地迎接了一個新政權。原先作為被殖民者的台灣人，到了戰後，其實也沒有當家做主。二戰之前，台灣的居民與東南亞歐洲殖民地的華人，在法律上的地位頗為接近，都是某個帝國下的臣民（大英帝國、荷蘭王國、日本帝國等）。二戰之後，東南亞華人歷經了痛苦周折，最後認清現實，各自擇定了認同的歸屬。台灣人則在冷戰當中切斷了與外界的聯繫，延後處理族群認同、殖民遺緒等等問題，而這些歷史累積下來的陣痛，至今難解。

王賡武教授的演講還接續討論了「東南亞國家協會」（ＡＳＥＡＮ）成立後的發展，並認為此一發展大致標示了今日的「東南亞」，不再是個空泛的分類概念，而是具備實際利益結合的區域力量。這樣的巨變，僅在短短半個多世紀內發生，是否表示東南亞的人民已成功地達成獨立自主的目標，是個仍待討論的問題。從王教授的演講內容來看，在應付後殖民的震盪這點上面，落後的台灣人反而應該借鏡東南亞各國的經驗，無論台灣人最終是否意圖達成獨立自主。倘若台灣人既無法否定過去曾遭帝國主義殖民的歷史，也無法否定未來必須對追求自由的東南亞同伴們做出貢獻的話，與東南亞人民站在一起，亦是恰如其分的作法。對此，台灣人應對東南亞之歷史文化有最基礎的認識，本書即相當符合這樣的認知與需求。

《風之帝國》可以說是過去半世紀以來，世界各國學者群策群力，擺脫殖民主義的陰影，勉力找回東南亞過去歷史圖景的一張成績單。其內容廣納歷年來堅實的學術研究成果，並能以平易近人的筆調，勾勒出重點，是一本兼具可讀性與知識性的入門書籍。然而本書作者鮑靈並不否認這是一本帶著特定目的書寫的作品。在書末的最後一段，其明確指出：「現代國家需要比二十世紀的獨立宣言，或是十六世紀的宗教改信更深刻的根源。它們必須對共同的文化有所記憶，才能藉此抗衡那些分裂、利用它們的人。……隨著分化的力量與外來的宰制逐漸退去，他們的故事也繼續下去。局面已經改觀，現代的『努山塔里亞』人正開始意識到他們共有的身分。」（「努山塔里亞」即為「東南亞」之本土表述，詳見書中說明。）換言之，本書書寫的目的，在於找回當代東南亞人民過去的共同記憶，以提升他們的自我意識，以共有的身分認同為基礎，各自去建立、完善現代國家。

東南亞各國追尋共同歷史的努力，亦起於二戰之後。一般各國歷史學者在撰寫前殖民地國家歷史時，首先面對的挑戰，是傳統史學著重統治者文字史料的學科建制。由於此種治史方法的先天限制，傳統史學式的歷史敘述，不得不承襲過去殖民者的許多觀點，難以掙脫陰魂不散的殖民遺緒。特別是在東南亞各國，由於過去鮮少留存如同中國的國史編纂史籍、歐洲教會之編年史或稅務文書這類詳細的文字記載，因此難以按照十九世紀德國所發展出來的蘭克學派史學標準，以文字聲韻、檔案批判等方式，嚴格確立事件順序。而戰後歷史學的發展中，法國年鑑學派受到地理學調查方法的啟發，重視自然地理與人文生態環境對於長期歷史發展的影響。此種跨出文字史料框架的作法，反倒正好提供了一種歷史書寫的解決方案。

讀者閱讀本書時，當能發現，本書時常以地理環境作為本地歷史發展的動能與限制因素。從這一點，即能看出這樣的影響。又如同本書所解釋的，缺乏上述統治者留存的文字史料，可能與本區域始終未能發展出高度層級化的政治組織有關。由於地形的破碎、水域的隔離，人群相互聯繫的方式，主要透過海洋而非陸地。這也導致此區域集權化的程度較低。儘管過去曾存在室利佛逝、滿者伯夷這樣的廣域商業帝國，其中央與地方的上下階序卻不明顯。

本書所謂「努山塔里亞」區域的共通性，並非如中國編戶齊民、羅馬帝國殖民行省一般，具備一致性的標準行政規格；而以是適應共通海域的類似船隻類型、交易共通語言馬來語系作為核心，呈現曼荼羅式的發展。由於整個區域文明的發展有賴於海運，故歷史學與水下考古合作，藉由發掘沉船史蹟來補足文字史料的不足，成為現代東南亞史學的另一條重要途徑。最後，由於努山塔里亞人過去的足跡遠達中國、印度與非洲，在文化上，又吸收了印度教、佛教、穆斯林宗教等多元要素，交叉比對亞洲各地的文字紀錄，也能從蛛絲馬跡中逐步拼湊出過去歷史事件的樣貌。例如書中舉例，英文指稱中式帆船的字彙「junk」，其實來自馬來與爪哇語的「jong」。以此類語言學上的證據為輔，水下考古的研究，有力地證明了中國在晚唐五代之前，在對外海運上，本曾仰賴馬來巨艦的真相。

《風之帝國》作為學界最新研究成果之綜合，內容自然有令人驚豔之處。我以為對於台灣史較具啟發性的部分，可能是對菲律賓呂宋島歷史的概述。呂宋雖然適合稻米生長，卻因地處颱風帶又遠離貿易航線，貿易發展遠為落後於民答那峨與蘇祿。只因西班牙人的來臨，才造成其歷史發展大轉折。十六、十七世紀之台灣與呂宋，在世界史發展的位置上非常類似，不過，十八世紀之後，兩地的發展，走向截然不同的道路。菲律賓因傳統社會經濟發展較慢，日漸被殖民轉化成為基督教的世界，並被西班牙人隔絕其與其他努山塔里亞人之間的交流。儘管如此，本書作者仍力主菲律賓屬於努山塔里亞的歷史傳統之中，尤其菲律賓之獨立運動者，華裔混血醫生黎剎（José Rizal），更是東南亞現代民族主義史上的公認的先驅。如前所述，此一歷史運動，可以說是菲律賓知識分子，透過拉丁美洲，受到歐洲啟蒙主義影響的自然結果，並對東南亞各國，造成劃時代的深遠影響。與之相比，受到「明治維新」波及的台灣人，除了在遙遠的史前時代與東南亞具備血緣聯繫之外，處於去殖民與民主化的現在與未來，又能從努山塔里亞的歷史獲得什麼啟發，且能為努山塔里亞的人們帶來什麼樣的貢獻呢？作者鮑靈已在書中多處有所琢磨提點，讀者若能展卷細讀，必能發掘其中深意，有所斬獲。

Empire *of* the Winds

The Global Role of Asia's Great Archipelago

風之帝國

序言

這是一段屬於世界上最大、最重要的群島，以及其鄰近海岸的歷史。這是一段談世界上最大的海洋與文化十字路口的故事，談其民族、土地，以及當地在世界上扮演的角色，從這個群島在上一次冰河期時誕生之後直到今天的故事。

本書用「努山塔里亞」（Nusantaria）來稱呼這個地區。這個字源自「努山塔拉」（Nusantara），字面上的意思為「外島」，以爪哇島為根據地的滿者伯夷帝國用這個名字稱呼其掌控的島嶼與海岸。

努山塔里亞包含海平面自上次冰河期後上升所創造的島嶼與海岸。數千年來，這些地方主要都是由南島語系民族及其航海傳統掌控的範圍。這些水域作為連接東亞至印度、阿拉伯—波斯世界、歐洲以及（經常為人所遺忘的）東非海岸的過道，向來具有獨一無二的重要性。當地的航海的傳統至今依舊延續，全球商船隊大約百分之四十的船員是由來自菲律賓與印尼的水手所構成的。

我們不妨把努山塔里亞與法國史家費爾南・布勞岱爾（Fernand Braudel）所勾勒的地中海相比，從長期的歷史角度來觀察，切穿時間與空間、宗教與政治實體的界線，以描述更恢弘的概念。一邊是東亞與太平洋，一邊是印度、阿拉伯、非洲與歐洲，努山塔里亞千年來一直是居間的關鍵橋梁。

今天的努山塔里亞無法像其印度與中國鄰居一般，誇稱自己有同質的文化認同感。歷史事件——尤其是西方帝國主義——為舊有的齟齬更添枝葉。但一段共通的歷史，以及深刻的語言、文化根源，至今仍存在於努山塔里亞。隨著西方的衝擊消退、新的外部挑戰浮現，人們對於上述環節與大海角色的意識才正重新萌芽。

時日漸久，對外部影響的開放性就會造成分歧，例如伊斯蘭與基督教之間的分野。儘管如此，努山塔里亞仍然有一段深刻、共享的歷史，只是如今多半為人所遺忘。今日，該地區的居民恐怕對於殖民時期以前，甚至對一九四五年以前的過去鮮有意識，但我希望這段共同的歷史能引發他們的興趣。

除了學界專家之外，努山塔里亞非凡的歷史泰半不為人所知。有些片段被民族大業所挾持。出於易讀性的考量，本書只能為這段漫長的歷史提供若干關鍵主題。但是，從資料允許的程度來看，過去一百五十年的歷史不盡然在歷史上占據主導的位置。

章節安排部分是由時間順序決定，部分根據地理形勢，部分則關乎主題。各個章節共同描繪出努山塔里亞歷史的幾個主要環節，但這部分會側重於貿易與國家，而非社會與文化。我所強調的必然帶有選擇性，但目標在於讓各時代與該區域不同的地方能大致取得平衡。上述的選擇是來自我這個非亞裔的觀察者，而非學術專家或國別史家。

本書仰賴當時的文獻與許多現代專業學者。完整名單列於參考書目，但Barbara Andaya與Leonard Andaya、Peter Bellwood、O.D. Corpuz、Kenneth R. Hall、Pierre-Yves Manguin、John Miksic、Anthony Reid、William Henry Scott、Geoff Wade、Wang Gungwu、James Warren、Paul

Wheatley以及O.W. Wolters的著作尤其惠我良多。

還有許多人的協助，包括Susumu Awanohara、Don Brech、Antonio Carpio、Colin Day、Stephen Davies、Michael Duckworth、Vaudine England、Gavin Greenwood、Ramon Guillermo、Bill Hayton、Kalimullah Hassan、Marianne Katoppo、John Keay、Patrick Lawrence、William Meacham、Martin Merz、Basil Pao、Charles Smith、Hans van de Ven與Jonathan Wattis。對於過去四十五年我有幸與之交流的東南亞等地新聞人、商人、學者和政治家，我銘感五內。我想謝謝我的妻子Claudia Mo，感謝她的支持，感謝她忍受我的書和論文在家裡造成的混亂。

台灣版序

本書的主題既是中國大陸人口最多的海上鄰居，亦是在歷史上與地理上與台灣關係最為緊密的區域。不，本書的主題不在西，不在東，不在北，更不在沙漠與高山彼端的，而是南方不遠處，渡過多半相當平靜的幾個海域之後，將會抵達的世界最大島群——由印尼、菲律賓和部分馬來西亞所構成的馬來群島，亦稱南島群島。

過去兩千年，華人與這個島群之間的互動鮮為人知。但我們必須曉得，帝國與貿易的歷史才是最終讓海外華人至彼安身立命、繁榮富庶的原因。現在正是去了解這個龐大而高度非漢（non-Sinic）的海洋區域，了解其中局勢的時候。

以台灣的蘭嶼為起點，這一系列大大小小的島嶼就在巴士海峽的彼端，延伸三千多公里，西南至班達群島（Banda Islands），南至帝汶島（Timor），西南至蘇門答臘北方的韋島（Weh Island）。今天的這個島群，是四億人的家園。

出於本書宗旨，我將這個區域稱為「努山塔里亞」，已反映歷史與文化議題——這些議題的影響範圍不僅超過島群本身，還包括台灣與東南亞大陸若干海岸。「努山塔里亞」一詞源自梵語，意為「島域」，是十四世紀時位於爪哇的一個王國，用來稱呼其多島嶼帝國的用詞。

千百年來，這個由海岸與島嶼組成的馬來文化世界，都是商品、人力與思想流通的輻輳之地。努山塔里亞的歷史始終難以為外人所知，除非是透過當地人與印度、中國、伊斯蘭的互動，遭到西方各帝國所統治，或是藉由其文化成就、造船技術與航海技藝——正是這一切，讓它們成為全球貿易擴張的關鍵。

巴士海峽的深海，是努山塔里亞島群與台灣之間的天險（上一次冰河期，台灣還是亞洲大陸的一部分）。但在文化上，巴士海峽在過去卻沒有分隔兩者——是十七世紀早期的史事，改變了台灣的人口組成與發展方向，程度之徹底不下於往前一百年多年之前歐洲人抵達美洲所造成的變化。

讀者會在本書的第一章讀到，考古學家、語言學家、基因學家對於這個區域的史前史，以及台灣在語言、基因、文化、作物種植與人工器物的傳播上扮演的角色，有著激烈的討論。不過，對於南島語言——台灣原住民語的使用者來說，台灣很可能是起點。他們從這兒出發，把自己的血脈與語群，傳播到三分之一個世界。歐洲語言透過歐洲對美洲、澳大拉西亞與亞洲的征服而傳播之前，南島語言都是世界上分布區域最廣泛的語言。

他們的基本語彙與大部分原初文化逐漸主宰了廣大的島群，東至密克羅尼西亞、玻里尼西亞、夏威夷，東南至紐西蘭與澳洲、智利間南方海域中途小小的拉帕努伊島（Rapa Nui）。他們往西度過印度洋，成為馬達加斯加最早的開拓者。如此驚人的分布，皆歸功於他們的航海技術，貿易也因此星羅棋布。

本書的焦點在這個南島語族區域的亞洲部分，包括亞洲大陸的一小部分和島嶼。光是印尼、菲律賓與馬來西亞，就占據了這部分最長的海岸線。直到十五世紀晚期，大部分的越南也屬於這個區域，此後仍然跟南島鄰居們有著若干共同的利益。

琉球島鏈與台灣將日本、朝鮮跟中國連接起來，接著進一步及於位於今日英語世界所謂「南中國海」的口岸與土地。這些口岸則成為東至香料群島，西至印度、波斯、阿拉伯，最終通往埃及與地中海的必經門戶。季風的變化就是原動力。

海洋貿易路線跟國際影響力是一體兩面。對於生活在台灣海峽與呂宋海峽附近的人來說，兩者的重要性毋需多言。不過，這兩個海峽雖然重要，卻也屬於一系列同樣關鍵的海峽——它們銜接南北，結合東西，連太平洋與印度洋為一體。新加坡與馬六甲海峽、巽他海峽、龍目海峽、望加錫海峽等水道將區內的海域——爪哇海、蘇祿海、班達海、南中國海與兩大洋連結起來。

本書將探討中國與印度兩者對於兩千多年間，在努山塔里亞島群商品、人力、思想交流中扮演的角色及其歷史演進。印度的文化影響力在書中的頭幾章逐漸提升，接著由穆斯林世界換手，但島群與中國的貿易向來是個關鍵的經濟因素——中國既是賣家也是買家，而島群口岸對於中國與南方、西方國家的交流也同樣重要。過程中，海洋貿易與各港口的角色突顯出來，尤其是對中貿易中的廣州、廈門與泉州——如此的海洋貿易，重要性遠甚於許多人寫過的陸上絲路。

不像中國大陸，台灣本身在書中的戲分不多。台灣人不同於他們的南島鄰居，也不同於沖繩人，即便他們有千年時間生活在平地，卻鮮少往海洋發展。十七世紀的漢語與荷蘭語書寫出爐之前，外界對於台灣人的文化與社會組織皆所知不多。不過，今日的台灣卻成為模範生，體現過去一千年來貿易、知識與理念的轉移在這個區域的重要性，以日本與美國為師，青出於藍而勝於藍。正是為了學習，一千多年前的佛教比丘才會從中國前往蘇門答臘的巨港（Palembang），亦即時人所說的室利佛逝（Srivijaya）。室利佛逝是一個貿易帝國的中心，對斯里蘭卡和印度的貿易，將佛教思想帶到了這個地方。

本書將說明區域內的各個政府在不同時代如何影響貿易，但不會深入探討今日各國對於島嶼與海域的主權主張。中國是大部分貿易的焦點，不只提供製品，還購買熱帶與其他異國物產。不過，中國政府的戲分並不吃重，十三世紀入侵爪哇失利，以及十五世紀的鄭和下西洋是僅有的例外——這兩起事件，說不定會讓人聯想到今日習近平為了對外宣揚國威，在一帶一路政策上大撒幣的做法。

隨著歷史演進，主要的貿易商品也隨之改變，特別是因為船體愈來愈大，經濟體的發展益發成熟之故。像是來自中國的絲綢、瓷器與鐵器，來自東部島嶼的各種香料、森林物產與黃金，來自印度的棉紡織品與胡椒，來自馬來半島的錫，這些商品始終都有區域性以及來自遙遠異國的需求。處在一個島嶼眾多，卻幾乎沒有道路與河川的區域，海上貿易自然不斷。

數百年來，中國商人極少在此露面，國際貿易由馬來人、印度人與阿拉伯人進行，直到宋代晚期才有所改觀。島群各地的口岸國家賴中國與印度以為生，貿易雖有起有落，但貿易量則與時俱增，並帶動中國商人的出現頻率與中國商品的重要性（其中以陶器為甚）。人流與商品流彼此連動，而他們幾乎都是憑藉唯一一致的因素而到來——大海。

歐洲商人在十六世紀到來，開著他們龐大、快速、武器精良的船隻，貿易也有巨幅的提升。中國人受此吸引，他們在馬尼拉、巴達維亞（今雅加達）等城市中的聚落迅速發展，帶來能工巧匠、農民，甚至是商人。不過，必須等到十九世紀，歐洲殖民者開闢種植園與礦場，需要當地所欠缺的勞力與技術時，華人人數才急遽增加。中國人從人口過剩、時常動盪不安的大陸湧入馬來半島、新加坡、菲律賓，幾乎只要缺工的地方，就有他們。通常，這些人就和來到台灣的漢人一樣，出身南方沿海省分福建與廣東。華人人力與資本累積對努山塔里亞區域經濟的現代化厥功甚偉。

歐洲帝國勢力結束之後，華人對區域事務的影響力不斷提升，至今猶然。然而，這種現況不必然會永久存在，尤其是因為人口組成已經變化，加上本地人認為華人抱持民族中心主義，敵意一觸即發。民族主義旺盛的中華人民共和國崛起之後，也以無人能逆料的方式改寫了等式。這個華人國家原本並不重視南洋，如今卻視為關鍵——甚至對過去無甚歷史關聯的遼闊海域提出主權主張。中國作為經濟火車頭，一方面獨具魅力，一方面對南方鄰國構成威脅。

本書不會預測中國、台灣以及其南鄰的未來，而是透過重述努山塔里亞島群的歷史，將之置於長期的全球觀點之下——多數的中國與西方史學鮮少關注於此，以朝代興衰與文化為題材的史普著作更不用提。

筆者雖然不是學院中人，但以新聞從業者與歷史學家的身分，在這個區域旅行、寫作、研究已有數十年的時光。本書仰賴相關領域專家所翻譯、解讀的原始史料，以及許多當代專家的著作，細節可見注釋與參考書目。題材的選擇與結合，則完全出於筆者。

導論

一四九八年，葡萄牙航海家瓦斯科・達伽馬（Vasco da Gama）船隊的成員在印度西南海岸的卡利卡特（Calicut）登陸，成為已知最早航行於歐洲與印度之間的人。到了一五一二年，葡萄牙人冒險犯難的商業行為又推遠了將近五千公里，抵達極東的目的地，也就是位於傳說中香料群島最遠端的班達群島（Banda Archipelago）。

但是，相較於此時生活受到葡萄牙人打擾的各個海洋民族來說，這場歷史上歐洲擴張的關鍵激增，只不過是微不足道的航海成就。差不多一千五百年前，這個地區的水手便開拓航道，將香料群島與印度和中國相連，並前往阿拉伯與非洲海岸。是他們最早在馬達加斯加落腳，沿非洲海岸做生意，甚至可能已經繞行好望角，往北直至幾內亞灣。

在西元五百年——或許更早以前——東西貿易最主要的模式並非知名的陸上絲路，而是海路。大海的危險毋庸置疑，但相較於帶領駱駝和馱獸翻山越嶺渡過沙漠，抵禦結夥搶劫，穿越政治疆界，統治者又熱切想抽過路費……用船載運五十噸的商品移動要來得容易許多，有時也快上許多。根據古羅馬人估計，走陸路運送貨物比走水路貴了二十七倍。十八世紀的歐洲人也有類似的評估。[1]

正是這些水手，帶領葡萄牙人從馬六甲到班達群島。一路上所穿越的這個區域核心，在全球貿易與文化交流的程度上完全不輸地中海。組成這個地區的是堪稱數不盡的島嶼，以及連接南中國海、爪哇海、蘇祿海、蘇拉威西海與班達海的無邊海岸線，更有馬六甲海峽、巽他海峽、龍目海峽、望加錫海峽與呂宋海峽將之與印度洋、太平洋相連。陸地主要由浩瀚的馬來群島組成，但馬來半島也包括在內，並觸及泰國、柬埔寨與越南，以及中國南海岸。跨過安達曼海（Andaman Sea）與孟加拉灣就是印度。

這段故事屬於航海，屬於推動全球貿易的人，屬於文化交流，屬於國家與政治體制的興衰。這段故事講的是個四面環海的地區，語言上與原初文化上雖然仍以南島—馬來語占優，但不斷受到來自印度、伊斯蘭、西方與中國一波波浪潮所影響。這段故事中的海洋，讓古羅馬人認識了丁香與樟腦；這段故事中的海上船隻與海員將摩鹿加（Maluku）與曼德海峽（Bab el Mandeb）、非洲海岸相連，並落腳馬達加斯加。船隻與貨物往西走，其他船隻與商人則往東走，將印度與伊斯蘭文化帶到東亞。香料貿易同時也是五百多年前刺激歐洲開始涉入該地區的動因。努山塔里亞失去自己在造船與航海上的領銜地位，但今天它仍然是全球商業的心臟，供應大約百分之四十的商船船員。

儘管過往成就輝煌，這個區域的認同感發展卻遠不及此，甚至連水手兼小說家約瑟夫．康拉德（Joseph Conrad）在一八八〇年代行經這片海域，扶西．黎剎（José Rizal）開始喚醒「大馬來世界」的民族主義願景時亦然。輪船、飛機，以及西方帝國在地圖上任意畫線創造出來的新民族國家，都侵蝕了這種認同感本身。宗教差異有一樣的效果。目前而言，西方與東亞國家在經濟上的宰制也讓努山塔里亞本土力量遭到邊緣化。對於各自獨立的南島語言與各個島嶼、海岸的文化傳承認同，許多談「東南亞」史的書在書寫時若非所知不多，就是付之闕如。印度、西方與中國作者們為了各自的理由，都傾向於用大陸做對照，將「東南亞」概化。儘管馬來群島與半島國家的人口達到大陸人口的四成以上，但他們得到的注意卻遠遠不成比例，而這多少是因為早期缺乏文字歷史之故。[2]

不過，這個海洋地區共同的歷史與共享的文化卻是如何都無法抹滅。因此，本書大半將無視近現代的國家疆界，為過去兩千五百多年這個地區與這面海的角色，以及生活在海岸邊的人提供一幅跨時代的畫面。

世人經常用遲至第二次世界大戰才出現的「海洋東南亞」（Maritime South East Asia）與更概括性的「東南亞」（South East Asia）來稱呼該區域。儘管日本人從十九世紀晚期就使用「東南亞細亞」一詞，但要到一九五〇年代，「東南亞」在歐洲語言的使用中才逐漸普及，而且連帶將中國至印度之間的陸地國家與島嶼納入。一九六七年成立的東南亞國家協會（Association of Southeast Asian Nations，簡稱ASEAN）也為陸海合一的觀念增添力量，但實際上各國卻有不同的利益與宗教，古今皆然。

歐洲人過去長期把這些島嶼稱為「印度群島」（Insulindia），與「馬來群島」（Malay Archipelago）一詞交替使用，而兩者都沒有區分印尼與菲律賓的島群。這片區域大致與「努山塔拉」對應——這個名字能上溯至十三世紀，以爪哇為根據地的滿者伯夷帝國。Nusa源自梵語，意思是「島」。「努山塔拉」劃出了滿者伯夷統治、得到進貢或商業影響力所及的島嶼與海岸地區，涵蓋今日大部分的印尼、部分的菲律賓群島、越南中部部分海岸與馬來半島。滿者伯夷雖然沒有直接統治爪哇核心以外的地區，但對許多小型商業國家仍有強大影響力。

今天馬來語中的「努山塔拉」意思比較狹隘：「群島」，特指印尼群島。因此，本書使用「努山塔里亞」來指稱比上述更廣大的區域，這個單一的海洋區域北抵馬六甲與呂宋海峽入口，東至島群極東處的班達群島。「努山塔里亞」主要包括整個馬來世界，同時觸及台灣、馬達加斯加與馬里亞納群島，在歷史上也跟泰國海岸、華人、泰米爾人等等有聯繫，同時與區域內及西方和東北方的各個民族有貨物、人口與思想方面的交流。「努山塔里亞」也呼應了傑出的東南亞考古學家威廉・索爾海姆（Wilhelm Solheim）所使用的「努山達悟」（Nusantao）一詞，他用這個詞來定義古代島嶼、海岸貿易網路中以南島語系為主的各民族（tao在多種南島語言中，意思都是「人」）。[3]

今人多半把這個海洋地區跟其最大的組成部分，也就是南中國海畫上等號。但這也是個失當的用詞。華人本身用的詞彙是「南海」或「南洋」，範圍包括南中國海，但也可以泛指整個南方的海域。無獨有偶，越南人也採用地理位置，將之稱為「東海」，畢竟位於越南以東。中國人不久前主張幾乎整面海域的主權，菲律賓人為了回應，於是也開始把最鄰接的水域稱為「西菲律賓海」。十七世紀初，歐洲的地圖製圖師就使用過「菲律賓海」一詞。[4] 印尼則把相應的部分稱為納土納海（Natuna Sea），以婆羅洲外海島群的名字加以命名。「納土納海」包括島嶼北邊的多島海域，而這片海域卻也落在中國將領海範圍從大陸延伸出去達一千六百公里的過度主張之中。

「南中國海」一名是時代相當晚近的歐洲發明。當葡萄牙人在十六世紀首度抵達這裡時，他們根據長久立國於今越南中部海岸的商業國家之名，將之命名為「占海」（Cham Sea）。阿拉伯人一度將海域南部稱之為「馬來海」，也曾因為靠近香料群島而名之為「香料海」。[5] 海域北部則稱為「珊夫海」（Sanf Sea），似乎與占婆（Champa）有關。[6]其他人則根據今天菲律賓主島之名，稱之為「呂宋海」。西方人長久以來都把這些海域視為印度海洋的一部分。「印度尼西亞」（意為「印度群島」）即反映出此意。「中國海」一直要到一八〇〇年左右才為西方人所用。「南」這個字則是在二十世紀初加上去的。

數百年前，早在中國領土擴張到台灣，以及越南往南發展之前，「努山塔里亞」幾乎完全是馬來的——這裡使用「馬來」一詞，是廣泛指文化與語言而言。即便到了今天，菲律賓、馬來西亞、印尼與汶萊通稱的馬來人也擁有大部分的海岸線。這些人歷來與中國做生意，不時朝貢之，而且也吸收了華人移民，但他們受到來自印度、阿拉伯與波斯世界以及歐洲的影響卻遠大於中國，而且情況到非常晚近才有所改觀。

對華人來說，這整個區域叫做「南洋」，住著黑皮膚的人，因此往往根據一個膚色跟社會地位掛勾的體系，將此地看得低人一等。對許多印度人來說，這裡是他們印度教—佛教文化的海外延伸範圍。縱使到了今天，印度宗教、書寫與藝術所留下的痕跡，也比中國來得更為明顯。至於實際生活在這個地區的民族，他們多半透過個別實體、政治影響範圍、宗教與貿易的角度來看待當地，而且長期與王朝和競爭關係相聯繫。

這個海洋區域如今包括兩個現代島群國家——菲律賓全境與大半的印尼，以及汶萊與位於婆羅洲的馬來西亞州分沙巴（Sabah）與砂拉越（Sarawak）。除了上述島嶼政治實體之外，我們還必須加上馬來人至今主導的馬來半島，以及不久前依舊占優的大半個越南海岸地區。馬來半島與越南海岸與島嶼國家有若干相似處，畢竟其人民居於森林與水體之間，傳統上目光也投向海洋。

語言同樣也有海陸之分。島嶼與半島上的人所使用的都是非常類似的非聲調南島語言（atonal Austronesian languages），與越南大部分地區，以及不久前台灣所使用的是同一個語系。另一方面，大陸東南亞（Mainland South East Asia）則是南亞語系的泰語與漢語系的勢力範圍，兩者都是聲調語言。

海陸之間有部分歷史是共通的，透過海洋作為連結。但其他環節則因地理形勢而有別。大陸地區有寬闊肥沃的湄公河、伊洛瓦底江與昭披耶河流域，能夠支持龐大的人口與都市發展。島嶼地區通常多山，優質的沖積與火山土有限，許多地方的土壤更因為過度降雨而讓養分遭到沖刷。島上的人口通常不多，政治實體也很零碎。龐大的中國通常目光是朝內的。中國向來創造出許多貿易活動，支撐了這些海洋國家。中國濱海地區的居民長期與南洋往來，但整體而言，中國與努山塔里亞共享的歷史與文化仍然有限。

這些海洋民族身兼造船者與領航者，同時也供應、運輸香料與熱帶商品，吸引全球需要。印度文化、穆斯林宗教與西方的宰制也跟著他們的步伐接連而入。這段故事談的也是他們送給世界的海洋贈禮，印度、阿拉伯、中國和西方不僅交換，甚至複製了許多的想法。這段故事要講他們如何因地制宜，將引入的藝術、宗教與政治理念加以改造，並創造出婆羅浮屠等成就。

這段故事所談的社群多半生活在海邊，或是離海不遠處，屬於鬆散且多變的政治實體，但這些社群也享有共同的文化特徵，例如鬥雞、嚼食檳榔和藤球（takraw）。他們的語言有同樣的根源，而且長久仰賴與彼此以及與外界的貿易。對許多人來說，海洋就是傳統上最主要的生存與交通手段。爪哇島與峇里島土壤肥沃，自給自足，據說是人民「性情平和，心態知足」的原因。但除了這兩大島之外，島嶼人卻是「愛海好商，致力於投機圖利，受冒險精神所驅使，熱愛遠方高風險的事業」。[7]但是，無論爪哇島或其他無數的島嶼，倘若少了彼此之間的互動，它們的重要性都會大減——這才是整體的情況。

各國國祚之短暫，是該區域歷史難以為人所知的原因之一。現代國家偏好建立自己的認同，此舉很可能需要人忽視過去，尤其是當歷史對宗教、國界或其他當代議題的脈絡來說格格不入時。另外，缺乏前殖民時期的文字歷史也有影響。

至於那些少之又少的信史，也幾乎都來自外來文獻，其中提及的許多地方的真實位置如今只能猜測。還有一點——除了廟宇之外，當地也缺乏重要的考古遺跡，而廟宇只有在爪哇島和越南海岸有重要性。書寫在棕梠葉的文字與木造宮殿等本地的成就，則早已腐朽。

現代考古學、相關科學在基因與原物料源頭的進展漸漸補上了空隙。空照圖和新的定年法也慢慢增添所知。但在外文文獻中提到的城市、權力、財富以及能夠證實的事物之間，仍然留有龐大的空白。甚至連考古學都會造成誤會。陶器是受人重視的考古發現，畢竟它們比其他人造物更能留存，但這很可能造成過度強調特定的陶器設計為文化表徵的重要性，或是中國在歷史上作為主要出口者的地位。我們幾乎可以肯定，棉織品和森林物產才是千百年來最重要的貿易品，不是陶器。在熱帶氣候與酸性土壤中，連骨頭也會迅速變質。

陶器、語言、基因、造船、宗教藝術、人種學、民間傳說、音樂與植物學等專題都有大量的學術文獻與文字史料。將知識的線索（學術上眾說紛紜的領域自不待言）交織成易讀卻又連貫的整體，就是本書的目標——筆者並非上述特定領域的研究者，清楚了解自己受惠於注釋與參考書目中所引用的許多專家。若要對努山塔里亞各民族共享的認同，以及他們在世界歷史上的角色有更充分的認知，就少不了這種供一般讀者閱讀的書。

第一章　水下家世

自然地理

努山塔里亞是相當新的創造結果。地圖 1 是大約一萬七千年前的東南亞地圖。沒有爪哇海或馬六甲海峽，南中國海比今天小了一圈，蘇門答臘、爪哇、台灣與海南都還不是島嶼。[1] 即便以人類的標準來看，一萬七千年也不算非常久，畢竟現代人在五萬年前便已抵達新幾內亞與澳大利亞了。海平面曾經在距今兩萬年至距今七千年之間大幅上升，淹沒大部分的巽他陸棚（Sunda Shelf）——在這次上升之前，巽他陸棚也是亞洲大陸的一部分。比較和緩的海平面上升情況一直延續到距今四千年前左右，接著又小幅回落，還恢復一些陸地。此後，海平面在過去一千年時間裡相當穩定，直到最近才有所改觀。

海面上升期間，由新幾內亞與澳洲作為主要部分的莎湖陸棚（Sahul Shelf）也有部分遭到淹沒。以今日的東南亞來說，只有菲律賓（巴拉望〔Palawan〕除外）、蘇拉威西與印尼群島東部不屬於上述兩陸棚。松巴島（Sumba）是個例外，這座主要由砂岩構成的島嶼，原本若非屬於巽他

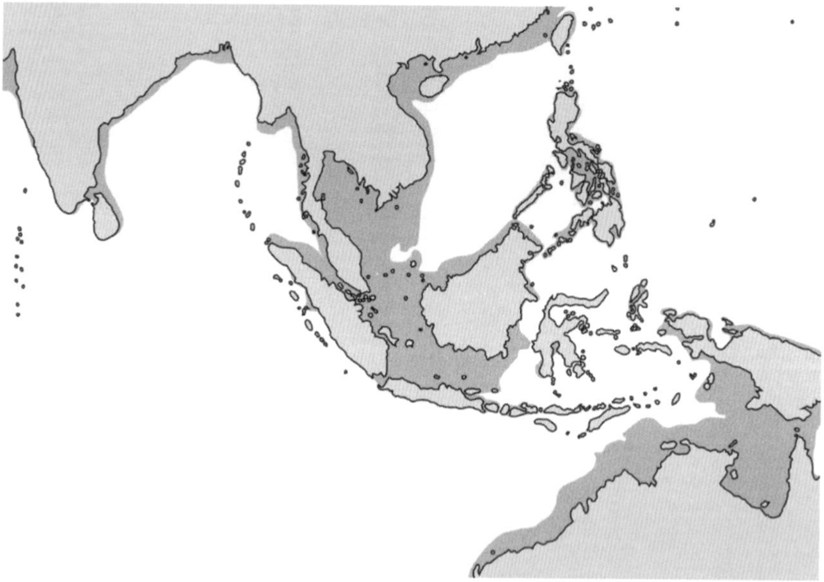

地圖1　距今一萬七千年的陸地。

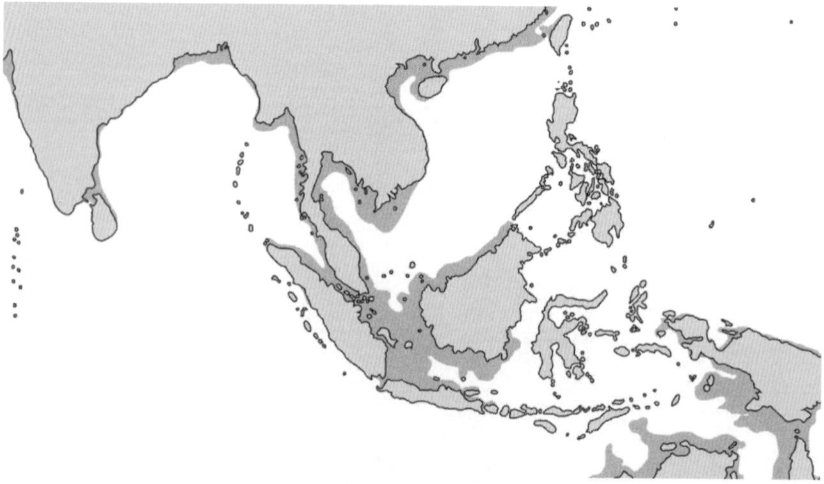

地圖2　距今一萬一千年的陸地。

古陸，就是屬於莎湖古陸，但後來因漂移而分離。[2]今人根據十九世紀博物學家阿爾弗雷德・羅素・華萊士〔Alfred Russell Wallace〕之名，將兩者的中介地帶稱為「華萊西亞」（Wallacea），都是火山島。[3]

回到更久遠的時代，東南亞的大部分陸地原本都是古代南方超大陸岡瓦納大陸（Gondwanaland）的一部分，在幾百萬年前分裂、北移後所形成的。有些與北方的大陸（今稱勞拉西亞大陸〔Laurasia〕）結合，形成今天的印度次大陸與大陸東南亞的若干部分。

這些陸地的移動仍在持續，影響今人的日常生活，並決定了數百萬年以來的發展。蘇門答臘、爪哇與印尼東部的多數島嶼就位在大斷層帶的北緣，澳洲板塊則往北推。這讓該群島成為世界上地震與火山活動最頻繁的地區。東北方還有另一條斷層，是印度板塊與菲律賓板塊交會處。菲律賓群島（巴拉望除外）屬於菲律賓板塊，該板塊原本可能屬於某個更大的板塊，只是後來因為火山爆發而讓地貌大幅改觀。

上一次冰河期的高峰大約出現在兩萬兩千年前，但現代人和其祖先早已經歷過更漫長的劇烈氣候轉變了。氣溫的變化與海面的來去對於這個地區極早期人類史（包括直立人與尼安德塔人）有關鍵的影響。一八九一年，人們發現所謂的爪哇人，這是第一次在爪哇發現介於一百萬至六十萬年前的直立人，後來又有數起發現。中爪哇梭羅（Solo）附近的桑義蘭（Sangiran）出土了世界上最大的直立人遺骸群，為人類演化發展提供重要證據。

大冰河期不是只有一段。過去二十五萬年來，地球有幾個時期氣候較暖，海平面較高，但平均的海面仍比今天低四十公尺。在上一段冰河期的高峰（距今約兩萬一千年），歐亞大陸幾乎與澳洲相連。海面降到低點時（海平面約比今天低一百二十公尺），大約有三百萬平方公里的海洋在當時是乾燥的陸地，有植被、山丘與河流水系。日本諸島彼此相連；九州與今天的朝鮮半島相連，並經由琉球群島與台灣相連。[4] 後來海平面上升的速率大幅提高，不過七千年時間便上升了八十公尺。距今大約一萬一千年時，海平面比今天高度低五十公尺。當時的亞洲大陸依然與蘇門答臘、爪哇、婆羅洲、海南與台灣相連。海平面在距今一萬一千年至七千年前再度上升，此後便相對穩定，勾勒出以今日遭淹沒的巽他陸棚為中心的海洋地區。[5]

從海床研究能愈來愈清楚看出，創造努山塔里亞的事件是洪水，而非十年一公分的緩慢改變。有證據顯示海面因冰原崩解，以及地殼壓力變化所造成的地震與海嘯而突然上升。這種突然的變化或許能解釋許多文化中都出現的聖經洪水「神話」。[6]

即便海平面在最低點時，巽他陸棚邊緣的峇里島跟莎湖陸棚之間仍然有深水區。但相隔的距離之短足以讓人類跨過去——不過其他動物就不太能了。現代人類正是在最後一次大冰期時抵達澳洲，而且很可能是經由華萊西亞。人類也在大約同一時間抵達新幾內亞，當地在大約一萬年前開始施行定耕農業——或許是地球上最早定耕的地方，遠早於埃及或美索不達米亞。

人文地理——生物地理

海平面上升也造成基因與文化上的裂痕。今天，南島語系的馬來–玻里尼西亞人（Malay-Polynesians）在體態與文化上跟巴布亞–美拉尼西亞人（Papuan-Melanesian）有明顯的種族差異。儘管前者東西分布之廣令人印象深刻，但是除了俾斯麥群島（Bismarck Archipelago）之外，他們就沒有在莎湖陸棚殘餘的其他陸地上留下多少痕跡。不過，有些美拉尼西亞人卻留在更西邊的地方。出自砂拉越尼亞洞（Niah Cave）的考古發現距今約四萬年，巴拉望塔邦（Tabon）的發現則是兩萬五千年，兩者跟古代澳洲人與美拉尼西亞人有類似的基因特徵。[7]也就是說，這個地區最早的智人跟定居於新幾內亞森林與高地河谷，以及澳洲灌木林與大沙漠當中的澳洲—美拉尼西亞人（Australo-Melanesians）可能系出同源。塔邦洞從大約距今三萬年前就有人居住，洞窟現在雖然能俯瞰海面，但當時其實是位於距離海岸甚遠的山側。目前為止，其他島嶼並沒有類似的發現，這或許代表塔邦人是靠行走抵達當地，而該地區的早期人類當時尚未獲得足夠的技術，無法從巴拉望跨越到民答那峨島或維薩亞斯群島（Visayas）。

華萊西亞與莎湖、巽他古陸之間的深水鴻溝對於動植物群有很大的影響。直到人類不久引進為止，大型胎盤哺乳動物始終沒有從巽他古陸跨越深水區前往華萊西亞，大型有袋動物也沒有從反方向遷徙而來。自從由岡瓦納大陸漂離以來，華萊西亞與各大陸的距離之長與聯繫之弱，當地因此發展出獨立但數量有限的本土動植物。

對於許多巽他古陸的居民來說，上一次冰河期的結束必然在今天亞洲大陸與蘇門答臘、爪哇與婆羅洲之間相對平坦的地方造成嚴重災難。全球暖化雖然讓歐洲北部等地方變得適合居住，卻同時摧毀此前向來非常宜居的這個區域裡大量的人類聚落。不過，許多島嶼的誕生與海岸線的大幅擴張，同樣也為努山塔里亞人的世界創造出環境。他們住在海邊，以海為生，發展航行技術與航海勇氣，打造出海岸交流網絡，最終演變成跨越大洋的行動。人類拓殖與貿易擴大到大半個地球的過程背後，都有他們的影子。從拉帕努伊（Rapa Nui，即復活節島）到馬達加斯加之間，以及從台灣到紐西蘭之間幾乎每一座島嶼，都有同一批起源於努山塔里亞的人落地生根。

如今，大多數來自努山塔里亞的人都被人劃歸為「南島語族」——今人將Austronesians這個由希臘語演變而來、原意為「南方島嶼」的字，用於指稱一個語言群體。「南島語族」首先自然是個語言學的標籤，但其成員也有共通的基因與文化特徵。直到歐洲人於五百年前移居美洲之前，身為語言群體的南島語族是世界上分布最廣的群體。南島語族之所以能橫跨太平洋與印度洋，主要還是憑藉他們對海事的精通。眾多島嶼（地形起伏多半不小）所帶來的局限，則是他們擴張的驅動力。[8]

巽他古陸居民

這雖然能解釋南島語族的分布，卻無法回答構成該區域人口絕大多數的南方蒙古人種是在哪個時間點移居至此，也無法回答蒙古人口的移居與南島語言多半局限於島嶼的現象之間的關聯，甚至更無法解答如今位於海面下、當時地形平坦氣候涼爽的巽他古陸，居民是哪些人？

巽他陸棚是個由平原、河流與山丘組成的次大陸，有著亞熱帶甚或是溫帶的氣候。爪哇島上順著火山山坡流下來的布蘭塔斯河（Brantas）與梭羅河（Solo）在當時想必長度更長，有寬闊的河谷，出海口為三角洲或沼澤。過去的人類一定會覺得住在季風所吹拂的溫帶草原或森林，比後來在海平面與氣溫上升後覆蓋大地的熱帶森林與山丘更容易生活。巽他古陸遭到淹沒不僅造成大量的地面消失，殘餘下來的土地也因為氣候更溫暖之故，不僅降雨增加，森林也更茂密，無法支持舊有密度的人口。所導致的壓力，或許對刺激農業發展有一定影響。等到水面上升，巽他古陸居民可能就像新幾內亞人一樣，已經成為農耕者，並且在新出現的海岸地帶維持這些農耕技術。

專家史蒂芬・歐本海默（Stephen Oppenheimer）主張傳說中「失落的亞特蘭提斯文明」——也就是那塊廣袤、繁榮，卻遭到洪水與地震掃盡的土地，說不定是巽他古陸。[9]西方對亞特蘭提斯的正統觀點來自希臘哲學家柏拉圖的說法，歐洲人因此假設若亞特蘭提斯確實存在過，則必然位於西方，在大西洋。但柏拉圖本人的亞特蘭提斯說法則奠基於源自古埃及的傳說，古埃及是個比希臘古老許多的文明，與東方也有接觸。巽他古陸也比大西洋更有幾分可能，畢竟今天當地的海洋比大西洋更淺。類似的傳說在斯里蘭卡也有，或許這裡曾接納逃離海水上升的移民。

無論海面上升發生得是快是慢，長期下來造成的改變還是讓巽他陸棚的地面減半，海岸線增加七倍。居民被迫遷往高處，或是生活在水面上的高腳屋，主要以海為生。大致來說，洪水把居民往北推，因為北方土地更多，季節更明顯。至於原本便生活在巽他古陸海岸的人，則已經具備海洋知識，或許有能力在水面上升時遷移。可能就是這樣的知識，使得南島語族的航海者成為發展先進的群體，其語言也因此沿著島嶼與海岸傳播。

現有的資料少之又少，畢竟聚落存在的大部分證據早已因海水上升而淹沒。儘管現代人類原本對海的知識便足以短距渡海到蘇拉威西、菲律賓與澳洲，但其科技恐怕仍局限於簡單的筏子，必須等到穩定且可操縱的帆船發明，才能長距離移動。這很可能就是努山塔里亞人對海水上升的回應。

年代約距今一萬五千年前的共通陶器與石器設計，出現在如今位於大陸與島嶼的各個考古遺址。和平文化（Hoabinhian Culture，以越南和平省命名）的出土文物在蘇門答臘、台灣、泰國與柬埔寨都有發現。和平文化的散布可能是發生在還有陸路相連時，但這或許也可作為渡海的證據。香港經過相對密集的考古調查，當地出土的證據顯示最早的居民（約距今七千年）生活在海邊，大多也來自海上，且有能力製作陶器。這些居民似乎在海岸住過很長的時間，隨著海水漸升而後退，直到海面高度穩定下來為止。即便遲至距今一萬年前，海面仍比今天低了約二十公尺，如今化為海的地方，原本有五百九十平方公里是陸地。距今約八千年前的十公尺等高線有大約三十六萬兩千平方公里的土地。[10]因此，多數距今七千年前的人類聚落遺跡都已經埋在海床下。

南島語族的語言與文化在努山塔里亞占優，但我們無法確知他們從何而來。他們是否從今天的中國前往台灣，接著往南經菲律賓至印尼，再東向抵達玻里尼西亞？抑或是起源於南方，同時向北往台灣、向東往玻里尼西亞移動？答案目前仍莫衷一是。

直到不久之前，最廣為接受的理論依舊是澳洲考古學家彼得．貝爾伍德（Peter Bellwood）的看法——南島語族源自中國南方海岸，受到海面上升、土地消失的刺激而向外散布。支持這個理論的考古證據包括在菲律賓發現的相同陶器裝飾、紡輪與收割刀（農業的證據）。中國福州盆地與閩江口也有證據顯示海濱與河口處有非農業的前漢人社會存在。考古發現包括西元前五千年的筏與槳，以及西元前三千年台灣出土類似的人工器物。[11]

根據這個理論，南島語族大約在六千年前從大陸遷移到台灣，接著在一千五百多年後抵達菲律賓，隨後迅速（以時間標準來說）南向、東向在島群與玻里尼西亞開枝散葉。其擴散的標誌是稻米耕作（可能源於中國）、檳榔嚼食與陶器裝飾方式——包括所謂的拉皮塔（Lapita）陶器。拉皮塔人在文化上屬於新喀里多尼亞與美拉尼西亞，但拉皮塔風格陶器的地理分布範圍證實了南島語族擴張之有力。貝爾伍德主張，目前的考古證據顯示南蒙古人種在新石器時代由北而南移動。位置愈北，考古發現的年代愈古老。其他證據還有菲律賓最早的稻米種植發現——年代約西元前一千五百年，地點則是距台灣不遠的呂宋島北端卡加揚（Cagayan）谷地。

儘管中國出走論廣為人所接受，但南島語族的語言或文化居然沒有在中國留下一絲痕跡，這一點始終是個未解之謎。南島文化在越南海岸表現得強而有力，但這是來自婆羅洲或菲律賓的居民後來拓殖的結果。大陸缺乏南島文化表現的情況，導致其他人反對中國出走論，認為台灣是南島文化的邊陲，而非散布的

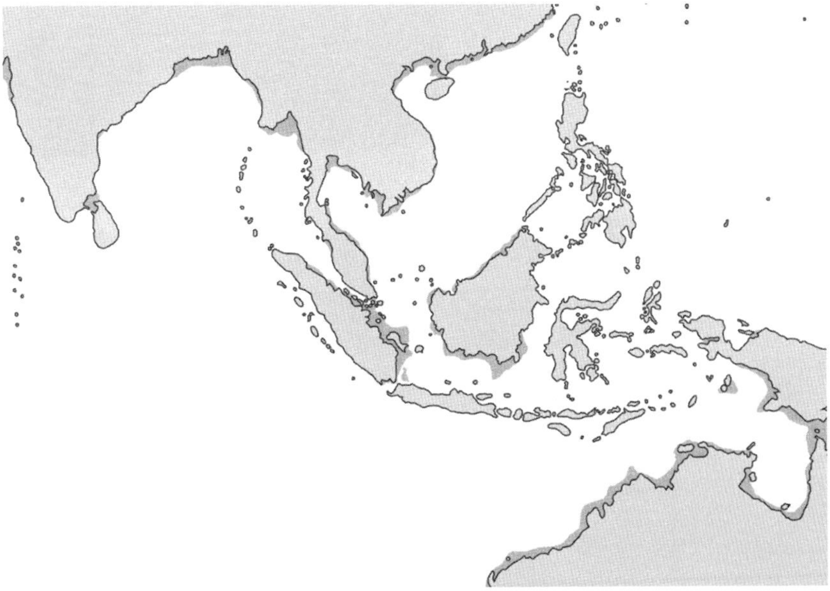

地圖3　距今八千年前的陸地。

起源。他們指出，相較於稻米，小米與根莖類作物的耕作才是南島語族散布的明確痕跡。無獨有偶，海洋東南亞與台灣共有的檳榔嚼食等文化特色也未見於亞洲大陸，連紋身也只有在中國西南方少數族群間流傳下來，但南島語族卻是把這些特色帶到遠至馬達加斯加與紐西蘭等地。

中國出走論受到的其他挑戰則來自基因與血型。史蒂芬・歐本海默是血型與基因途徑專家，他主張南島語族源於婆羅洲與蘇拉威西地區，因巽他古陸遭到淹沒而向外發展。[12]根據這個理論，蘇門答臘偏遠地區居民——例如高地的巴塔克人（Batak）與西岸外海明打威群島（Mentawai Islands）的居民，他們的語言與族群特色便比中國出走論中，文化迅速擴張的情況所容許的範圍更加古老。後續的研究資料也傾向於支持島上的基因延續性，至少是遠早於來自台灣的移民據稱開始移出之前。

多數南島語族之間有共通的基因連結，但不是全部——比方說，斐濟人便是以美拉尼西亞人占優勢，但語言卻是南島語。不過也有可能是這種語言隨著時間發展，成為原本生活在島上與海岸的居民所改用的優勢語言。有些基因數據同樣大致符合上一代的考古學家——威廉・索爾海姆所提出的理論，正是他發明了「努山達悟」一詞，來描述這個區域以海為生的居民。[13]他斷言南島語族可能起源於巽他陸棚的東部，也就是今日婆羅洲北岸外海。至於他們往北散布多廣，則是另一個議題。南蒙古人占日本人口相當大的部分，有些起源於南島語言的字詞也能在日語中找到。

至於中國南海岸人與越南人的祖先——越人，他們的起源與跟周圍的關係也得打上大大的問號。根據漢語文獻，越人會航海，有紋身，住在高腳屋中——都是南島語族的特色。但他們講的是南亞語系的語言，而這種聲調語跟南島語言非常不同。假如以前的人已經從福建航行到台灣，那擁有航海能力的越人為何與台灣海峽對岸沒有接觸？還是說，他們入海的傳統在西元前二世紀漢人征服該地區時，便已遭到消滅？假如他們跟這座距離如此之近的島嶼有深厚的歷史關聯，為何在接下來的兩千年間除了偶然造訪的商人之外，就沒有人從大陸前往台灣？

香港考古學家威廉・米查姆（William Meacham）也提到，中國浙江省有些七千年歷史以上的水稻耕作聚落出現與東南亞類似的特色，例如高腳屋與製作樹皮衣的敲擊用具。總之，今天中國南方的這個地方，其發展很可能是獨立而非受制於中國北方平原的早期文化。香港出土的文物，跟不久前在台灣與呂宋的考古發現也有類似的特徵。[14]

考古學、語言學與基因研究並非推敲努山塔里亞史前史的僅有要素。此外還有文化議題，包括吹箭與巨石等人造物，以及該地區普遍（但並非全部）相通的民間傳說與創世歷史。過去三十年間的科學發展雖然讓人獲益良多，但卻鮮少能指出單一特定的方向。水下考古或許能揭開洪泛初期之前，生活在巽他陸棚的人真實的身分與生活方式。我們只能說，冰期與後續的洪水對這個區域的衝擊遠甚於地球上的其他地方。努山塔里亞便誕生於巽他古陸的殘餘，成為世界上最心向海洋的眾民族之家園，隨氣候而改變的風向與降雨模式則決定了努山塔里亞的發展。

第二章　努山塔里亞的特色與早期居民

在全球迅速暖化、努山塔里亞遭逢洪泛的時期，季節、風向、降雨等各種環境因素都經歷了變化，而其中影響最大的就是降雨模式。然而全球氣候在過去近六千年長期穩定，起伏遠比此前三萬年間劇烈變化的幅度來得小。不過，儘管氣候穩定，整個地區內的農業條件還是有很大的差距。

農業潛力

赤道地區——包括大部分的馬來半島、婆羅洲、蘇門答臘與蘇拉威西東部大半和民答那峨——幾乎全年都有降雨。蘇門答臘雖然幸運擁有火山土，而且多半為平地，但終年降雨並非益處。東半部為大面積的沖積平原，但泰半過於濕軟，不易耕作。一如過去，此時的森林物產提供了可交易的商品，但食物有限。婆羅洲全年有雨但沒有火山，因此土壤貧瘠，這說明為何面積七十四萬三千平方公里的該島（大小約等於土耳其）即便到了今天，也只有兩千萬的人口。無論高地或低地，婆羅洲向來都無法支持大量人口。居民緊挨著能提供食物與交通聯繫的河流與海濱而

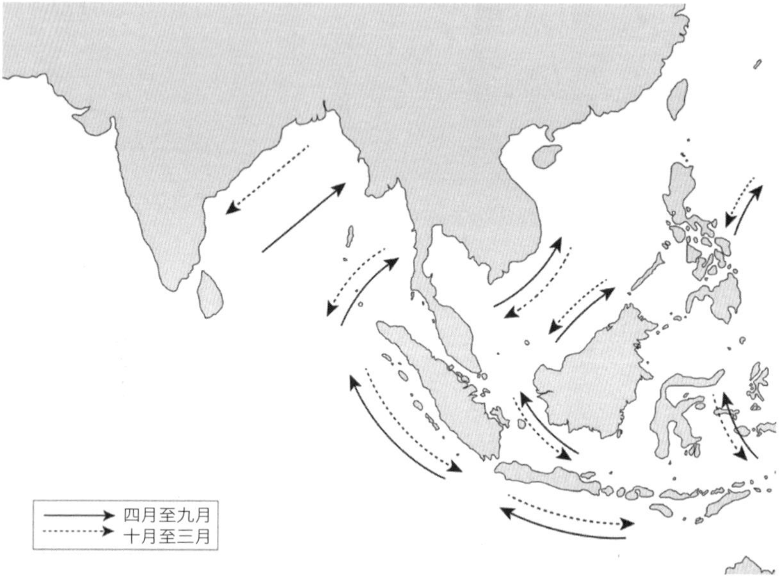

地圖4　季風。

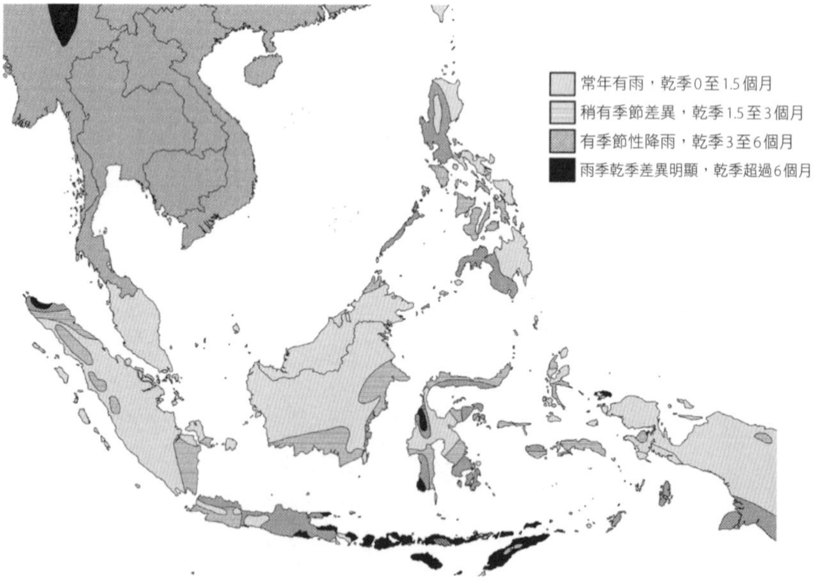

地圖5　降雨的影響。

生活。蘇門答臘與馬來半島大部分地區的經濟價值也與婆羅洲相仿，原本僅限於罕見的森林物產與某些礦物，直到林業引進、對赤道木材的外來需求發展為止。二十世紀之前，蘇門答臘大部分的人口都生活在高地，而不是如同大陸東南亞一般接近海岸。

爪哇島則是有混合的降雨與季風模式，中部與東部的乾季能延續三個月，甚至更久。[1] 島上的火山土讓此地成為全世界物產最豐富的地方之一，但利於農耕的平原區卻相當有限。大半個菲律賓與大陸東南亞多數地區的乾季超過三個月，對於作物相當有利。菲律賓擁有火山土，但陸地多丘陵，沒有大面積的沖積土流域——不像大陸東南亞的湄公河與昭披耶河流域。從松巴哇島（Sumbawa）到帝汶島之間的印尼群島東部則有六個月以上的乾季，因此同時遭逢乾旱與易耕土地不足等問題。

數千年來的證據顯示，生活在降雨持續地區的居民，比生活在四季分明地區的境況困難許多。清理耕作用地更加困難，森林茂密的程度也不利打獵，罕有大型可食用動物，可食用植物數量也不多。土壤經常因為缺乏能帶來沖積物的大河而貧瘠。季節特色強烈的地區比較宜居，動物體型較大，茂密的森林也較少。等到農業降臨，擁有明確播種與收穫季節的地方也比較容易讓穀類作物適應。

即便農業已然傳播，人口隨之增加，居民依舊維持採集習慣，而且經常是與漁業和農耕並行。比起清理森林和一年一期的作物種植，採集或許比較輕鬆。這種情況在施行火耕的內陸地區尤其如此——每隔幾年就必須清整出新的土地。從骨骸證據來看，採集者與漁民的營養情況通常比農耕的人更好。水稻耕作能支持大量人口，但勞力非常密集，提供的營養也有限，更有可能是出於政治因素（集中、控制人民）而非經濟因素而推行。

季節降雨模式本身有部分與緯度有關。赤道地區位於南北半球風系的交會處，通常缺乏強勁的季風。事實上，這裡的風勢通常很微弱。赤道以北的地方多半會經歷非常規律的季節模式，東北向的乾燥冬風吹半年，而風勢在海域的北部較為強勁。東北風是亞洲大陸冷冽北部上空的高壓系統，讓空氣往溫暖、低壓的南方流動的結果。夏季時這個過程會倒轉，炎熱的亞洲大陸會吸引來自西南的溫暖潮濕空氣。西南風大約從六月吹到十一月。至於赤道以南的地方，東北風便沒那麼明顯，但南半球的季節與地球自轉共同創造出不同的季風，在北半球夏天時從東往西吹過島群，風向在冬天時逆轉。[2]

到了西元前兩千年，水手或許已經意識到風的季節性所蘊含的潛力。他們率先憑藉帆船，進行季節性的長途貿易，一直活動到汽船出現為止。島嶼與島嶼，甚至是與亞洲大陸之間相對短的距離，必然是早期刺激航海的因素之一。努山塔里亞居民多半離海不遠，許多地方的人甚至能目視附近的島嶼。

海面通常相當平靜。颱風鮮少影響呂宋島以南和越南中部海岸等地區，而熱帶風暴不僅為時不長，影響也相當局部，季風穩定但鮮少強勁。島嶼為數眾多，讓人能以短距離跳島方式進行長距離移動。農地供不應求，但漁產和可貿易森林物產卻非常豐富。努山塔里亞作為洲際交流與島間交通中心的條件就此確立。

航海能力同樣不限於局部水域。根據陶器與語言證據，幾乎可以肯定從菲律賓出發的人早在距今約三千五百年前，便已拓殖到馬里亞納群島。[3]這可是一段兩千公里的距離，而且途中沒有任何陸地。

早期人類居住的證據

各種跡象顯示，文化特色是透過海路，在各島嶼之間廣泛傳播。各種形狀與尺寸的石板棺與巨石就是證據之一。這種石製紀念物出現在台灣東南、西爪哇、巽他、蘇拉威西與蘇門答臘。西爪哇的古努巴丹（Gunung Padang）就是個大型遺址，地表上有大量的巨石，年代約為西元前兩千年。蘇門答臘西南巴斯南（Pasemah）高地的帕加拉蘭（Pagar Alam）則有大型石板排列出的墓室，其中最古老者可上溯至西元前一〇五〇年。有些年代較晚者（約西元前五〇〇年）內有青銅與玻璃珠寶，以雕刻與繪畫裝飾。有些畫著配了鼓、手鐲與頭盔的男性，還有一隻鬥雞——一種普遍存在於南島的流血遊戲。[4] 松巴島至今仍留有巨石墓的習俗，無論是印度教或伊斯蘭信仰都未能在此生根。

蘇拉威西的雕塑，跟南島語族的極東拓殖地——拉帕努伊（復活節島）的巨像有相似的外表。其他還有石棚墓（dolmen）——將巨石直立，上頂石板。階梯狀金字塔則是另一種傳統，為婆羅浮屠的大型佛塔提供了大致的外型。這種基本的形狀後來也迴盪在清真寺的設計中。巨石的數量在西蘇門答臘外海的尼亞斯島（Nias）與蘇拉威西的托拉加蘭（Torajaland）尤其豐富，外來文化向來無法影響這兩個地區的古老南島傳統。馬來半島也有一些巨石發現，集中在馬六甲與森美蘭（Negri Sembilan）。雖然一度遭誤認為穆斯林墓碑，但它們顯然比印度教和伊斯蘭更為古老。[5]

松巴島等東部島嶼出現的早期人類活動證據多於爪哇島，這或許側面反映出南島語言使用者是帶著美拉尼西亞根莖作物為主的農業來到當地的。松巴島因氣候乾燥，不適合稻米。根莖類作物不比稻米，極少能留下考古紀錄。但爪哇島與蘇門答臘高地的花粉紀錄，卻顯示為根莖作物農業而闢地的情況可以上溯到約西元前兩千年。

無論人類移動的時間點與方向為何，學界權威皆同意越南沙黃文化（Sa Huynh Culture）屬於南島文化，而且是大陸東南亞海岸與海洋東南亞島嶼貿易連結的關鍵。沙黃人（許多文物在越南海岸的沙黃出土，因此為名）可能是從婆羅洲移居到大陸東南亞的。易言之，他們是在洪水後乘船抵達的。該文化以今天的峴港與湄公河三角洲為中心，曾經興盛發展了約一千五百年，直到西元開始為止。沙黃文化的影響力從其陶器與裝飾風格散播的區域之廣可見一斑，連泰國中部、呂宋島、巴拉望與台灣南部都有發現。有些裝飾品使用的原料來自其他地方，包括來自中國的青銅，以及更遙遠的地方出產的石材所製作的石珠。[6]

沙黃人用葬壺裝人類遺骸，這種習俗在蘇祿海與爪哇海域的島嶼也能找到，通常是用來將腐爛或火化後的遺體二度埋葬之用。有些年代較晚的葬壺裝有青銅與其他早期金屬器時代的文物，但早期葬壺最好的例子（稱為馬農古葬壺〔Manunggul Jar〕）則是在巴拉望南部的塔邦找到的。馬農古葬壺年代約為西元前九百年，壺蓋上畫了兩艘船的圖案，其一有艉櫓。[7]船顯然是當地文化的重要特色，在這個案例中更是載著亡者前往另一個世界，點出了該文化的海洋取向。（婆羅洲中部的達雅人〔Dayak〕至今仍有二次葬禮，以及相信亡靈沿著天界的河流而上、與祖先在天界相遇的傳統。）當地的房屋通常有尖形山牆，這或許也跟載著拓殖者抵達新土地的船隻之船首有相通的設計概念。[8]

塔邦文化也有農業的面向，但種植的並非水稻，而是以根莖類作物、香蕉、旱稻與小米為主，搭配森林採集活動。當地人口因缺乏集約稻作而受限，但食物來源的多樣性卻能幫助居民度過乾旱與穀類疾病。巴拉望北部同樣也有古代石板墓室的例子，類似的墓室遍及從夏威夷經爪哇、蘇門答臘、台灣、馬來半島至馬達加斯加的南島世界。[9]

葬壺習俗並未出現在越南沙黃地區以外的大陸東南亞，但幾乎遍及整個島嶼東南亞，包括爪哇島、砂拉越與松巴島，顯示這很可能也是南島語族的習俗，透過海洋民族的拓殖活動而傳播。南沙與西沙群島同樣也有發現晚期沙黃人活動的痕跡（約西元前五〇年）。

有充分的證據顯示努山塔里亞鄰近地區的海上活動能回溯到新石器時代，但很難斷定當地何時透過海路與印度或中國中部、北方產生接觸。到了西元前三世紀，也就是漢人控制中國東南大部分地區時，才有最早的文字紀錄：一份中文史料提到有來自南方的船隻與船員出現。中國人把那個地方稱為「崑崙」。無論「崑崙」是座島或是地區，文獻中的崑崙是有火山的，指的很可能是爪哇島。漢代人已經知道丁香，只有更東邊的摩鹿加群島才有出產。時人顯然已經從越南海岸出發，南向、東向進行活絡的貿易。少數中國人乘外邦船隻抵達比安南更南的地方。[10]

冶金

沙黃人固然為該地區提供了最早的鐵器使用證據，但他們最大的貢獻或許和他們的占族後繼者一樣，在於讓他們與鄰近群島交流的航海技術。他們是整體馬來世界的一環。當時規模更大、人數更多，但還沒有航海技術與需求的實體，已經開始注意到馬來世界了。

沙黃人在北邊紅河河谷的鄰居是種植水稻、定居的東山文化（Dong Son Culture，以其古今馳名的青銅鼓發現地點為名）。這些裝飾錯綜複雜的青銅鼓大小各異，重可達十噸，是該區域青銅鑄造技術的高峰，其起源也必定更古老。他們使用的「脫蠟法」亦見於中國與更久以前的印度河谷。相較於中東與埃及，東亞地區從石器時代進入金屬器時代的轉變相對晚，中國也不例外。有鑑於產銅與錫的地點有限，青銅冶煉的傳播也就意味著交流的擴大與原物料的交易。

東山文化製作的鼓，在當時貿易網路能觸及的大陸與海洋地點都能找到。能擁有一張鼓顯然是極有威望的事，這樣的例子在緬甸、泰國、爪哇與印尼東部都能見到。其他地方漸漸鑄造起衍生的版本，而形貌類似、名叫「慕鼓」（Moko）的鼓在不久前，仍是小巽他群島（Lesser Sunda）中阿洛島（Alor）最尊貴的家族才能擁有。

冶金直到相當晚才傳播到各島嶼——相較於其他地區，事實上是晚了非常多。在其他地方——例如中國與印度北部，青銅器會比鐵器早一千年以上，但兩者卻在差不多的時候出現在島上（大約西元前五百年），顯示其技術可能是在大致相同的時候引入島上。幾個大島有出產黃銅，但錫僅產於蘇門答臘，加上印度缺少錫，這代表青銅器的使用刺激了原物料的貿易。製作青銅器還需要夠多的人口，才足以出現專業生產，而且地點必須位於貿易路線上。各島嶼中最早的冶金證據出現在峇里島，但銅與錫必然都是進口而來的。[11]黃銅與青銅的使用迅速成為印尼的常態，爪哇也開始生產青銅斧。爪哇島與峇里島運用脫蠟技術製作培京鼓（Pejeng），但這種鼓的裝飾與東山鼓不同。島嶼所生產的其他早期青銅器還有鐘與工具。

沙黃人或許是從印度學來煉鐵技術的，這代表他們同時與東西有貿易往來，至於陸路、海路如何搭配則尚不清楚。[12]有跡象顯示他們的貿易接觸有可能經印度延伸至波斯灣、埃及與羅馬——幼發拉底河畔的忒卡（Terqa）發現了年代屬於西元前第二千年期的丁香，可以為證。[13]這些丁香最有可能是經由前往印度與波斯灣的沿岸海路抵達當地的。千萬可別忘了金字塔在當時已經成為上古歷史，印度河谷的哈拉帕（Harappa）青銅時代文明當時仍然存在，而美索不達米亞地區的巴比倫王漢摩拉比正在用楔形文字頒布他的法典。

來看另一個方向。最東邊的南島人，也就是今天所說的玻里尼西亞人，正抵達薩摩亞與太平洋上四散的島嶼。努山塔里亞世界雖然相當年輕，有待發展，但已有在海洋地區貿易的悠久經驗，以及向外移動的航海技術。

一個地方稀鬆平常的物產，是另一個地方財富的象徵。是哪些珍貴的貿易商品，能讓商人與水手展開危險的旅程，運送這些物產，追求過程中所創造的巨大收益呢？貿易商品因地、因時而異，但努山塔里亞在數千年來都是其產地、市場或重要的轉運點。

人工製品

- 絲綢：來自中國的高價、質輕產品。即便到了東亞與中亞各地都有生產絲綢的時代，中國的絲綢依舊是價值最高的。
- 棉織品：多數來自印度，來到努山塔里亞的有高品質的織品，也有為市場大量生產者。可能比陶器更為重要，至少在十七世紀之前如此。
- 地方特有的織品，如菲律賓的香蕉與鳳梨纖維，以及來自東方島嶼的拼織布（ikat），在海外有小型市場。馬尼拉麻（abaca）可製供船桅用的繩索。
- 陶器：泰半來自中國，有高價品，也有大量生產品，供應地區性與西方的所有市場。泰國與越南也是出口國。
- 各種金屬器：鐵器、工具等，多半由中國與印度輸入努山塔里亞。

原物料

- 鐵礦、錫與銅。是大件的物品，但是必需品，只在有限的地點發現。比方說錫在印度與爪哇就非常稀少，但在馬來半島和蘇門答臘產量甚豐。錫在十九世紀初成為國際貿易的大宗商品。

• 橡膠：努山塔里亞自十九世紀晚期以來的大宗出口品。

香料

• 丁香：這種花蕾因其料理與入藥性質，幾乎在各地都所費不貲。由於丁香僅產於遙遠的摩鹿加群島，其稀缺也更添價值。
• 肉豆蔻與豆蔻皮：與丁香性質類似，同樣也很稀少，只有島群最東邊的班達群島有出產。
• 胡椒：早期從南印度出口至阿拉伯與西方，後來胡椒貿易掌握在從蘇門答臘到歐洲的出產者手中。（日本不像中國與歐洲，對熱帶香料的需求出奇的小。）

珍貴的動物產品

• 象牙：來自印度、非洲與努山塔里亞，運往中國、阿拉伯與西方。
• 犀牛角：來自努山塔里亞與非洲，運往中國。
• 珊瑚。
• 孔雀與其他稀有的鳥類羽毛：來自印度與努山塔里亞，運往中國。
• 珍珠：泰半來自阿拉伯灣（即波斯灣），運往中國。
• 龜甲：來自印度洋與努山塔里亞海域，運往中國與其他地方。

珍貴礦物

- 金：馬來半島、蘇門答臘與菲律賓群島的主要出口品。
- 銀：日本與後來的西屬墨西哥，運往中國。
- 各種高價礦石（玉、紅寶石等）：來自亞洲內陸，運往外國市場。

芳香劑

- 乳香：來自南阿拉伯，在中國等地有大量需求。
- 安息香：芳香樹脂，用來製香、調味與入藥。蘇門答臘森林為主要來源，但馬來半島與越南也有發現。
- 樟腦：可燃的固態蠟狀芳香樹脂，多半來自蘇門答臘高地，在中國有龐大需求。
- 肉桂：肉桂樹的芳香內皮，用於調味，從中國到羅馬都有需求。來源不少，但世人認為斯里蘭卡肉桂品質最佳。
- 桂皮：來自一種與肉桂樹類似的樹皮。兩者名稱有時會交替使用。蘇門答臘是主要產地。
- 柴桂（Malabathrom）：一種桂皮類植物的芳香樹葉，產自東喜馬拉雅山脈，有相當高的調味價值。

• 檀香：一種小型常綠樹樹幹內芳香的部分。上好的檀香來自島群東部，尤其是松巴島與帝汶島，但南印度亦有種植。
• 麒麟竭：鮮紅色的樹脂，用來製香、入藥與染色。有好幾個地方生產這種植物，包括蘇門答臘、阿拉伯與馬達加斯加在內。在中國價值甚高。
• 沉香：一種芳香樹脂，在島群與印度東部都有發現，但越南沉香才是主要的貿易來源。

木材

• 努山塔里亞造船者泰半使用當地的熱帶硬木，但有時候也會從非洲在內的產地引進特殊木材。
• 歐洲對熱帶木材有需求，十九世紀後對柚木的需求尤甚。
• 有些貿易國家不會進口木材，而是（從緬甸）直接進口現成船隻。

哺乳動物

• 馬：體積龐大的貨物，最好的馬來自內亞，經由海陸賣往蘇門答臘與爪哇。
• 除了朝聖者、傳教士、雄心勃勃的貴族與商人之外，很少有人會出於興趣而遠遊。奴隸在特定的時代與地點是重要商品。

興奮劑與麻醉劑

- 荖葉、檳榔與石灰：這種組合的嚼食方式在整個努山塔里亞、印度與鄰近地方隨處可見，但並非所有材料都能在當地取得。
- 鉤藤：一種熱帶灌木的葉子，能作為鞣料，也是與檳榔一起嚼食的溫和麻醉劑。主要產於馬來半島與蘇門答臘。
- 鴉片：馳名於古埃及、羅馬、波斯與阿拉伯世界，出口至中國，後來中國亦成為其產地。直到西方商人在十八與十九世紀將大量的印度鴉片帶往中國與努山塔里亞，創造大量市場需求之前，鴉片始終是種供社會上層使用的次要貿易商品。
- 海洛因：來自鴉片的強效提煉物，自十九世紀末成為非法貿易的重要商品。從二十世紀晚期以來，實驗室製藥物便主導了麻醉劑貿易，尤其是甲基安非他命與鴉片類藥物。中國是主要的來源，努山塔里亞則是大宗消費者。
- 酒：地方上以椰子、糖與糖棕釀成，即便伊斯蘭信仰進入之後，酒仍然隨處可見。
- 菸草：直到十七世紀才為人所知，此後迅速傳播，特別是爪哇與呂宋島。菸草成為大宗出口品，在當地也很受歡迎。

食物

- 米：由於口岸國家通常缺乏可耕地，米長期以來都是區域貿易的商品。貿易規模隨都市化程度而成長。
- 茶：在十八世紀時因英格蘭人對中國茶的需求而突然大量出現。
- 糖：十八世紀起作為出口作物栽種，產自爪哇、呂宋與維薩亞斯群島。
- 椰乾：一八〇〇年之後的出口作物。

第三章　往返巴比倫

我們還不知道努山塔里亞的物產，是如何抵達都市化、有文字能力的巴比倫，抵達其城中大戶人家裡的。但這只是說明了我們對於無文字記載的歷史所知是多麼有限。航海技術領著南島語族前往薩摩亞，同樣也能帶他們前往印度西海岸——來自哈拉帕的人已經在古吉拉特（Gujarat）建立了聚落。（哈拉帕城屬於印度河谷文明，興盛於距今四千五百年至三千九百年。）至少，從蘇門答臘或馬來半島航行至印度東南岸，絕對在他們的能力範圍內。有證據顯示南印度出土的單舷外撐架帆船，是在這個時期從東邊帶來的。阿拉伯語與波斯語使用源自達羅毗荼語的字（而非梵語），來稱呼薑與稻米等印度來的商品，顯示這些地方很早就跟印度南部有交流，[1]而努山塔里亞人或許也把椰子的栽種帶到斯里蘭卡與印度南部。[2]

東方的島群與西方存在貿易聯繫的其他跡象，則來自古代埃及、希伯來與希臘文獻。一份年代約為西元前一五〇〇年的埃及文獻，提到邦特之地（Land of Punt）的遠行隊伍。邦特之地很可能是位於非洲之角（Horn of Africa）的某個王國，也是金子、象牙與熱帶香木的來源。所謂的香木，可能是只有東南亞群島、半島與中國遙遠南方才有的沉香木。那支隊伍返國時還帶著據信是肉桂的物品，可能來自南印度，但更有可能來自馬來半島或蘇門答臘。西元前七世紀的希伯來史

地圖6　從羅馬到克里斯與中國。

料與西元前四世紀的希臘史料也都有提及肉桂。來自所羅門王時代（約西元前九五〇年）的希伯來文獻提到檀香木，可能來自印度南部，但最好的檀香來自更乾燥的地方，例如島群東部的帝汶島。[3]西元一世紀的希伯來史家約瑟夫斯（Josephus）曾提及從紅海往東的遠航貿易船隊，需花三年時間才能完成任務。

長於記錄史地的兩個文化——中國與希臘—羅馬，對於彼此之間的陸地與海洋有二手與三手的資訊。東南亞島群的居民沒有書寫文字，而當時的印度文獻多半著重在信仰教誨、詩詞與史詩。不過，印度史詩（或許至少能上溯至西元前五百年）確實揭露有關島嶼地區的知識。其中最知名的史詩《羅摩衍那》（*Ramayana*）首先提到「Suvarnadwipa」（「黃金半島」或「黃金島嶼」之意）與「Suvarnbhumi」（「黃金之地」），其範圍或許包括馬來半島、蘇門答臘或整個努山塔里亞地區，連最遠的島嶼也不例外。[4]

西方早期僅模糊提及中國。羅馬人稱之為「Seres」——出產絲綢（拉丁文寫作serica）的地方。西元前三世紀，馬其頓希臘人以中亞的巴爾赫（Balkh，位於今阿富汗）為中心建立了王國。但當時的中國仍在戰國時代，其影響力並未深入中亞。西向的貿易路線——所謂的絲路——那時是由安息人（Parthians）所主宰。此外，當時的中亞本身也是絲綢的來源之一。與此同時，西方人與印度（以及間接與更東方）的海上貿易亦發展為龐大的規模，尤其是羅馬在西元前三〇年征服部分的希臘化埃及之後。[5]

羅馬與印度

希臘地理兼歷史學家斯特拉波（Strabo）在西元前二〇年左右寫道：「過去敢於航行於阿拉伯灣的船隻還不及二十艘〔……〕，如今大型船隊卻〔從紅海海岸的米奧斯荷爾默斯（Myos Hormos）〕啟航，遠至印度與極遠處的衣索比亞，將最有價值的船貨運往埃及。」[6] 埃及從稅收中獲得極大的收益，亞歷山卓也獨占了貿易。貿易或許也有助於傳播關於季風模式的知識，只要時機正確，就能加速航行。希臘—羅馬的堅固船隻也結實得不須緊挨著岸邊航行，從而縮短航程，也更不容易遭到海盜侵擾。

羅馬人並非最早乘船來做生意的人。無論是受到羅馬影響之前或之後，印度口岸本身就是印度洋貿易的心臟——從古吉拉特、馬拉巴爾（Malabar）與科羅曼德（Coromandel）海岸到孟加拉都是。埃及的托勒密王朝（西元前三二三年至前三〇年）在緊鄰馬薩瓦（Massawa，位於今厄利垂亞）之處建立聚落。事實上，該地區旋即成為阿克蘇姆王國（Axum Kingdom，約西元一〇〇年至九〇〇年）的核心，在紅海的商業活動中扮演要角，同時也是象牙與其他赤道非洲物產的交易地點。

還有其他文獻。大約在斯特拉波寫作的一百年後，羅馬作家兼博物學家老普林尼（Pliny the Elder）提到有商人乘坐巨「筏」而來。他們花費五年時間來回「衣索比亞」，許多人命喪途中。回程時，他們會運回玻璃與青銅器、手鐲與項鍊。老普林尼以非難的口吻說：「又是一種肇因於女人追求流行而生的貿易。」

但這些「衣索比亞人」究竟是誰？這個名稱並不是指羅馬人知之甚詳的非洲地點，而是來自希臘語的「晒傷的臉」。老普林尼用這個詞稱呼的那些黑皮膚的人並非來自非洲，比較可能來自亞洲。他們的皮膚是因為在太陽下曝晒月餘，乘坐舷外撐架船隻之故。不熟悉這種船隻的人，很有可能將之誤會為筏子。看起來，老普林尼並未親眼看到這一切，因此提供了混淆的資訊。老普林尼肯定對阿拉伯與羅馬的船隻知之甚詳，但他所提到的船隻與此不同。他以為這些船隻沒有推進方式，顯然是沒有注意到這些船隻有帆，無風時也可以用短槳——羅馬船隻使用長槳。這些來自東方的「筏」最遠可能前往紅海口的索科特拉島（Socotra）或是附近的非洲口岸，將商品賣給要繼續前往埃及的阿拉伯商人。不過，印度才是東西貿易主要的起點與目的地，也是努山塔里亞島群物產的中繼站。[7]

羅馬與印度在西元一世紀與二世紀的貿易規模之大，讓羅馬領導人擔心銀子會因為社會上層用於購買芳香劑、香料、絲綢、胡椒、寶石與木材而枯竭。皇帝維斯帕先（Vespasian）試圖禁止這類奢侈品但不果。老普林尼抱怨：「每一年，印度都讓我們的帝國流失至少五千五百萬賽斯忒斯幣（sesterces）。」不過，貿易對於羅馬帝國的關稅也有極大的貢獻，主要來自亞歷山卓，或許占羅馬三分之一的歲入。[8]

老普林尼提到的絲綢可能是經由印度海路（而非陸路）從中國而來，甚至有可能是印度絲綢，因為有證據顯示這些產品是用已孵化的蠶繭製成的次等綢衣。[9] 所謂的「中國」絲綢也有產自中亞、經陸路而來的，畢竟絲織技術可能早在安息帝國時代（西元前二四七年至西元二二四年）便已傳到當地。

老普林尼對於羅馬人為了胡椒與薑所願意付的價格大感詫異，因為據他說，這兩種東西是原產地的野生物產，而且幾乎沒有價值。從峇里島北岸舍必蘭（Sembiran）找到的西元一世紀印度─羅馬陶器來看，羅馬人也知道丁香——想必是經印度抵達羅馬，而來源則是印度與印尼東部的貿易。老普林尼同樣提及用於製香、化妝品與入藥的沉香木，但使用其產品的人長久以來都不知道沉香木原產於馬來半島與蘇門答臘等地的森林。[10]

除了硬幣與器物的發現之外，希臘、羅馬與泰米爾文學中也能找到許多對西方與印度貿易的證據。一份泰米爾史料提到：「堅固的雅瓦納（Yavana，指羅馬）船隻帶著黃金抵達幕希里斯（Musiris，位於印度西岸），帶著胡椒離開。」其他文獻則寫道，這種船隻「帶來清涼芬芳的葡萄酒，為眾人所渴望與喜愛」。[11] 羅馬船隻也抵達印度東岸的港口，購買紡織品、龜甲、珍珠與象牙等商品，有些商品是從努山塔里亞島群與中國經海路來到印度的。買賣的中間人來自島群，但印度商人也會前往東方。印度南方口岸可以買到絲綢，[12]地點是印度河出海口的巴巴里貢（Barbaricon），以及古吉拉特海岸的巴里加札（Barygaza）。[13]大多數的貿易港口都能找到絲綢，產地可能是中亞或中國，經阿富汗與印度河、恆河而來，或是經泰米爾港口和馬來半島而來。絲綢高價且便於運送，意味著人們有時會將之視為通貨——在中國，人們出於安全因素，會在邊境地區以絲綢作為支付手段。

上述的印度—羅馬貿易經高度發展，已經出現信用與賒帳，以寫在莎草紙上的文件為憑——希臘語撰寫的內容提到亞歷山卓的一位商人，以及印度西南海岸幕希里斯的另一位商人。其中一面的內容寫於幕希里斯，處理的是借款事宜。另一面則寫於亞歷山卓，描述預定要運送的貨物（例如衣物與象牙）、貨物在埃及的價值，以及羅馬海關徵收的百分之二十五關稅。[14]

每年有一百多艘船從羅馬帝國的紅海口岸航行到非洲、阿拉伯與印度，最遠可達坦尚尼亞海岸的拉普塔（Rhapta），那兒有阿拉伯商人，還有「身形壯碩、耕田的本地人，每個地方都有自己的酋長」。[15]有時候，這些船隻會航行到印度東海岸——但由於船隻吃水深，他們傾向於避開水淺的保克海峽（Palk Strait）。有人在亞歷山卓的觀戲群眾中看到印度人與非洲人，以及羅馬引進的「黑膚、厚唇、鬈髮」奴隸。[16]上流社會的女性會僱用醒目的非洲與印度隨從，米奧斯荷爾默斯也有出土過上有印度文字的陶器。[17]

羅馬人的船隻以雪松木板打造，用瀝青防水，船殼襯有鉛。根據上述的幕希里斯文件，一艘船平均能載兩百二十噸的船貨，長度可達三十五公尺，吃水量達三百五十至五百噸。[18]

羅馬的大宗出口為葡萄酒、玻璃器皿與金屬器，但進口商品的價格比出口高太多，因此必須以銀支付差價。除了象牙、龜甲、胡椒、乳香與絲綢等奢侈品，羅馬人甚至會從印度與非洲進口特別的沙子，方便切割、打磨他們許多宏偉建築所使用的大理石。[19]

羅馬人在印度馬拉巴爾海岸有好幾個貿易基地，是半永久的聚落，而在科羅曼德海岸至少也有一處——阿里卡梅杜（Arikamedu），靠近泰米爾納德（Tamil Nadu）的本地治里（Pondicherry）。[20]阿里卡梅杜從西元前二世紀之前便開始有熱絡的交易，並且持續到西元三世紀。羅馬人的力量因面對日耳曼部落聯盟反叛、猛攻而衰落，貿易亦受影響，但對東方貿易仍然保持相當大的規模，因此西哥德人領袖亞拉里克（Alaric）在西元四〇八年答應不攻陷羅馬城時，才會要求大量的胡椒與絲綢為部分的代價。[21]

阿里卡梅杜除了有建築物之外，還有羅馬陶器、錢幣與雙耳壺出土。《厄立特利亞海航行記》（*Periplus of the Erythrean Sea*）提及的其中一個港口——波杜克（Poduke），與阿里卡梅杜一致。《厄立特利亞海航行記》提供了早期西方人對印度洋貿易路線最明確的描述。該書是一位以亞歷山卓為根據地的商人與航海家，在西元五〇年前後以希臘文寫成的指南，對埃及與印度之間的海域有實用的航海與貿易說明。書中還記錄了一條沿非洲海岸往南、最遠達拉普塔的路線——拉普塔的確切位置還無法確定，但距離桑吉巴（Zanzibar）或許不遠。《厄立特利亞海航行記》同時提到從紅海揚帆出發，繞行非洲之角或南向前往印度的季節。可以經由沿岸路線前往北印度，也可以直航抵達南印度——後者在吹西南風的時候是種快速但危險的移動方式，畢竟相較於穩定而乾燥的東北季風，西南風既潮濕又易起風暴。書中也有提到恆河與「克里斯」（Chryse）——後者指的可能是蘇門答臘或馬來半島，甚或是對馬六甲海峽一帶島嶼與海岸的統稱。[22]《厄立特利亞海航行記》提到印度海域的船隻是以縫合的方式製成的，這一點還會維持數世紀。

對《厄立特利亞海航行記》的作者來說，克里斯是他們航海知識的最外圍，畢竟羅馬船隻不會到比印度更遠的地方做生意，而羅馬人也是從聽聞中得知克里斯的。除了黃金之外，克里斯也是龜甲的來源之一。對整個印度洋貿易來說，龜甲都是大宗商品。《厄立特利亞海航行記》所評價最優質的龜甲就來自克里斯。克里斯另一樣高價物產則是「麒麟竭」——來自血藤的紅色樹脂，可以入藥或作為染料。

半島至中國

《厄立特利亞海航行記》提到，在印度西南海岸各港口，當地人進行貿易用的船隻，是將兩張非常大的獨木舟用軛接在一起，中間擺甲板，供船員與貨物擺放之用——這對島群地區來說是相當典型的設計。用於跟恆河與克里斯做生意的船隻更大，稱為「kolandiaphonta」。《厄立特利亞海航行記》的作者寫道，這種船隻「用來航向克里斯與恆河〔……〕非常之大」。[23]這種大型的努山塔里亞船隻，據信就是中文史料中所說的「崑崙舶」。[24]

沒有證據顯示羅馬人在當時經馬六甲海峽與中國直接進行海上貿易，但印度與馬來群島與半島之間的海上貿易相當興盛，其中必然包括來自中國的物產。海上貿易的物品包括希臘人所說的「malabathrom」，這個字來自梵語的「tamalapattram」，指的是一種深綠色的類肉桂葉，生長於印度東北與中國西南。[25]《厄立特利亞海航行記》還提到有一條從中國出發，經巴克特里亞（Bactria，阿富汗／烏茲別克北部）至印度西部，下至恆河的陸路。

《厄立特利亞海航行記》不僅能證明羅馬人與印度貿易熱絡，更顯示印度洋貿易的整體程度——有各式各樣的商品，除了奢侈品與奇珍異寶之外，也有鐵製品與銅、錫和鉛等卑金屬，以及大量的棉織品。羅馬人與其他商人同樣活絡於印度與阿拉伯、非洲與印度之間的第三方貿易。[26]

儘管《厄立特利亞海航行記》內容詳盡，充滿第一手知識，但克勞狄烏斯．托勒密（Claudius Ptolemy）所寫的《地理學指南》（*Geographia*）卻比前者對後世歐洲人與阿拉伯人的看法影響更深。托勒密是生活在亞歷山卓的希臘裔埃及天文學家兼地理學家。他戮力測量地球大小，並且用自己估計的經緯度來確定陸地的位置。但這部作品同樣也以當代人的見聞為材料，收入對許多地方的描述。

托勒密對於中國南部以東幾乎毫無所知，認為印度洋是封閉的海洋。托勒密的地圖清楚顯示斯里蘭卡、馬來半島與中國南沿周邊的海岸線。馬來半島稱為「Aurea Chersonesus」，意為「黃金半島」。儘管托勒密並未在以南或以東畫出任何島嶼，但提供自己的見聞、協助創造這幅地圖的人必然知道其存在。托勒密提到，羅馬船隻不會前往比「塔瑪拉」（Tamala，位於馬來半島西北，靠近今天的緬甸—泰國邊境）更遠的地方，但克拉地峽（Kra Isthmus）的陸路聯繫可以通往一處口岸，船隻可以從此渡海前往越南最南端的札比亞（Zabia），再從札比亞前往婆羅洲與中國。

馬來半島是中國、印度與馬來群島東部的貨物聚集的地方，而乘載貿易的也是努山塔里亞與印度的船隻，畢竟中國當時在此的角色仍微不足道。最早有中國人試圖前往羅馬——也就是中國所知不多的「大秦」——是西元九七年的事。使節甘英未能抵達比安息人統治的美索不達米亞更遠的地方。儘管關於羅馬的資訊泰半來自羅馬的安息敵人，但也足以讓他留下深刻印象，將之比擬為有如中國般廣袤而善治的帝國——能以和平的方式，撤換表現不佳或帶來乾旱、洪水等厄運的領導者。

已知羅馬人最早抵達中國，是西元一六六年漢桓帝在位時的事。來訪之人自稱是羅馬皇帝的使節，也得到相應的接待，但其真實身分比較可能是商人，只是自封為使節而已。他並非走陸路，而是循海路，帶來的犀牛角與象牙等禮物必然是在途中獲得的。據中國史書記載，西元二二六年又有羅馬人循海路到來，抵達當時處於中國統治下的越南北部海岸，並且面見從南京統治中國東南的吳王。大約同一時間，另一位羅馬人則造訪北方的魏國，帶來玻璃器皿為禮，幾乎可以肯定是走陸路而來。

究竟是誰的船隻載著羅馬人從印度到中國，這我們並不清楚，但肯定是從馬來半島，甚至是從印度出發到安南的努山塔里亞船隻。人們多半會利用陸路跨過克拉地峽，而非經馬六甲海峽長途航行而來。不過，當時的馬來半島海岸地形本身已為人所熟知，連西方人也知之甚詳，畢竟托勒密的著作中有詳盡的細節。[27] 總之，羅馬人也有可能全程走海路，或許在馬來半島或蘇門答臘海岸的港口換船。

最早提及與印度南部進行貿易的中文文獻來自西元一世紀。當中提到一座城市，可能是位於泰米爾納德的朱羅王朝首都甘吉（Kanchi）。文獻中說當地生產珍珠與玻璃——不過珍珠可能是源於波斯灣，玻璃則來自羅馬世界，中國人顯然是跟轉口港打交道。少數中國商人會搭乘異國船隻涉險南行。

羅馬與中國對於彼此之間的地方也有留下紀錄，而這些紀錄提供了交流的間接證據。唯有將貿易品清單視為間接材料，才能推論兩者與努山塔里亞的交流情況。不過，西元前一世紀與西元一、二世紀無疑見證了海洋交流的激增。羅馬的力量與財富，以及薩珊帝國（Sassanids）與貴霜帝國（Kushan Empire）在中亞衝突對陸路造成的問題，是刺激上述激增的重要因素。操帆與航行科技的改良（努山塔里亞的水手或許是其先驅）與中國分裂為三國的事實（迫使東吳進行海上貿易）也都有其影響。

交流激增的直接結果，就是努山塔里亞沿岸開始明確發展出的都市生活，出現許多小國家。有些小國或許已經存在數百年，在沒有文字紀錄之前就消失了。西方、印度與中國的零碎史料，暗示了此前的發展與活動比有記錄下來的更多。

這些國家的出現之所以會進入史冊，是因為西方與北方人口更眾的社會對於商品的供需，以及其書寫文字和更複雜的社會體制使然。某些推動貿易的引擎——特別是羅馬帝國——漸漸衰亡，而西方對於東方的知識也停滯千年之久。不過，促進區域貿易（尤其是對印度貿易）的潮流並未停止。努山塔里亞的航海技術一方面讓自己在國際上扮演更重的角色，一方面也帶回新的思想，改變了這個地區。冒險者和他們被海浪推著走的舷外支架獨木舟固然是以印度洋和整個太平洋為家，但他們對更複雜的印度文化顯然也抱持開放態度。對印度的貿易連結不僅轉變了努山塔里亞，也改變了大半個大陸東南亞。該區域最早的城市便誕生自貿易當中。[28]

第四章　早期帝國的幢幢鬼影

大陸東南亞雖有人口密集的河流盆地，城市發展卻相當緩慢。但到了西元二四〇年，來自中國的康泰前往湄公河三角洲的扶南王國，寫下：

> 有城郭宮室。一歲種，三歲獲〔……〕貢賦以金銀珠香。〔……〕亦有書記府庫，文字有類於胡〔使用印度文字的中亞民族〕。[1]

這個政體顯然已經蓬勃發展一段不短的時間，有興盛的農業、都市生活、造船業與印度文化的影響（必然來自海路）。

除非印度與阿拉伯半島、非洲之角與羅馬世界的貿易規模與組織，能有一定程度反映在與扶南等遠東地方的貿易活動，甚至全面及於島群與中國，不然不可能出現這種規模的口岸、都市與國家發展。

扶南即是高棉，但跟馬來半島和占婆地區的南島民族有密切貿易往來——南島民族占據了湄公河與紅河三角洲之間的多數海岸。扶南的鬆散網絡能及於婆羅洲、蘇門答臘與爪哇，或是經由

地圖7　蘇門答臘與馬來半島各國及口岸。

占婆至中國，以及經馬來半島至安達曼海和前往印度的航路。扶南之所以能占據主導地位，得歸功於其地點與農業根柢。

克拉陸橋

康泰來訪過後，來自扶南與占婆（中國人稱之為「林邑」）的使節跟著前往中國，他們的商人很希望跟中國保持良好關係，並獲准貿易。中國人顯然不反對做生意，但對於將領土擴大、占領占婆也沒有興趣。福建、廣東與東京已經在西元前二二〇年前後的一系列推進中遭到征服了。但這些地方始終是難以統治的邊疆。東京叛服無常，難以控制，而廣東的粵人大部分一直沒有受到同化、漢化。身為海洋民族的粵人向來有大用，畢竟福建與廣東陸路交通不便，海路始終是重要的運輸方法。但中國商人還是得搭乘異國船隻，才能前往比林邑或扶南控制的半島東岸港口更遠的地方。因此《漢書》才會在西元元年前後提到：「蠻夷賈船，轉送致之。亦利交易，剽殺人。又苦逢風波溺死，不者數年來還。」[2] 涉險出洋的中國人不多，因此來自南方與西方的貨物必須從林邑取得。

當時與印度、中國和島群貿易的主要聯繫方式，是乘船前往克拉半島東側，接著跨越陸地，然後再度從安達曼海港口乘船。扶南之所以成為貿易重鎮，是因為當地的水稻經濟創造了維持貿易所必需的農產剩餘，而這樣的貿易相當季節性。[3] 船員與商人必須長期停留在扶南的港口喔\xa0\xa0（Oc Eo），等待風向轉為所需的方向：夏天時往北與東航行，冬天時往南與西航行。空照圖可以看出喔㕭曾經有運河網，供灌溉與交通之用。

喔㕭出土的文物描繪出當地貿易的多樣性。其中包括羅馬玻璃器皿、來自馬可・奧里略（Marcus Aurelius）治世時（西元二世紀中葉）的金幣、來自中國的漢代青銅器、四世紀的佛像與來自薩珊伊朗的物品。對中國來說，喔㕭似乎是印度與西方商品的轉運點，包括乳香、沒藥、珠寶、珍珠與琥珀，而中國絲綢也經由此處前往羅馬。中國同樣經扶南或占婆港口，獲得來自島群的丁香、珍貴的木材與樟腦。由於馬來半島的猜耶（Chaiya，這個名字源於馬來語）就位於喔㕭正西方，猜耶因此也在室利佛逝（Srivijayan）時代扮演重要角色。

扶南極盛期時，版圖延伸到馬來半島北部。當時的領導權落入中國人所說的大將軍范師蔓手上，他征服附近所有王國，接著「乃治作大船，窮漲海，攻屈都昆、九稚、典孫等十餘國」。[4] 此後他讓扶南的力量跨越馬來半島。中國人稱這個地區為「頓遜」（Dun Sun），據說此地的國王自認為「羈屬扶南」。[5] 其中包括同時代巴利文文獻所說的「盤盤」（Pan Pan，位於單馬令〔Nakhon Sri Thammarat〕一帶）以及「狼牙脩」（Langkasuka，以北大年〔Patani〕為核心，但範圍涵蓋馬來半島西岸的吉打〔Kedah〕）等政體。扶南對於今天的柬埔寨與泰國中部平原也有一定程度的支配權。中文文獻中的頓遜是個重要的交會地：

頓遜之東界通交州，其西界接天竺、安息徼外諸國〔……〕其市，東西交會，日有萬餘人。珍物寶貨，無所不有。[6]

相較於東部的島嶼，文獻中對於扶南的角色與對西方的貿易有更詳盡的記載。中文文獻大量提到半島與島嶼上的地點，但學界很難推敲出其真實的位置。文獻作者本身對於這些地方的位置與距離恐怕也不甚清楚。

中文史料所出現的這些地方當中，最重要的看來就是中國人所說的「歌營」（Ko Ying），其位置或許在蘇門答臘東南岸或爪哇西北岸。據康泰說，歌營是個重要的商業中心，統治者富有一方，能經海路從「姑奴」（Kunu，印度西北）引進馬匹。康泰提到：「外國稱天下有三眾：中國人眾、大秦〔西亞〕寶眾、月氏馬眾。」[7]

歌營與中國沒有直接往來，應該是跟馬來半島港口、喔呋與占婆做生意。另一份中文史料說歌營為「南夷之國，最為強大。民戶殷多，出明珠金玉及水精珍異，饒檳榔」。[8] 黃金與檳榔顯然是當地物產，但其他則必然自外進口。

往婆羅洲與峇里島

爪哇島上也有值得一提的口岸，而且爪哇很可能就是中國人所說的「斯調」（Si Tiao）所在地——據說斯調距離歌營東南方千里（五百公里），是個非常肥沃的地方，有火山，也有街道城鎮。這裡或許跟托勒密《地理學指南》所提到的沃土——阿蓋爾（Argyre）是同一個地方。「阿蓋爾」之名可能是西元二世紀巴利文文獻提到的耶婆提（Yavadipa），只是轉為希臘語。

中國早期文獻提到最東邊的地方為波延（Puli），可能是峇里島。據說當地人黑膚鬈髮。中文史料還提到其他幾個貿易地點，其中之一為古泰（Kutei），位於東婆羅洲馬哈坎河（Mahakam River）河口處的沙馬林達（Samarinda）附近，此地有四世紀的梵文石碑出土。另一個貿易地點為婆羅洲西北，從喔呋與占婆不難來到此處。其他中文文獻也提及更小的島嶼，位置或許在菲律賓群島西部。民答那峨東北的布湍（Butuan）也是早期區域貿易網絡的一環。當地出土了四世紀的青銅佛像等相關文物，以及一艘年代相近、長十三公尺的綁製船。

早期文獻提到的其他島嶼位置，還有蘇門答臘西北的巴魯斯（Barus），而托勒密（以及後來的阿拉伯學者）同時提起食人族——雖不中亦不遠矣，畢竟該地區的巴塔克人一直有這種習俗。西元三世紀時的中國使節康泰也聽過類似的故事，他的說法與地理學家托勒密在一個世紀前的文字相符。[9] 中文史料提到的馬來半島地點，包括了登嘉樓（Terengganu）與彭亨（Pahang）等口岸——由於位置距離河口不遠，這兩個地方因此能獲取內陸森林的物產。

關於中文與其他文獻中提到的許多地點，它們真正的身分仍撲朔迷離。研究這個主題的重要史家便說：「在印尼早期研究中，如果真要說做了哪種事情會讓人家把你斥為極端分子，那就是試圖根據中國正史的資訊，來畫印尼的詳細地圖。」[10] 不過，中國人、印度人（以及西方人模模糊糊）所知的這幾個地點無疑確實存在，它們是努山塔里亞人與印度人定期前往從事長途貿易的地方，交易金屬與來自最東端島嶼的熱帶森林物產、香料等。努山塔里亞貿易網早已有悠久的歷史，但此時才剛剛出現在文字記載中。

儘管使節曾到訪，但中國對於南方的土地興趣相當有限，即便漢朝（暫時）征服紅河流域的民族、與南方的占人接壤時依然如此。占人鞏固中部海岸地區，組成鬆散的小國聯邦，而這種情況確實如中國的意。相較於北邊的大河盆地，南方海岸地帶狹窄，不時被連串的狹窄河谷與陡山中斷，實在難以引起中國的興趣。占人在中國人與扶南以外的地方做生意時，也發揮了轉運的作用。

海岸與島嶼的「有人如獸」社群顯然有一定的發展，而在中國人的記載中，他們所說的「類人」同樣是身黑若漆，齒白如素：

> 隨時流移，居無常處。食惟魚肉，不識禾稼〔……〕時或雖忝人形，無逾六畜。[11]

這聽起來很像住在船上的海上民族社群，例如不久前仍漫居於緬甸墨吉群島（Meik〔Mergui〕Archipelago）洞穴的莫肯人（Moken）。

海洋貿易的成長路線絕非筆直。有兩起外部事件不僅影響當地，也影響了全球貿易體系。第一，相較於吳國時，中國的再統一讓中國人把焦點再度轉向北方。第二，波斯薩珊帝國與印度笈多帝國（Gupta Empire）的力量壓垮了貴霜帝國，讓薩珊帝國得以控制大部分的絲路。陸路貿易時來運轉，因此讓人們減少對海路的需求。薩珊帝國的力量也削弱了定都君士坦丁堡的羅馬—拜占庭帝國。

絲綢的知識可能是在薩珊王朝期間（或者更早），從中國傳到中亞與印度的。不久後，絲綢業便在薩珊帝國蓬勃發展，成品運往拜占庭。阿拉伯的阿拔斯王朝（Abbasid）繼承了這種技術，在阿拔斯人統治下，中亞成為主要的絲綢生產中心。從九至十一世紀的維京戰士墓中找到的陪葬品，並非中國絲綢，而是中亞絲綢。[12]中亞生產的絲綢能經陸運與河運抵達西方，其產量的增加或許降低了海路在絲綢貿易中的重要性。此時是「眾絲路」貿易的高峰，布哈拉（Bukhara）與撒馬爾罕（Samarkand）等城市成為輻輳之地，連接印度與中國各地，西南通巴格達，西通拜占庭與歐洲。梅爾夫（Merv）尤其是絲綢業的重鎮，甚至有學校專門研究蠶業。[13]

不過，即便陸路貿易降低了海上貿易的需求，但新的契機還是會在其他地方出現。西元一世紀起，位於非洲紅海岸邊的阿克蘇姆王國（大致是今天的厄利垂亞）崛起，改善了印度洋的貿易環境。[14]阿克蘇姆的國力後來延伸跨過紅海，及於葉門與亞丁灣（Gulf of Aden）非洲一側的海岸，與統治埃及的希臘—羅馬帝國聯手，從而確保通往印度的路線大部分能相對穩定，不受海盜侵擾。來自阿克蘇姆王國的船隻投入印度洋貿易，至於希臘—羅馬船隻則鮮少越過阿拉伯半島尖端與非洲海岸之間的索科特拉島。與阿拉伯和西方的海上貿易轉向南印度，益發愈以對東貿易為主。

巨船

來到東方，雖然印度人也有直接參與，但海運多半還是操之在努山塔里亞人手中。一份西元三世紀的中國文獻對努山塔里亞有鉅細靡遺的描述，頂多有些度量因為單位轉換而有失真。文獻的作者所認知的船隻設計原則如下：

外域人名船曰舶，大者長二十餘丈，高去水三二丈，望之如閣道，載六七百人（……）或作四帆，前後沓載之。有盧頭木葉，如牖形，長丈餘，織以為帆。其四帆不正，前向皆使邪移相聚，以取風吹。風後者激而相射，亦并得風力，若急則隨宜增減之（……）。[15]

他提到船體如何以好幾層的側板打造，用椰子纖維製成的細繩繫起來。造船時並未使用鐵釘、鐵圈。船東與船員主要為崑崙人。

無論是作者乘坐過，或是五世紀初時佛教行者法顯遠行時搭乘過的這種船隻，都沒有留下同時代的繪畫。但從體積、造船手法的描述來看，可以合理推測這些船隻跟爪哇島婆羅浮屠九世紀的浮雕，或是葡萄牙人於十六世紀初抵達馬六甲海峽時所記錄的船隻應很類似。船艉有成對的舵，船上有好幾根船桅。葡萄牙人借用馬來語和爪哇語的「jong」一字，稱之為「joncos」。英文的「junk」（戎克船）一字，幾乎能確定是來自努山塔里亞船隻，只是後來這個字用來指稱中國船隻。

中文文獻對於這些船隻的尺寸與航海能力的描述，有助於解釋努山塔里亞這樣發展停滯的地方，何以同時成為貿易與拓殖的推手，進而吸引人口更多、發展更先進的鄰國之關注。努山塔里亞的造船、船帆設計與航海技術，比該地區令人垂涎三尺（但並非必需品）的物產更為重要。整體而論，西元的第一個千年期成為該區域大幅進步的時代，貿易與航海讓努山塔里亞吸收先進的外來思想，出於己求化為己用。

第五章　文化來自印度，商品來自中國

最早提供文字記載讓人一窺努山塔里亞的或許是中國，但法顯時代的中國與當地的接觸非常有限。另一方面，努山塔里亞與印度已有大規模的貿易和交流，為這個區域帶來人們所說的「印度化」。這個詞稍嫌誇大，但印度文化影響力滲透東南亞島群與大陸的程度確實毋庸置疑。

泰國灣（Gulf of Thailand）的考三玉（Khao Sam Kaeo）發現了年代約西元前三〇〇年的印度陶器，越南也有來自沙黃文化時期、源自印度的文物出土。到了西元初期，印度跨安達曼海至馬來半島北端數個地點（接近今日的拉郎〔Ranong〕）的定期貿易已經相當明顯。已經有人找到羅馬與印度器物、大量陶器和若干泰米爾語銘文。錫含量高的青銅器也有出現。過去認為這些是當地製作的青銅器，畢竟相較於印度，當地有豐富的錫礦供應。但後來的研究指出這些器物來自印度。跨安達曼海的錫貿易很可能已經存在，為印度金屬匠提供原料。

在不同時代，馬來半島的安達曼海與泰國灣兩側同時有許多地方扮演轉運站的角色。早期與湄公河三角洲的扶南進行貿易時，用的是比較偏北的路線，西岸的吉打逐漸愈來愈重要。西元三世紀的泰米爾文學已經有提到吉打。泰米爾商人偏好的路線可能就是吉打，至於孟加拉商人則是走比吉打更北的路線，跨越克拉地峽前往扶南。

我們並不清楚印度宗教、文字、藝術與政治制度在這個區域生根的過程，但結果很容易看到。上述的過程相當漫長，而且相當平和（只有朱羅王朝在十一世紀擴張到馬來半島時例外），是以貿易為動力，同時也帶來宗教與其他思想。早在二世紀時，扶南便已採用源於印度的文字，當地也有婆羅門的蹤跡。近年來，考古研究同樣在馬來半島西岸的雙溪峇都（Sungei Batu），找到口岸與城市聚落存在的證據，不僅有佛教器物，還有製鐵活動。該口岸的年代早至二世紀，而且很可能是扶南貿易體系的一環。

建國神話

來自印度的人將貿易與宗教帶到農漁業早已興盛的扶南地區，而地方勢力若非與之合作，就是受其扶植。扶南國就帶有這種痕跡。根據後來的中文史料，扶南國成立於西元一世紀，是由名叫混填（Kaudinya）的南印度婆羅門商人與當地公主結盟而成立的國家。公主的軍隊試圖抓住混填，但混填堅決抵抗，後來雙方成親。根據地方傳說，公主是水神的女兒，住在某座山上，而混填喝了這裡的水。這段傳說或許可以詮釋成當地的王族主宰了來往船隻，而混填則帶來灌溉技術，創造了扶南的運河。該地區亦有其他扶南類似的建國神話。就扶南的例子來說，其建國神話暗示著信奉印度教的印度商人與地方統治家族合作、聯姻，帶來教師與文字。類似的建國神話在該地區層出不窮。無論歷史真相為何，這些神話描繪出的都是從事商業，對海外人口、制度與宗教抱持開放的社會——以扶南而言，所謂的「海外」，就是政治結構與科技發展更先進的印度。

地方統治者引進印度習俗，作為強化自身權利的手段。他們利用王權制度，與神職人員結盟，結合宗教儀軌，從而將權力結構制度化，從仰賴個人力量、常常轉瞬即逝的政治實體發展為王朝。這並非突然發生的轉變，而且可能要到西元四〇〇年前後，印度文化的影響力才超出港口地帶，各國也才開始運用印度曆法，將印度字彙加進日常用語中。

印度文化與政治思想也透過洞里薩湖（Tonle Sap），漸漸沿湄公河而上，傳到今天柬埔寨與泰國昭披耶河流域的大部分地區。印度對馬來半島的影響力之所以更強，是因為印度商人主導了此地對西的貿易，至於對東的貿易則掌握在努山塔里亞手中。到了西元三〇〇年前後，印度的文化影響力抵達越南海岸，沙黃文化朝印度化的方向演進後，幾個占人的國家於焉成形。

在整個西元第一千年期，印度文化與經濟影響力都是整個海洋東南亞與大半個大陸東南亞的主導力量。中國本身鮮少有直接影響。若從中國後來扮演的區域角色，尤其是從華人離散來看，這件事挺讓人難以理解。其原因包括中國很晚才發展出越洋船隻；中國書寫體系相當複雜；相較於印度教與佛教教誨，儒家學說可能缺乏文化可移植性；中國人戰略思考以北方、陸地為取向；以及相較於印度海岸地區的商人與努山塔里亞船員，中國人缺乏對外貿易的經驗。運送中國商品一事固然是貿易的催化劑，但運送這些商品的人卻不是中國人。

印度人本身主導印度化的推動到什麼樣的程度，我們只能推測。二十世紀中葉，印度歷史學家R．C．瑪朱穆德（R.C. Majumdar）在著作中主張有大量的印度人到這個地區殖民——婆羅門、商人等形形色色的人在整個地區建立統治群體，取代本地領導人，將完整的文化與王權體系帶進落後的南島與高棉政治實體。研究該地區的法國歷史學家喬治．賽代斯（George Coedès）則把瑪朱穆德的理論修改得較為溫和，主張婆羅門是主要的推手，採用的手段包括直接統治、與當地統治者為互利而結盟、與地方菁英聯姻等。

近年來，學界傾向於把來自印度的個人或團體的重要性下修，轉而視印度化為多半出於自發的過程，推動印度化的地方領導人本身採納了他們認為更先進的理念、階級與王朝體系，以強化自己的地位。因此，這個地區吸收印度文化與科技的方式，基本上與日本吸收中國文化，以及地中海周邊國家吸收希臘文化的方式如出一轍。海岸小國的統治者為貿易而競爭，他們需要改善自己的行政制度，截長補短，與自己的造船和航海專業般配。

史書因為缺乏實證之故而壓縮印度化過程的時間，但這其實是一段歷時數百年的漸進過程，且同時有來自北印度與南印度的影響。早期的印度影響力主要來自北印度，經孟加拉而來。但半島地區與印度南方的泰米爾地區，以及與信奉佛教的斯里蘭卡之間的關係也益發重要。早在西元二世紀，泰米爾文獻就有與爪哇大量貿易的證據。一份西元三世紀的泰米爾語碑文在泰國出土，暗示泰米爾商人或許已在此定居。當時，許多泰米爾人與僧伽羅人（Sinhalese）都信奉佛教。[1]來自南印度的帕拉瓦文字（Pallawa script）成為寮國、高棉、爪哇與峇里文字的基礎。據說，帕拉瓦文字的圓滑形狀尤其適合書寫於棕櫚葉——直到十七世紀左右，棕櫚葉都是印度與東南亞大部分地區所使用的書寫材料。

朝聖之路

印度文化傳到爪哇的時間，比馬來半島和大陸東南亞來得晚，印度教的傳入也先於佛教的教誨更早。婆羅門信仰先傳播到當地，接著才是佛教。五世紀的中國佛教僧人法顯曾提到佛教傳播速度之慢。他發現在耶婆提（爪哇）：「其國外道，婆羅門興盛，佛法不足言。」[2]

法顯對於從斯里蘭卡出發的航程有生動的描繪，他搭乘的大船「可有二百餘人，後繫一小舶，海行艱嶮，以備大舶毀壞」。[3]兩天後颳起一場風暴，大船開始漏水。船上的商人大駭，想換乘小船，但小船船員卻將繩索砍斷。大風吹了十三個晝夜。一行人終於在一座小島靠岸，修復船隻，後來又花了九十天才抵達耶婆提。從他的描述中可以看出，這艘船從斯里蘭卡出航後並非直接取道巽他海峽前往耶婆提，而是走正東方通過馬六甲海峽，卻在途中被孟加拉灣的暴風往北吹，很可能是在安達曼群島觸陸。最後，船乘著東北風，穿過海盜騷擾的海峽，抵達耶婆提。

法顯為了等待風向轉變，從西元四一二年至四一三年間等了六個月。他返國之路甚至比從斯里蘭卡出發的這一程更危險。五月時，法顯搭的船趁西南季風剛起時，帶足航程預估所需的四十天給養，前往廣州。但船卻遭到剛形成的颱風所侵襲——這陣風想必把船吹到台灣東方海面——此後轉往西北又航行八十天，才終於在山東登陸，跟原本的目的地差了兩千公里。從斯里蘭卡出發的這整趟行程花了將近一年，有時候相當危險，但過程中卻也長期無事可做，還得忍受夏季的酷熱，畢竟微弱甚至反向的風會讓行船的速度非常緩慢。他的經歷描繪出往東北方航行之危險，尤其不時會遭遇狂暴的西南風。入夏後，一旦來到北緯十五度左右，船隻就有可能遭遇颱風。颱風通常在七至九月形成，因此一旦吹起西南風，就必須馬上出發。

法顯此行的時間，是在佛教大舉傳入爪哇之前不久。五世紀時，訶陵（Holing，可能位於爪哇的三寶瓏〔Semarang〕附近）派使節前往中國。根據中文佛教典籍，三寶瓏改信佛教的推手，是名叫求那跋摩（Gunavarman，「跋摩」〔varman〕是君主的頭銜）的北印度王子與傳教者。求那跋摩在四二四年抵達三寶瓏，停留多年，成為國王的策士，不僅助其擴張，也建立自己身為佛教火炬的名聲。不過，當地改信佛教之前，流行的應該是印度教，而非更早的傳統信仰。史書的記載並不明確。求那跋摩名聲響亮，據說中國皇帝因此邀請他前來弘法。得風力之助，求那跋摩搭乘的商船並未在原先預計的「一小國」（可能是占婆，或是婆羅洲西北的某個地方）中途停留，而是直接抵達中國。求那跋摩此行一帆風順。[4]

法顯與求那跋摩的海上經驗大相逕庭，但兩人的敘述皆顯示船隻經常直接從蘇門答臘或爪哇航行至中國，頂多在途中的占婆或婆羅洲海岸停靠。法顯也指出印度作為佛教泉源的核心地位。據他說，印度是「聖地」，中國則是「邊地」。

爪哇當地證明印度影響的最早物證，也來自五世紀。雅加達附近出土的碑文歌頌信奉印度教的君主普納跋摩（Purnavarman），他不僅開疆闢土，也重視貿易發展，擴大大魯河（Tarum River）河口的口岸，也就是他的首都——都固（Tugu）。普納跋摩的塔魯瑪迦（Tarumnegara）王國可以回溯到四世紀中葉。與其他國家類似，塔魯瑪迦據說也是因為來自印度的商人與當地公主聯姻而立國。普納跋摩顯然是位非常有成就的君主，西爪哇與中爪哇許多小國君紛紛歸順於他。茂物（Bogor，雅加達南方）出土的梵文與帕拉瓦文碑文記錄著這位國王的豐功偉業，包括修築排水道、防洪運河與眾多廟宇。[5]銘文之一寫道：

> 這位以忠實執行其職責與舉世無雙而知名的國王，名為尊貴的普納跋摩，統治著塔魯瑪（Taruma）。敵人的箭矢無法射穿他的甲冑。他歷來皆能成功摧毀敵人的堡壘，以尊榮接納忠心於他、痛恨其敵人之人。[6]

爪哇的國際色彩比較濃厚，這解釋了中國佛教徒為何會前往斯里蘭卡等地朝聖，而非爪哇。印有佛教符號錢幣與封戳，證明佛教在貨幣經濟進入各島嶼時發揮的影響力。在爪哇，佛教於六世紀時達到高峰，之後印度教則強勢復興，這個現象可能反映了印度教在笈多王朝時代的早期復興。不過，佛教在爪哇的影響力依舊強大。

七世紀晚期，中國僧人義淨提到末羅瑜（Melayu，今蘇門答臘占碑〔Jambi〕）有上千名佛教徒。蘇門答臘是佛教學術中心。義淨不只談及自己的經驗，也提到其他中國僧人走訪印度的經驗。[7]他對行程的時間點與需時提供了可貴的描述。義淨從廣州乘船出發，直接前往室利佛逝，之後再到末羅瑜。在蘇門答臘待了八個月之後，他順著西南季風前往吉打。等到吹起東北季風，他又搭了六天的船，抵達尼科巴群島（Nicobar Islands），接著花兩週時間抵達西孟加拉胡格利河河口的塔姆盧克（Tamluk），靠近今日的喀爾加達（Kolkata）不遠。回程時，他花了兩個月時間直接前往吉打，接著搭乘一艘室利佛逝船，趁著東北季風續至末羅瑜，在當地等到西南風吹起，然後搭了將近一個月的船回到廣州。

日子一久，印度教與佛教皆得益於信徒的贈地。寺廟與僧人、祭司社群在王族的支持下逐漸擴張，成為工藝與宗教藝術的中心。然而，地方上對於印度思想的接受仍然有選擇性。比方說，儘管各個社會隨著財富與文化的增長而愈來愈階級化，但人們從未接受印度的種姓制度。綜觀整個地區，努山塔里亞女性在經濟生活中扮演的角色皆比印度更為活躍，而且古今皆然。峇里式印度教向來展現出與印度的印度教不同的特質，畢竟外來的宗教會根據當地既有的信仰與習俗而自我調整。努山塔里亞借來文字與許多字彙，但外來語言從未取代各式各樣的南島語言。

儘管從印度與中國到爪哇與蘇門答臘興起了直接的聯繫，地峽貿易仍然有其重要性，能連結印度東部與孟人（Mon）、暹羅人與高棉人居住的大陸東南亞。貿易同樣帶來了佛教——佛教同時與印度教和地方古老信仰相爭，但前兩者的影響範圍恐怕仍局限於宮廷和附近的城鎮。佛教也激勵了信徒乘船，僧人乘船弘法。

印度的文化影響力憑藉貿易，維持了好幾個世紀。不過影響力雖巨，卻不見得在各地都很深刻。中國的影響力（有時候則是統治）在占婆以北最為突出。今天越南盛行的佛教其實源於中國，而非直接從印度或斯里蘭卡抵達當地的。有鑑於儒家思想在越南與中國的地位，佛教從未與這兩國的君主體制建立如其他地方那樣的緊密關係。

印度的影響力愈往東邊也就愈小。民答那峨島、宿霧島、呂宋島、蘇拉威西島與巽他海諸島雖然地處偏遠，卻始終是區域貿易體系的一環。來自印度的文字體系逐漸為當地所用，某些梵語詞彙也連同借用過來。一張刻有銘文的九世紀銅盤在馬尼拉出土。民答那峨東北部的城市布湍早期是跟印度，後來則跟中國有貿易往來。布湍出土的金質文物展現出來自爪哇的印度教—佛教影響，以及高度的冶金與工藝水準。印度商人造訪蘇拉威西，在當地可能也有小型聚落，但他們對當地明確的文化影響，只限於部分的火葬習俗遭到取代而已。整體而言，印度對努山塔里亞東部與北部島嶼的影響，並未跨出傳統上位於海岸的貿易地點。

文字體系與國王

至於其他領域，人們對印度思想的接受同樣有所選擇，而非全盤採納。他們固然借用文字體系，在年代最早的本地書寫中使用印度的詞彙，但無論是宮廷或平民，言談仍維持當地的南島語或高棉語。梵語或許一度有相當的宗教與行政地位，有如拉丁文在中世紀歐洲的角色。但當地語言的書寫漸漸採用印度的帕拉瓦文字，目前最古老的古馬來語文獻可回溯到七世紀的蘇門答臘，就是帕拉瓦文字寫成的。我們在八世紀時看到卡維文字（Kawi script）的發展——這種文字演化自帕拉瓦語，用來書寫古爪哇語。

這種文字成為其他文字的基礎，包括後來的爪哇文與峇里文，而且至今仍在使用。最早的高棉語書寫，同樣來自七世紀，使用的則是調整過的帕拉瓦文。六百年後，這種調整過的文字成為泰語書寫的基礎。印度語言影響力的來源也很多元。進入爪哇早期書寫的，只有來自宗教語經典文獻中的梵語詞彙，而沒有普拉克里特語（Prakrit，即印度平民的語言），但泰米爾語詞彙卻出現在蘇門答臘。儘管引進了印度宗教，但社會結構看來還是維持本土的樣貌。各個海洋文化借用了印度的藝術與建築理念，但加以調整，產生獨一無二、一望便知的特色。

宗教與文字之外，印度最大的影響體現在司法與行政議題上。統治菁英廣泛研讀印度的治國寶典《政事論》（*Arthashastra*）與古代婆羅門法典《摩奴法論》（*Manusmriti*），兩書對政府體系的發展有絕大的影響力。《政事論》成書於西元四世紀，是以北印度為核心的孔雀王朝時期。孔雀王朝據說信奉愛好和平的耆那教，但《政事論》卻要求統治者必須無情保護國家利益，而且要有紀律、認真而有學識。這是一帖開給開明專制的世俗藥方，信奉任何宗教的統治者皆能服用。

印度教的神聖王權觀念尤其吸引統治者，畢竟這能讓權力的行使看起來比個人領導更為崇高：權力來自天授。另一方面，佛教（與耆那教）更能同理商人利益與財富累積。信奉佛教的人也更不受種姓因素與宗教儀式所限制——對於長期身在海上的人來說，宗教儀軌是種困難。

中國的魅力

中國逐漸經由貿易與朝聖，意識到自己的南方鄰居，但相關認知依舊欠缺而含混。西元五世紀早期，島群與中國、與印度之間已有直接貿易。陸路仍有使用，但相對衰頹。對中國的貿易海路在五世紀時起飛，一部分是因為通往西方的陸路封閉了，一部分則是因為透過海路直接聯繫，可以免去跨馬來半島的轉運。努山塔里亞人試圖以派遣使節的方式，促進與中國的貿易。

五世紀成為所謂「朝貢體系」的起點。西元四三〇年至四七三年間，紀錄有案的朝貢使團就有二十個，共來自五個不同的島嶼與半島國家。統治者進貢中國，期待本國商人能得到歡迎。其中一國奉表陳情：

臣國先時人眾殷盛〔……〕今轉衰弱，鄰國競侵，伏願聖王，遠垂覆護，並市易往反，不為禁閉〔……〕願敕廣州時遣舶還，不令所在有所陵奪。願自今以後，賜年年奉使，今奉微物，願垂哀納。[8]

這段文字暗示了：第一，貿易口岸彼此的競爭關係；第二，最弱小的口岸必須設法取悅中國；第三，外國商人有可能在廣州遭到勒索；第四，使團（至少就努山塔里亞人的角度來看）有助於獲得正面的貿易待遇。

對中國人來說，納貢則帶有紆尊降貴的成分。總之，根據中文史料所載，干陀利（中國早期對室利佛逝的稱呼，但也可能是占碑）統治者在西元五〇二年做了個夢，夢中有一佛教僧人建議他：

中國今有聖主，十年之後，佛法大興。汝若遣使貢奉敬禮，則土地豐樂，商旅百倍。[9]

所謂的「聖主」，指的是梁武帝——這位虔誠的佛弟子在中國南方建立了梁朝，統治達四十七年。武帝不僅茹素，而且禁止用動物祭獻。

貿易的內容也在增加。中文文獻提到衣物、薑黃與檀香，可能全來自印度；來自波斯或阿拉伯的乳香；此外還有來自蘇門答臘或馬來半島的樟腦、安息香（一種同樣可以入藥用的芳香樹脂）與沉香，並提到「香水與藥」。貢品必然小巧而高價，但貿易商品則會有布疋、瓷器與金屬等大體積的貨物。

貿易持續成長，甚至連高棉人在六世紀早期征服扶南，且其他口岸取而代之之後也依然興盛。位於馬來半島北大年附近的狼牙脩國，繁榮的程度已足以在西元五一五年遣使中國。中文文獻提到該國國王與貴族「以金繩為絡帶，金鐶貫耳，累磚為城，重門樓閣。王出乘象，有幡旄旗鼓，罩白蓋，兵衛甚設」。[10]

七世紀初，一名中國使節提到狼牙脩的國王，是其父王遜位成為僧侶時所指定為王的。國王有三名妻子，全都是鄰國國王的女兒。王宮有兩層樓，所有的門都面向北方，王座也是。國內有各種大臣管理。他還提到源於印度教的婚禮與葬禮儀式。婆羅門來到當地，多半是為了賺錢，而非傳道。另一位中國訪客提到「其國多有婆羅門，自天竺來就王，乞財物，王甚重之」。[11]這是個印度教國家，其獨立地位維持到七世紀晚期，和吉打在同一時間落入室利佛逝的勢力範圍。

另一個因跨地峽貿易而興盛的小國是沙廷帕（Satingpra），靠近宋卡（Songkhla，亦拼作Singora，是Singapura的簡稱，馬來語意為「獅城」，字源為梵語），介於大海與宋卡湖（Thale Luang）之間。宋卡湖潟湖，座落在地峽的狹窄處，提供通往安達曼海的通路。「沙廷帕」之名來自孟語—高棉語的「stung」（河流）與梵語的「pura」（城市），該國一度處於孟人的陀羅缽地王國（Dvarati Kingdom，橫跨今天部分的泰國與緬甸）支配之下。當地出土大量的中國陶器、較少的波斯與阿拉伯陶器（不過本地亦有窯爐），以及佛教和印度教青銅像與石像，顯示其在七世紀至十三世紀之間的重要貿易地位。據中國史料所言，沙廷帕發展非常興盛，但直到最近才有空照圖可以佐證。[12]

除了貿易，沙廷帕的運河網絡不僅能支撐稻米種植，更意味著能將物品運輸到山區，若從此跨越到安達曼海岸的董里（Trang），路程也就更短。董里是地峽東岸數個貿易口岸之一，其重要性足以引起室利佛逝與中國的興趣。從西岸的達瓜巴（Takua-pa）前往董里北方的口岸蘭佛（Laem Pho，靠近素叻他尼），距離也很短。[13]根據阿拉伯與中國史料，十世紀時，許多意欲前往中國的阿拉伯商人都會利用這條半島路線。他們泰半是搭乘泰米爾船隻來到半島。隨著時間過去，海水退去，幾個地峽口岸的重要性也因地理形勢改變而終結。某些地方在今天的海岸線，比九世紀時候後退了三公里遠，與印度的貿易交流因此衰頹。

不過，印度的文化影響力早已在超過一千年的時間中，強化了各個努山塔里亞國家之間的聯繫——無論是位於爪哇、蘇門答臘還是馬來半島——甚至還觸及島群的東部與北部。既有的貿易活動在海洋環境與古代文化的相似性上，又增添了共同的宗教思想與王朝體系，進而帶來大國實體的形成，以及因王朝聯姻而湧現的情誼（與敵對關係）。這幾股力量將在不久後凝聚，形成歷來世上最成功的其中一個貿易帝國。但一切的背後都少不了貿易與利益的吸引力，涉及許多地區的物產與需求，其中又以中國最為重要。不過，貿易活動本身主要仍掌握在努山塔里亞、印度人與其他非中國人手中。室利佛逝的悠久歷史即為明證。

第六章　室利佛逝：消失的巨幅曼荼羅

歷史上從未有其他帝國如室利佛逝一般消失得無影無蹤。不過，這場努山塔里亞盛會卻熱鬧了將近一千年，不僅養育了島群與中國這廂和印度那廂的貿易，有時甚至成為其主宰。中國史書多次提及室利佛逝的重要性，但室利佛逝卻不像其他消逝的帝國，居然幾乎沒有留下實體的痕跡。近代歷史學家對室利佛逝幾乎一無所悉，直到喬治・賽代斯在一九三〇年代透過中國文獻中稱之為「三佛齊」的地方，以及若干以古馬來文銘文指出其範圍為止。[1] 後人從空照圖辨識出一套曾支撐龐大人口的灌溉系統和其他工程。考古學家發掘出佛像、中國陶器與其他文物，今人因此能指出橫跨蘇門答臘東南部穆西河（Musi River）兩岸的巨港（Palembang）就是其首都。

此地看來不像設立首都的地點，不僅離海有一段距離，周圍土地平坦卻不甚肥沃，適根莖類而不適稻米。位於巴當哈里河（Batang Hari River）河畔，位置非常北邊的同時代古聚落占碑（亦稱末羅瑜）也有同樣的地理環境。占碑曾經是室利佛逝的競爭者，後來卻成為其首都。占碑至少還有七或八世紀的佛寺遺跡能引以為榮，巨港卻沒有任何痕跡能證明昔日榮光。

有幾個因素導致巨港沒有留下實物痕跡。首先，室利佛逝是所謂的海權國家——這個帝國建立在對貿易的掌控上，而非以控制陸地為基礎。之所以罕有石材或磚塊能證明巨港的宏偉，是因為蓋在陸地上的建築物（包括防禦工事）全都是木造的。附近沒有石材可以供應。記錄在棕櫚葉上的文字早已腐朽。多數民眾生活在小筏上。這種生活方式有其實際考量：洪水在雨季並不罕見，穆西河的大潮可達四點五公尺高。千百年來，這種情況都沒有多大改變。甚至在一八二〇年還有一名歐洲訪客提到，只有有錢人住的房子能蓋在乾燥地面，且頂上有瓦。蘇丹與某些位高權重的人住在各自的島上，而所有貿易與運輸活動都在河上進行。

那麼，為什麼選擇巨港？巨港的位置似乎毫無理想之處：該地距離河口一百二十公里，由此以降的河道幾乎都是紅樹林沼澤，而且土地也無法支持大量人口。不過，位於內陸河畔的位置，卻讓巨港能取得造船所需的叢林物產與木材，從肥沃的蘇門答臘高地取得黃金與食材等珍貴的商品。濱海的土地都是濕地與紅樹林，要到巨港才開始有乾燥的地面。巨港有許多空間讓船隻下錨卸貨。穆西河寬闊水深，感潮河道甚長，河口距離馬六甲海峽與巽他海峽（蘇門答臘與爪哇之間）的南口都不遠，便於通往南中國海與印度洋。巨港距離颱風帶甚遠，海面也因為幾乎位於赤道而波瀾不驚，位置又很適合等待季風由西南風轉往東北風。此外，穆西河口有紅樹林濕地，河道又多彎，意味著這座城市易守難攻。

僧人與水手

室利佛逝可能就是中國人所知的干陀利——但也有可能是占碑——在過去已經是蘇門答臘海岸首屈一指的貿易中心。干陀利在五世紀中葉，也就是佛教迅速傳播的時代，派遣使節前往中國。然而，干陀利雄霸一方，卻是發生在唐朝的黃金時期。當時的中國興起對樟腦、胡椒與香木、香油的愛好。因此，中國人對於阿拉伯、印度與島群森林物產的需求迅速增加，進而為海上貿易帶來高速的成長。

西元七世紀上半葉，巨港的勢力至少已與末羅瑜（或占碑）平起平坐。巨港在西元六四四年便派了第一批朝貢團。七世紀末，中國官修史書第一次提到「室利佛逝」。室利佛逝最早的貿易使節團在六九五年抵達中國，但中國僧人早已對這座城市知之甚詳。西元六七一年，唐僧義淨從廣州出發，不過二十天便抵達室利佛逝。他提到：

> 此佛逝廓下僧眾千餘學問為懷，並多行鉢，所有尋讀乃與中國不殊，沙門軌儀悉皆無別。若其唐僧欲向西方為聽讀者，停斯一二載習其法式，方進中天，亦是佳也。[2]

他在此停留六個月學習梵語文法，然後前往末羅瑜停留兩個月，接著前往吉打，並續行印度。這段文字讓人同時對室利佛逝與末羅瑜在當時的規模與發展程度有所概念：這兩座城市能供養大量的僧人與祭司、商人、造船工人和水手。室利佛逝的盛名不斷成長，直到十一世紀都是世人心目中的佛學東方重鎮，甚至吸引來自北印度的僧人。[3]

六八五年，義淨重返室利佛逝，停留四年。此時的室利佛逝已經拿下末羅瑜與邦加島（Bangka Island）。根據巨港出土的一份古馬來語碑文來看，國王海陸齊發，進攻末羅瑜，在一個月後征服之。雖然將領是佛教徒，但古馬來文獻卻顯示戰鬥過程非常的血腥。室利佛逝稱霸的代價，是大量犧牲集結在該國大旗下的沿岸馬來人。最後該國也漸漸主宰了馬六甲與巽他海峽的貿易。

室利佛逝的擴張，要歸功於名為闍耶那娑（Jayanasa）的國王。儘管他因為在巨港附近的聚落蓋了一座公園而美名在外，但據其他碑文記載，他最關心的還是擴張自己的權力基礎。其中一份碑文是警告巴當哈里河上游居民（末羅瑜人）不要反抗，而另一份出土於邦加島的碑文則提到對爪哇發動的一次軍事行動。此次行動所征服的，可能是與蘇門答臘之間僅隔了巽他海峽的塔魯瑪。王朝傳承或許可以作為室利佛逝攻擊行動的正當性來源——闍耶那娑娶了塔魯瑪先王之女。不過，闍耶那娑雖然好戰，但他的戰略卻在於擴大掌控的貿易範圍，並憑藉控制萬丹（Banten）與噶喇吧（Kalapa，即雅加達）兩口岸，來控制南北向與東西向的貿易。這是室利佛逝崛起為區域強權路上勇敢踏出的兩大步，之後才有史料上提到的、第一次從室利佛逝來到中國的使團——時間不會早於六九五年。塔魯瑪則是在六六六年便已派遣使者前往中國了。

六八四年，崑崙商人起身反抗，暗殺了大量索賄、傷害其利益的廣州都督。同年由室利佛逝派遣的使團，或許就是對此事的外交回應。對外貿易顯然是由蠻夷的船隻所掌握的。接下來五十年間，室利佛逝還有另外五次出使中國，但除了討好中國人之外，使團還有別的目的。他們不止一次抱怨官員貪腐索賄。

室利佛逝顯然愈來愈仰賴成長中的中國貿易，不過義淨等人的描述卻也顯示巨港的高度發展、其勢力的規模，以及中國人對當地佛教僧人與儀軌的尊敬。室利佛逝可不是對中國磕頭的小國，而是從平等立場追求貿易優遇的國家。與此相應，中國人也透過蘇門答臘，尋求西方（印度與斯里蘭卡）的啟迪。從巨港的碑文中同樣可以看出，儘管該國的王權制度、儀式與宗教皆起源於印度，而且中國人也可以來到這裡學習梵語，但官方的行政語言卻不是梵語，而是馬來語。此外，對於本地居民來說，這個國家的主要動力並非宗教，而是商業。室利佛逝的崛起與稱霸，同樣反映在中國人稱呼該國的名稱上。西元九〇三年以前，中文稱該國為「室利佛逝」——是個音譯——或僅稱「佛逝」，但後來變成「三佛齊」。這個「三」字點出了「佛齊」（Vijaya）有三大中心：可能是巨港、占碑與吉打，或是爪哇的某個口岸。

由於人口不多，又缺乏可耕地，室利佛逝的第一等成就便在於組織當地羅越人（orang laut，意為「海上的人」）的優秀能力。羅越人有數世紀的航海經驗，能領航也能當海盜，純由機會決定。室利佛逝將羅越人收入傘下，透過給羅越人應有戰利品的方式來減少海盜行為，進而促進貿易。貿易會帶來商人、金錢、來自印度的先進思想，以及從其他地方購買食物、供給都市聚落所需的費用。室利佛逝更有效地運用當地水手與造船工人的天賦，因此能征服末羅瑜。內陸也能供應室利佛逝貿易所不可或缺的森林物產與黃金，而內陸人口反過來還能為室利佛逝商品提供現成市場。內陸還能補充室利佛逝的人力不足，因此闍耶那娑王才能派出數千人的陸軍與龐大的海軍。

室利佛逝掌控下的吉打同時享有海峽海路貿易與地峽陸路貿易之益。阿拉伯商人阿布·杜拉夫（Abu Dulaf）在西元九〇〇年前後造訪稱為「卡拉赫」（Kalah）的地方。卡拉赫若非吉打，就是附近的某個地點。據他說，這裡「非常宏偉，有厚實的城牆、無數的花園與豐沛的泉水〔……〕舉世無雙的錫礦」。

海權國家

室利佛逝的成就，在於創造並管理一套體制，讓次一級的君主維持原有地位與地方的忠誠，同時又符合室利佛逝王國的整體利益。這是一種由依賴關係構成的曼荼羅概念，各級統治者在共同利益框架中保有其自主性。印度的王權與治理觀以此為核心——一系列由效忠與義務構成的同心圓，以單一的最高領導人為首。位置最高的君主憑藉自己的成就率領眾人，至於與其下貴族的紐帶，則透過聯姻來鞏固。

這張室利佛逝曼荼羅，是以該城宰制馬六甲海峽的地理位置為基礎。室利佛逝可以從此控制貿易，確保收益能公平分配。四散各地的實體自有其商業利益，亦有其船隻與水手的供應來源。它們向室利佛逝上貢，交換身為一個更大實體所能享有的好處——得到保障與貿易通路。時間一久，這個鬆散的霸權漸漸囊括了整個馬來半島、泰國灣與湄公河三角洲的貿易口岸，但室利佛逝甘於作眾多名義上平等夥伴中最重要的那一個。室利佛逝也確保本國的水手（對礁岩、淺灘知之甚詳）對貿易收入感到滿意——否則他們便會轉行當海盜。

地方統治者保有傳統馬來達圖（datu，酋長）的許多特質，個人領導品格非常吃重，但其中卻植入了包裹在一套整體信念與行為規範內的印度王權神性觀。君主因此必須提供公正的治理，照料子民的福祉，以交換他們的忠誠，而忠誠的子民又會得到君主的回報。不忠會有災難性的後果。一份來自闍耶那崣時代的碑文寫道：

所有人，君主、酋長、軍隊領袖、國王的密友、判官、低種姓的海員、記室、雕刻家、船長、商人、國王的洗衣工與奴隸之子（……）只要你們對我不忠，就會因此喪命。不過，倘若你們順服、忠心而敢言，沒有犯下前述過錯，我將以無瑕的譚崔密傳（tantra）回報。[4]

統治者因此同時擁有精神與世俗權力，威脅所有潛在的陰謀者。舊有的信仰（以室利佛逝來說，就是「水神」的概念）與誓約隨著新的譚崔信仰而壯大，支撐了國王所需要的正當性。九、十世紀的阿拉伯人提到國王有天天往水中丟金條的習俗，作為敬神的方式。比鄰的海洋與火山形構了馬來人的傳統：諸神住在山頂，河流則將山與海相連接。

其他碑文在占碑附近與楠榜（Lampung，同樣遭闍耶那娑所征服）出土，內容要求新子民宣誓效忠。這些碑文讓人對當時的社會組織多少有些認識，同時也能一窺綿長的指揮鏈，以及國君維持次級統治者擁戴的必要性。室利佛逝與中國或羅馬模式的中央官僚國家相去甚遠，但它把這種發展中的政府制度與宗教崇拜相結合——以統治者的面貌塑造佛像。室利佛逝還會派遣直轄官員到某些地點，而非完全仰賴地方統治者的忠心。室利佛逝將馬來與印度傳統結合，把國王與印度教—佛教神話傳統中的七頭蛇那伽（Naga）相連結。咸認國王是接近開悟的菩薩。佛教的國際性，讓室利佛逝國君贊助某些遠在其貿易控制範圍外（例如印度）的寺院。[5]

室利佛逝持續了好幾百年，但其優勢無與倫比的時間恐怕只有兩個世紀。這個國家必須一直努力維持依附的口岸聽令行事，偏偏擴張中的貿易卻讓這些口岸有充足的機會開發新資源的供應，或是直接與中國打交道——波斯與阿拉伯船隻已經開始這麼做了。不過，由於室利佛逝控制了兩海峽與馬來半島，這些船隻還是得停泊這些地方，支付規費，並等待風向改變。往來的外國人讓這座城市益發國際化。十世紀一份以阿拉伯文撰寫的波斯文獻提到，當時巨港的鸚鵡能講包括阿拉伯語、波斯語和希臘語在內的許多語言。[6]

廣州大屠殺

商業上，巨港同樣受益於阿拉伯與波斯兩地對中國貿易的擴張——阿拔斯帝國穩穩掌控其版圖，而唐代又是中國的輝煌時代之一。阿拉伯人在運用努山塔里亞船隻的同時，也會使用自己的船隻，室利佛逝的政治力量或許也因此受到削弱。阿拉伯商人漸漸主宰了貿易，但他們仍然需要室利佛逝的港口與水手，所以室利佛逝還是能收到規費。一開始平衡雖遭到破壞，但在西元八七八年，廣州的外國商人遭到大屠殺，迫使他們把根據地轉移到其他口岸，而此事也有利於室利佛逝。

發動廣州大屠殺的是反唐朝的叛軍，屠殺情形讓人對貿易規模有一定的了解：此時的貿易能支持數千人的外國人社群，有阿拉伯穆斯林、波斯人、帕西人（Parsees）、猶太人、印度人，以及希臘人、亞美尼亞人與聶斯托里基督徒（Nestorian Christians）。一世紀前的西元七五八年，中國官員的貪婪曾讓阿拉伯人、波斯人與其他商人憤而劫掠廣州。此前在六八四年還發生過崑崙商人殺害廣州都督的事件。一連串的問題不僅顯示出貿易所帶來的財富，也勾勒出中華帝國無力控制漢化並不徹底的偏遠行政區。

貿易成長令中國當局在主要的口岸設立特別的市舶司，處理外國人及其船隻。從當時的史料推測，進行貿易的幾乎都不是中國船隻，畢竟這些船隻採用植物纖維繩索綁製，而非以釘子銜接木板。據說，最大的船隻來自斯里蘭卡，最長可達七十公尺。阿拉伯商人出現在中國的人數尤其眾多，顯見他們在銜接中東、印尼島群與印度之間扮演的角色。不過，一份西元七五〇年的史料卻也提到廣州有許多「婆羅門、波斯、崑崙等船」。[7]當時的人稱呼蘇門答臘與廣州之間的海域為「Bahr Sankhai」，也就是「香料海」（今天稱為南中國海）。[8]儘管沒有證據顯示阿拉伯人在十六世紀前曾航至摩鹿加群島，但他們買賣的香料確實來自該地，只是透過蘇門答臘、爪哇與馬來半島購得。

貿易發達的程度，從一艘沉沒於勿里洞島（Belitung Island，位於蘇門答臘與婆羅洲之間）附近危險海域的沉船可見一斑。船上載了六萬件中國陶瓷器，可能是要運往巴斯拉（Basra）。多數的器皿採用一致的設計，有些繪有佛教主題，其他還有伊斯蘭書法。甚至有些陶壺在釉彩下寫的是摩尼教經典。摩尼教一度興盛於波斯、中亞與中國西部。儘管信徒人數後來因為宗教間的競爭與迫害而大幅減少，這種宗教仍一直流傳到約十四世紀。中國分別向印度買棉織品，向敘利亞買平紋細布與花緞，向阿拉伯買乳香，至於象牙、珍貴木材、龜甲與香油則來自南方與西方的各個地點。儘管缺乏海洋考古證據，還是有許多中文史料可資證明。

勿里洞沉船的位置顯示這艘船正要前往巨港，等待風向轉變，而非從廣州出發後直接穿過馬六甲海峽前往巴斯拉。船的龍骨達十五點三公尺，全長約十八公尺，橫船梁八公尺，但吃水不深。船體為繫板構造，既未使用暗榫，也沒有鐵釘，暗示船可能來自阿拉伯。[9]船體有某些木材來自非洲，顯見印度洋貿易在當時的規模。此外，這艘沉船也是阿拉伯船隻航向中國的證據——不過，阿拉伯商人或許更常利用室利佛逝或泰米爾船隻作為中介。

對於室利佛逝勢力範圍內的船隻來說，阿拉伯人與泰米爾人多少算是競爭對手，但他們卻有室利佛逝所缺乏的龐大本國市場。即便如此，他們全都得利用室利佛逝口岸，支付該付的規費。而這兩地的商人也並未冒險前往島群的東部與北部（菲律賓與印尼東部）。這些地方吞吐的還是努山塔里亞船隻。因此，即便室利佛逝直接的運輸影響力已經過了重要性的高峰，該國還是繁榮了很長一段時間。

共通的文化、宗教與王朝利益有時候也能超克國家與口岸的競爭關係。最明顯的例子，莫過於貿易導向的蘇門答臘王國，與專心於陸上發展的爪哇各鄰國之間建立的紐帶。

第七章　爪哇成為要角

長期以來，室利佛逝對努山塔里亞的宰制都受到中爪哇佛教徒——夏連特拉王朝（Sailendra dynasty）的合作所支持。事實上，室利佛逝的主導權是在夏連特拉與室利佛逝王室建立結盟後，才達到最大的地理範圍。夏連特拉對聯盟的經濟貢獻，泰半得歸功於爪哇與香料群島間既有的聯繫（增添其農業財富）與爪哇島相對多的人口。

「夏連特拉」這個梵語名稱意為「山帝」，指的是類似默拉皮火山（Mount Merapi）等高聳的火山——這座火山俯瞰著夏連特拉王朝建立的宏偉佛塔婆羅浮屠。儘管立足爪哇，但夏連特拉王朝卻是來自蘇門答臘的馬來人。這解釋了他們某些碑文何以採用古馬來語，而非梵語或爪哇語所寫就。

爪哇時稱耶婆提，原本是印度教重鎮，在七世紀與八世紀初達到高峰。耶婆提的精神堡壘是迪昂高地（Dieng plateau）——梵語意為「諸神之山」。從平原出發，經過一系列豐饒的河谷，銜接一段狹窄的山間過道，就能抵達高原上高兩千公尺的死火山破火山口。當地至今仍有硫磺溫泉，不僅是神聖的遺址，也是豐饒之神濕婆（Shiva）崇拜的重鎮。這裡一度有約四百間廟宇，如今僅餘八所，是爪哇最古老的石造建築結構。

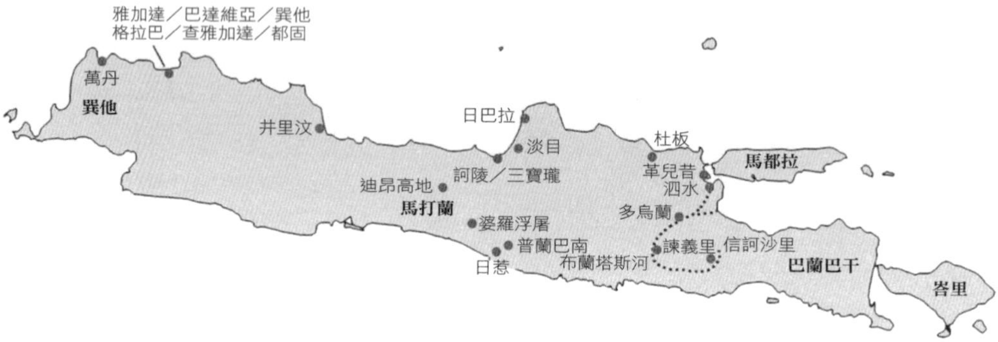

地圖8　爪哇重要地點。

相關文獻最豐富的迪昂高地保護者，是八世紀早期的統治者山再也（Sanjaya）。他豎立聖物林伽（lingam）以歌頌濕婆、祈求祖先保佑，並顯示他在學識與統治方面如何「腳踏其他君王家」。[1]他同時擁有「拉圖」（Ratu）與「大君」（Maharaja）兩個頭銜——前者是從斐濟到印尼島群都能找到的南島貴族頭銜，後者則是印度的頭銜，意指王中之王。

歷史上，夏連特拉王朝與爪哇山再也王朝之間的關係並不清楚，但兩王朝曾在某個時間點透過聯姻結盟，由夏連特拉家主導；不過，儘管此時的夏連特拉王朝信奉佛教，但山再也的濕婆仍留了下來。畢竟對夏連特拉家的忠誠，可是比在濕婆與佛陀之間做選擇重要多了。

夏連特拉的根據地是爪哇中部偏南的吉都平原（Kedu Plain），中心點位於馬打蘭（Medang，亦拼作Mataram）。室利佛逝已經將影響力延伸到爪哇北海岸，但南岸與北岸不同，並不適合船運，口岸少之又少。夏連特拉與室利佛逝在八到十世紀時如日中天，彼此間是互補而非競爭關係（部分是因為王族間的紐帶），成為相互的力量泉源。儘管兩王朝各自進行統治，互不干擾，但世人一度將兩者視為整體的夏連特拉世界。洛坤（Ligor，即單馬令）出土了一塊西元七七五年的石碑，稱呼某位成就非凡的室利佛逝國王為夏連特拉家的成員。

普蘭巴南對婆羅浮屠

夏連特拉王朝同樣向外擴張勢力。他們利用室利佛逝的海上力量征服了高棉大城因陀羅補羅（Indrapura），並且在八〇二年扶植高棉王子闍耶跋摩二世（Jayavarman II）為統治者。（闍耶跋摩二世後來拒絕效忠夏連特拉家，將首都遷往內陸的訶里訶羅洛耶〔Hariharalaya，暹粒南方〕。他治世將近五十年，開啟了後來的吳哥王朝。）

夏連特拉王朝不時與占人發生衝突，因為占人在與中國的貿易上和室利佛逝有所競爭。占人不僅更靠近廣大的中國市場，跟婆羅洲與菲律賓群島也有海路聯繫，從中獲得中國所需的森林物產。八世紀的越南文獻提到，來自爪哇與蘇門答臘的人最北曾劫掠至東京。同時代一份以梵語寫成的占婆史料（出土於芽莊〔Nha Trang〕）描述了「以比死屍更駭人的食物維生、膚色墨黑、骨瘦如柴，與死神一樣可怖邪惡的人乘船來到」，焚燒一座廟宇，並偷走林伽，而後遭薩多跋摩（Satyavarman）擊退的過程。[2] 來者可能是羅越人，他們若非自發性的劫掠，就是受到室利佛逝鼓勵——畢竟幾年過去後，「爪哇的軍隊」便在七八七年來到，摧毀又一座廟宇。[3] 但整體而論，夏連特拉在這個時代的貿易，以及在馬尼拉灣與蘇拉威西島等地的拓殖口岸都在成長。

中爪哇南方肥沃、經過灌溉的吉都平原能創造農業剩餘，支持興盛的藝術與廟宇的修築，其中最有名的就是西元八二五年前後完成的大佛塔婆羅浮屠。穀類剩餘同樣可以銷售，室利佛逝王朝必須這麼做，才能撐起蘇門答臘與馬來半島海岸等地缺乏糧食的貿易聚落。

夏連特拉－室利佛逝軸心在西元八五〇年前後瓦解：山再也君主拉該・皮卡丹（Rakai Pikatan）先前娶了夏連特拉國王巴拉跋特拉（Balaputra）的姊妹，此時卻在地方貴族支持下叛變，驅逐夏連特拉國王，國王則逃往室利佛逝，後來成為室利佛逝大君。孟加拉出土的一份銘文記載：「名為巴拉跋特拉的蘇筏南對巴（Suvarnadwipa）國王在那爛陀寺內建起佛塔。」[4] 上文與另一份出土於南印度那伽缽亶那（Nagapattinam）的十一世紀初銘文，皆指出夏連特拉家是布施的檀越，顯見該王朝之名的遠播與持久。

山再也的革命成為濕婆信仰回歸，躍居馬打蘭主流宗教的背景。新統治者在吉都平原上距離婆羅浮屠東南方幾公里，興建大型廟宇普蘭巴南（Prambanan），以及其餘數座專門拜濕婆的廟。夏連特拉王朝與山再也王朝雖然興建了舉世聞名的石造建築，但他們自己的居所卻是平凡且非永久的木造建築。室利佛逝本土缺乏石材，而中爪哇又容易發生地震。

馬打蘭君主在宗教上的轉變，除了創造出對數千名勞工的需求，以及龐大的石材業之外，反而對一般百姓沒有太多的影響。出自《羅摩衍那》的寓言與象徵符號和南島傳統信仰結合，創造出一種具有印度教表面，內容卻是爪哇和海洋地區所獨有的文化。不過，山再也的勝利確實有助於印度教成為爪哇的主要信仰，直到伊斯蘭信仰來臨才告終。至於將資源投入於建築廟宇的做法是否削弱了馬打蘭，則未有定論。畢竟男性從事石工時，還有女性能承擔大部分的農事，所以或許沒有太大影響。灌溉農業同樣在這個時代有長足的發展，但原因不見得是人口壓力，反而是因為得到更可以依賴的作物，以及為了更加聚集人口，從而方便防務與收稅之故。效率的提升讓統治者獲得建立軍隊或興建廟宇所需的人力。[5]

馬打蘭的動向

馬打蘭與室利佛逝的分裂，同樣終結了前者的海外影響力。爪哇北岸出現了新的口岸，同時削弱了馬打蘭與室利佛逝。對中國貿易的巨幅成長，為願意挑戰室利佛逝貿易掌握的新口岸創造了契機。大致在同一時間，馬打蘭受到默拉皮火山猛烈爆發的嚴重影響，不僅農田遭殃，地震也摧毀了建築物。作為回應，辛度王（King Sindok）在西元九二九年前後，將kraton（王都）從馬打蘭遷往東爪哇的布蘭塔斯河。新地點不僅遠離火山，同時得益於爪哇北方口岸的外國貿易機會與布蘭塔斯河流域的發展潛力。（「kraton」一字源於南島語言的「酋長」——馬來語則是「ratu」或「datu」。）

布蘭塔斯河於泗水（Surabaya）出海，發展晚於馬打蘭和爪哇西北部的各港口。此處距離馬六甲海峽以東甚遠，無法掌握海峽貿易，此前也沒有排水與灌溉設施。中爪哇有河流與道路能銜接北爪哇與爪哇海，但海上貿易原本並非首要之務，畢竟馬打蘭與室利佛逝有共同的利益。不過，布蘭塔斯河口卻有一大優勢：靠近香料群島。南半球的季風既能把香料帶到爪哇，也能帶著商人前往西方。香料群島的商人帶著他們的香料乘東風而來。風向的改變帶著他們返回摩鹿加群島，也讓船隻得以從印度、室利佛逝與中國離開，前往爪哇東北岸。中國與阿拔斯世界對香料的需求成長，商人也就有利可圖。

布蘭塔斯河本身成為新的權力根基。這條河是爪哇第二長的河流，發源自靠近南海岸的阿朱納山（Mount Arjuna），接著順時針畫了個半圓，往北流入爪哇海。布蘭塔斯河上最早的王都是上游的坎朱魯漢（Kanjuruha，靠近信訶沙里〔Singasari〕），當地最古老的碑文能上溯至七六〇年，以梵文寫就，記錄寺廟的捐獻。數世紀過去，馬打蘭數次遷都，但地點總是以這條河為中心。下游的發展較遲，但截至西元九二〇年，發展的程度也足以讓異國船隻造訪其口岸。辛都王（King Sindok，從九二四年統治到九四七年）推動農民開墾、沼澤排水，改善港口條件。他必須對抗室利佛逝的攻擊，顯見他吸引貿易一事妨礙了室利佛逝體系中的口岸。

辛都是山再也王朝的最後一任君主，但王權透過其女轉移到伊撒那（Isana）家族的過程不僅相當和平，而且後來還透過聯姻創造了與峇里島和爪哇兩位最知名的君主——達哈旺薩（Dharmawangsa）與艾朗加（Airlangga）的聯盟。達哈旺薩與艾朗加之名，在今天的印尼隨處可見。雄心壯志的達哈旺薩王在九九〇年繼承王位，並著手與爪哇西北的數個口岸發展緊密的關係，和室利佛逝一較高下。室利佛逝所感受的壓力，足以讓該國在十一世紀初派遣一連串的使節至中國，確保中國的支持。然而，達哈旺薩卻不自量力，在九九〇年直接進攻巨港失敗。室利佛逝為了報仇而暗助一場叛變——達哈旺薩王將女兒許配給峇里王子艾朗加，在訂婚儀式上，叛軍殺了達哈旺薩王，並破壞王都。王位空懸數年後，艾朗加才恢復王國秩序，畢竟他一開始把力量都放在強化峇里本國的力量。

艾朗加從一〇一六年統治到一〇四九年。他有兩項主要成就：其一，他在一場洪災後建設了一系列的水壩與運河，以調節布蘭塔斯河。此舉不僅減少了洪水，創造更多可耕地，而且還能改善位於乎云加拉（Hujung Galah）的主要港口。憑藉複雜的水利工程——遠比吉都平原的需求更為繁瑣——布蘭塔斯河與梭羅河下游沿岸的土地發展出水稻種植，而且往布蘭塔斯河的更上游與支流延伸而去。在宗教信仰中，山區是諸神的家。他透過祭水與收成等儀式，將上游河川的實際控制與信仰加以銜接。基礎建設的發展同樣加強了國王的權威，不僅能將特許授予新耕地的開墾者，也能讓國王減少對鬆散貴族網絡的依賴。

艾朗加的第二項成就，是讓自己的王國成為該地區最強大的國家。為達哈旺薩復仇的渴望，激發了他對開發資源的狂熱。艾朗加取代了室利佛逝對北爪哇口岸的控制，同時把自己的影響力延伸到中爪哇、峇里島與婆羅洲。運氣也站在他這一邊：一〇二四年至一〇二五年，南印度的朱羅王國成功襲擊室利佛逝本土。一位逃過朱羅攻擊的室利佛逝公主得到了艾朗加的庇護，後來成為他的配偶。

艾朗加把國土分給自己的兩個兒子，結果削弱了自己的成就——兩人分別以布蘭塔斯河中段的諫義里（Kediri），以及下游的固里班（Kahuripan）為根據地。我們對於接下來一百年的政治史並不清楚，只知道兩國不時與彼此之間，以及與布蘭塔斯河上游的信訶沙里發生衝突。但這一切對海岸地帶的貿易，或是對布蘭塔斯河沿岸人口的成長都沒有嚴重的干擾。布蘭塔斯流域的農業與對東部島嶼的貿易控制兩相結合，讓榮景延續將近兩百年。

艾朗加治世之後，宗教寬容出現長足進步，爪哇獨有的文化也很興盛。爪哇語書寫在上個世紀便有發展，但到了此時才出現原創的文學，以及《羅摩衍那》的部分翻譯。視覺藝術也減少對印度範式的依賴，統治者的形象大量出現。工匠描繪巨大的迦樓羅（Garuda，巨鳥人，毗濕奴〔Vishnu〕的坐騎）載著艾朗加的圖畫。迦樓羅成為爪哇藝術的特色，甚至在伊斯蘭信仰進入爪哇數百年後，仍然成為印尼國徽與該國航空公司的標誌。

室利佛逝相對衰頹，但貿易——尤其是對爪哇來說至關重要的對東香料貿易——整體仍持續成長。十二世紀的中國史書記載：

> 諸蕃國之富盛多寶貨者，莫如大食國。其次闍婆國〔爪哇〕，其次三佛齊國〔室利佛逝〕，其次乃諸國耳。[6]

夏連特拉—山再也的分裂，顯然對努山塔里亞未來的政治發展有極大影響，終結了創造跨島群體系的第一次嘗試。但兩國仍在共同框架中運作，一如歐洲國家一面不停作戰，一面維持跨越國界的文化與家族關係。共同的紐帶——包括在破碎的政治體系中保有對宗教的彈性詮釋——始終是努山塔里亞的主要特色。貿易帶來的財富增加，助長了來自室利佛逝勢力範圍之外，以及內部彼此的競爭。

第八章　貿易之虎泰米爾

千百年來，努山塔里亞的航海技術與島嶼形勢保護當地不受外敵入侵。但在一〇二五年，這兩道牆卻被另一個貿易國家打開缺口——這次的外敵是從孟加拉灣跨海而來。泰米爾的朱羅王朝襲擊並攻陷巨港，拿下吉打，勢力在馬來半島持續數十年。朱羅王朝對室利佛逝的攻擊，是歷史上所知由印度國家對努山塔里亞發動的唯一一次直接進攻，這不僅改變了貿易的動向，也嚴重削弱了室利佛逝。

相較於貿易，朱羅王朝在文化上的衝擊恐怕微乎其微。來自印度的文化早已在此地生根，朱羅人的軍事干預幾乎沒有影響。朱羅王國與該地區的互動早於其軍事進攻，畢竟努山塔里亞與南印度的貿易與文化關係向來密切。比方說，爪哇的普蘭巴南（建於攻擊發生前七十年）就能看出南印度文化在建築上的影響。甚至遲至一〇一六年，朱羅王羅真陀羅（Rajendra）還曾捐獻維護室利佛逝王室——也就是同時擔任室利佛逝與吉打國王的夏連特拉家——在那伽鉢亶那興建的佛塔。

唐代欣欣向榮的貿易，不僅成為朱羅王國崛起、掌控整個南印度的背景，也進一步強化了朱羅與室利佛逝之間的關係。常備軍與官僚體系構成了強大的政府，不僅推動卡弗里河（Kaveri

River）河堤興建等公共工程，也創造出讓藝術與文學得以蓬勃發展的環境。朱羅王國從卡弗里河畔的根據地那伽鉢亶那，將國界推向印度西岸，最終更派兵往北至孟加拉地區。朱羅王國沒有常備海軍，但有商船任其派遣，能載運含戰象在內的完整部隊。這樣的海軍實力足以讓朱羅王國征服斯里蘭卡與馬爾地夫群島，成為印度洋東部貿易的主宰。他們在把室利佛逝當作目標之前，已經在對僧伽羅人的戰爭中磨練過了：斯里蘭卡島大部分地區經歷了泰米爾人半世紀的統治，建有許多濕婆神廟。

朱羅王朝信奉印度教，以濕婆信仰為主軸，但佛教寺院仍舊得到護持。造成朱羅與室利佛逝對立的主因並非信仰，而是貿易。朱羅王國強烈受到國內的商人行會影響，對其他地方的征服行動令他們大受鼓舞，加上眼見室利佛逝受到東爪哇的挑戰，於是他們希望能削弱室利佛逝對貿易的掌控，並獲中國認可為重要的國家。根據阿拉伯文獻記載，室利佛逝控制整個馬來半島，但朱羅王朝意欲從中分一杯羹，不打算依賴室利佛逝的合作。他們在一〇一五年首度出使中國，顯見他們的雄心。

此時，一度因唐代中國與穆斯林阿拔斯王朝衰落而暫歇的貿易重新開始成長。如今控制中國的是宋朝，立足北非的法蒂瑪王朝（Fatimids）則是穆斯林世界首屈一指的強權。早在九八五年，就有一位阿拉伯人寫道：「巴格達一度是座宏偉的城市，如今卻迅速傾頹〔……〕今日的埃及福斯塔特（Al-Fustat，即開羅），就像昔日的巴格達。」[1]

早在一〇二五年朱羅王國攻陷巨港、俘虜其國王之前，兩國的戰爭恐怕就已經展開。根據泰米爾文獻記載，朱羅接著劫掠占碑、比較小的蘇門答臘口岸，以及馬來半島兩側的室利佛逝港口，包括其中最重要的吉打。朱羅人的勢力也及於勃固（Pegu）與高棉海岸。後來的馬來史書記載他們已襲擊過柔佛（Johor）與淡馬錫（Temasek，即新加坡）。根據坦賈武爾（Tanjore）一所廟宇中的泰米爾文獻，朱羅王羅真陀羅朱拉「派遣許多戰艦航行於波濤之中……席捲城郭，俘虜室利佛逝王……從加打蘭（Kadaram）國王處奪得大量珠寶，並劫掠單馬令（Tambralinga）與狼牙脩」。[2]

朱羅的軍事行動重創了室利佛逝的國威，這對於後者掌控較小的貿易口岸來說影響甚鉅。宋朝史書記載，廣州的貿易於其間驟減，驚動聖駕，於是在室利佛逝下一次來使時予以特別關照。朱羅人似乎對直接統治東南亞土地興趣缺缺，比較希望以間接的方式控制當地。但他們在一〇六八年再度進攻吉打，趁著當地人對室利佛逝有所不滿，扶植夏連特拉王族中的異議分子掌權。

多極世界

朱羅王國控制了跨地峽貿易的其中一端，因此得以與次第擴張到昭披耶河流域與克拉地峽的高棉帝國建立聯繫，成為印度跨安達曼海貿易的一環。爪哇人曾短暫成為高棉的領主，因此儘管吳哥王國關注的焦點是河流貿易，但該國在挑戰室利佛逝對海上貿易的控制上與朱羅王國有共同利益，此外也希望避免歷史重演。

不過，此時的世界是個多極世界。高棉與朱羅的利益同樣受到以勃固為根據的緬甸人往南擴張所挑戰，他們奪走朱羅王國對安達曼海口岸達瓜巴（Takua Pa，普吉島北方）的掌控權，並為斯里蘭卡的佛教同胞僧伽羅人提供協助。儘管如此，朱羅人仍然握有繁榮依舊的吉打，與北蘇門答臘口岸合作，跟室利佛逝搶生意。一塊一〇八八年的石碑記載了巴魯斯（西北蘇門答臘）的泰米爾商會事宜，顯見朱羅人不僅在此勢力之大，而且能取得該地區的樟腦與其他森林物產。

連巴魯斯還在室利佛逝控制之下時，泰米爾人在此也有自己的居住區。巴魯斯是蘇門答臘西岸唯一的重要口岸，這裡有強勁的西南季風、眾多的島嶼與珊瑚礁，以及少數受到保護的下錨地，因此比東海岸口岸更加叛服無常。其實，航行巽他海峽、沿西岸航行的這條路線，並沒有像馬六甲海峽那麼常用。因此巴魯斯以南的島嶼（例如明打威〔Mentawai〕）始終與蘇門答臘和爪哇的發展脫鉤，也很少受到印度教、佛教（甚或是後來的伊斯蘭信仰）所影響。

然而，來自巴魯斯的船隻確實會直接航向斯里蘭卡與印度，而且至少從托勒密的時代便已經這麼做了。它們主要是與印度和阿拉伯世界做生意，而非中國，不會跟蘇門答臘東岸或馬來半島的口岸競爭中國貿易。巴魯斯是個存在很久，由異國人主導，位於巴塔克世界邊緣的聚落。從其主要下錨地羅布杜阿（Lobu Tua）出土的各種文物之產地來看，這裡是個很國際性的口岸。但巴魯斯對朱羅人來說戰略價值有限，不像吉打有安達曼海的地利之便，又有跨半島貿易。

朱羅人留下的痕跡不容易明辨，畢竟該地區長期受到印度教的影響。吉打南方的布央谷（Bujang Valley）許多地方一度有印度教與佛教寺廟，有些還有殘餘的磚石，年代最早可回溯到西元一一〇年。吉打信奉印度教的時代延續將近千年，直到蘇丹國在十二世紀晚期建立才告終。有些位於吉打的廟宇（例如布吉巴杜巴雅〔Bukit Batu Pahat〕）顯示出強大的泰米爾影響，時代也能回溯到十一世紀晚期的朱羅統治時代。朱羅王國的統治或許把佛教從吉打抹去了，但吉打在骨子裡始終是馬來印度教王國，而非泰米爾印度教王國。

吉打的歷史常常不待見於今日的馬來西亞，畢竟統治者寧可忘記馬來人在前伊斯蘭時期的成就。霹靂蘇丹國（Perak Sultanate）王族中也出現了朱羅之名，尤其是二十世紀初的君主拉惹朱蘭（Rajah Chulan）——吉隆坡的核心商業區「金三角」就有以他的名字命名的大馬路。取這個名字，著重的或許是朱羅王朝所享有的聲望，而非前伊斯蘭時期的泰米爾拉者起源。不過，歷史總晦暗不明。根據《馬來紀年》（*Sejarah Melayu*〔*Malay Annals*〕），拉惹朱蘭是在與另一位印度裔的王族拉者蘇蘭（Rajah Suran）對陣時戰死的，後來拉者蘇蘭娶了拉惹朱蘭美麗的女兒。[3]

朱羅王國的力量在十二世紀衰落，但貿易卻持續興盛，尤其是南宋時與中國的直接貿易——當時以臨安（今杭州）為根據地的統治者無法觸及陸路貿易。大型的泰米爾貿易社群逐漸在廣州與泉州立足，中國商人也同樣客居那伽鉢亶那。隨著朱羅式微，馬來半島短暫受到另一個王國支配：定都於單馬令附近的單馬令王國一度控制了大半個半島，甚至在斯里蘭卡北部建立據點。不過，單馬令過度擴張，無法抵擋暹羅人在泰國中部建立的素可泰王國（Sukhothai Kingdom）往南方推進。

遺緒猶存

室利佛逝多少從朱羅的猛攻中恢復過來，但原本的霸權卻已終結，為了讓小口岸聽話而費盡心力，但大增的貿易機會卻代表新地點有更多機會能繞過室利佛逝，直接與爪哇、泰米爾、阿拉伯，以及如今新加入的中國商人做生意。室利佛逝的中心後來從巨港轉移到占碑，不過中文文獻仍使用原本的名字「三佛齊」，來稱呼整個政治實體。

甚至遲至一二二五年，中國文獻仍記載「三佛齊」控制了半島兩岸的港口，而巨港、占碑和吉打等皆有派船至印度的馬拉巴爾海岸（西岸），同時與朱羅人維持關係。儘管與中國官方關係不變，但中國商人愈來愈多，也削弱了室利佛逝的影響力——到了明初，巨港已有中國商人社群。室利佛逝國力減弱也導致兩海峽海盜事件增加。該國國力緩慢而穩定的衰落。到了十四世紀，長年結盟的兩大政治實體——巨港與占碑各自派遣使節前往中國。不過，兩地此時也已經被馬六甲所超越，而馬六甲本身就是流亡的室利佛逝王子建立的國家，其繁榮得歸功於衝擊努山塔里亞世界的外部新影響力：伊斯蘭與中國。

不過，當我們回顧這一千多年的時間，努山塔里亞在歐洲人來到之前，顯然從未因受制於壓倒性的外部勢力而影響其歷史走向，而原因自然是星羅棋布的島嶼和努山塔里亞商人與船員的工夫。主要宗教透過貿易與楷模人物和平傳來。朱羅王國的衝擊力從未及於蘇門答臘與馬來半島以外的地方。後來蒙古與大明的海上軍事行動為時也很短暫。努山塔里亞本土的政治實體通常國祚不久，地理形勢也讓它們無法在國家規模與人口上與亞洲大陸的大河流域相提並論。但該地區仍然有獨立的身分認同，是吸收而非被吸收，更別說遭到版圖更大、人口更多的鄰國所征服。努山塔里亞人踏實地向外發展，越過印度洋，前往馬達加斯加、非洲與阿拉伯海岸。

至於室利佛逝與巨港，即使馬來半島早已取而代之、成為馬來世界的心臟，但它們的記憶始終如《馬來紀年》中所反映的那樣，深植於馬來文化的核心。這部史書描述室利佛逝至馬六甲蘇丹與後來柔佛蘇丹的世系，以及其間的歷史與傳說。馬打蘭也許在記憶中占了更大的比重，但其國祚與全球影響力，都比不上室利佛逝——東西貿易與文化交流之父。海洋維繫著努山塔里亞，整個區域本質上的一致性也反映在馬來語的影響力上——無論是今日或是過去的這一千年，從亞齊到亞路（Aru），每一座城鎮都有人通曉這種語言。如今的越南海岸在這段時間裡，幾乎都是努山塔里亞世界的重要一環。

第九章　占婆：東海霸主

生活在島嶼上的努山塔里亞人受到海洋與船隻的保護，相對不受人口更多的大陸強權所威脅。而他們在大陸上的橋頭堡——與中國南海岸接壤的占人之地——卻成就非凡，延續了長久的時間：從大約西元前一〇〇〇年建立殖民地（可能是婆羅洲的人），一直到占婆在一八三二年被越南徹底消滅為止。

占婆是沙黃文化的傳人，卻受到印度文化的影響，同時保有其南島語言和以海為生的傳統。占人的領土最大時從毗濕奴城（Vishnupura，靠近今天的洞海〔Dong Hoi〕）直至湄公河三角洲北邊的藩切（Phan Thiet）。對於這段位於山海之間的狹長地帶來說，重要性並不在其資源，而在於位置。從廣州固然可以直接前往暹羅、蘇門答臘、爪哇、婆羅洲，但為了安全起見，常常還是需要中途停靠的地方。占人的港口同樣能作為婆羅洲與民答那峨物產的轉運站。這些早期的貿易社群發展為更有組織的印度教國家，聯合起來之後（有時候相當鬆散）就成了占婆。

印度教很早便開始影響當地，而托勒密在西元一五〇年前後提到的梵語地名中，就包括這段海岸上的地點。占人一開始依附於扶南，占婆的印度教與王權概念或許就得自於扶南。他們的信仰以濕婆崇拜為主，但也有拜毗濕奴的廟宇，佛教元素也隨處可見。人們奉行印度教種姓制度，

中國
大越
洞海
毗濕奴城
順化
沱㶞
美山
因陀羅補羅／阿馬拉瓦蒂
林邑／占婆
毘闍耶／歸仁
吳哥
柬埔寨
古笪羅／芽莊／婆那加
潘杜郎迦／潘郎
金邊
扶南

地圖9　占婆與鄰國。

但似乎不算非常嚴格，南島語族母系傳統中的元素也留在繼承制度中。遺體採用火葬，王后必須隨夫君進火堆殉葬。

宗教建築面貌

最早的廟宇在四世紀於美山（My Son）出現。美山是占人最神聖的地點，位於古代港口會安（Hoi An）西南方的山腳下。到了六世紀，占婆已經成為獨立的政治實體，由一名流亡的扶南王子擔任領袖。最早的占語碑文出現於此時。這種文字與大多數的東南亞文字（以及蒙古、西藏文字）都源於南印度的帕拉瓦文，而帕拉瓦文則源於印度的婆羅米文（Brahmi script）。占語可能是最早形諸文字的南島語言，不過馬來語、爪哇語也旋即迎頭趕上。

儘管印度教建築物規模宏大，包括好幾根記錄了君主大事記與功績的石柱，但世人對於占婆千年歷史角色重要性的了解，主要仍來自外國文獻。不過，廟宇、其他遺跡與藝術品依然留下的證據，讓人感受到占婆的財富與榮耀。

占人人口不多，可耕地也不大，留下的大型宗教建築在東南亞地區卻僅次於吳哥窟與爪哇婆羅浮屠。占人最有名的建築遺跡都在美山——最最神聖的占人印度教遺址。一如爪哇，濕婆崇拜與林伽的核心地位在美山最為重要。美山距離原本的王都阿摩羅婆胝（Amaravati）與因陀羅補羅不遠（根據印度史詩《羅摩衍那》，阿摩羅婆胝是眾神之首——因陀羅的城市）。從四世紀起，美山的繁榮發展延續了將近一千年。美山的早期建物除了石頭之外什麼都不剩，但有些從七世紀到十四世紀的大型工程卻留了下來——捱過了越戰期間美軍的轟炸——成為世界文化遺產。

美山既是占人王族的墓地，也是宗教儀式場所。當地一度誇稱有七十間廟宇。留存下來的廟宇多半來自十世紀，但從八世紀至十四世紀的各種建築風格都能在該遺址找到。其中只有一座為磚造，所有的雕刻都刻在磚上，而非某些柬埔寨廟宇那樣刻在石材上，再嵌於磚牆中間。

美山並非唯一的遺址。占人遺址散布於濱海地區的許多地點，例如芽莊（原名古笪羅〔Kauthara〕）的婆那加（Po Nagar，納入印度教儀式的地方神祇）寺廟與和來（Hoa Lai，藩切附近）的遺址。歸仁（Quy Nhon，原名毘闍耶〔Vijaya〕）附近留有十四座占人的塔廟與其他宗教建物，傾頹程度不一，是該地作為占人國都的五百年間（直到一四七一年遭攻陷為止）所興建的。

幾乎所有的占人塔廟皆為磚造，得到信徒以金、銀、寶石裝飾與雕像的豐富捐獻。他們很少使用石材，但會以模造或雕刻的方式，在磚塊上做出繁複的裝飾紋路。廟宇得到信徒捐獻的土地，不僅不用繳稅給國王，而且還獲得耕田的奴隸和其他的資源，供應僧侶社群所需。除了迦樓羅等常見的印度教建築與裝飾元素之外，占人塔廟還有精妙的枝葉設計與獨特的占人版印度教神話生物——結合獅子、鱷魚與大象特徵於一體的摩伽羅（Makara）。

遊人的文字提到廟裡用一千盞燈籠照明，有穿金戴銀、以寶石裝飾的神像：

> 古笪羅女神面頰上的珠寶閃閃發亮，祂將信徒所祈求之物賜給他們：祂頭上閃耀的寶石讓祂的金色頭髮顯得更美，而祂發亮的雙耳也因光采動人的珠寶之重量而下垂。[1]

古笪羅是經過印度教化的本地神祇，同時也是早期南方盤據於芽莊的占人王國之名。

占人的建築物固然缺少高棉人所成就的那種輝煌與成熟，但他們在人口疏落、海岸狹長的地理形勢下，仍創造出讓人印象深刻的成果。

這些廟宇對入侵者來說是令人垂涎三尺的目標，有些廟宇重建過不止一次。但占人的防務確實很堅強。除了海上力量之外，占人城市還有十公尺高的磚牆保護，並建有石瞭望塔。戰爭頻繁，根據中國文獻記載，占婆國王有五萬人的常備軍。軍隊以步兵為主，配備盾牌、標槍與弓箭（使用毒箭），由戰象騎兵支援，並由騾隊補給。士兵穿戴藤甲，行軍時擊鼓鳴螺號。馬在十二世紀左右引入，但戰象支援的步兵仍然是主要戰力。

與中國的關係

占婆一開始能崛起，是得益於扶南的失勢——當大部分的對印度貿易從跨地峽陸路，轉往中國與蘇門答臘之間的海路之後，扶南也隨之衰落。中國對占婆嚴肅以待，畢竟中國從未主動掌控這個與自己最靠近的王國。西元前一一〇年至西元九三八年，中國統治了今天的北越，地方上間有短暫的反抗期。但中國似乎對於把直接控制延伸到紅河三角洲以南並不感興趣，僅會因占婆的不良行為（主要是劫掠中國控制的北越）而加以懲罰。占人的領土由好幾個商業重鎮組成，從其靠近會安的根據地阿摩羅婆胝（今茶嶠〔Tra Kieu〕）延伸至古笪羅（芽莊）與潘杜郎迦（Panduranga，潘郎〔Phan Rang〕）。（原本也有人稱呼阿摩羅婆胝為獅城。）占人總能從對中國的海上貿易成長中獲益，甚至連中國國內的問題也對他們有好處，例如叛軍在七五八年洗劫廣州，迫使阿拉伯與其他外國商人必須另覓據點。

西元四二〇年至五五九年，占婆至少二十五次出使中國，是所有國家當中最多的。這段期間，占婆同時能從跨半島貿易，以及中國對各海峽的貿易而獲利。中國人認為占人是南海岸的主要勢力。中國透過接待占婆使節的方式，承認占婆的獨立地位。但一直要到八世紀後，中國才把這個地區稱為占婆，而非林邑。

自從中國在六〇五年懲罰性入侵占婆，攻陷其首都，搶奪大量黃金、神像與佛經之後，占婆就不得不提防這個強大鄰國。儘管發生了這起禍事，當時的占婆國王商菩跋摩（Sambhuvarman）仍然在美山興建了宏偉的廟宇（一九六九年遭空襲炸毀）。中國的攻擊令占婆國王更加服從中國，將自己的勢力改往南延伸。趙汝适在一二〇〇年前後提到，占城國王在西元九八一年：

……上言，欲以其國俘九十三人獻於京師；太宗令廣州止其俘，存撫之。自是貢獻不絕，輒以器幣優賜，嘉其向慕聖化也。[2]

趙汝适是泉州市舶司提舉，雖然他並未走訪占婆，但他根據過去文獻與商人的描述編纂了一部貿易路線與風俗彙編。

趙汝适的其他觀察還包括「甃磚為城，護以石塔」，且「國人好潔，日三、五浴」，種植粟、麻、豆，多飲椰子酒，出產鸚鵡、孔雀、象牙與犀牛角，並有棉、絲織品。政府掌握森林中香木的砍伐。一旦商船載著船貨抵達，官員便會以皮革為冊加以記錄，以五分之一作為關稅。[3]

占婆是海上貿易體系中重要的齒輪，從對中國貿易與跟婆羅洲的近距離而得益。雖然占婆控制的並非類似馬六甲海峽這樣的咽喉之地，但往返中國與所有南方、西方口岸的船隻都得沿著海岸航行，而占人則能提供保護——或者不保護，端視情況而定。許多船隻會在占人的港口停靠，若非做生意、中途補給，就是為了避風。來自婆羅洲東北的船隻特別喜歡中途經過某個港口，例如位於海岸至東點的古笪羅（芽莊），而非直接前往中國，而且婆羅洲的物產亦能以此為轉口港，運往各個目的地。例如阿拉伯商人，他們寧可在古笪羅購買森林物產，而非岔出去前往婆羅洲。

與越人為敵

占婆的黃金期一直持續到越南人在十世紀掙脫中國的枷鎖為止。當時的占婆版圖達到極盛，將高棉人推回湄公河三角洲。大約一一七〇年，占婆部隊乘船渡過洞里薩湖，迫使高棉人歸順。但二十年後風雲丕變，換成高棉入侵，擊敗占婆，扶植叛變的占婆王子為王。等到這時，越人也開始擴張。戰爭斷斷續續，但越人在一三〇六年進入順化，導致占婆將權力中心從因陀羅補羅南遷至毘闍耶（今平定〔Binh Dinh〕）。

當時的占婆進入群雄割據時代。根據一份十一世紀的碑文記載，占婆王親征潘杜郎迦，因為潘杜郎迦不承認國王的權威。高棉人向來都是威脅，只不過嚴重性在暹羅成為高棉的主要競爭者之後有所下降。室利佛逝與爪哇一方面與占婆互補，一方面也有競爭。一份出土於芽莊的九世紀碑文提到海上有人從南方發動襲擊，這些人可能來自室利佛逝，或是來處不明的海盜。

中國文獻通常以正面的口吻描述占婆的資源。當地稻米不多，但有豐富的豆、粟、糖、香蕉、椰子與檳榔，可以用來釀酒。占人開採黃金與錫，森林又能提供樟腦和大量的珍貴木材。百姓養蠶，且精於織布。雖然沒有馬，但有許多大象與牛。但占婆人口不多，原因在於缺少可耕地。根據中國文獻，占人膚色黑，眼窩深，反映出他們的南島語言跟族群起源脫不了關係。中國人還提到占人偏好黑皮膚，其他南方民族也是。主要服裝類似馬來的紗籠。[4]

占婆在元朝遭到蒙古人與越人的占領，但在明朝時與中國發展出緊密的關係，兩國因共同的越南問題而更為緊密。雖然其他人經常將占人視為海盜，但占人自己則自視為平定越南海盜活動的人。占人與其他外國商人同樣受益於明朝的海禁政策。占人與越人不時發生戰爭，有時候是受到一方或另一方的王朝繼承爭議刺激而起。不過，無論是直接或是經由東京，占婆對中國的貿易似乎都沒有因此受到嚴重傷害。占婆跟琉球群島也有直接聯繫，而琉球本身又是連接日本、中國、朝鮮與南方海域的轉口港。

歐洲人初次接觸時，占婆依然是個繁榮的國家。馬可・波羅（Marco Polo）從刺桐（Zayton，阿拉伯人對泉州的稱呼）乘船抵達，造訪這個「稱為占婆的大國」。[5]他筆下的占婆不僅富庶，而且是沉香（因芳香樹脂而珍貴）與象隻的重要來源。但他也提到幾年前蒙古大汗曾為了干預該國國內事務，以及沒有收到貢品而入侵。占婆王向大汗求情，後來被迫每年進貢二十隻最好的大象給中國。他說，占婆王有權在每一名女子成婚前親自接見之，不是納為自己的又一名妻子，就是賞她嫁妝。國王有「三百二十六個孩子」。

一三二六年前後，另一位來自義大利的訪客——波代諾內的鄂多利克修士（Friar Odoric of Pordenone）從婆羅洲或馬六甲出發，經九天航程抵達占婆。他的《鄂多立克東遊錄》（*Eastern Parts of the World Described*）第二十三章就叫〈占婆國王如何擁有眾多象隻與妻妾〉（How the King of Zampa Keepeth Many Elephants and Many Wives）。文中他提到：

> 一個擁有大量糧食與其他好貨的國家。我人在該國時，據說當時的國王有兩百個孩子〔……〕和一萬四千頭大象〔……〕百姓養大象有如我們養牛。

他提到有大量的魚游向海岸邊，數量多到「除了魚，別的都看不見」。百姓相信魚群以這種方式「向皇帝致敬」。[6]

據馬歡記載（知名的大將軍鄭和曾數度帶著這名通事下西洋），占婆首都毘闍耶在鄂多立克到來的一百年後依舊繁榮。馬歡筆下的毘闍耶：

> 其城以石壘，開四門，令人把守。國王〔……〕頭戴金鈒三山玲瓏花冠〔……〕王居屋宇高大，上蓋細長小瓦，四圍牆垣用磚灰妝砌甚潔〔……〕國人男子髼頭，婦人撮髻腦後〔……〕上穿禿袖短衫，下圍色絲手巾〔……〕服色禁白衣，惟王可穿。[7]

他提到大量的象隻與犀牛，還有水果，但也說多數人從事漁業，而非農業。稻米與其他穀類數量不多。馬匹體型低矮，豬、水牛與山羊眾多，雞隻不大，沒有鴨或鵝。[8]

同樣隨鄭和下西洋的費信則描述了一場儀式：

其酋長頭戴三山金花冠，身披錦花手巾〔……〕乘象，前後擁隨番兵五百餘，或執鋒刃短鎗，或舞皮牌，捶善鼓，吹椰笛殼筒。其部領乘馬出郊迎接詔賞，下象膝行，匍匐感沐天恩，奉貢方物。[9]

威尼斯商人尼科洛・達・康提（Niccolo de Conti）是另一位十五世紀初的訪客，他提到當地盛產樟腦、沉香與黃金。[10]

儘管資源種類豐富，占人的榮景卻相當脆弱。海岸平原狹窄，食物有限，整個海岸又被無數山區與河谷分隔開來，擁有的因此是好幾個小港，而非單一的大港。雖然占婆王權本質專制，但國王的力量不時也因為破碎的地形而削弱。地方統治者有時候會採取海盜行為來維持己身。貿易、戰爭與海盜的邊界有時候很模糊。一份大約一二〇〇年的中國文獻提到占人的戎克船載運的是買賣用的奴隸，而非商品：「買人為奴婢，每一男子鬻金三兩，准香貨酬之。」[11]這些奴隸想必是從對婆羅洲的襲擊中得來，或是對高棉戰爭中的戰俘，甚或是內陸山區的人。

地理形勢同樣影響了占人對海洋的態度。地方統治者有時候忍不住為了尋找戰利品，以及可以在占人港口賣給附近買主的奴隸，而襲擊北邊的越人土地或西南方的高棉。不過，他們的海盜名聲或許經人過度誇大，畢竟史書所仰賴的主要是越南與中國文獻。占人就像越人，從中國人那兒學來製陶技術，成為陶器的出口者，包括出口至菲律賓。一艘沉沒於巴拉望外海的十五世紀船隻，船上載的多半都是占婆的綠釉陶器，由毘闍耶附近的窯爐大量燒製。這艘船顯然是在經由北婆羅洲前往蘇祿群島的途中沉沒的。

占婆試圖收復北方的失土，結果導致越人在一四七一年取得壓倒性勝利。毘闍耶城陷，城內的窯爐被毀，兩國邊境推至歸仁之南。占人的國家與文化緩慢卻穩定地走向消亡。

伊斯蘭的角色

等到葡萄牙人在下一個世紀抵達時，毘闍耶已經被越人拿下，占婆也進一步縮水。雖然最早來到的葡萄牙海員將鄰近海域稱為占海，但托梅．皮萊資（Tomé Pires）在一五一二年前後根據從馬六甲得到的資料寫作時，筆下的占婆卻只有少量的貿易，而且經常與鄰國戰爭。皮萊資表示，占婆只有吃水淺的小船，用於從暹羅到彭亨的沿岸航行，不過後來的歐洲人卻提到占婆的港口也有使用大型的戎克船。在皮萊資寫作的時代，占婆的領土仍往北延伸至維雷拉角（Mui Varella，越南在芽莊與歸仁之間的極東點），也有金蘭（Cam Ranh）與潘郎等足以吞吐大型船隻的口岸。

皮萊資寫道，伊斯蘭信仰並未出現在此地，但這一點卻是皮萊資認知有誤。[12] 長久以來，占婆各口岸都有穆斯林的據點，多數穆斯林集中在潘杜郎迦，當地有庫法體（Kufic）書寫的十三世紀碑文出土。潘杜郎迦在毘闍耶城陷後成為占婆首都，而伊斯蘭信仰也在十六至十七世紀間迅速傳播。占人穆斯林對於伊斯蘭在爪哇的推動有相當的影響力。九聖（Wali Songo，傳說中將伊斯蘭帶入爪哇的九名聖者）當中最有名的一位，就是生於占婆的蘇南．安佩（Sunan Ampel）。他的父親是穆斯林，或許來自波斯，與占婆公主成親，後來前往爪哇。還有另一位占婆公主嫁給了爪哇滿者伯夷王克達維惹亞（Kertawijaya）。占人一度與馬來半島的柔佛結盟，以對抗西班牙人與葡萄牙人，但信奉印度教與伊斯蘭的占人之間屢起衝突，進一步削弱了占婆王國。

占人的領土縮水後，其貿易地位也隨之衰落。在馬六甲為皮萊資提供情資的人斷言，黎朝（Le dynasty）統治下的大越國（攫取了占婆泰半的領土）在陸地上很強，但在海上很弱。此說有其根據。黎朝在十五世紀時大幅提升越人的實力。根據黎朝的儒家觀點來看，農業才是重中之重，商業不是。越人取得會安等口岸後雖然沒有妨礙貿易，但卻把大部分的活動留給中國、日本、馬來等地的商人進行操作。歐洲與中國的遠洋船隻對區域貿易的影響日益增加，越人、占人海岸地區的重要性也隨之穩定減弱。對於轉運港的需求愈來愈少。擴張中的越人國家後來分裂成南方的阮朝與北方的黎朝，兩者都把焦點擺在人口眾多的紅河與湄公河三角洲，往海洋發展的沿岸地區因此受到影響。

越人在十七世紀初再次推進，占領包括芽莊在內的地區。占人的國家在一八三二年徹底消失於地圖上——越南拿下了占婆最後的據點潘杜郎迦（潘郎），洞穿當時仍由高棉統治的湄公河三角洲，推進到金甌半島（Ca Mau Peninsula，今日越南的最南端）。雖然領土落入越南手中，但占人對越人的抵抗仍持續了很長的時間。越南化是個融合移民與適應的緩慢過程。

儘管越南成為宗主，改變的步調依舊緩慢，因為能建立新聚落的土地有限，陸路交通也很困難。無論是在四散於沿岸的主要聚落間長途移動，或是往河川上游的短距離移動，各地的聯繫幾乎完全仰賴船隻。因此，一名中國僧人才會在一六九五年提到海路是各行政區之間交通的唯一途徑。據說數年前越人在會安地區的聚落也疏疏落落。甚至到了十六世紀晚期，占人對越南統治的反抗，還造成會安附近的動盪。此外，越南雖然繼承了中國中央極權統治的傳統，但過去占婆國王控制狹長土地時遭遇的地形障礙，越南的君主同樣得面對。越南實際上經常是個分裂的國家，南北王朝彼此敵對。

縮水的占人領土終於被越南併吞時，占人大多數為穆斯林。不過，今日越南僅占少數的占人卻因宗教而分裂，而且多數並非穆斯林。當潘杜郎迦在一八三二年陷落後，許多穆斯林占人逃往柬埔寨，在當地始終是講占語、寫占文的少數族群，並維持母系繼承等南島語族特色。有些穆斯林逃往馬來西亞的吉蘭丹（Kelantan）。少數占語使用者留在會安，這個地方傳承了得自占人的傳統，又有來自中國與日本的商人在此落戶，而他們建立的河畔城鎮也如美山一般，成為今天的世界遺產。風格迥異的美山與會安，就是努山塔里亞這一千五百多年歷史的縮影。

近現代的越南以河內為中心，曾長期意圖強化以越人為中心的民族主義，以面對法國、美國與中國勢力。用後殖民民族主義的說法，單一的民族多少是個「想像的共同體」。[13] 宣傳「單一民族國家」的概念，必然會導致占人對民族文化的貢獻遭到忽略。西方觀察家經常視越南為中國的跟班，同樣信奉儒家，並且從中國借用其藝術形式。事實上，阮朝以中國為典範來建立制度的做法，既是為了強化力量以擴張其統治，也是為了與中國保持距離。

然而到了最近，越南對於努山塔里亞遺產的興趣開始重生，中國的影響力也隨之淡化。占婆－努山塔里亞風格的高腳屋、船隻設計（船首畫上眼睛的圖案）與地名，在今日越南中部與南部依舊明顯。人們熱切相信越南是東亞與東南亞民族與文化，以及印度教、佛教、占婆－努山塔里亞影響力的獨特融合，從住宅風格、編織、音樂與女性角色中都能看到。努山塔里亞人、印度教與伊斯蘭文化隨商人跨海而來，這三者在越南歷史中無疑有其地位。如今，占人與先前沙黃人的歷史，以及他們在南沙群島的蹤跡，皆能作為中國主張南海為其所有時的歷史反證。

占人作為亞洲歷史與占海海域的重要貢獻者，其影響逐漸受到重視。占婆固然消失已久，但占婆對努山塔里亞歷史的重要性正浮現於眾人的認知當中。占婆是個消失的王國，今人經常將之視為獨立的實體，視為歷史中的一個注腳。但占婆不僅是努山塔里亞貿易體系興盛期的一環，也是馬來世界、東南亞印度教世界的一環，透過競爭和通婚與爪哇的貴族相連結，影響伊斯蘭信仰在該地區的傳播。儘管南島語言的地位遭到剝奪，但擁有三千兩百公里長、面東、面南海岸線的越南，注定是這個海洋區域與整個努山塔里亞的一分子。

第十章　馬拉加斯基因與非洲迴音

語言，是我們揭開另一個遭人遺忘的努山塔里亞化身，以及它的跨洲海上地位時所仰賴的出發點。語言，是解決西元第一千年期其中一個謎團的關鍵——這個謎團就是馬達加斯加最早的人類聚落。馬達加斯加島標誌著南島語言與文化西向傳播最遠之處，其拓殖堪比南島語族從玻里尼西亞前往紐西蘭、夏威夷與拉帕努伊（復活節島），在太平洋開枝散葉的過程。

馬達加斯加島是世界第四大島，面積五十九萬兩千平方公里，距離東非海岸的貿易口岸不過兩百公里，卻始終沒有人類居住，直到努山塔里亞航海家從七千公里外而來為止。如此的豐功偉業在文字歷史上幾乎無影無蹤，只能從科學證據與阿拉伯等地的文獻中拼湊。不過，從目前相當有限的證據當中，還是有不少情況可以推論或猜測出來。

就連「馬達加斯加」（馬拉加斯語稱之「馬達加西卡拉」〔Madagasikara〕）這個現代名稱，也是源於無知與混淆。最早使用這個名字的人，是從未造訪該地的旅行家馬可・波羅。他把這座島跟索馬利亞海岸的貿易口岸摩加迪休（Mogadishu）搞錯，在音譯時又發生拼寫錯誤。[1]

大規模的拓殖或許發生在室利佛逝支配努山塔里亞期間，但推動力似乎不是政治。我們唯一能夠確定的是，馬達加斯加語基本上是南島語，但有大量字彙來自非洲的班圖語（Bantu

地圖10　馬達加斯加與非洲的關係。

language），一些則來自印度與阿拉伯。光靠語言還不足以證明來自努山塔里亞的人最早拓殖當地，但基因證據可以。今日島上居民的基因庫顯示，大約百分之五十的人有努山塔里亞血緣。

有鑑於馬達加斯加在過去數百年與東方鮮少接觸，卻跟非洲、印度與阿拉伯有許多互動，一開始大規模拓殖該島的人想必來自今天的印尼，後來的移民則泰半來自非洲。此外，有文獻提到來自努山塔里亞群島的船隻出現在西印度洋進行貿易，時間就在馬達加斯加逐漸有人定居前後（大約自西元四百年起）。拓殖的規模與順序尚不確定，但並非一次性或偶發性的事件。主要的移民可能有兩波，第二波更有組織，乘坐的船隻也較大型，[2]後續則有不定期的移入。努山塔里亞人究竟是直接從亞洲而來，或是先在非洲海岸或科摩羅群島（Comoro Islands，位於馬達加斯加東北岸與桑吉巴島附近的非洲海岸之間）站穩腳跟，這一點尚有爭議。也許有些人直接抵達，有些人途經科摩羅群島或非洲，然後才來到馬達加斯加。[3]馬達加斯加的早期聚落顯示出與科摩羅群島聚落的相似性。後來的聚落則同時類似努山塔里亞與非洲聚落。今天，島上的不同區域有不同的基因混合——但畢竟都是混合的。

對於最早造訪馬達加斯加的歐洲人來說，這座島與努山塔里亞島群之間的關係顯而易見。早期關於爪哇的葡萄牙文獻便提及爪哇與馬達加斯加的關聯。比方說，迪耶哥·德·古托（Diego de Cuoto）在十六世紀寫道：

> 這些人是航海專家，自視冠絕群倫〔……〕爪哇人肯定曾航至好望角，並且與馬達加斯加島有交流，因為岸邊有許多人是棕皮膚的爪哇混血。[4]

來自婆羅洲的航海家

室利佛逝世界看似是最明顯的移民來源，畢竟當地素有航海與貿易之名聲。不過，語言學的主流證據進一步指出他們來自婆羅洲南部的巴里托（Barito）地區，大致在今天的馬辰（Banjarmasin）附近。[5]巴里托語跟巴瑤人（Bajau Laut）和薩馬爾人（Samal）的語言有關，這兩個海洋民族漫居於婆羅洲與民答那峨海岸一帶。不過，源於馬來語的詞彙（尤其是跟海洋有關的用語）卻讓情況更形複雜，此外還有一些爪哇語，以及極少數源於梵語的詞彙。由此看來，早期的拓殖泰半跟航海社群有關，與信奉印度教—佛教的統治階級無涉。

室利佛逝如日中天時，馬達加斯加島上的小型聚落或已有兩百年歷史。接下來很可能有數批人通力合作，直接從努山塔里亞移居當地，其中就包括那些將梯田和水稻種植帶進島上內陸的人。若干歷史學家認為，這或許反映了馬來人與爪哇人是拓殖行動的領袖，而低地位者則大多來自婆羅洲，或是先前帶往蘇門答臘充作海員的奴隸。確定的是，馬達加斯加傳統上是個階級森嚴的社會，一如室利佛逝—夏連特拉時期的爪哇與蘇門答臘。當地甚至保有將人埋葬於河口、藉此顯示其地位的南島傳統。

來自婆羅洲的巴里托語，在這座不久前人口仍相當稀疏的大島上成為根源語。這個事實暗示巴里托人必然是大批前來，而海岸居民也必然是以船隻與彼此聯絡，有如過去在努山塔里亞的做法。馬達加斯加中部高處河谷地一直到十世紀才有人開墾，而且進度非常緩慢。不過，無論移民拓殖到何處，皆是採用與努山塔里亞類似的刀耕火種來種植稻米、小米和根莖類作物。他們也曉得如何利用與故鄉相同的竹製風箱來熔鐵。

九世紀晚期，馬達加斯加西北岸的聚落已經大得足以製作陶器與鐵器。城牆厚實的貿易口岸馬里卡（Mahilaka）就位於此，有著從九世紀至十五世紀連續不斷的考古歷史。[6] 當地也出土了九世紀的稻米與綠豆，遠早於這兩種作物出現在非洲大陸上的時間。[7] 東南岸亦有聚落。由早期歐洲訪客所記錄的地方民俗記憶中，提到既有聚落與新來的人之間慘烈的抗爭，這或許導致了人們尋找新地點，最終遷往內陸。有些來自爪哇的移民可能遲至十三世紀才抵達，他們為高處的河谷地帶來稻米種植，在當地的神話與王權觀念中留下痕跡——包括「偉大的王者居住在高處」的想法。

我們也知道有來自北蘇門答臘的人在馬達加斯加落腳，當地稱他們為「Zafiraminia」，這是因為阿拉伯人用「拉敏」（er-Ramin）稱呼住在蘇門答臘最西北角的人。[8]他們是島上幾個伊斯蘭化的群體之一，其他群體則來自非洲海岸，島上的居民也因此愈來愈多。根據一份十三世紀的阿語文獻，由穆斯林主導的聚落跟擁護馬來領袖的聚落之間顯然發生過衝突。馬來領袖試圖開疆拓土，但成效不彰，畢竟距離太遠，人口也太分散。

馬拉加斯語中指稱作物的字詞起源於南島語，至於稱呼眾多家畜（例如有角牛）的字詞則是班圖語，跟女性有關的詞也是。這個事實顯示班圖語和南島語都是基本、早期詞彙的一環，但多數的班圖聚落出現的時間可能較晚，居民中也包括許多來自非洲的女奴，畢竟馬達加斯加有直接參與印度洋奴隸貿易。重要性不亞於稻米種植的東來品還有織布傳統，以及女性在這種具文化重要性的活動中所扮演的角色。馬達加斯加後來以紡織品樣式之豐富而聞名，但這些多半跟努山塔里亞的織布機結構與紮染手法關係密切。布疋與葬禮（包括二次葬）關係密切，而這也是努山塔里亞早期文化的共同特色。此事或許代表最初的移民所出身的群體，跟室利佛逝與爪哇貴族的佛教或印度教思想沒有太多接觸。不過，馬拉加斯語稱呼貴族為「andriana」，這個字可能來自古爪哇語的頭銜「rahadyan」，至今仍在爪哇使用的「拉田」（raden）就來自這個字。[9]

無論移民是直接橫渡印度洋，還是先在非洲海岸落腳，努山塔里亞人的拓殖都沒有乍看之下那麼驚天動地——至少是比不上他們在太平洋的海上探險。根據十五世紀的阿拉伯文獻，只要選對季節與洋流，從爪哇到非洲海岸的行程只需三十至四十天。對於想中途停靠的人來說，查戈斯群島（Chagos Archipelago）幾乎剛好在半路的位置。途經斯里蘭卡或馬爾地夫的路程雖然較長，但並非不可能。先前往索馬利亞海岸，接著南向經桑吉他島抵達馬達加斯加也未嘗不可。一旦水手們對馬達加斯加的位置有所了解，就能輕易找到。洋流與風一樣，都是季節性的，足以讓他們經由阿拉伯與印度，或是直接返回努山塔里亞。綜合洋流與季風之助，就能在一年中的不同時節來回印度洋，沿非洲海岸抵達非洲之角與阿拉伯。

學界對於努山塔里亞人跨洋用的船隻大小沒有共識，但建於九世紀的婆羅浮屠有一系列的浮雕，上面詳細描繪的船隻就是最清晰的指示。二〇〇三年，人們利用傳統材料，在馬都拉島（Madura）打造上述船隻的複製品——「水銀海洋號」（Samudraraksa）。這次的造船計畫是兩名不列顛傳統造船與航海技術專家，與巴德魯甘島（Pagerungan）的造船工匠通力合作的成果。巴德魯甘島屬於康厄安群島（Kangean Archipelago），位於爪哇海的十字路口：西有馬都拉島，南有峇里島，東北為望加錫，北為馬辰。[10]他們打造的船隻長十八公尺，橫梁為四公尺，雙桅、雙舷外撐架、四張帆，並且有槳。舷外撐架在婆羅浮屠的浮雕上清晰可見，一般認為是為了槳手所設計的，畢竟這種船隻即便沒有舷外撐架輔助也足夠穩定。

「水銀海洋號」載著十五名船員，從巽他海峽出發，花了二十六天前往塞席爾（Seychelles），接著又花了十五天前去馬達加斯加西北岸的馬哈贊加（Mahajanga）。隨後這艘船繼續前行，依次前往開普敦、聖赫勒拿島（St Helena），最後抵達迦納的阿克拉（Accra）。海風和煦的情況下，航速可高達九節。[11]此行顯示這一航程不僅安全，而且相當快速。（這艘船如今在婆羅浮屠的小博物館中展示。）

根據一位早期東南亞航海史家的說法，婆羅浮屠浮雕中的船隻可能只算中型，用於距離相對短的環島群航程，以及小港口之間的交通。[12]至於長距離的跨洋，他認為室利佛逝可能會採用更大的船隻，至少長五十公尺，載運的貨量足足是前述中型船隻的十倍。大型船隻沒有舷外撐架。這種大小的船隻存在的根據來自中文文獻，一份出自三世紀，另一份則出自八世紀。

然而，現存唯一來自當時、且繪有這類船隻的圖像，就是婆羅浮屠的浮雕，因此「水銀海洋號」不僅證明越洋的可能，而且對這片海域的水手來說稀鬆平常。有鑑於努山塔里亞與馬達加斯加的交流持續了好幾百年，我們可以合理推測人們在不同的時代，使用不同大小的船隻進行貿易與載人。

印度洋貿易大三角

努山塔里亞人在西印度洋的貿易並非突然消失，讓拓殖的聚落孤零零與自己的根源斷絕聯繫。至少到十三世紀，來自爪哇與蘇門答臘的船隻依舊在印度洋貿易中扮演要角，尤其是奴隸貿易。十世紀中葉，一艘阿拉伯船隻在莫三比克外海遭遇一群海盜，文獻中稱之為「瓦克瓦克」（Waqwaq）。阿拉伯人用「瓦克瓦克」這個模糊的詞彙，稱呼來自極南方或極東方的人，因此可能是努山塔里亞人。（「瓦克瓦克」是傳說中的民族，在他們居住的島嶼上，女人是從樹上長出來的。）

千百年來，東非都是奴隸的來源，以巴格達為中心的阿拔斯帝國則是主要市場。津芝（Zanj）奴隸人數之眾，甚至成為一股反抗阿拔斯人的長期力量，在西元八七一年攻陷巴斯拉城。年代稍晚的阿語著作普遍有提及這起駭人的事件，包括穆罕默德・塔巴里（Muhammad el-Tabari）的《歷代先知與君王史》（*History of Prophets and Kings*），以及穆罕默德・比魯尼（Muhammad al-Biruni）的《古代諸國年代學》（*Chronology of Ancient Nations*）。

有些奴隸甚至被人賣往中國。中國人朱彧在一一〇〇年前後的著作中提到，廣州的有錢人會購買來自非洲的奴隸，稱為「鬼奴」：

> 色黑如墨，唇紅齒白〔……〕食生物，採得時與火食飼之，累日洞泄，〔……〕緣此或病死，若不死，即可蓄。久蓄能曉人〔指中國人〕言，而自不能言。[13]

十二世紀的阿拉伯文獻提到來自馬達加斯加的船隻襲擊非洲海岸，只是不清楚這些船隻是來自馬達加斯加本地的聚落，抑或是以該島為根據地，從事奴隸貿易或海盜的努山塔里亞船隻。馬達加斯加人口太少，不足以成為奴隸的主要來源，但始終是轉運中心，甚至是目的地。十三世紀的阿拉伯史家曾提到，運往吉達（Jeddah）與葉門的奴隸就是來自馬達加斯加。（一六四一年至一六四六年，荷蘭人曾在馬達加斯加東北岸的馬魯安采特拉〔Moroantsetra〕建立根據地，卻因當地統治者能販賣的奴隸太少而放棄此地。[14]不過，直到十九世紀初，馬達加斯加都是數千名販往美洲市場的奴隸之來源。[15]）

阿拉伯人記載，馬達加斯加沒有能渡洋的船隻，但「爪哇人搭乘大型船隻而來，從馬達加斯加出口貨物，因為兩者講相同的語言」。[16]所謂的貨物或許包括輸往非洲的米。努山塔里亞船隻也以造訪莫三比克海岸的索法拉（Sofala）聞名，從這個口岸通往辛巴威的金礦。

印度洋貿易逐漸受到來自各地的穆斯林所主宰——蘇門答臘穆斯林自不例外。儘管幾個世紀以來，大量穆斯林商人出現在馬達加斯加，島上也有不少受伊斯蘭影響的群體建立的聚落，甚至遲至十五世紀時還有蘇門答臘穆斯林建立的殖民地，但這個宗教從未成為馬達加斯加的主流。伊斯蘭信仰為此地留下一些阿語詞彙和割禮在內的少數傳統，但整體來說並不多。不同的拓殖群體各自保有其一開始的身分認同，但發展出大致相同的語言。

縱使這座島嶼在西元一五〇〇年之前的歷史有許多闕漏，但努山塔里亞人仍然是馬拉加斯語言與民族創造時，直接（但斷斷續續）的主要動因。不過，這一點恐怕不是努山塔里亞人西向影響的故事全貌。他們同樣對非洲大陸有所衝擊。這一點尚無法證明，相關主題也向來是激辯的焦點，有時甚至染上種族歧視的色彩。對於一些人來說，光是主張非洲音樂、藝術與科技的若干特色源於努山塔里亞，便是對民族的一種冒犯。假以時日，世人或許能夠有足夠的證據來證明或否定這些理論。目前只能說這些理論很有可能是真的。

首先，我們先來關注努山塔里亞人出現在非洲海岸的情況。他們顯然來過這裡，與之貿易，並且在科摩羅群島以及馬達加斯加建立聚落。但人數究竟達到什麼規模？他們是否有建立維持一段時間的大型聚落，還是以船員與商人的身分短暫造訪？以今天索馬利亞以南的非洲海岸古代歷史為例，一世紀的羅馬作者老普林尼提到阿札尼亞（Azania），以及其居民贊吉耐人

（Zangenae）。據老普林尼描述，贊吉耐人使用綁製船隻，以籃子捕魚。一個世紀後，托勒密提到柏培拉（Berbera，即索馬利亞）以南的津芝，四世紀的波斯薩珊王朝也曾經跟津芝王打過交道。等到津芝成為奴隸的重要來源之後，文獻中出現津芝的頻率也愈來愈高。阿拉伯人使用「津芝」一詞時並不講求精確，但曾經有文獻提到在庫目爾（el-Qomr，即馬達加斯加）與津芝能找到「中國人的弟兄」，這點出他們出身東方；還有文獻提到他們是「白人」，顯然他們不是黑皮膚的非洲人。[17] 西元八一三年，從爪哇前往中國的使團帶了幾個來自非洲的奴隸，作為一部分的貢品。許多爪哇碑文都有提到非洲奴隸。

阿拉伯人剛到桑吉巴島落戶時，就發現當地與鄰近島嶼有航海社群。這些社群不太可能是班圖移民，畢竟班圖人才剛從非洲內陸抵達海岸，因此對渡洋並不熟悉。時人稱非洲之角與馬達加斯加之間的非洲外海為「津芝海」（Bahr ez-Zanj）。十二世紀阿拉伯地理學家伊德里西（el-Idrisi）則是把桑吉巴附近的陸地稱為「津芝之地」（Ard ez-Zanj）。伊德里西描述來自札巴吉（Zabag，阿拉伯人用來稱呼蘇門答臘的其中一個名稱）的人是如何搭乘大小船隻，來到尚比西河（Zambezi）河口的口岸薩於那（Sayuna）。他們能與當地人輕鬆做生意，「因為他們理解彼此的語言」。[18]

從津芝之地往南一直延伸到林波波河（Limpopo River）的地方，稱為「津芝索法拉」（Sofala of the Zanj），又名「黃金之地」（Ard edh-Dhahab）。更往南就是瓦克瓦克人的地盤——前面提到，阿拉伯人用這個詞來稱呼自己所知不多的東南方土地，因此努山塔里亞最遙遠的地方也叫做「瓦克瓦克」。早期的阿語文獻也許模糊，但也有一些內容足夠明確，來者無疑是努山塔里亞人。

《印度之奇》（*The Book of the Wonders of India*）的阿拉伯人作者提到，十世紀時曾有一支瓦克瓦克船隊，襲擊了非洲海岸的城市——可能是基爾瓦（Kilwa）或彭巴（Pemba）——城裡有阿拉伯人居住。瓦克瓦克人之所以來到這裡：

是因為鄉間出產對瓦克瓦克與中國價值甚高的商品，例如象牙、龜甲、黑豹皮與琥珀，也是因為他們想抓捕一些強壯的津芝人來做粗活。[19]

阿語文獻也記載，以馬達加斯加為根據地的努山塔里亞人久居在非洲與阿拉伯主要貿易口岸，但遭到索馬利亞人驅逐。因此，記錄了十二世紀中葉史事的伊本・慕賈維（Ibn el-Mujawir）才會提到，「庫目爾人過去乘船從庫目爾出發，運用特定的季風抵達亞丁」。他描述庫目爾人如何乘著季風，進行單向的移動，先從亞丁到摩加迪休，再從摩加迪休到基爾瓦，最後則返回庫目爾。慕賈維說，他們的船隻有舷外撐架，因為「海面狹窄水淺，因洋流而難以航行」。不過，慕賈維接著提到柏培拉人（Berber）征服亞丁，驅趕庫目爾人，「自從他們的勢力告終，航海路線封閉之後，他們就消失了」。[20]

將上述所有材料加以綜合便能清楚看出，從馬達加斯加到葉門之間，有好幾個地點都有努山塔里亞商人的某種聚落，他們在當地出現的時間將近一千年。努山塔里亞商人沒有留下直接的痕跡，或許是因為他們撤退到馬達加斯加，不然就是被斯瓦希里語社會（阿拉伯與設拉子〔Shirazi，波斯〕貿易社群和班圖人混合所產生）漸漸吸收。不過，庫目爾人遭逐於亞丁之後，來自蘇門答臘與爪哇的船隻仍舊出現在基爾瓦、桑吉巴、坦噶（Tanga）等城鎮的奴隸與其他貿易，時間至少持續千年。

阿語文獻記載，七世紀時巴林與巴斯拉有人僱用蘇門答臘人為護衛，蘇門答臘人也曾參與七七五年對印度西北的遠征軍。印度洋顯然是眾多人流與貨物的往來，將努山塔里亞與阿拉伯海岸、印度海岸以及非洲東海岸聯繫在一起，而印度洋就是理所當然的背景。

金礦與木琴

簡言之，我們有十足的把握，知道努山塔里亞在當地出現已有數百年，但對於他們分布的範圍，以及對非洲大陸的影響程度仍不清楚。有幾種可能性存在，其一是參與黃金之地——辛巴威高地的金礦開採。從海岸是有河流可以前往辛巴威高地的。當地的金礦開採據信始於六世紀，於十世紀前後達到高峰。等到葡萄牙人在十五世紀末抵達時，開採活動已經降到非常低的水準。開採出這些金子的礦井，已經挖到大約三十五公尺深的地下水面處。上述遺址有西元第一千年期的外國錢幣與陶器出土。有些專家主張，辛巴威所使用的開採技術與印度邁索爾（Mysore）非常類似，邁索爾也有開挖非常深的礦井。印度的專門技術可能早已用於開採蘇門答臘礦床，後來也應用在非洲。許多非洲專家駁斥這個理論，他們認為辛巴威的開採是本地的馬紹那人（Mashona，辛巴威最大的部族）技術的成果。[21]

無獨有偶，非洲的評論家多半也反對大辛巴威（Great Zimbabwe，辛巴威的一座石造城市，

西爪哇古努巴丹的古代巨石文化遺址。（出處：Getty Images）

馬農古葬壺，約西元前900 年，出土於巴拉望島塔邦。
（出處：Erwin Sebastian / National Museum of the Philippines）

吉打布央谷的印度教—佛教寺廟遺址，二世紀至十一世紀。
（出處：Ashadhodhmei / Shutterstock）

中爪哇迪昂高地的印度教廟宇，七世紀至八世紀。
（出處：Author's collection）

占婆古笪羅婆那加（今越南芽莊）的印度教廟宇，八世紀。
（出處：Romas_Photo’s / Shutterstock）

中爪哇婆羅浮屠廟宇，九世紀。這是世界最大的佛教遺跡。
（出處：Creative Images / Shutterstock）

中爪哇普蘭巴南印度教廟宇，九世紀。
（出處：Author’s collection）

有舷外撐架的雙桅帆船。婆羅浮屠浮雕。
（出處：Author's collection）

水銀海洋號。婆羅浮屠船隻的複製品，曾航至馬達加斯加、開普敦與迦納。
（出處：Philip Beale）

馬達加斯加面孔：努山塔里亞的關聯。
（出處：Alamy stock photo）

東爪哇多烏蘭（滿者伯夷首都）的巴揚拉圖城門（Bajang Ratu gate），十四世紀。
（出處：Alamy stock photo）

一座奢華城市的遺跡：多烏蘭的浴池。
（出處：Alamy stock photo）

融合爪哇、印度與中國特色的爪哇古都斯宣禮清真寺，十六世紀中葉。
（出處：Author's collection）

爪哇淡目大清真寺，十五世紀晚期。這種爪哇式的設計成為當地的標準。
（出處：Author's collection）

北大年蘇丹國的那拉提瓦（Narathiwat）。早期木造清真寺的本地設計。
（出處：MacLight / Shutterstock）

爪哇語手稿，馬打蘭大蘇丹統治時期（1613年至1645年）。
（出處：Lontar Foundation）

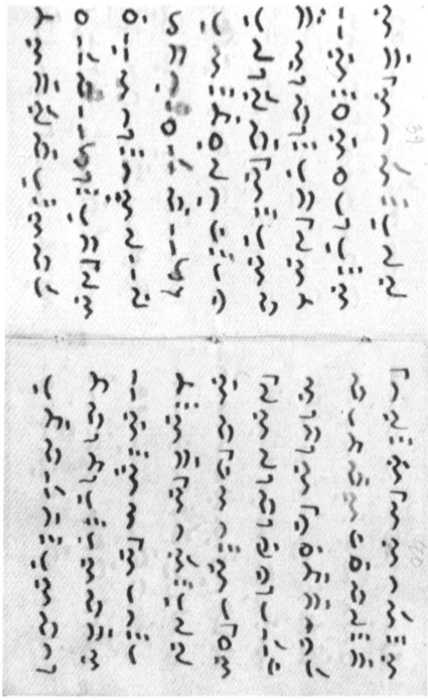

武吉士編年史《加利哥》中的武吉士文字。
（出處：Lontar Foundation）

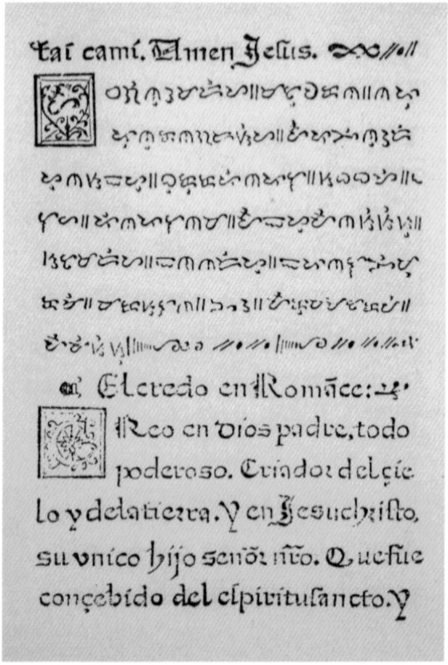

《教理問答》（*Doctrina Christiana*），上面有他加祿文、羅馬字母拼寫的他加祿語，以及西班牙文。1593年印於馬尼拉。
（出處：University of San Tomas / Library of Congress）

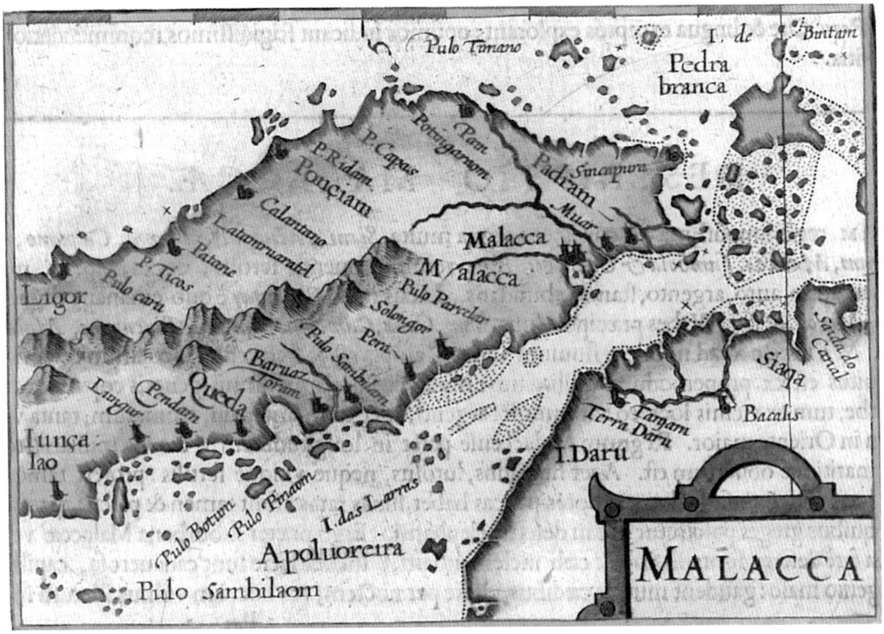

馬來半島與部分的蘇門答臘，圖上標出馬六甲、新加坡、洛坤與吉打。
銅版印刷，彼得魯斯．柏提烏斯（Petrus Bertius）1602年製作。
（出處：Wattis Fine Art）

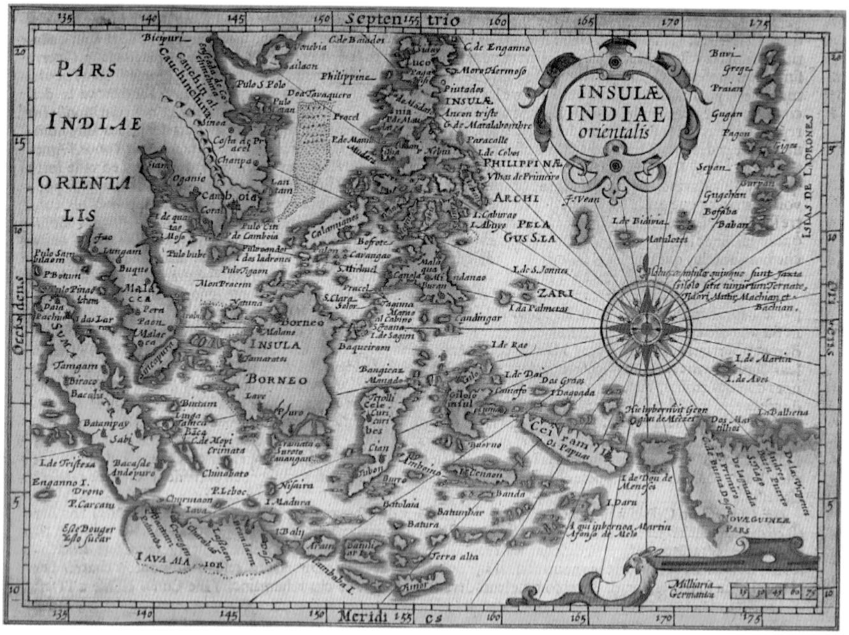

約道庫斯・洪第烏斯（Jodocus Hondius）1609年製作的東印度群島地圖。
（出處：Author’s collection）

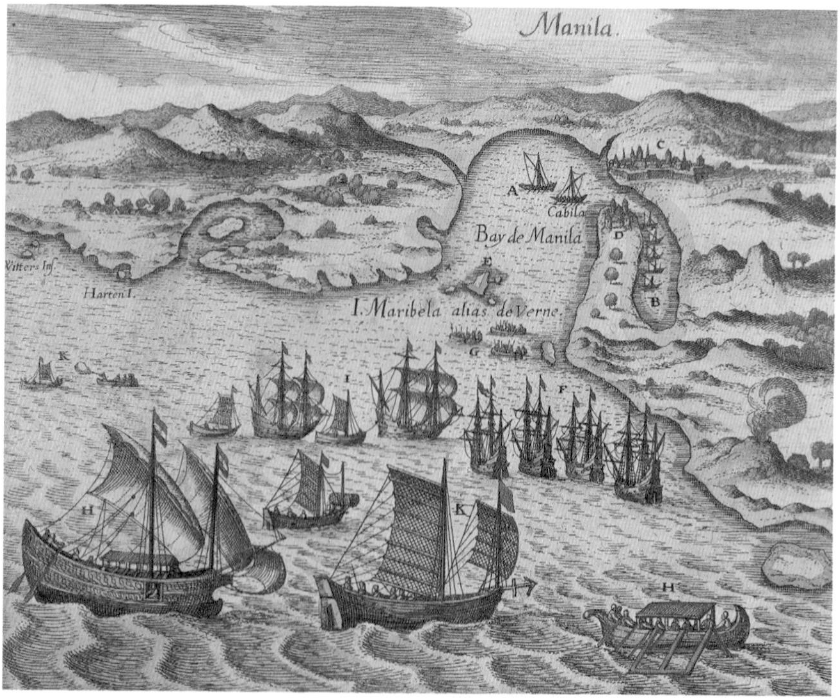

馬尼拉灣，1602年。荷蘭船隻封鎖西班牙人。
特奧多雷・德・布里（Theodore de Bry）繪。
（出處：Collection of Rudolf J.H. Lietz, Gallery of Prints）

菲律賓各族群肖像畫，出自《謨區查抄本》，約1590 年的馬尼拉。
（出處：Lilly Library, Indiana University）

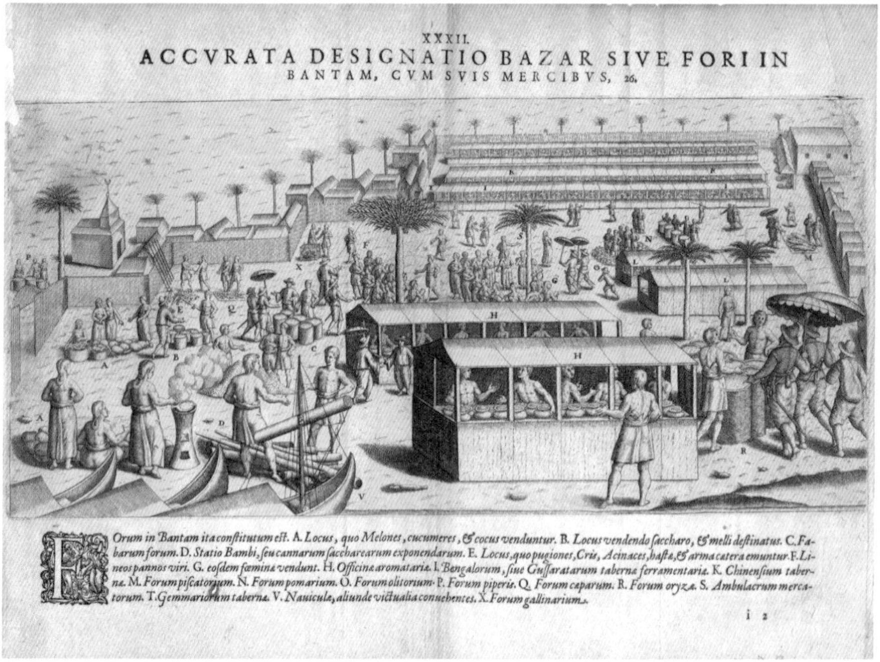

萬丹的市集，約1600年，圖上根據物產與族群來分區。
（出處： Wattis Fine Art）

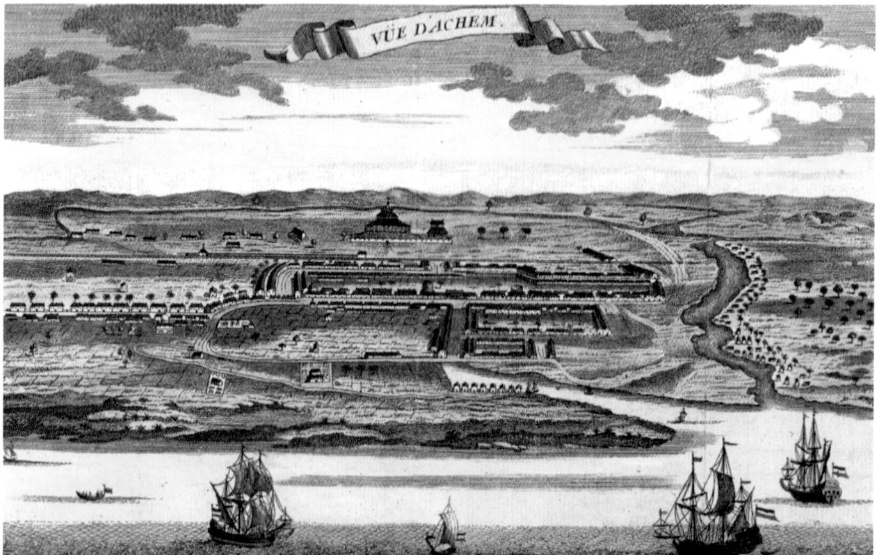

亞齊一景，約1760 年，雅可布・范德許萊（Jacob van der Schley）繪。
（出處：Author’s collection）

繳獲的北大年大砲，背景是曼谷的泰國國防部。
（出處：Author’s collection）

班達海香蕉嶼（Pisang island）附近航行的平底帆船。
阿爾封斯・佩里昂（Alphonse Pellion）繪，1817年。
（出處：Author’s collection）

從總督府望出去的新加坡，1830 年，阿道夫 · 貝約（Adolphe Bayot）繪。
（出處：Jeffdelonge / Wikimedia）

檳城的邱公司，約1850年成立。
（出處：C.O. Leong / Shutterstock）

興盛於十一至十五世紀間）不見得是馬紹那人所興建的可能性。不過仍有少數人堅持大辛巴威與馬達加斯加建築太過相似，不可能是巧合。[22]大辛巴威的布局與馬達加斯加的「衝巴」（tromba）崇拜建物園區相當類似。甚至連園區中心建築物的名字——「衝巴—比」（zomba-be）聽起來也有點像「辛巴威」。只不過，官方對於「辛巴威」一名的解釋，是「來自馬紹那語的『房子』」。班圖移民在西馬達加斯加的一些地方占了多數，衝巴崇拜的確有可能是他們傳入馬達加斯加的。不過，更有可能的情況是——大辛巴威是馬紹那人的建築，但構想與紋飾則來自他們做生意的對象，也就是受到努山塔里亞影響的民族。位於辛巴威那那塔利（Nanatali）的遺址也迴盪著類似的東方影響。

除了大辛巴威，馬紹那人的土地上還有石塔與陽具崇拜文物，這在非洲南部其他地方都沒有類似的東西；精細的土方工程也讓專家聯想到馬達加斯加高地的梅里納人（Merina）所興建的陵墓。大辛巴威出土的波斯、敘利亞與中國器物證明當地與非洲之外的地方有所接觸。有鑑於此，「馬紹那王國向外學習，將觀念用於採礦與建築」的主張不僅合理，而且絕對不是對馬紹那人的貶損。

許多古代帆船專家主張，東非海岸地區的單、雙舷外撐架船隻直到近代為止，都和望加錫與馬達加斯加船隻極為相似，這一點殆無疑義。[23]船艏或船艉的眼睛圖案，則是東非海岸船隻與印尼船隻的另一個共通點。儘管馬達加斯加人似乎沒有爪哇人那種能夠渡洋的大型舷外撐架船隻，但遲至一八二〇年，都還有舷外撐架輕舟船隊從馬達加斯加出發，洗劫科摩羅群島與非洲海岸的紀錄。[24]無獨有偶，馬達加斯加的織布傳統——如腰機編織（back-strap loom），以及與紡紗及織布相關的關鍵詞彙——在努山塔里亞隨處可見，卻未見於南亞或非洲。[25]

下一項可能是由東而西傳播而來的文化，就是音樂。這個議題相當複雜，但基本上木琴（對爪哇甘美朗音樂〔Gamelan Music〕尤其重要的樂器）確實是由努山塔里亞人所帶來，漸漸傳遍大半個非洲的。半個地球以外的人當然也可以獨立發展出以槌敲擊不同大小的金屬或木製琴鍵、從而創造音樂的做法。但整個非洲與東南亞的傳統木琴都有一樣的音階與音調，音樂學家表示這絕非巧合。泰國、柬埔寨與非洲部分地方的大型弧形木琴，在設計上也有明顯的相似之處。[26]不過，木琴卻不是馬達加斯加島的傳統樂器，這或許暗示了島上的努山塔里亞移民來自婆羅洲等對木琴所知不多的地方。今日馬達加斯加的民族樂器瓦利哈（valiha，一種管狀撥弦樂器）肯定來自印尼，從米南佳保（Minangkabau）到帝汶都有這種傳統樂器。

在音樂方面，非洲東南與爪哇之間的相似之處還有排笛。此外還有一種幾近於棒狀鳴弦琴（bar-zither）的罕見樂器，是從東非沿岸到莫三比克、蘇拉威西與摩鹿加都有其蹤跡。東非跟努山塔里亞的關聯還包括海岸地帶才能找到的四邊形棚屋，其格局與屋頂都跟印尼的棚屋非常類似。

貝南灣

若說西非跟努山塔里亞之間有關，這似乎有些牽強，但確實也有其他跡象解釋婆羅浮屠船隻的複製品何以能經過喀麥隆、奈及利亞與貝南海岸，遠至西非海岸的阿克拉。南奈及利亞的伊博地區（Igbo land）出土了琳瑯滿目的木製與象牙製商品、串珠，以及銅與青銅鑄器——包括一個裝飾用的鐘與許多人像。這些文物的年代大約是西元九〇〇年。銅器雖然來自當地，但錫礦則來自遠方，而這些金屬器不僅非常精妙，同時亦展現出精湛的冶金技術。因此，來自東方的海上訪客確實有可能在西非出現過，畢竟他們是以專業的青銅的冶煉與鑄造而聞名。鑄造青銅器的傳統在西非延續下來，在伊費（Ife，位於伊博西方的約魯巴地區〔Yoruba land〕）出土、製作年代約為西元一二〇〇年的青銅頭像，便來自這個傳統。有些專家主張，這些頭像的設計與高棉的青銅像相當類似。後來在十七世紀前後達到藝術高峰的貝南青銅器（Benin Bronzes，但實際上為黃銅製），也同樣是以脫蠟法製作的。[27]

努山塔里亞與非洲之間直接接觸的時間，很可能早於馬達加斯加的拓殖。今人相信，香蕉、番薯、芋頭與雞（皆來自東亞）是在西元前第一千年期進入非洲飲食的。這些食物可以經由印度或阿拉伯，無須直接渡海抵達非洲。但老普林尼與《厄立特利亞海航行記》都提到努山塔里亞船隻出現在紅海與非洲之角外海，因此這些船隻很有可能是沿著海岸進行交易，最遠或許及於桑吉巴島。非洲東南岸最早的人類聚落出現在河口處，這是努山塔里亞人的一貫模式。來自非洲內陸的班圖人恐怕要到西元前二世紀前後才抵達海岸地區，而且他們沒有航海經驗。

總而言之，努山塔里亞深刻影響非洲的這段故事任誰也說不清，因此依舊是爭論的起因。不過，我們至少確定他們有在東非海岸留下痕跡，而且是馬達加斯加民族與文化的主要貢獻者，也是千年間跨印度洋貿易中的選手。然而等到歐洲人經由好望角，抵達印度洋的時候，努山塔里亞的極西前哨與島群之間的聯繫已經中斷。原因很可能是因為路途遙遠，回報卻有限——這同樣能解釋印度人與阿拉伯人明明距離更近，卻對此興趣缺缺。

假如那些聯繫並未斷絕，努山塔里亞人也不斷渡過印度洋，與他們今天的遠親互動，過去五百年不知會是什麼模樣。人們正開始注意到這個失落的環節，一旦島群各國再度關注自己的航海傳統，這種意識還會進一步發展。努山塔里亞與非洲的聯繫同樣提醒了世人，他們在大洋貿易與移動上究竟領先中國人與歐洲人多遠。

第十一章　中國昂首

目前為止，在努山塔里亞的故事中，中國扮演的一直是關鍵的市場與供應者、貿易使團的接待人，以及為南方、西方鄰國留下同時代泰半史料的來源。但是，中國對於其疆域外海上貿易的直接參與，長期以來卻少之又少。中國人慢慢才成為船東、船員與貿易商，至於政府的參與就更少了。

唐朝時（六一八年至九一七年，延續將近三百年），人們生活的各個方面都有無與倫比的發展，只有越洋船運例外。國家繁榮，人們對外國商品的需求激增，而中國的基本建設發展也讓廣州登陸的貨物能更容易運往長江與北方的大運河。時人說：

> 而海外諸國，日以通商，齒革羽毛之殷，魚鹽蜃蛤之利，上足以備府庫之用，下足以贍江淮之求。[1]

另一份西元八四一年的史料寫道：「南海有蠻舶之利，珍貨輻輳（……）靡不梱載而還。」[2]換句話說，貿易多半是雙向的，對中國製品的強大需求，也會帶起對南方與西方奇珍異寶的需求。貿易也讓政府獲利甚豐，官方通常會取走百分之三十的進口貨物，加以販售。不過，中國商人並未涉足繁榮的海外貿易。先前提到，中國僧人與朝聖者都是搭外國船隻前往蘇門答臘或爪哇，接著抵達斯里蘭卡或印度。如今的情況依舊如此。貿易的擴大讓中央政府為此設立專門的機構——市舶司，一方面加以管理，一方面試圖確保收益繳給國家，而非地方官。外國船長必須登記其姓名與船貨，走私將會坐牢，不過賄賂負責官員的做法也是司空見慣。但長期以來，中國人的船隻都不得出海。

這項禁令在唐朝開始放寬。對於貿易，南方的地方官比朝廷官員更能設身處地，後來連王室成員與高官都透過中間人從事貿易。不過，若將官方的禁令與貿易量放在一起看，就能解釋廣州何以能接待大量外國商人與其他維持貿易活動的人——阿拉伯人、波斯人、帕西人（Parsees）、泰米爾人、猶太人等等，人數可能超過十萬人。大運河南端的揚州也有規模不小的聚落。不過，外國人與本國人的關係不見得都很融洽，富有的外國人有時候會成為攻擊目標。七六〇年的劉展之亂期間，許多外國人在揚州遭到屠戮，而八七八年的黃巢之亂時，據說又有成千上萬的外國商人在廣州被殺，貿易因此中斷數年。

當時，以大型船隻進行的大規模貿易早已行之有年，對經濟有極大的貢獻。從八四〇年前後一艘滿載陶器、金器與其他商品（泰半來自中國），卻在蘇門答臘南方勿里洞島外海沉沒的船隻，就能一窺貿易的規模。這艘十八公尺長的船隻可能是波斯、印度或阿拉伯船隻，但曾經使用努山塔里亞的材料修補過，使用的索具也來自努山塔里亞，顯見這艘船經常航行到該地區。另外，十世紀在北爪哇井里汶（Cirebon）外海找到的印坦沉船（Intan），則載運更多樣的船貨，包括中國的陶器、馬來半島的錫錠、中東的玻璃、爪哇與島群各地的黃金與青銅裝飾品，以及樹脂、獸皮和象牙。印坦沉船約三十三公尺長，採用努山塔里亞隨處可見的外型設計與綁製造船法。在從事區域與東西方貿易的數十艘努山塔里亞、阿拉伯與印度船隻中，它們不過只是區區兩艘。唐代中國的繁榮，跟室利佛逝商業帝國及其體系中的口岸有非常直接的關聯。

宋朝初年延續唐朝的政策。官方鼓勵貿易，以求滿足地方需求，創造歲入，但對中國人入海的限制依舊嚴格。國家獨占犀牛角、象牙、樟腦與乳香等高價商品的買賣。理論上，從貿易抽稅比對百姓收稅容易。十世紀晚期，中國甚至派遣使團到南方海域（包括室利佛逝與巴魯斯），帶著珍貴的貨物進行交易。第二個開放對外貿易，且有政府監督的口岸，則是福建的泉州。不過，貿易愈興盛，走私也愈猖獗，中外商人對此都視若無睹。這不僅讓國家歲入減少，更導致中國投入貿易的現金增加——其他國家對銅錢有相當大的需求。

現金枯竭讓政府下令不得支付現金，只能用中國商品以貨易貨，換取進口商品。不消說，商人基本上無視這條規定，但此事確實有刺激陶器出口的作用。新的窯場紛紛設立，以供應區域性大眾市場，以及精緻瓷器的小眾市場。從蘇門答臘的考古發現可以看到，中國的窯場除了生產中式陶瓷器，也會根據地方需求生產。

宋朝與海洋

不過，正是中國的衰弱，打開了中國人直接參與努山塔里亞貿易的路。一一二六年，宋朝敗給統治滿洲與蒙古大部分地區的游牧勢力——契丹帝國。朝廷被迫南遷杭州。由於通往西方的陸路封閉，對外貿易如今完全得透過海路進行。海上貿易——尤其是廣州——在官方鼓勵下蓬勃發展，國庫因此充實。宋高宗表明：「市舶之利最厚，若措置合宜，所得動以百萬〔貫〕計，豈不勝取之於民？」[3]

注意到利益後，宋朝統治者才終於了解允許中國人入海的好處。一旦開放，以國家為焦點的舊有朝貢體系也不再必要。上流人士過往一直維持儒家輕商的表面工夫，如今社會賢達也不再作樣，直接參與貿易。對於努山塔里亞的小型口岸來說，中國商人的來到確實有助於發展，削弱室利佛逝的主導權。造船業激增，福建與浙江外海找到的沉船可長達三十四公尺，船梁達九公尺。這些船隻的設計與努山塔里亞不同，不僅有艙壁，而且採用鐵釘，而非榫接。

造船在宋朝中國有長足發展，包括打造能抵達印度以外的大型遠洋船隻。不過，我們並不清楚有多少船隻用於貿易，畢竟主導貿易的仍然是阿拉伯人，而波斯人、泰米爾人與努山塔里亞人也都雄踞一方。由於缺乏足夠的考古證據，我們很難追溯船隻設計的演化，以及宋代中國效仿努山塔里亞、泰米爾與阿拉伯船隻到什麼程度——反之亦然。我們只能確定，商業經營與國家的稅收需求相結合，帶來宋代中國在航海方面的進步，讓後一個朝代——蒙古人的元朝得以推行明確的擴張政策。

主要的出口品為陶器，在整個努山塔里亞與日本都很普及。根據十三世紀初的中文史料，陶器貿易主要掌握在外國商人手中。如今消失的口岸原本相當繁榮。比方說，蘇門答臘東北的棉蘭（Medan）附近，今名中國鎮（Kota Cina）的地方出土若干大型陶器、中國與斯里蘭卡錢幣、製作珠寶的模具，以及印度教與佛教崇拜的證據。從中國鎮的規模來看，這裡並非重要的黃金或森林物產來源，而是中國與其他地方的商品進行交換的主要集散地。當地在極盛期所吸引的貿易，可能比巨港與占碑還多。不過，有鑑於馬可．波羅與伊本．巴杜達（Ibn Battuta）造訪蘇門答臘時完全沒有提及中國鎮，該地在十三與十四世紀時顯然已不再重要。

中文史料上從來沒有提過中國鎮。其他一度繁榮的地方恐怕也未曾出使中國。這些口岸或許是因為室利佛逝衰落而得以成功，如今的室利佛逝已經沒有能力迫使所有的貿易在它控制的口岸進行。來自各地的外國商人可以在中國鎮相會，與彼此或當地森林物產的供應商做生意。交易有時候是在暫時性的地點進行，商人會在海灘設立臨時營地。營地會一直持續到風向改變為止，屆時所有人都會離開。這些營地基本上都能自給自足。

即便到很晚的時代，中國鎮等地也始終沒有證據顯示有永久的中國人聚落。馬可．波羅提到，當他搭乘船隻從中國出發，途中在蘇門答臘停靠，等待風向改變時：

> 因為天氣緣故，在這座島上待了五個月（……）與大約兩千人一同上岸；他們擔心食人族的暴行，因而在面向內陸一側挖出大溝，圍繞一行人。[4]

「食人族」是內陸的巴塔克人，他們素來有食人的惡名。設立暫時柵欄的習慣甚至延續到中國人在明朝初年大幅擴張的時代。三度隨鄭和下西洋的通事馬歡描述道：

> 中國賓船到彼，則立排柵，城垣設四門更鼓樓，夜則提鈴巡警。內又立重柵小城。[5]

錢糧就擺在這第二重柵欄內。先前航向不同目的地的船隻都到此集合，交換貨物，等待南風吹起。

根據博物學家阿爾弗雷德・華萊士（Alfred Wallace）所說，這種暫時性的市場規劃延續到十九世紀。他提到大約五百名中國與阿拉伯商人，在摩鹿加群島的某座遙遠小島上臨時集結做買賣。[6]

中國人主動參與海上貿易，帶動南宋的貿易成長，而成長的貿易又吸引更多的阿拉伯人與泰米爾人來到泉州。中國商人開始前往印度的馬拉巴爾與科羅曼德海岸。不過，從十二、十三世紀的中文史料，我們看不出載著這些商人的船隻究竟是為誰所擁有，駕駛它們的又是誰。馬可・波羅從泉州出發前往印度時，搭乘的船隻就是以鐵釘接合船殼，顯示這是一艘中國船隻：儘管印度外海曾經發現一艘沉船，是以鐵釘接合印度的木材，但使用鐵釘並非印度造船的常態。

汪大淵之行

貴重商品貿易的成長，也帶動了糧食貿易的成長。大型貿易聚落——例如民答那峨的布湍和婆羅洲的坤甸（Pontianak）——都需要稻米與其他食材的供應。貿易還進一步促成錢幣的使用（通常是中國錢幣）。在爪哇，人們甚至以現金繳稅，而非實物。金、銀、銅幣都有使用。與此同時，貝幣依然是努山塔里亞島群的交易媒介。中國雖然不使用貝幣，但中國商人會帶著貝幣前來。

一二七一年，南宋滅亡，元朝成立，但中國的戰事幾乎沒有影響努山塔里亞的貿易榮景。不過，新皇帝忽必烈汗打算用海上力量進一步擴張其帝國。為此，他必須打造一支能運兵的大艦隊。此外，由於通往西方的陸路控制在他的敵人——察合臺汗國手中（雖然他們都是成吉思汗的後代），因此他也需要海軍。艦隊能同時滿足軍事與商業目的。

忽必烈數度派遣使者前往印度城市，這些城市則回過頭進貢忽必烈，成為未來明朝鄭和下西洋的先兆。此舉不僅能促進貿易，同時讓皇帝無須征服這些地方，便能宣稱獲得其效忠。楊庭璧是忽必烈的其中一名使者，他曾四度出行，讓各個小國的統治者「歸順」。據說，他還排解了當地的權力鬥爭。馬拉巴爾的俱藍國是胡椒的主要來源，楊庭璧認為特別重要。中國人買印度棉布、檳榔果、漁獲與馬匹，賣的主要是陶器。

蒙古人在一二九三年試圖入侵爪哇，迫使爪哇投降，卻以慘敗告終。這件事打斷了貿易，但只是暫時的。根據十四世紀商人與作家汪大淵的說法，此次出征也在該地區留下了第一個永久性的中國聚落：一支入侵部隊被留在婆羅洲西南方外海的島上（見第十二章）。

汪大淵是最早為自己的旅行見聞留下個人紀錄的中國人。他在一三三〇年代兩度出航，一次花了四年，另一次則是兩年。他的《島夷志略》提到九十九個地方，大多數都在東南亞島群與大陸南岸，但最東遠至台灣與琉球群島，最西則抵達印度、馬爾地夫與非洲。他的描述忠於事實，對「夷人」沒有什麼輕視的意思。汪大淵的做法獨一無二，他不僅記錄自己造訪過的地方和當地的商品，也記錄衣著與髮式——口岸之間各有不同，作為身分認同的表徵。[7]

在他廣泛的觀察當中，最特別的就屬那伽鉢亶那的中式寶塔，據說建於一二六七年。寶塔的存在與泉州的印度教廟宇相映成趣，進一步點出印度棉布在對中國與對努山塔里亞貿易中的重要性。棉布交易的規模不下中國的瓷器出口，只是因為布疋容易朽壞，所以比較少人提及。汪大淵提到印度海岸的二十個貿易地點，西岸包括卡利卡特（Calicut）、孟買與古吉拉特，但東岸只提到孟加拉。他談到這裡一年三次收成，有許多精美的織品與其他物產，國富俗厚。

他還提到中國人販賣丁香與肉豆蔻，顯示他們參與涉及島群東部的三角貿易，這些香料想必是從爪哇或蘇門答臘購得的。馬來半島東南岸外海一百八十五公里處找到的中國船隻——杜利安沉船（Turiang Wreck），也能證明中國商人從事三方貿易。這艘船的年代約為十四世紀初期或中葉，船上載有各種陶器——暹羅製的多於中國製的，有些則來自越南——前往爪哇或婆羅洲。暹羅的陶器來自素可泰與西薩查那萊（Si-Sachanalai）的窯場。

元代也是中國首度有人提到新加坡，當時稱為「龍牙門」，指的是新加坡、聖淘沙之間，水道兩側的兩塊巨岩。[8] 一三二〇年，元朝派遣使節前往新加坡、占婆與柬埔寨。一三四〇年前後，汪大淵造訪淡馬錫（馬來人對新加坡的稱呼，後來中國人沿用之），提到當地有小型的華人社群，以及讓海峽成為危險之地的海盜。他說，來自泉州，要到當地販賣的貨物遭洗劫一空。淡馬錫不久前才被來自暹羅的船隻所襲擊，經歷了為時一個月的圍困，襲擊者才撤退。他寫道：淡馬錫人留短髮，戴緞子花頭巾，身圍紅布（紗籠）。

蒙古人的朝代對商人沒有儒家的那種鄙夷。儘管不時因戰爭而中斷，但貿易甚至比宋朝時更蓬勃。除了穆斯林商人人數大增的廣州與泉州之外，蘇州、寧波與溫州也都是重要的貿易中心。政府本身還資助某些商人。元朝對漢人民間從事貿易的政策反反覆覆，不時關閉處理商務的部門，原因或許是為了懲罰不守規矩的商人。但外國商人受影響的可能性不大。一三二六年，皇帝甚至批評朝貢制度，認為會浪費政府資源，但只有買賣奢侈品的儀式性貿易會受到影響。如此的嚴厲批評，並不涉及朝貢以外的貿易。

中國打造的船隻因為體積大、堅固、有艙壁，在長途貿易中聲名鵲起。中國、努山塔里亞與印度造船技術之間似乎也有一定的交流。伊本・巴杜達在十四世紀中葉提到，印度馬拉巴爾海岸的科欽（Cochin）是中國船隻所抵達最遠的港口，有十三艘大小各異的「中國」船隻在此等候季風。他說，這些船大又舒適，為眾人所喜愛。但他也提到，當他人在卡利卡特時，有兩艘中國船隻（他原本預計搭乘其中一艘）被暴風雨摧毀。他寫道，若要前往中國，則必須搭乘中國船隻。他的意思應該是說以中國為最終目的地的船隻，而不見得是指中國製造，或是中國人擁有的船隻。畢竟他從泉州搭船返回八昔（Pasai）時，就是搭乘八昔蘇丹所擁有的船，贊助他出行的人也很可能就是八昔蘇丹。他發現，中國有許多講阿拉伯語和波斯語的穆斯林商人。[9]

從載運中國陶器與其他物品的沉船中，以及一百五十年後的中國與葡萄牙文獻中可以看出，有各種大小與設計的船隻（包括來自爪哇的巨船）從事區域貿易。除了杜利安沉船之外，其他在該地區找到的十四、十五世紀沉船都是努山塔里亞式的設計，而非中式船隻；造船用的材料也都是熱帶硬木，而非中國常用的杉木。

貿易的成長並非一路往上。元朝勢力的衰頹造成一段時間的失序，泉州更落入外國穆斯林商人手中。他們分裂成波斯的什葉派與遜尼派，彼此相爭。等到元朝重新恢復控制，便在一三六〇年代對穆斯林進行整肅，導致許多穆斯林（包括漢人穆斯林）遷往爪哇與占婆的口岸。[10]泉州一落千丈，中國自南宋以來的貿易擴張也走到盡頭。明初，政府禁止對外貿易，僅能透過正式的朝貢渠道。此舉不僅扼殺貿易，也讓早已經營南洋的商人決定留在當地。華人如今出現在南洋各地，在巨港和爪哇北岸有永久性的聚落，他們也擁有遠洋航海能力。

對努山塔里亞人來說，這個消息有好有壞。各國仰賴海上貿易的程度各異，貿易愈多愈好，但從後見之明來看，它們的勢力已開始減弱。中國人不像遠在天邊的阿拉伯人，其距離之近，帶來的不僅是跨洲之爭，更是區域之爭。減弱的過程雖然不是以十年，而是以百年為單位，但卻是從宋朝就開始了。

第十二章 滿者伯夷的美好生活

爪哇東部享受沃土帶來的收穫與季風體系中優越的地理位置，中國的影響力雖然增加，但對當地人並無明顯影響。爪哇的土地、人口資源一度與海峽口岸的航海和貿易範圍相結合，但室利佛逝—馬打蘭聯盟瓦解後，這一點也隨之終結——不過並非永遠。一二二二年，在信訶沙里王毗濕奴伐覃那（Vishnuvardhana）的領導下，原本被艾朗加分成信訶沙里與諫義里的東爪哇再度統一。擊敗諫義里之後，他再度創造了單一的國家，將布蘭塔斯河流域豐富的農業資源，與東爪哇在海上貿易的中轉地位合而為一。

信訶沙里的統治，是以印度教、濕婆崇拜、佛教信仰和譚崔儀式的融合為特色。這幾種信仰得到同等的尊重。最有名的君主，是毗濕奴伐覃那之子克塔納伽拉（Kertanegara），在位二十八年。後來有史書說他熱衷於以酒助性的譚崔雙修，導致他日益衰弱。但有其他史書說他是個禁慾的人，以入定覺者的形象打造自己的雕像。無論真相為何，他的王國都是安居樂業的代名詞，爪哇的影響力也不下於馬打蘭—室利佛逝和睦相處的時期。

克塔納伽拉擴張的目的在於先發制人——蒙古人的元朝已經進攻日本與越南，對南方的海洋帝國或許也有圖謀。此外，他也希望阻撓暹羅人進一步南向擴張，但他付出了很高的代價。經過長久的戰爭，他才擊敗占碑與巨港，而他對兩地的控制也始終成效不彰。不過，他確實把海峽邊與馬來半島幾個較小的口岸納入其支配之下，成為首屈一指的區域海上強權。

忽必烈對爪哇影響力的擴張大為不悅，於是派遣使節要求克塔納伽拉進貢自己的帝國。但爪哇王的回應卻是在使節臉上刺青，趕他回去，故意激怒忽必烈皇帝。勃然大怒的忽必烈派出一支龐大的艦隊懲罰他——據說有一千艘船，十萬人。艦隊抵達之前，諫義里領袖與叛變將領結盟，克塔納伽拉戰死。細節並不清楚，但爪哇人設法把自己的分裂化為優勢。克塔納伽拉的女婿拉田韋查耶（Raden Wijaya）保住性命，與叛將攜手對抗諫義里。他們說服忽必烈的將軍——與其跟已死的克塔納伽拉計較，不如懲罰諫義里。等到拉田的諫義里對手被消滅之後，他就轉而突襲蒙古人。

爪哇人不見得能在陣地戰中擊敗入侵者，但騷擾他們卻是綽綽有餘。時間對進攻方不利，糧草日減，克塔納伽拉已死，而且若風向改變，又得多留六個月，中國軍隊於是決定止血，揚帆離去。[1] 中國對努山塔里亞的第一次軍事攻擊就此結束。出兵的動機與其說是對領土的渴望，不如說是傲慢之情（要求效忠）與掌控貿易利益的意圖。

元爪戰爭的其中一個影響，就是留下了許多中國遺民，在當地建立華人社群。一個多世紀後，隨鄭和下西洋的費信造訪爪哇，他提到：「至今民居有中國人雜處，蓋此時有病卒百餘留養不歸，而傳生育也。」[2]

富而和平

驅逐忽必烈的軍隊之後，拉田韋查耶逐漸鞏固自己身為克塔納伽拉後繼者的地位，並且把都城遷往布蘭塔斯河下游，今天的莫佐克托（Mojokerto）附近，從泗水往上游約四十公里處。他建立了人稱滿者伯夷的王國，是個同時奠基於陸地與海上貿易的強權。貿易能帶來現金，讓國王維持大批軍隊，而不會過度壓榨農民與地主。從元朝入侵海洋地區失敗，到穆斯林與中國勢力在十五世紀帶來挑戰為止，滿者伯夷享有地區霸權達一世紀之久。

正是滿者伯夷王國，最早使用「努山塔拉」之名來稱呼這個文化共享、從事海上貿易的島嶼與海岸地區。努山塔拉體系中的國家有上下之別。根據當代史料《爪哇史頌》（*Nagara-Kertagama*），滿者伯夷本土位於爪哇。馬都拉島不屬於本土，但關係非常緊密。其他的地方若非朝貢國，就是滿者伯夷的「保護國」。努山塔里亞的大部分地區，是根據與中央權力的親疏遠近來勾勒的。爪哇人清楚區隔了「爪哇之地」（Bhumi Jawa）和「馬來之地」（Bhumi Melayu），後者包括曾經屬於室利佛逝的非爪哇人國家，以及以馬來語作為商業語言的國家。滿者伯夷是個承認單一宗主權的聯邦。

根據《爪哇史頌》，西邊最重要的國家有巨港、占碑、巴魯斯、錫國（Siak）、林加（Lingga）、巴淡（Batam）與楠榜。馬來半島朝貢國據說包括東岸的淡馬錫、彭亨、登嘉樓、吉蘭丹、狼牙脩，以及西岸的巴生（Klang）與吉打。往東有峇里、龍目、松巴、望加錫、安汶

（Ambon）、摩鹿加與帝汶和布湍；東北則是民答那峨島。占婆受到國王的「保護」。換言之，努山塔拉包括整個海域大半的沿岸國家。滿者伯夷的力量往東及於望加錫、摩鹿加與帝汶（國土都不大），掌握了香料與森林物產的關鍵。但滿者伯夷對該區域的掌握並不完整：來自暹羅人阿瑜陀耶王國（Ayudhya）的船隻，會與滿者伯夷爭奪對淡馬錫和其他半島口岸的控制權。（阿瑜陀耶是獨立的王國。十四世紀晚期，暹羅的權力中心從素可泰轉移到阿瑜陀耶，素可泰也成為阿瑜陀耶的附庸。）

中國與歐洲對於奢侈品的需求在此時大增，加上陸路情勢經常因為中亞的衝突而不穩，海上貿易因此隨之擴大。以埃及為大本營的馬木留克（Mameluk）勢力不僅擋住蒙古西進，並主宰東地中海和紅海，來自東方的海上貿易商品非得經過開羅，才能抵達威尼斯。滿者伯夷的力量來自對三角貿易的掌控——一是內陸的稻米，二是東方島嶼的香料，三是來自中國與印度的陶器、紡織品與其他製品的銷售——整個島群都是其市場。政府並未直接涉足貿易，但若要使用口岸，就必須透過貨物稅與利潤抽成的方式支付費用。對外貿易同時帶來收入與奢侈品，可以用來獎賞地方勢力與地主。與此同時，以農業為主的內部貿易又能帶來稅收。

收稅絕非易事，畢竟商人有避稅的本能。宮廷內的王族與野心勃勃的地方貴族之間的敵對，也一直是個風險。但接連幾任的統治者都守住了這套體系。國王將特許授予地方社群，賦予特權，地方社群則提供特定商品與參與儀式的責任來回報國王，王權因此得到鞏固。海上貿易必須有布蘭塔斯河谷的稻米剩餘來維持其活動，唯有統治者維護治安，讓灌溉系統有效運作，農業才會有剩餘。

當時的外國與爪哇史料，都有提到滿者伯夷首都的宏大規模、優雅建築、外國社群與壯觀儀式。但這座城市的痕跡已經消失在柚木林中，後來更是化為集約稻田。由於可見的跡象不多，對於滿者伯夷的布局與建築，考古學家頂多只能猜測。當地有大門、儀式用的浴池、神廟、磚砌蓄水池、斷垣殘壁與基座等磚石遺跡。這些遺跡分布在一片長十一公里、寬九公里的區域，其規模可見一斑。此地今名多烏蘭（Trowulan），位於莫佐克托（「Mojokerto」意為「滿者要塞」）附近，布蘭塔斯河流經一旁，有著運河與道路網。

主要的商業區位於布巴特（Bubat），高牆圍繞的王居苦木橘城（Wilwa Tikta）就在不遠處。經海路而來的異國訪客首先抵達有數千戶人家的城鎮——泗水，接著改搭小船，前往上游方向的布巴特。不同族群的客商在這座城裡各有其居住區。根據一份十四世紀的史書，布巴特的市場中央是個大型廣場，其中三面有高聳的建築物圍繞，上面雕刻有《摩訶婆羅多》（*Mahabharata*）中的場景。訪客會注意到來自各國的商人，包括中國、暹羅與印度，以及來自努山塔里亞周邊、對滿者伯夷統治者效忠的王國與公國。他們是滿者伯夷王國不可或缺的一環，統治者甚至任用外國商人（泰米爾、中國等國）擔任稅吏。[3]其他城區則獨立出來，供宗教儀式、特定行業、屠宰場之用，甚至還有唐人區。布巴特有大量的陶器碎片（多數為中國與越南陶器）、錢幣石雕、珠寶與赤陶人像出土。直到馬六甲在下個世紀興起之前，布巴特都是中國商人最主要的目的地。

蘇門答臘島本身並不落後，但一位來自島上八昔國的商人卻對布巴特敬佩不已：

> 各種食物都很豐富。海外紛紛歸順於國王，人們不停來來去去（……）從內陸一直到南方海

岸邊，各地的人都來謁見皇帝，帶來貢品向他致敬〔……〕無論去到何處，鑼鼓聲都不絕於耳，百姓隨著各種熱鬧的音樂起舞，還有戲劇、皮影戲、面具戲、舞蹈與音樂劇等各種娛樂。[4]

這位八昔訪客是來參加當年的收穫祭的。收穫祭在布巴特進行一星期，接著在宮中進行一星期的慶典——商人會捐獻現金——歌頌國家的兩大支柱：農人與軍人。慶典以大吃大喝的宴席作結。

一三六五年前後，詩人普拉班扎（Prapanca）以詩體寫成爪哇語史書《爪哇史頌》，其中對這座王都的布局有簡短的描述。儘管內容主要在讚頌國王哈奄武祿（Hayam Wuruk）的祖先，尤其是克塔納伽拉，但也有一些當時的資訊。詩中提到不同城區的活動，以及苦木橘城整體的風格與宏偉程度。所有的房舍皆以紅磚為基座，上方的建築以雕像、精雕細琢的木頭柱子裝飾，並有陶器與鮮花布置。至於社會上層，則是過著享樂，甚至是危險的生活。普拉班扎提到一名廷臣，他為了打入宮廷圈，必須積極參加打獵、釣魚、賭博、性交、說奉承話、運動與打架。[5]

廟宇的興建與華麗的雕塑風格都集中在這個時代。以詩體講述的英雄故事大受歡迎，有些故事更是首度以爪哇文寫成。汪大淵在滿者伯夷的極盛期之前來到，他說：「官場所居，宮室壯麗。地廣人稠，實甲東洋諸番〔……〕民不為盜，道不拾遺。」他稱許外國穆斯林商人，以及來自廣東、在當地定居的中國人，不過也有膚色極黑，「猴首赤足」的人。[6] 他對「番人」的婚禮與葬禮（包括寡婦投火殉葬）非常鄙夷。[7]

汪大淵提到，商業交易會使用當地的銀、錫、鉛錢，以及中國的銅錢。之所以使用這類錢幣，是因為面額較小，比貴金屬錢幣更利於交易使用。中國商人多半販售陶器與鐵器。該國產色彩鮮豔的棉布與胡椒，也是他方罕見商品的交易地。他描述了書寫於棕櫚葉的做法、當地的度量衡，以及來自泗水等其他爪哇口岸的水果等物產，而且總是會記錄當地服裝與髮式等細節。汪大淵說，馬都拉島民的造船與航海技術同樣令人驚嘆，對滿者伯夷控制東部島嶼的貿易無疑有其貢獻。[8]

高峰與谷底

滿者伯夷打造帝國，背後的功臣是迦查・馬達（Gajah Mada）——他是一三四〇與一三五〇年代的將領與國王的首相。迦查・馬達的擴張行動泰半成功，但他鋒芒太過，被國王哈奄武祿（一三五〇年至一三八九年治世）貶官。迦查・馬達至今仍是印尼民族英雄，而哈奄武祿的長久治世也正值滿者伯夷國威的高峰。據說，迦查・馬達曾發下誓言，要將一連串的政治實體納入滿者伯夷控制之下。

如今雄霸一方的滿者伯夷，成為關鍵大事的推手，對馬來半島和蘇門答臘都有重大的影響。占婆—末羅瑜基本上成為滿者伯夷國土的一部分。根據爪哇紀年史《諸王紀》（*Pararaton*），一位馬來公主在占婆歸順於滿者伯夷之後嫁給爪哇王子，兩人的兒子阿迪雅瓦曼（Adityawarman）則成為末羅瑜總督。虔信譚崔佛教的阿迪雅瓦曼勢力變得如日中天，成為中爪哇大城馬來亞城（Malayapura）實際上的獨立國君。馬來亞位於米南佳保高地中央，當地不只出產黃金，也發展出集約稻作。爪哇後來試圖重申其權威，導致末羅瑜王子在一三九一年左右逃到淡馬錫，接著建立馬六甲，就此種下努山塔里亞未來分裂的種子，讓當地愈來愈難抵擋外界力量。

滿者伯夷帝國雖然龐大，但大部分國土從未納入直接統治，而是按照室利佛逝的模式，有著從直轄到羈縻的各種關係。以北爪哇當地柚木打造的巨船載著無堅不摧的軍隊，成為帝國的脊梁。但滿者伯夷留下的實物遺跡同樣奇缺，當代文獻也相當有限。勇敢的汪大淵去過大半個滿者伯夷帝國，甚至行至檀香木的產地——帝汶。他說帝汶：

婦不知恥，部領縱食而貪色，醉酒之餘，臥不覆被，至者染疾多死。倘在番苟免，回舟（至中國）之際，櫛風沐雨，其疾發而為狂熱，謂之陰陽交，交則必死。[9]

這種疾病聽起來很像梅毒，但也有可能是瘧疾。

另一方面，汪大淵說勃泥（汶萊）「崇奉佛像唯嚴。尤敬愛唐人，若醉則扶之以歸歇處」。[10]汶萊的會計極為傑出。「仍選其國能算者一人掌文簿，計其出納、收稅，無纖毫之差焉。」汶萊跟該地區的大部分地方一樣，「民煮海為鹽，釀秫為酒」。蘇祿產的珍珠品質之優秀，讓汪大淵驚為天人。他宣稱中國人在當地很受歡迎。費信也有類似的說法，無論他是抄自汪大淵的書，還是出自自己的觀察：「凡見唐人至其國，甚有愛敬，路有醉者，則扶歸家寢宿，以禮待之若故舊。」[11]

來到婆羅洲南岸的馬辰，汪大淵說此地男女體小而形黑，土壤貧瘠，因而種豆。當地的物產包括細綿布，用於交易錫礦。汪大淵還提到：

> 凡民間女子，其形亞出，自七歲，父母以歌舞教之，身摺疊而圓轉，變態百出，粗有可觀。倘適他國，呈其藝術，則予以小錢為賞。[12]

他說蘇祿的田地經過三年之後就會地力枯竭，暗示其農法為輪作。蘇祿人種粟，也以沙糊（西米）、魚蝦為食。當地出產非常潔白的珍珠、龜甲（玳瑁）與蜂蠟（黃蠟）。

汪大淵觀察到的滿者伯夷是個信奉印度教與佛教的地方，而且國勢即將攀上高峰，但滿者伯夷的輝煌卻很短暫。學者通常將該國的衰頹歸諸於伊斯蘭的興起，以及對北爪哇口岸失去控制——當地的貿易漸漸落入穆斯林移民手中。

鄭和的中國船隊在汪大淵之後七十多年來到滿者伯夷，此時的滿者伯夷依然控制重要的蘇門答臘口岸，或許還有馬來半島東岸的港口、婆羅洲海岸與東方的島嶼。但根據馬歡的《瀛涯勝覽》，外國穆斯林商人的影響力在杜板（Tuban）、革兒昔（Gresik，很可能是中國人建立的口岸）與蘇兒把牙（泗水）這三個口岸迅速扎根。一四一四年至一四三三年間，馬歡三度隨鄭和出航，擔任通譯。他提到這些城市中外國人之眾。當地有分三種人。一種是土人，「形貌甚醜異，猱頭赤腳，崇信鬼教（……）人吃食甚是穢惡，如虵蟻及諸蟲蚓之類」。[13]

也有來自中國（廣東與福建）的商人和願意冒險的人遷居爪哇，與「夷人」及其習俗形成鮮明對比。他們的食物與衣著相當乾淨，許多人是穆斯林。第三種人則是來自西方各國的穆斯林，客居當地經商：「衣食諸事皆清致。」[14]

儘管馬歡用了不少篇幅批評爪哇人的習俗，講了一些奇幻傳說，但他仍然試圖持平描述當地的若干風俗，包括婚喪喜慶、度量衡、使用中國錢幣、熱愛中國陶器、嗜食檳榔、服儀與懲罰方式。其他他認為值得一提的，還有老百姓用磚塊與乾草蓋的屋子、陰曆、書寫體系與（居然）大量缺乏稻米的情況——相較於辛苦的農事，當地人寧願捕魚。所有的男人都配了把上好的鋼刀。爪哇遍地都是高價物產，吸引外國商人來到，讓革兒昔等城鎮極為富庶。

國王則住在磚牆圍繞的王居中，周長三百多公尺，牆高十公尺。王居有兩道大門，內有數層樓的磚造樓房，樓高十至十二公尺，以硬木板為瓦。國王赤足，若非散髮，就是頭戴金葉花冠，身無衣袍，下半身圍著一、二條絲手巾，繫在腰間。

馬歡還觀察到哇揚皮影偶戲（Wayang Kulit）的早期形式：

> 有一等人以紙畫人物鳥獸鷹蟲之類，如手卷樣，以三尺高二木為畫幹，止齊一頭。其人蟠膝坐於地，以圖畫立地，每展出一段，朝前番語高聲解說次段來歷。眾人圜坐而聽之，或笑或哭，便如說平話一般。[15]

馬歡對爪哇以及滿者伯夷疆域各地的記載，點出該國仍然是個強大的國家，但外國人在爪哇本土的人數愈來愈多，勢力愈來愈強。外部因素也漸漸不利於東爪哇的霸權與財富。

馬六甲的建國、淡目（Demak）與爪哇北岸其他穆斯林主導社群的興起，正好與滿者伯夷國內的權力衝突同時發生。伊斯蘭信仰對爪哇的印度教－佛教王權觀念造成挑戰。內部鬥爭顯而易見，原因很可能是因為有貴族改宗伊斯蘭，或是與穆斯林聯姻——例如嫁給滿者伯夷王克達維惹亞（King Kertawijaya）的占人公主。這種現象迫使滿者伯夷把重心轉移到王國的內陸根據地，將首都遷回布蘭塔斯河上游的諫義里。與此同時，爪哇北岸則興起由穆斯林（多來自印度、中國與阿拉伯）主導的獨立貿易實體。

多烏蘭經歷短暫的榮景之後，旋即在一四七八年毀於與淡目的戰爭中。滿者伯夷國內的王位繼承問題，讓這場戰爭更為慘烈。年輕的淡目蘇丹國實際上征服了滿者伯夷，但表面上仍維持其王朝延續。多烏蘭的消失，是信奉印度教的滿者伯夷全面終結的開始，殘餘的王室撤退到峇里島，而伊斯蘭信仰則往主宰努山塔里亞島群南半部的目標跨出一大步。

徹底夷為平地的多烏蘭化為一片柚木林。史丹福・萊佛士（Stamford Raffles，在不列顛短暫統治爪哇時擔任副總督）在一八一五年展開最早的考古發掘，稱多烏蘭是「爪哇之光」。[16] 即便如此，這座一度宏偉的城市，留下來的遺跡卻少之又少。不過，滿者伯夷的光榮歲月仍然深植於爪哇人的集體記憶中。滿者伯夷的記憶（與傳說），以及它所建立的努山塔里亞帝國，始終是現代印尼認同的核心，勝過對穆斯林身分的認同。荷蘭人形塑了這個國家如今的地理範圍，但滿者伯夷才是其歷史根基。「島群的景色」（Wawasan Nusantara）讓諸島團結起來，而印尼的國家格言「多元而一體」（Bhinneka Tunggal Ika），正是來自滿者伯夷時期的爪哇詩作〈須陀須摩〉（Sutasoma）。[17]

滿者伯夷將爪哇的資源，與沿岸、島嶼馬來人的航海和貿易事業結合，展現出有如室利佛逝—夏連特拉時代的實力。兩者之間很難維持平衡，一來是因為距離，二來則是口岸之間和王朝內部的衝突太多。但爪哇人與馬來人之間的共通點——至少相對於中國、印度、暹羅等地的人而言——足以讓彼此自視為一體。直到伊斯蘭信仰傳入之前，宗教很少是造成分歧的議題。

滿者伯夷時代的終結，開啟了五百多年來的外國干預與日益嚴重的政治分裂。不過，滿者伯夷帝國儘管國祚不長，其文化紐帶與貿易連結卻長久得多，尤其是馬來語言在這個地區扮演的角色（不過爪哇才是人口與文化的核心）。雖然忽必烈試圖入侵，明代又有鄭和下西洋，但努山塔里亞在後滿者伯夷時代的紛擾，卻不是因為人們以為的原因——中國。事實證明，鄭和下西洋對表面印象的影響，遠大於對實際時局的改變。

第十三章　顫抖臣服：鄭和下西洋

中國在元代將力量投入努山塔里亞，但人們的注意力都被明代初期的鄭和下西洋所吸引了。一四〇五至一四三三年，鄭和率領的「寶船」艦隊七次出航，以令人印象深刻的方式展現中國的海上實力。由於中國沒有面臨來自海上的威脅，等到明代中國益發關注內部與陸上邊疆問題後，寶船的出航便戛然而止。但鄭和七下西洋確實對中國人在努山塔里亞各地的貿易與移民活動帶來持久的影響。

鄭和船隊的規模大得驚人，但近年來之所以受到全球關注，理由卻很莫名。英格蘭作家蓋文・孟席斯（Gavin Menzies）寫了一本名叫《一四二一年：中國發現世界》（*1421: The Year China Discovered the World*）的暢銷書，聲稱證明鄭和的船隊已經繞航非洲，並抵達美洲。這本書引起一般人的關注，但就連忠黨愛國的中國學者，頂多也只認為這是天馬行空的推論，甚至根本是種捏造。[1]

與此同時，中國政府則歌頌鄭和，高舉其為航海技術方面的民族象徵，同時是締造和平的外交家，七下西洋則為製圖與航海增添許多新知。東南亞各國民族主義者與中國人彼此競爭，而鄭和其人就是個爭議焦點。南洋的華人長期奉鄭和為偶像，而他在印尼與馬來西亞的某些人心中，

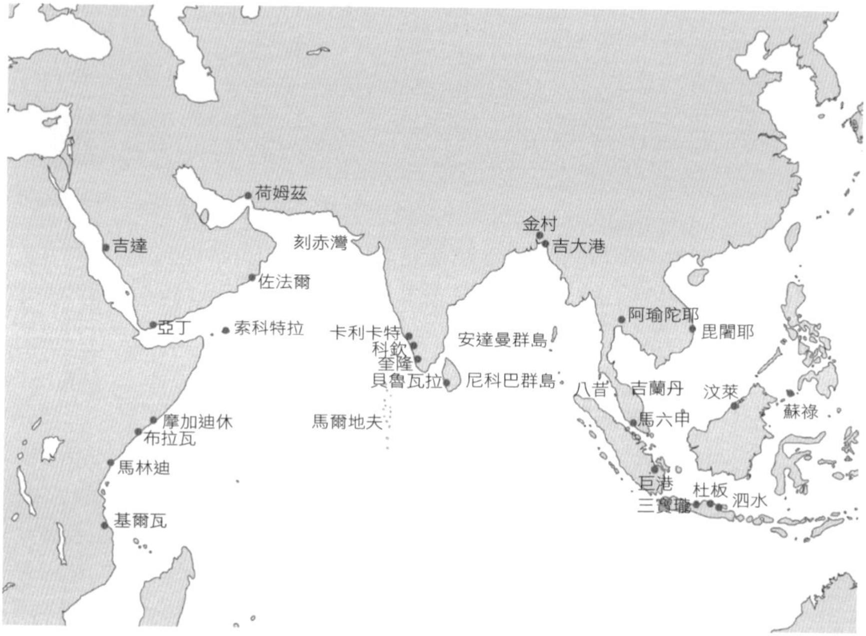

地圖11　鄭和停留地點。

更是以幫助伊斯蘭傳播的虔誠穆斯林身分而享有盛名。有時候，這樣的名聲甚至蓋過了他效忠皇帝、從事帝國主義行徑而受到的指謫。

甚至連鄭和率領的船艦大小也有爭議。直譯派的詮釋者把後世中文史料的說法當真，造船專家則認為文獻中記載的船體大小不可能打造出來。寶船的存在也同樣缺乏考古實證。[2] 還有另一個問題：鄭和這位穆斯林宦官，究竟是否有意推動伊斯蘭信仰？抑或伊斯蘭信仰在此時的發展，其實是他支持馬六甲，並與努山塔里亞的穆斯林商人（有些是華人）互動而帶來的意外結果？

鄭和本名馬和，生於蒙古人統治的雲南，是大族子弟。一三八一年，大明入侵雲南，鄭和的父親遇害。因此，他在大約十歲時成為明皇子朱棣的侍從。

一三九〇年代，他在朱棣對抗蒙古人的軍事行動中成為重要的幕僚。朱棣後來反叛皇帝，並且在一四〇二年攻陷首都，自立為皇帝，並改年號為永樂。馬和因戰功獲賜新姓，並負責率領海上行動，彰顯中國國威，將影響力深入南方海域。事實證明鄭和不負所託：他是優秀的領導人、外交官，也是這種龐大行動所不可或缺的後勤高手。

永樂帝的治世長而不懈，四處都能看到他開拓明朝疆域、展現中國文化優越感與軍事實力的努力。他在詔書上說：

自有天下者，莫不以武備為先。武備脩則國家強盛，天下太平。武備不脩，則國家微弱。雖欲天下無事，不可得矣。[3]

永樂帝本人大多把心力擺在西北，在一連串戰事中親征。由於重視北防，他把首都從南京遷往北京，但他也願意對海上遠征挹注鉅資，為中國帶來榮耀，讓小國源源不斷派人到首都進貢。他下令入侵越南（「大越」），卻無法控制當地，不得不在經歷若干慘敗後於一四二七年撤軍，越南人領袖黎利也因此成為國王，開創長壽的黎朝。中國往南擴張時，其他鄰國也深刻意識到中國的實力與軍事技術——尤其是火藥的使用。[4]

不過，儘管永樂年間經濟繁榮，但皇帝展現國威的做法卻讓國家預算吃緊。擔任戶部尚書多年的夏原吉反對再次花錢用兵西北，結果下獄。[5] 永樂帝於一四二四年駕崩後，下西洋的行動終於因為所費不貲，無助於中國主要的戰略利益而終止，夏原吉在過程中也發揮了影響力。但這就是後話了。

永樂帝統治之初，帖木兒依舊在世，其帝國仍在擴張，不僅控制中亞，更威脅中國。確保貿易路線就是永樂帝的目標之一。確保海上貿易路線因此有著戰略重要性，明朝初年的統治者因此試圖終結非官方的貿易。非官方貿易泰半掌握在穆斯林社群手中，在泉州與廣州進行。貿易禁令導致這些商人南遷到努山塔里亞，部分解釋了爪哇在一四〇〇年之前就有中國穆斯林的原因。總之，鄭和下西洋之舉，在於試圖以國與國關係為基礎來重建貿易，同時展現中國聲威，使夷人歸順皇帝。

打著旗幟做生意

鄭和提供的誘因是貿易機會。努山塔里亞與印度洋的商業小國需要中國皇帝垂青。難以抵禦的鄭和艦隊則是威嚇，用來對付所有不服從、不願意承認皇帝的宗主權、不派人進貢的統治者。明朝認為這些地方的華人也得聽從皇帝的命令。對於遠征艦隊的編制，我們所知不多，但很可能有兩萬六千至三萬人，乘坐三百艘船，有些船隻相當巨大。之所以用「寶船」一詞，也就暗示了這些船隻的目的是把奇珍異寶帶回中國——包括來自印度的寶石，以及來自非洲的長頸鹿與其他珍禽異獸。每一次下西洋都延續大約二十個月。《明實錄》這類的官修明史非常不可靠，畢竟是三百多年後才寫成的。前面提過馬歡的著作，他為寶船船隊造訪的許多地方留下更有價值的紀錄。馬歡是穆斯林，通曉阿拉伯語與波斯語，在三次下西洋時以通譯身分隨行。馬歡雖然為船隊抵達的地方提供豐富的資訊，但他沒有詳盡提及艦隊規模或船隻大小。不過，四度隨行西洋的費信則有留下大略記載。據費信所說，一四〇九年的船隊有四十八艘船，兩萬七千人。6

第一次下西洋為未來的進行模式定了調。艦隊造訪了占婆、泗水、馬六甲、八昔、亞齊、斯里蘭卡，最後抵達卡利卡特，在當地停留四個月，等待風向轉變。鄭和所到之處幾乎都派了貢使，帶著貢品，隨鄭和一同返回中國。回程時，艦隊在巨港停留大約三個月。名義上，巨港聽命於滿者伯夷皇帝，但華商（許多是穆斯林）在當地勢力強大，為首者名叫陳祖義。這個華人社群出現的時間想必已經有一代人以上，他們和馬來人、爪哇人通婚，有些人有華人姓氏、非華人的名字。鄭和命令陳祖義返回中國，但他與其他人拒絕，雙方激戰，大量當地華人被殺。陳祖義遭到捉拿，押回中國，在中國處死。中國官方說陳祖義是海盜。後代史家泰半當真，但這樣的描述恐怕並不公平：陳祖義真正的罪過，恐怕是不服從鄭和的命令。至少在巨港的華人眼中，他們不再需要聽從皇帝的命令，而他們名義上的領主是爪哇，而非南京。鄭和就跟今日的中國領導人一樣，認為所有華人都是皇帝的臣民。

鄭和任命來自廣東的施進卿擔任所謂的「宣慰使」，取代陳祖義原本的位置，而巨港在明朝仍持續下西洋期間，實質上就是中國的殖民地。然而，等到葡萄牙人托梅・皮萊資在一個世紀後來到馬六甲，在著作中寫到巨港時，卻沒有提到當地中國人——可能已經與當地人同化，或是離開這裡了。巨港的這段篇章一方面顯示中國在某些口岸的勢力，但一方面也展現這些港口有著獨立於遠方皇帝的獨立意識。事實上，努山塔里亞為來自廣東與福建，願意冒險且無視官方政策的人提供了機會。

鄭和第二次下西洋與第一次的路線類似，但加入了暹羅。卡利卡特當地還留下一塊碑，紀念這次的到來。當地統治者派人進貢，以低聲下氣的態度歌頌皇帝——至少中國官史《明實錄》如此宣稱。據說，柯枝（Cochin）統治者在一四一六年上表寫道：

數歲以來，國內豐穰，居有室廬，食飽魚鱉，衣足布帛，老者慈幼，少者敬長，熙然而樂〔……〕誠王化之使然也。[7]

無獨有偶，渤泥（汶萊）統治者則說：

臣遠在海島，荷蒙天恩，賜以封爵。自是國中雨暘時順，歲屢豐登，民無災厲〔……〕國中耆老咸謂此聖天子覆冒所致。[8]

這種褒美之詞聽起來比較像明朝官員上奏的口吻，必然報喜不報憂，而非心高氣傲的當地統治者真誠的想法。不過，由於沒有其他版本的史書，中文文獻成為標準的說法，成為宣稱這些國家是出於承認中國霸權，而非出於貿易之必要而進貢的史料根據。

第三次下西洋時，鄭和捐錢給一座斯里蘭卡寺院，並以泰米爾文、中文與波斯文刻碑紀念。船隊在貝魯瓦拉（Beruwala，今可倫坡〔Colombo〕南方）靠岸後，他再度干預當地事務，並進兵羅依伽摩（Rayigama）王國，將國王與王室成員當成俘虜押回中國，後來皇帝允許他們返家。

第四次下西洋時，鄭和把勢力範圍擴大到馬爾地夫與荷姆茲（Hormuz），並且以武力推翻八昔統治者蘇干剌（Sekandar），恢復其前任的地位。蘇干剌被押往中國處死。費信提到八昔人民風純樸，當地盛產胡椒，還有一種「甚如爛蒜之臭〔但〕如酥油美香」的水果。[9]

第五次下西洋的目標，在於將此前進貢的使節送回本國，並賜十九名統治者禮物。名單如今包括亞丁、摩加迪休與馬林迪（Malindi），都是鄭和航行計畫中的新港口。第六次下西洋在八昔兵分兩路。有些船隻經佐法爾（Dhofar）與亞丁前往摩加迪休，但鄭和本人可能之前就回國了。

第七次——也是最後一次下西洋——是一四三一年，算是紀錄最詳實的一次，有抵達與離開各港口的時間紀錄。不過，部分船隻造訪的阿拉伯與非洲口岸則沒有留下詳細記載，分艦隊無疑曾前往未見於文獻中的其他港口。每一次下西洋平均需要二十個月，想必因為暴風與疾病而有極高的人員折損率。而且，不同船隻的航速不同，整個艦隊也很難保持隊形，很可能因為風與洋流而分散，各種補給需求更是讓船團難以維持。

終點，而非起點

幾次下西洋之行都成功留下訊息，傳達中國的國威。這種國威比元朝來得和善，但背後仍隱含著非中國人——以及遷居外地的中國人——必須對皇帝低頭。船隊規模之大，船隻數量之多令人望而生畏。如果只是為了出使，是絕對不需要這種重兵的。鄭和帶回非洲的長頸鹿這種「寶物」回國，更別提大量來自異地的奇珍異寶。這一點也讓數世紀之後的人（尤其是中國人）很難忘記鄭和下西洋一事。趙汝适曾提及非洲海岸，提到桑吉巴與多毛的人，對斑馬和長頸鹿也有模糊的描述。[10] 此前也有為數不多的中國人搭乘阿拉伯或努山塔里亞船隻前往非洲。但實際前往非洲並帶回這些動物，顯然更令人印象深刻，至少比千篇一律對皇帝效忠的詞藻值得大書特書。

今人常常把下西洋之行描繪成探險、外交與推動貿易的和平之舉。事實上，皇帝的目標在於讓南方、西方海域的人尊重他，敬畏他，並強調中國物質文明的優越，卻又同時自居為不偏不倚的和平締造者，「撫綏遠人無問彼此」。[11] 他是有如父親的人物，要求夷人不得彼此爭戰，例如對柬埔寨與占婆下令，或是命令暹羅不得騷擾馬六甲。[12] 一四二九年，宣德帝甚至宣稱：「朕奉天子民。四海萬邦咸圖康濟。」[13] 皇帝的聲威通常只是辭令，是中國自視君臨他國的空洞表現，偶而才會有實質內容，例如鄭和下西洋時代率領的大艦隊。然而對北京來說，展現實力的目的性不夠明確，這也讓當時的中國人不如外國人那樣印象鮮明。

直到不久前為止，鄭和下西洋是中國最近一次試圖將勢力延伸到努山塔里亞與印度洋等熱帶地區。不耐濕熱氣候恐怕有相當影響，這一點也反映在過去皇帝對於用兵當地的看法：

皇朝重武愛人，不欲宿兵瘴癘之區以守無用之土。[14]

鄭和下西洋並未增加全世界對於航海、風向與洋流的知識。鄭和所造訪的地方，彼此間的聯絡早已進行千年。鄭和在貿易方面留下的遺產同樣有爭議，畢竟亞洲貿易榮景從一四〇〇年前後便已展開，歐洲、穆斯林世界與中國皆參與其中，日本也有貢獻，而七下西洋這個篇章為時不過三十年。但中國本身確實因此對世界有更多認識，尤其是對南方海域。鄭和下西洋也有助於努山塔里亞對中國貿易的發展——在當地已有發展的中國穆斯林（有時候會與其他國家的穆斯林或當地女子通婚）扮演著重要角色。這些交流讓伊斯蘭信仰在島群加速傳播，而貿易也在隨後的兩個世紀間飛速成長。

以往，人們將明代海上行動的終結，視為沒有遠見的決定，從而為下一個世紀的歐洲人打開了進入努山塔里亞的入口。但結束寶船之行是有合理經濟因素的：鼓勵朝貢所耗費的成本，遠超過任何來自貿易的可能收益。相較於西北邊境，中國在南方海域並未面臨任何明顯的國防威脅。幸虧有繁榮的中國帶來的需求，以及努山塔里亞貿易區口岸的華人，下西洋的結束因此沒有造成貿易的終結。但這確實意味著中國在接下來五百年不再試圖控制努山塔里亞。

朝貢漸漸減少，中國朝廷也逐漸視貢使為財政負擔，而非福分。朝廷認為中國是自給自足的天朝上國，跟外國商人討價還價、以平等待之的話，等於有失身分。沒有異國的寶石、香料與動物，中國也沒有影響。對中國船隻參與貿易的海禁在十五世紀末期恢復，但這並未妨礙貿易本身。海洋地區的其他人因此獲益：馬來人、海外華人、爪哇穆斯林，以及來自暹羅、琉球與呂宋等地的商人。然而，中國顯然有些生意拱手讓給了鄰國。沉船打撈到的證據顯示中國陶器出口衰退，來自暹羅與越南的出口則強勢成長。

亞洲貿易的歐洲端開始從十四世紀早期的瘟疫與災難中復甦，中國在貿易上的相對重要性也隨之低落。對東方香料需求的增加，正好與開羅的馬木留克政權對陸上貿易路線的控制時間重疊。歐洲首屈一指的貿易強國威尼斯，因此與來自印度與馬六甲海峽的阿拉伯、印度船隻建立聯繫。威尼斯商人尼科洛・達・康提（Niccolo de Conti）在東方待了十五年，包括在蘇門答臘停留了九個月，時間正好在鄭和下西洋前後。[15] 他造訪爪哇，在著作中提到東方十五天航程外的兩座島：「其中一座生產肉豆蔻與肉豆蔻乾皮；另一座名叫班達島，是唯一有丁香生長的島嶼。」[16]

據估計，運抵歐洲的香料愈來愈多，在十五世紀達到丁香七十五噸，肉豆蔻三十七噸，肉豆蔻乾皮十七噸之譜。胡椒的進口量想必更多。相較於紡織品、稻米、漁獲、木材等來自東南亞的商品，香料的噸數仍然很少，但價值與利潤卻是無邊無際，因這些利益而起、進而改變世界的競爭也蓄勢待發。未來並不在於鄭和西望的眼光，或是前往、繞行印度洋的路線，而在於他幾乎忽略的努山塔里亞東部物產。掌握未來的還有不像寶船那麼令人印象深刻，但速度更快、更靈活，能夠御風而行的船隻。

第十四章　鐵釘、暗榫、難造之船

從鄭和下西洋船隻大小的爭議來看，我們顯然有必要詳盡探討那些在努山塔里亞進行貿易、來回於島嶼與遠方港口間的船隻，探討其尺寸與造船方法。研究中國科技成就的不列顛知名作者李約瑟（Joseph Needham），聲稱鄭和的船隻有一百三十七公尺長，橫梁為五十六公尺。[1] 但如今接受他說法的人不多。這個計算是完全根據《明實錄》（明朝的官修歷史）的說法而求出來的，但《明實錄》卻是三百多年後才成書。

多數海事專家認為，若以木頭為材料打造船隻，且須承受在開放洋面長距離航行的壓力，則船隻不可能達到一百三十七公尺長。甚至沒有考古實證，能證明有船隻接近這種大小。現代人試圖打造一艘長七十一公尺、具航行能力的複製品——長度只有李約瑟說法的一半，噸位更是只有一部分，但目前仍未成功。不過，雖然還沒有找到直接證據，但大量打造長七十公尺的船隻仍然有其可能性。

已知船型最大、且有實證的戎克船為「的星號」（Teksing）。一八二二年，的星號在蘇門答臘外海勿里洞島觸礁後沉沒。這艘船大約五十公尺長，橫梁十公尺，從甲板起算的深度約為五公尺，乘客加船員約一千六百人。（以中式戎克船的製作來說，上述的船隻長度、橫梁與深度比例相當標準。）一八四八年，中國的遠洋戎克船「耆英號」（Keying）（可能是在一八〇〇年前後打造的）從香港出發，前往紐約與倫敦參加萬國博覽會。這艘船與「的星號」的大小差不多。[2]

其他證據顯示，一五〇〇年以前用於貿易的戎克船通常長二十至三十公尺，一五〇〇年之後則以三十公尺為常態。從十八世紀日本的證據來看，船隻最大長度為四十二公尺，平均則為三十一公尺。（上述的船隻長度都不包括船艏斜桅。）其實，南方海域多礁岩，港灣雖多，水卻不深，船體大並非優點。

相較之下，十八世紀晚期由不列顛人打造的最大型木製戰艦——例如海軍將領何瑞修．納爾遜（Horatio Nelson）的旗艦「勝利號」（Victory）——則是六十九公尺長，直到鋼鐵結構在十九世紀中葉引進之後，才有打造更大艘的船隻。由政府出資建造更大的木製船隻，用於展示或運兵而非貿易的可能性並不會消除。但超大型木造船隻的打造與推進難度，卻會以等比級數成長。夠不夠堅固是一個問題，產生足夠的風帆動力又是一個問題——畢竟這需要更多、更高的桅杆。

科技差異

另一個問題是，鄭和的船艦是否比努山塔里亞船隻更大或更好？相較於努山塔里亞和印度洋國家擁有的船隊來說，鄭和的船隊無疑更龐大。但大船絕對不是中國的專利。早在三世紀，就有中文史料提到長度超過五十公尺的崑崙（南方）船隻，一趟就能載六百至七百人。兩百多年後，法顯也證明了這一點。崑崙船船桅短，有四面帆，斜向設置以隨風向進行調整，在必要時減少帆面承受的風壓。法顯對其大小與設計印象深刻。[3] 據信，這些船隻的載貨量在兩百五十噸至一千噸之間。即便是這個數字的最低值，代表的也是相當龐大的船貨。

另一份來自八世紀的中文史料，則提到長六十公尺的崑崙舶。這些船隻是用植物纖維繫起木板（而非鐵釘），能載千人。[4] 史料的年代大致與室利佛逝稱霸時期吻合，當時的巨港必然擁有許多大船，不僅掌握了貿易，而且能渡過印度洋，前往馬達加斯加與非洲。

婆羅浮屠的船隻圖案也來自這個時期。儘管尺寸與工法無法辨識，但圖上可以看出有些船隻有舷外撐架，有些沒有，而桅杆與船帆的安排也不盡相同。無論有無舷外撐架，使用短槳的狹長小船都很常見。扶南人與克拉地峽東岸貿易時使用的船隻，可能就是這種。在赤道水域，即便是主要貿易路線，人們仍維持在無風時使用船槳前進的做法。比方說伊本·巴杜達就提到，他從爪哇前往中國時，乘坐的船隻經過一處「風平浪靜」的海面，有三艘小船伴隨左右，用於牽引大船。至於戎克船本身則有「二十支非常大的槳，有如桅杆」。[5]

中國與努山塔里亞船隻的設計、船帆都不一樣。中國船隻主要以松木打造，努山塔里亞與印度則以柚木等熱帶硬木造船。傳統努山塔里亞工法是將木板邊緣相接，打造船殼。早期的做法是以原始的小船——獨木舟為龍骨，開始拼接木板。獨木舟與木板拼成的小船從非常早的時代便已普及，甚至用於葬儀。人們用纖維將板材綁在一起，材料通常來自糖棕樹皮。四世紀的中國史料提到棕櫚樹，「樹皮可製船索，泡水時仍相當柔韌」，該地區的人「用此將木板綁在一起，打造船隻」。[6]

這種技法無法造出非常堅固的結構，但根據今天的海洋考古學推測，三十公尺長的船是可以打造出來的。主要的改良則是加上環耳（lugs）——在木板內側附上有孔的木塊，從而將木板綁在一起，並銜接船架。馬來半島東岸彭亨外海發現了一艘綁製的船隻，年代介於三至五世紀，長約十二公尺。

更進步的船隻則採用暗榫：在其中一片木板上做出榫頭，插入鄰接木板的卯眼。後來的船隻還加入十字交叉撐構，強化船殼。大型船隻會採用暗榫，但綁製法早在西元前便普及於島群，之後也依然有人使用。當地的船隻直到上世紀都還在使用植物纖維，馬都拉與蘇拉威西打造的傳統船隻仍舊採用榫接。綁製船同樣是印度與阿拉伯世界長久以來的常態。

中國傳統造船技術來自原創，而且相當有效，但主要是為了內陸與海岸水域設計的。船上沒有龍骨，而是平底或圓底，用隔艙板提供結構強度，並減少漏水或破洞造成的風險。這種船隻不見得需要骨架。中國的船隻早在西元一世紀便率先採用單軸方向舵，後來傳到西方，努山塔里亞後來也有使用。中國與羅馬等文化一樣，使用鐵釘銜接板材。以窄木板橫貫的橫帆也是中國船隻的常態，努山塔里亞則使用藤編的斜向四角帆，可以根據風向調整角度。努山塔里亞船隻長期採用雙艉舵，而非裝在艉柱上的單舵。（雙舵不見得是過時的技術，反而得到某些現代帆船的青睞。）

爪哇巨船

宋、元兩代在貿易上的發展，似乎讓雙方船隻的設計相得益彰。例如，人們使用中式隔艙板提升耐用程度，但用來銜接木板的卻不是鐵，而是暗榫，且努山塔里亞式的船帆安排與雙舵也保留了下來。或許是忽必烈入侵爪哇，讓當地人漸漸注意到中國船隻的設計。無論如何，這個時代留下來的船隻都顯示出混合設計元素。巴拉望附近的潘達南島（Pandanan）打撈到一艘十五世紀早期的沉船，船體採用熱帶木材，以暗榫拼接，但裝有隔艙板。新加坡附近的民丹島（Bintan）外海則有另一艘沉船，同樣來自十五世紀，以熱帶硬木打造，但接合方式則兼有暗榫與鐵釘。還有一艘名叫皇家南海號（Royal Nanhai）的沉船，在馬來半島東岸外海找到，上面有兩萬一千件暹羅、越南與中國陶器。船長二十八公尺，以暗榫拼接，並有隔艙壁。這艘十五世紀中葉的船採用單層木板結構，但木板厚達八公分，相當驚人。

爪哇船隻有些相當巨大，至少不輸同時代已知的中國船隻，但防水性不太好。十四世紀的中國旅行家汪大淵寫成《島夷志略》，書中提到島群的其中一個港口：

> 大於商舶，不使釘灰，用椰索板成片。每舶二三層〔……〕滲漏不勝，梢人日夜輪戽水，不使枯竭。〔……〕下以乳香壓重，上載馬數百匹。[7]

十六世紀初，葡萄牙占領馬六甲。人在當地的托梅·皮萊資寫道，爪哇船運的盛期為十五世紀，幾乎與鄭和下西洋的時間吻合。皮萊資聽說當時的爪哇人是對孟加拉與科羅曼德海岸貿易的主角，最遠航至亞丁。事實上，葡萄牙人最早在馬六甲海峽所遭遇的船隻，就是努山塔里亞式的設計，設有雙艉舵，以暗榫拼接，而非鐵釘。相形之下，葡萄牙船隻就很袖珍，一般長度只有二十五公尺。但它們速度更快，操縱更敏捷，武裝也比爪哇的大船好，畢竟大船是設計來裝貨，而非打仗。

葡萄牙旗艦「海花號」（Frol de la Mar）遭遇一艘戎克船，其層層木板能抵擋葡萄牙的大砲。海花號的船尾艉樓雖高，卻幾乎搆不著那艘戎克船的甲板，因此無法登船。最後，葡萄牙人將其艉舵扯下，戎克船才因此就範。以艦對艦而言，這艘出自八昔國的戎克船足以媲美海花號，但葡萄牙人有一支靈活的艦隊。四百噸的海花號有三十六公尺長，八公尺寬，艉樓高聳，因此我們能合理推測爪哇船隻可能將近五十公尺長，而且也有類似的高艉樓。海花號是一艘拿烏式帆船（nau），有三到四層甲板、三或四根桅杆，以及高聳的艉樓。後來的拿烏式帆船可以達到五十公尺長，載重（burthen，貨運量的單位）達一千五百噸，但恐怕還是比不過最大的爪哇船隻。十六世紀末之後，歐洲所有主要海權國家都採用從拿烏式帆船發展出的蓋倫式帆船（Galleons），長度上多半落在四十至五十公尺間。

根據一份葡萄牙文獻描述，爪哇海域有許多戎克船，有些「就像非常大型的拿烏式帆船」。但這種船隻有三重船殼，非常沉重。皮萊資提到，當爪哇的戎克船造訪中國時，必須在近海下錨，畢竟「光是其中一艘爪哇戎克船，就抵過二十艘中國戎克船」。[8] 闍婆統治者帕帝・烏努斯（Pati Unus）在一五一三年造了一艘船。當時的闍婆是爪哇北岸首屈一指的港口，葡萄牙人說，他這艘船是「當地人至今看過最大的船」。

在葡萄牙人看來，爪哇大型戎克船在貿易上有顯而易見的優點。假設船長、衡量與深度的比例固定，一艘三十公尺長的戎克船就是一百五十噸，而一千噸的船隻大約會有五十五公尺長。[9]

葡萄牙人奪取馬六甲之後，與一位重要的印度商人合作從事貿易，對方擁有兩艘載貨量大約兩百噸的戎克船，每艘都有將近八十名船員。

另一個目擊證人則是葡萄牙冒險家兼作家杜亞特・巴波薩（Duarte Barbosa）。巴波薩主要在喀拉拉（Kerala）活動，能講當地的馬拉雅拉姆語（Malayalam），而且經常在印度洋上航行。他在一五一八年前後寫道：

> 這裡有來自爪哇各地的船隻，船上有四根桅杆，跟我們的船隻不同，使用非常厚的木材。一旦這些船隻變得老舊，人們就把新的木板裝在外面，船因此有三或四層船殼，一層又一層；船帆以柳條編織，繩索也是柳條。
>
> 它們能載非常多的米，以及牛、羊、豬、鹿肉乾或醃肉，許多的雞、大蒜與洋蔥。它們還帶了各種武器來買賣，諸如長槍、匕首與劍，有金屬雕花，是用非常好的鋼材。它們還載了稱為「卡祖巴」（cazumba）的黃色染料，以及爪哇出產的黃金。
>
> 人們把妻子、孩子都帶上船，有些船員從來不下船，不上岸〔……〕這些船隻還運來蘇門答臘的胡椒、絲綢、安息香與成色甚好的金子，從其他島嶼帶來樟腦與沉香木，載著各種商品航向丹那沙林（Tenasserim）、勃固、孟加拉、卡利卡特、科羅曼德、馬拉巴爾、坎貝（Cambay）與亞丁。[10]

這段故事中的船隻不僅大、穩定、使用壽命長，而且能從爪哇行至阿拉伯半島，據信也有航至香料群島。但它們非常笨重。巴波薩的描述也顯示，葡萄牙人只對高價的香料有興趣，但爪哇人與馬來人則是印度洋非定點貿易的成員，也販賣日用品，從一個港口到另一個港口。簡言之，相較於後世馳名的鄭和下西洋所留下的記載，葡萄牙人對船隻與貿易如實直書的近距離觀察，是個有趣但泰半為人所遺忘的對照。從一個世紀後荷蘭人所繪的早期詳細素描中，可以看到爪哇戎克船比中國戎克船更大。圖上還畫了一艘爪哇式多船體帆船（prahu）和一艘漁船，這兩艘船的索具與船帆的設計都跟中國船隻大不相同。[11]

從三世紀至十六世紀之間，努山塔里亞大型船隻的設計除了採用隔艙壁之外，可能沒有太多改變。不過，隔艙壁是否用於超大型的越洋船隻，則並不清楚。根據羅馬人的觀察，最早期從努山塔里亞而來，抵達阿拉伯與非洲海岸的，是小型舷外撐架船隻，讓羅馬人以為是「筏子」。但舷外撐架對於必須渡過大片開放水域的大船來說並不實用。根據學界近年的分析，裝有舷外撐架的婆羅浮屠船隻（見第十章）是作為海岸交通之用，而非渡過印度洋。但早期的專家對此並不同意。[12]

然而，對於努山塔里亞地區、斯里蘭卡和印度東部的小船來說，採用舷外撐架依然是常態。事實上，直到二十世紀初，斯里蘭卡有些用於沿岸貿易的大型船隻也裝有舷外撐架。[13]努山塔里亞各島常見單或雙舷外撐架的小船，這種船隻很適合在礁岩密布、地形泰半隱密的島群水域航行。努山塔里亞人顯然把這種構想傳到了馬達加斯加與非洲海岸。

隨著時代過去，努山塔里亞水手（例如蘇拉威西的武吉士人〔Bugis〕）也根據歐洲傳來的新材料與船帆配置來修改自己的船隻，但基本造船技法變化不大。歐洲的大型船隻在十七世紀時來到努山塔里亞，後來汽船也隨之而來，主要貿易航路也漸漸由歐洲船隻所主宰。努山塔里亞船隻因此限於島間航行，在小港口之間運送貨物，或是用於船隻吃水不能太深的地方。武吉士人的多體船一度是地區運輸的主流，至今在當地仍能看到，可以載運多達一百噸的船貨。

爪哇人與其他的努山塔里亞水手同樣有詳細的海圖。葡萄牙指揮官阿爾布克爾克的阿方索（Afonso de Albuquerque）在一五一一年報告說，他在馬六甲取得一大張海圖，上面的爪哇語地名密密麻麻，遍布從巴西經好望角、紅海、丁香群島（Clove Islands）到琉球群島的各個海域，圖上還有等方位線與王國名稱。這張海圖或許大量採用阿拉伯文獻，但也顯示出爪哇人在遭到歐洲人（尤其是荷蘭人）挑戰之前的航海範圍。武吉士人運用星辰，發展自己的區域導航法。他們了解洋流與其他海洋現象，無論是否有羅盤之助，這些知識都能指引他們。

不過，從拉帕努伊到馬達加斯加，都有武吉士人的南島親戚所建立的聚落。如此看來，這一切都不讓人意外。真正讓人意外的是，努山塔里亞人在亞洲與印度洋貿易中扮演的角色為世人所遺忘，人們以為戎克船是中國獨有的船隻，把所有戎克船貿易都歸諸於中國人，而非精於駕駛戎克船已久的努山塔里亞人。無論來自蘇門答臘、泗水或蘇拉威西，努山塔里亞人都有自己的領域，有跨印度洋的聯繫，直到他們漸漸被來自西方的海上入侵者制伏為止。歐洲人剛抵達時，這個地區正經歷另一種漸變——宗教——所帶來的陣痛。伊斯蘭一如過去的印度教與佛教，乘著船隻抵達。

第十五章　馬來國家馬六甲的長久遺緒

努山塔里亞大部分地區由印度教—佛教轉為伊斯蘭信仰的過程，乍看之下彷彿一次驟然的斷裂。不過，聚焦於宗教，卻會模糊該地區在國家與文化上的延續性。十五世紀時在貿易、文化與宗教上一躍成為領袖的國家——馬六甲，就不是伊斯蘭信仰本身的產物，而是室利佛逝—末羅瑜的後裔，過程中曾短暫收到中國的滋養。室利佛逝最早將使用馬來語言、法律與習俗的範圍擴展到努山塔里亞各地，過程花了一千年。穆斯林國家馬六甲的興起，讓這段千年歷程重現生機。伊斯蘭帶來一套價值觀，以及與印度和阿拉伯的關聯，但貿易才是推動力，就像過去佛教傳播時一樣。

只是造化弄人，馬六甲興盛了不到一個世紀，就被葡萄牙人在一五〇九年占領，導致一波馬來商人將伊斯蘭傳到爪哇、民答那峨、呂宋與東部島嶼。馬來人過去在努山塔里亞口岸的影響力，以及馬來語作為通用語的地位，皆因此受到鞏固。

早期伊斯蘭

伊斯蘭早期的傳播非常漸進，而且無論何處，都是以外國貿易為推動力。阿拉伯人與波斯人扮演重要角色，但來自印度的穆斯林（以古吉拉特人為主）才是最大的單一影響力。地區內的第一個穆斯林國家，是大約於一一三〇年建立的吉打蘇丹國。舊王國之所以改信新宗教，箇中原因並不清楚，但無疑跟外國商人有關。直到一世紀後，才有第一個穆斯林島國——一二九二年，馬可・波羅造訪八昔之前，該國統治者曾短暫改宗伊斯蘭。當時的八昔是北蘇門答臘的主要港口，而且比馬來半島靠馬六甲海峽一側的所有港口都大。但八昔的經濟重要性，並不代表該國宰制了海岸地帶的政治。

蘇門答臘其他國家也很繁榮。十四世紀初，來自義大利的鄂多利克修士造訪蘇門答臘，抵達的可能是西北方的巴魯斯。他沒有提到穆斯林，而是表示許多商人之所以來到，是因為當地盛產黃金、樟腦、錫與沉香。[1]他說，自己身穿衣物，結果被裸身的人嘲笑；當地有食人族，「所有女人都可以跟任何男人在一起〔……〕等到哪個女人生了個男孩或女孩」，她會決定要哪一個自己相好過的男人擔任父親。[2]這顯然是他在岸邊聽來的道聽塗說，但也不完全是想像的。他說，土地是共有的，但房舍不是。他還提到刺青。

穆斯林的擴張很慢，而且不全然和平。阿拉伯穆斯林旅人伊本・巴杜達大約在一三三五年來到蘇門答臘，比鄂多利克晚幾年而已。伊本・巴杜達提到內陸信奉異教。穆斯林統治的八昔經常襲擊內陸：「這個國家的人熱切與不正信的人戰鬥〔……〕他們主宰了不信神的鄰國，對方則交人頭稅以換取和平。」[3]海岸聚落需要胡椒與森林物產等商品的供應。有時候，穆斯林會以武力逼迫當地統治者改宗，有時候則讓他們繳人頭稅給穆斯林領主，換取保持信仰的自由。簡言之，想留住豬肉、包皮與酒的話，就得付出代價。下個世紀初，鄭和的通事馬歡提到海岸聚落與內陸居民之間的地方衝突。[4]

伊本・巴杜達非常開心能在八昔找到穆斯林國家，但他也提到自己看了蘇丹之子的婚禮，跟他以前看過的婚禮差異很大，而且顯然有許多前伊斯蘭時代的傳統。

伊斯蘭滲透到內陸的進度緩慢，有一部分是因為傳統價值與統治者的堅持。儘管信徒原則上是平等的，但伊斯蘭禁止豬肉與酒，名義上對性事也抱持更限制的態度，這對一個長久以來性別相對平等的地方都是障礙。但另一方面，商人社群可以從伊斯蘭提供的國際關係中獲益。伊本・巴杜達無論到哪裡，都能找到伊斯蘭社群，仰仗它們。然而，穆斯林不是唯一擁有國際關係的群體。當地還有中國人，而且儘管朱羅與室利佛逝的力量都在衰退，（非穆斯林的）馬來語泰米爾商人依舊無所不在，各個主要口岸都有他們的社群。

貿易量的成長不僅吸引中國與穆斯林商人前來該地區，暹羅商人也來了。暹羅人趁著室利佛逝與朱羅力量接連衰退，將自己的影響力往南擴張，進入半島。來自阿瑜陀耶的暹羅人愈來愈具侵略性，讓半島中部的單馬令國成為其附庸。一二九五年，阿瑜陀耶王國的暹羅人攻擊占碑，接著突襲淡馬錫。淡馬錫可能輪流從屬於爪哇與阿瑜陀耶。[5]阿瑜陀耶王國在一三四九年擊敗過去主導的素可泰王國，將兩國統一。暹羅人視馬六甲為附庸，但隨著這座城市在十五世紀崛起，這一點也逐漸脫離現實。

馬六甲會一躍而起，成為東南亞最大的貿易輻輳，是因為中國與海洋伊斯蘭國家同時影響所造成的結果。之所以是馬六甲成就這種地位，讓葡萄牙史家托梅・皮萊資在一個世紀後宣稱「無論誰是馬六甲領主，他的手都扼在威尼斯的喉嚨上」，而非巨港、占碑、吉打、淡馬錫、八昔、亞齊或其他海峽口岸，其實沒有特別的原因。[6]馬六甲只是歐洲對香料的需求激增時的新咽喉。

今人視馬六甲海峽為聯繫太平洋、東亞、印度洋與西方的戰略水道。自從歐洲帝國主義者把島嶼與半島在政治上分割之後，兩邊就漸行漸遠。但對蘇門答臘海岸地區以及水道東岸的人來說，橫渡馬六甲海峽就跟橫渡一座湖一樣容易。海峽兩側的口岸在不同時代輪流主宰，但競爭關係之下確有許多共通點。

室利佛逝傳人

馬六甲的故事——至少是最可信的版本——是從室利佛逝王子拜里迷蘇剌（Parameswara）在反叛爪哇統治失敗、麾下艦隊被毀，逃往淡馬錫之後展開的。（「拜里迷蘇剌」是印度、爪哇與峇里的榮銜，並非人名。有時候會在要人死後用來替代其名。）[7]他帶著一群忠誠的羅越人，殺了淡馬錫酋長並奪取權力，後來被一群馬來人（來自暹羅控制的北大年，但基本上以馬來人為主）趕走——他們跟那位被殺的統治者可能是親戚。逃到馬來半島後，拜里迷蘇剌接連以麻坡（Muar）和貝淡（Bertam）為根據地（皆在柔佛），後來才在無足輕重的馬六甲成為統治者。

這座城市的迅速崛起，泰半要歸功於其室利佛逝祖先，讓它有地位與能力從蘇門答臘吸引商人。相較之下，巨港本身已不再安全，地理上也沒那麼便利。馬六甲不僅是海峽邊上的理想地點，而且港口容易進入，沒有紅樹林。經由麻坡河與彭亨河，加上一小段陸路運輸，就能通往馬來半島東岸。不過，拜里迷蘇剌迅速掌握中國的支持所帶來的潛力，對馬六甲的興起有更重要的效果。中國的永樂皇帝正準備展開行動，讓東南亞以及更遠的地方感受到中國的實力。鄭和第一次下西洋，讓馬六甲因此首度派遣貢使，搭乘鄭和的船艦前往中國。馬六甲得到朝貢國的地位。不知何故，鄭和偏好馬六甲，甚於馬六甲最近的對手——此前主宰當地（而且已經信奉伊斯蘭）的八昔國。費信曾經在一四〇九年、一四一一年、一四一五年與一四三一年一同下西洋。他提到馬六甲原本什麼物產都沒有，而且稱不上是個真正的國家。但鄭和提高了馬六甲的地位，讓「暹羅莫敢侵擾」。到了一四一五年，拜里迷蘇剌「蒙恩為王，挈妻子赴京朝謝，貢進方物，朝廷又賜與海船回國守土」。[8]

鄭和七下西洋，最後一次是一四三三年。他每一次都造訪馬六甲，強化與馬六甲的關係。一方面是中國國力使然，一方面是暹羅人有跟中國貿易的必要性，阿瑜陀耶雖然不斷宣稱馬六甲為其附庸，卻也不敢輕舉妄動。時日一久，馬六甲也取代八昔，成為海峽地區最重要的貿易中心。港口間的競爭關係，讓貿易稅一直維持在低點。馬六甲迅速成為該地區最大的城市之一，著眼於東西貿易。這座城市大部分的糧食必須進口，當地的運輸業也風生水起，每年都有許多戎克船載著稻米與其他必需品，從爪哇、勃固與印度而來。

我們不清楚拜里迷蘇剌是何時，或是有沒有改信伊斯蘭。《馬來紀年》上說，建立馬六甲的人是沙阿伊斯坎達（Iskandar Shah），而非拜里迷蘇剌，但這八成是改寫歷史。「沙阿伊斯坎達」若非拜里迷蘇剌改宗後的名號，不然就是拜里迷蘇剌之子的名字——他在一四一四年繼位，馬六甲宮廷也在差不多的時間點改宗伊斯蘭。馬六甲經常出使中國：第三任統治者穆罕默德沙阿（Muhammed Shah）本人可能在一四二四年與一四三一年去過中國。儘管馬六甲已經正式成為穆斯林蘇丹國，但統治者仍繼續使用過去的室利佛逝頭銜「室利大君」（Sri Maharaja）。到了十五世紀中葉，馬六甲已經穩居該地區最大港的地位。除了中國，馬六甲還受益於與羅越人、蘇門答臘的馬來人之間的關係，以及位於海峽邊的地理位置，並漸漸控制其他馬來半島南部的港口國家：柔佛、彭亨、登嘉樓與雪蘭莪（Selangor）。馬六甲的影響力也促成伊斯蘭信仰在北大年的發展——一名來訪的傳道者治好北大年大君的病，大君隨後改宗伊斯蘭。[9]

馬六甲不僅成為遠近馳名的商業中心，同時也是馬來法律、治理觀念與文學蓬勃發展的重鎮。即便蘇丹國早已消失，但馬六甲始終是馬來世界一切尊貴事物的化身。這既是因為其巨港—末羅瑜世系，也是因為這座城市的多族群性格——有泰米爾人、古吉拉特人、中國人、爪哇人、阿拉伯人、波斯人、琉球人、武吉士人等都在此地活動。「光是馬六甲，經常能聽到的語言就有八十四種〔……〕從新加坡、卡里蒙（Karimun）一路到摩鹿加的這個島群，就有四十種常用語言。」[10] 當地有來自埃及、波斯、阿拉伯的商人，以及土耳其人與亞美尼亞人。他們無法乘單一季風抵達馬六甲，而是從吉達與亞丁出發，途經古吉拉特，帶著從武器到珍珠等各種商品而來。[11]

馬六甲在受到葡萄牙人征服之前，曾在發展高峰時設有四名沙班達爾（syahbandars），也就是貿易監督。沙班達爾負責調節市場，管理倉儲，檢驗重量與貨幣成色。一人負責古吉拉特人（多數為穆斯林，是最大的群體），一人負責泰米爾與孟加拉人，一人負責爪哇、呂宋與摩鹿加在內的群島，一人則負責中國、占婆與琉球人。從沙班達爾負責的貿易群體，可以看出對印度與對西方的貿易相當龐大，而中國在十六世紀初的角色則受到明代官方海禁的影響，相對一般。貿易社群間的爭端交由馬六甲統治者排解。善治的名聲進一步強化馬六甲的影響力。

蘇丹滿速沙（Sultan Mansur，一四五九年至一四七七年治世）對馬六甲的貢獻無與倫比。一四六八年，他去信琉球國王（雙方的貿易依賴幾乎對等）：「我們曉得，就算國土再怎麼貧瘠，若要統御藍色的海洋，就必須從事貿易〔……〕前人的生活從未如今日這般富足。」[12] 無獨有偶，馬六甲的葡萄牙統治者也在一五一五年寫信給自己的國王：「馬六甲本身什麼都沒有，卻擁有世界上的一切。」[13]

馬六甲催生了《諸王世系》（*Sulalat al-Salatin*），後來脫胎為《馬來紀年》。這部著作半為神話，半為史實，旨在以過去的君主所承受的考驗與達成的功業，來教化、啟發後代子孫。書中將馬六甲國王的先祖，沿著巨港的聖山、印度，一路回溯到亞歷山大（伊斯坎達）大帝。根據《馬來紀年》，王朝子弟枝葉興旺，長久抵抗爪哇的宰制，但後來遭人背叛而受逐，被迫遷往淡馬錫，將之改名為「獅子城」，最終來到馬六甲。

法律與漢都亞

馬六甲同樣是馬來語治國著作開花結果的地方，尤其是《馬六甲海事法典》（*Undang-Undang Laut Melaka*）——法典中詳細描述了船舶規範與職責、商人與船長之間關係的安排，以及處理爭端、懲罰等程序。雖然大部分的內容必然來自過去的法律彙編，但《馬六甲海事法典》在整個島群廣為人所傳鈔。這部法典也有對應的陸地版——《馬六甲法典》（*Undang-Undang Melaka*）。《馬六甲法典》基本上是根據伊斯蘭原則調整過的馬來習慣法（adat）。整體而言，法典中的懲罰遠沒有阿拉伯法理學中求處的那麼嚴厲。第一版約在一四三〇年前後完成，當時正值蘇丹穆罕默德沙阿統治。後代蘇丹不斷擴充、改進這部法典，直到馬六甲在一五一一年被葡萄牙人征服為止。《馬六甲法典》一如《馬六甲海事法典》，廣受其他蘇丹國所傳鈔。

夾虛夾實的《馬來紀年》也是馬來語最知名的著作——《漢都亞傳》（*Hikayat Hang Tuah*）的來源。[14]就目前所知，《漢都亞傳》一直到十八世紀才形諸文字，但書中的故事必然是經過世代口傳下來的。故事主人翁來自廖內（Riau），與五名同伴成為馬六甲的戰士，武藝高強，精通各種語言。他的英勇事蹟——尤其是跟親密戰友漢惹拔（Hang Jebat）的故事，讀來令人大呼過癮。

漢都亞堪稱馬來封建騎士的典範，他才華洋溢、彬彬有禮。對他來說，伊斯蘭信仰不過是缺乏深度的文字與無益的知識追求。宮廷活動多半是打獵、格鬥、飲酒、賭博、享受音樂與無數美女的陪伴。[15]

漢都亞從針對自己的陰謀中倖存，最後卻出於對國王的服從，而不得不殺死為反抗不義而叛變的漢惹拔。兩人的戰鬥維持了數天之久，以漢惹拔的死作結。此次悲劇之後，漢都亞成為一位諳於世故、深思熟慮的人物，帶領使團前往中國、羅馬、麥加，以及鄰近的爪哇與印度南部。（這裡說的羅馬，其實是君士坦丁堡——連信奉伊斯蘭的鄂圖曼人也認為君士坦丁堡是羅馬帝國的國都。「羅馬的凱撒」〔Keysar i Rum〕正是鄂圖曼人稱呼拜占庭皇帝的方式之一。）即便漢都亞技藝超群，卻也無法阻止葡萄牙人把蘇丹從馬六甲驅逐出去，但他獲邀前往霹靂，成為某個馬來原住民（Orang Asli）部落的統治者。這個情節以趣味的方式反映出馬來人與雨林住民之間的關係——後者為馬來人提供貿易所需的森林物產。

這部史詩講的是一段發生在忠誠（以漢都亞為楷模）與對抗不義的道德職責（以漢惹拔為代表）之間的衝突，但也是馬來人國際性格的故事，描述漢都亞如何在外交之行中為馬六甲結交世界各地的友人，交換禮物，將精湛的馬來工藝帶到遠方。交錯的虛實故事勾勒出馬來人的自我形象，在馬六甲失去獨立與大部分的影響力之後仍能保存其記憶，讓所有馬來人能帶著自豪之情回顧。

《漢都亞傳》的世界觀非常人性，身體上的吸引力扮演很重要的角色，形同調整《古蘭經》上或穆斯林法學家對於性踰矩所求處的嚴厲懲罰，以符合當地更自由的作風。《馬來紀年》提到：「假如漢都亞走過，連已婚女子都會從丈夫的懷抱中掙脫，為的是走出家門看他的人。」[16]

馬來半島與蘇門答臘口岸的外國穆斯林人數尤其眾多，但即便如此，宗教法律實施的情況也是睜一隻眼，閉一隻眼。《北大年史話》（*Hikayat Patani*）提到北大年國君「棄絕偶像崇拜與食用豬肉，但除此之外，原本不信神時的嗜好，他一項都沒有放棄」。[17] 阿拉伯領航員兼地理學家艾哈邁德·伊本·馬吉德（Ahmad Ibn Majid）對馬六甲穆斯林大為不齒：「異教徒與穆斯林女子成親，而穆斯林則娶異教徒女子〔……〕穆斯林吃狗肉，因為當地沒有飲食的律法。他們在市場上喝葡萄酒，也不把離婚視為宗教事務。」[18]

甚至連嗜酒的葡萄牙人，都提到馬六甲馬來人飲酒無度，穆斯林與非穆斯林之間舉行婚禮時特別嚴重。[19] 葡萄牙人認為馬來穆斯林「熱愛音樂，對情愛沒有抵抗力」。[20] 根據《馬來紀年》所說，馬來人會拿道德拘謹的阿拉伯人開玩笑。[21] 不過，當地仍有許多虔誠而博學的導師（其中也有商人），他們力陳禮拜、拉瑪丹月齋戒，以及布施等重要觀念。他們還提倡興建清真寺，作為社群的中心，在穆斯林信仰中發揮象徵與實際的作用。更正統的伊斯蘭信仰非常緩慢才獲得成功，但飲酒與鬥雞還是在四處流傳下來。

彩色女王

在伊斯蘭化的區域，極高的離婚率就是女性地位相對平等的表現。而女性地位的平等，可能是因為經濟與親族體系，以及女性在勞動力中扮演的角色，都讓女性得以自主——至少比西方或中國女性自主。事實上，離婚通常是合意為之，而非以男性為推手。女性從事貿易的程度也與中國、印度的情況形成鮮明對比。葡萄牙水手兼作家杜亞特・巴波薩（Duarte Barbosa）曾提到，努山塔里亞地區的戎克船上會有女性的蹤影，可能是妻子、伴侶、旅人或商人。[22]《馬六甲海事法典》也有談到她們在船上的待遇。

女性也無須退出眾人視線外。儘管《馬來紀年》僅有記載一位女大君——廖內群島中民丹島的統治者，但北大年卻有一連串名聲遠播的女王。一六一二年前後，一名英格蘭人來到當地，他對女蘇丹的描述是「身形修長甚有威儀〔……〕我在整個東印度還沒見過像她這樣的人」。他提到，這位女蘇丹以六十之年，還會到野外獵野豬，擁有一個舞藝精湛的舞團，並贊助藝術。[23]這裡說的蘇丹夫人是「綠女王」（Ratu Hijau），她是馬六甲蘇丹之女，在一五八四年謀殺丈夫後掌權。大位接連傳給她的姊妹「藍女王」（Ratu Biru）、「紫女王」（Ratu Ungu）與「黃女王」（Ratu Kuning）。北大年在十六世紀末與十七世紀初的黃金時期，就是發生在女性統治時——該國成功掙脫暹羅的控制，本身更是掌握了登嘉樓與吉蘭丹。

在一六四一年至一六九九年間，虔誠的穆斯林國家亞齊同樣一連由四名女蘇丹統治。過去的人一度以為她們是沒有實權的傀儡，真正的權力則掌握在地方酋長（orang kaya）手上。然而，近年來的研究指出她們確實是統治者，靠的是智慧與公正，而非蠻力。[24] 縱使面對荷蘭力量興起所帶來的挑戰，她們仍然能帶來一段長期的和平與繁榮。

北大年的馬來認同遠早於改信伊斯蘭。當地向來跟室利佛逝保持密切關係，因此等到馬六甲繼承了大部分的室利佛逝文化，並成為東方伊斯蘭世界的焦點時，北大年也跟馬六甲建立了緊密的聯繫。北大年人很有歷史意識，《北大年史話》即為其化身，內容泰半能回溯到十六世紀。這部著作是北大年蘇丹國的故事，半是史實，半是傳說。北大年可能一度是馬來半島上最重要的口岸，其位於東岸的位置很適合跟中國做生意，跟日本交流，跨地峽與印度做買賣，經海路與孟加拉貿易。北大年國君在一五九二年遣使至日本，並於一五九九年接待日本來使。阿瑜陀耶把北大年看成貿易競爭對手，並且在「黃女王」死後進攻北大年，造成混亂，導致貿易衰頹。

阿瑜陀耶的王權觀念也與馬來人大相逕庭。許多統治者都偏好比較專制的王權，但《馬來紀年》傳達的治國之道卻與此衝突。書中說：

> 無論統治者多有智慧，見解多麼深刻，若不與下位者商討，就無法帶來繁榮，無法實現正義。統治者如火，大臣如薪柴，火若要生焰，便少不了薪柴。[25]

無獨有偶，「子民如根，統治者如樹。無根則無樹」。[26]服從國君自然必須，但正如漢都亞在出使阿瑜陀耶時所說，馬來人不用像暹羅人那樣對國君低聲下氣。蘇丹有許多孩子，有的是婚生子，有的是私生子，而且對象不見得都是穆斯林。這些孩子能幫助他鞏固各種政治利益。

馬六甲的典範與室利佛逝的貿易世界相結合，這意味著馬來語作為通用語，通行於該區域的島嶼、口岸與海岸的角色進一步得到鞏固。葡萄牙人、荷蘭人等來訪的商人旋即意識到這一點。第一個編纂馬來—英語字典（一七〇一年出版）的湯瑪斯・鮑瑞（Thomas Bowrey），就是其中之一。由於鮑瑞不諳經典馬來語，這本字典使用的是商用馬來語。鮑瑞道：「在這些海域做生意，〔那是〕絕對少不了馬來語。」[27]其他商人提到，在民答那峨和整個東半部的島嶼，都可以找到馬來語流利的人。英格蘭人後來改進鮑瑞的馬來語拉丁化拼寫，荷蘭人也編纂出荷語—馬來語字典。結果，拉丁化拼寫的馬來語——羅米文（Romi）——居然在教育尚未普及的情況下，逐漸傳遍整個東南亞島群。爪夷文（Jawi）作為馬來文學創作主流語言的情況，也只延續到二十世紀初。

相較於爪哇語，以馬來語為母語的人其實人數少得多。但印尼仍然採用平民馬來語（而非宮廷馬來語）為現代印尼國語，作為凝聚整個島群，甚至再度凝聚大努山塔里亞的因子。眾多道路帶著人們回到室利佛逝，回到末羅瑜的蘇門答臘故土。甚至自豪於其文學、藝術傳統的爪哇人，也承認馬來語是一條維繫整個島群，甚至讓眾人有別於暹羅、中國、泰米爾等鄰國的絲線。但諷刺的是，伊斯蘭信仰與馬來語在大半個努山塔里亞所扮演的角色，卻是被一股史無前例的力量，由外部帶來的震撼所推動的。這股力量不像鄭和，不是以大艦隊的形式出現，也不像佛教與伊斯

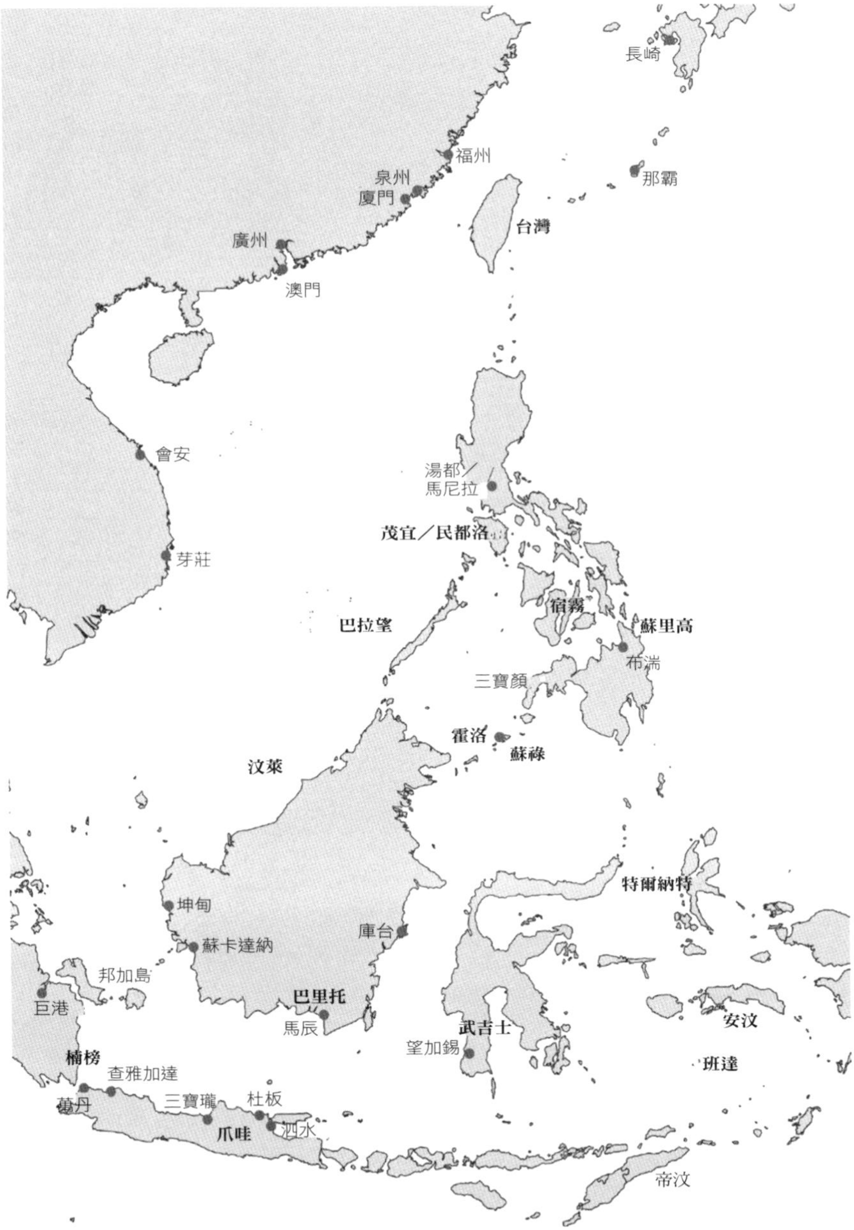
長崎
福州
泉州
廈門
那霸
台灣
廣州
澳門
會安
湯都／
馬尼拉
茂宜／民都洛
芽莊
巴拉望
宿霧
蘇里高
布湍
三寶顏
霍洛
蘇祿
汶萊
特爾納特
坤甸
蘇卡達納
庫台
邦加島
巨港
巴里托
馬辰
武吉士
望加錫
安汶
班達
楠榜
查雅加達
萬丹
三寶瓏
杜板
爪哇
泗水
帝汶

地圖12　南北貿易範圍。

蘭是透過商人的言談而來。一開始只略顯端倪，最終卻席捲整個地區，甚至為努山塔里亞極東、極北的島嶼創造出了新世界。

第十六章　北方的局外人

對於島群北方的島嶼，也就是今天的菲律賓群島而言，努山塔里亞的紐帶相當似有若無。西班牙人征服菲律賓之後，這條紐帶更是被拉得愈來愈細。無論名稱叫做「東印度」、「馬來」還是「努山塔里亞」，指的都是一個一體的島群，從蘇門答臘到呂宋與摩鹿加。幾乎人人過去都是講南島語言（至今亦然）。大海是他們的另一條共同紐帶，也是共同的生計來源。但這個群體也已經一分為二，也就是現在的印尼群島與菲律賓群島。

除了近代的政治史之外，還有其他因素讓他們彼此有別。千年來，由印度傳播而來的文化在南方島群深深留下痕跡，這是在跨洋貿易上扮演關鍵角色造成的結果。北方島群受印度宗教、政治思想影響的程度輕得多，而且發揮的影響力也有限（但依舊重要）。直到十六世紀晚期，人類橫渡太平洋成為常態為止，北方島群都不在前往東方的路途上，而呂宋島容易受颱風侵襲的氣候則限制了菲律賓對西方人的重要性。我們先前也已經提到，北方的島群從未與巽他古陸或莎湖古陸相連，有自己獨特的動植物群。

對於菲律賓在西班牙人於十六世紀來到之前的歷史，世人所知相對有限。但也正因為如此，我們可以從西班牙所征服的呂宋與維薩亞斯群島國家，了解到努山塔里亞文化受到任何來自印度與（除了西民答那峨與蘇祿以外）伊斯蘭文化影響前的大致樣貌。西班牙的殖民為菲律賓群島引進了新宗教，將貿易導向太平洋與墨西哥。此舉固然增加了菲律賓群島跟島群西部分隔的程度，但西班牙人留下來的早期報告，也為整個努山塔里亞地區的文化根源帶來許多深入的觀察。一道描述性文字的洪流隨著征服行動而來，有些內容非常偏頗，有些懷抱同情，有些則是把與他加祿人（Tagals，馬尼拉地區的人）與維薩亞斯人（見第十九章）互動的經驗當成整個區域的常態。

當人們試圖了解前西班牙時代的過去時，其實沒有太多形諸文字的民俗史可以參考。來自維薩亞斯群島中班乃島的民俗史，在十九世紀晚期成書，書名叫《馬拉塔斯》（*Maragtas*）。故事中提到一位來自婆羅洲的達圖，從矮黑人（negritos）手中取得這座肥沃的大島。這些民族記憶可能跟從婆羅洲傳來的伊斯蘭信仰有關，但也可能涉及時代更早的史事——來自一萬五千年前，巴拉萬跟婆羅洲都還相連的時代。民俗史固然有些事實大致正確，但時間長度若非受到壓縮，就是前後錯置。

菲律賓群島鮮少出現在西元第一千年期的文字歷史中，但這恐怕是低估了它們的影響力。例如民答那峨東北方的布湍島，就有顯著的重要性。近年來的考古發現——數艘來自四至十三世紀之間，最長達二十五公尺的大船殘骸——也揭露了這一點。這些船隻以綁製的方式銜接板材邊緣，採用雙桅，與努山塔里亞地區其他的船隻類似。語言學證據也指出布湍人可能是來自蘇祿島的薩馬爾族（Samal）水手。[1]但布湍島同樣屬於爪哇的文化範圍內。

爪哇紐帶

布湍出土的這些船隻，比造訪室利佛逝的中國人所提到的船隻小了許多，但也大到足以載運為數可觀的乘客與貨物，不僅能航行於附近島嶼，甚至遠至占婆與中國。宋朝史料提到布湍與占婆間的貿易。布湍是個信奉印度教的小王國，曾在十世紀晚期與十一世紀早期三度出使中國，要求（但一開始遭到拒絕）與占婆有同等的地位。[2]不過，布湍與中國的關係依然有進展，在元代達到高峰。從對布湍的考古來看，早期文物以印度與波斯為主，後來則主要來自中國、日本與泰國。沒有紀錄顯示當時有中國船隻造訪布湍。

考古證據指出，當地聚落規模不小，長期以來都有金屬、玻璃、木作貿易存在。民答那峨與布湍北方的蘇里高島（Surigao）出產黃金（尤其是後者），某些出奇精緻的金飾就來自兩地。有一批九至十三世紀的蘇里高文物，包括黃金製的手鐲、金面具、金冠、戒指、項鍊，以及金線織的腰帶。[3]有些文物出現了印度教與佛教題材，但其他則反映出更早期的信仰與葬儀。

布湍附近的阿古桑（Agusan）發現了一尊作工精細的蓮花座多羅菩薩金像。這尊佛像將近兩公斤重，年代大約是九世紀，而且是當地製作的，顯見這個區域所受到的印度教—佛教影響（最有可能是從室利佛逝傳入）。民都洛島（Mindoro）、薩馬島（Samar）與呂宋島本地也有上好的金工作品。至於經由布湍，及於呂宋島中部的這些印度教—佛教影響力（或許也觸及維薩亞斯群島）究竟結束於何時，我們並不清楚。但「拉惹」的頭銜繼續存在於布湍與維薩亞斯群島，直到穆斯林與西班牙人先後到來為止。事實上，「維薩亞斯」這個名字就來自梵語。伊斯蘭傳入之前，民答那峨西北方的馬拉那峨（Maranao）就已經有當地版本的《羅摩衍那》，稱為《答倫安》（*Darengan*），有部分存世。拼織布與其他編織手法從爪哇、蘇拉威西與松巴島傳至民答那峨與維薩亞斯群島。民答那峨與維薩亞斯群島的語言距離爪哇語或馬來語較遠，比較靠近印尼東部的語言，但在伊斯蘭傳入之前，馬來語依然是長距離貿易的通用語。

布湍一方面是樟腦等森林物產的來源，一方面則是將丁香運往中國的中繼站——這條起自摩鹿加群島，經布湍與蘇祿海的路線，比經過爪哇海短得多。占婆可能也曾作為中繼站。布湍王國有各式各樣的木材，產量甚豐，造船業高度發展，從西班牙人早期對他們技術的讚賞可見一斑。由此可知，對於室利佛逝與其後的爪哇貿易體系來說，布湍與蘇里高－阿古桑海岸顯然是不可或缺的一環，供應黃金等飾品以及森林物產。儘管距離中國相當遙遠，布湍作為貿易口岸的地位，仍然因為當地的資源、技術與颱風帶以南的地理位置，而與當時的馬尼拉平起平坐。

布湍與中國之間已知的首度接觸發生在西元九〇〇年前後。馬尼拉附近的內湖（Laguna）出土一面銅盤，上面銘刻的卡維文混合了爪哇語、梵語與古他加祿語，年代大致與此相同。部分的銘文寫道：「昂卡丹女士（Lady Angkatan）及其親人布依卡（Buikah）——尊貴的納姆烏蘭（Namvram）之子，獲得湯東（Tondon）首長兼將軍的無條件釋放。」[4] 這是為某個貴族家庭人質贖身的釋放令。上面提到以一卡提（kati，大約八百六十公克）黃金作為贖金，提到的地點可能包括湯都（Tondo）——位於巴石河（Pasig River）北岸的港口，是今日馬尼拉的一部分。這份銘文證明當地有穩定的貿易與地主社群存在。

民都洛與馬尼拉

除布湍之外最大的政治與貿易實體，可能是民都洛。根據《宋史》，來自民都洛（中國稱為「麻逸」）的商人是在九八二年現身於中國，帶著高價的物產抵達廣州。[5] 十二世紀有個中國人提到，前來中國的維薩亞斯人「毗舍邪面目如漆，黥涅不辨」。[6] 易言之，早在首次有中國船隻前往菲律賓群島做生意的紀錄之前，就已經有船隻從另一個方向渡海來到中國了。中國人認為他們看到的這些「黥涅」之人既是商人，也是海盜，而且十三世紀時攻擊占人聚落的很可能就是這些人。[7]

直到一二二五年之前，才出現第一份提及中國船隻前往麻逸與三嶼（可能位於民都洛或呂宋）的史料。據說，船隻抵達的聚落有上千戶人家，人們用瓷器、絲綢、金屬器與其他類似商品交換棉布、蠟、珍珠、玳瑁、檳榔與當地用香蕉纖維織成的衣物。儘管看起來頗有規模，但買賣仍是以物易物進行。到了十四世紀晚期，商業活動擴展到新的口岸，從蘇祿與民答那峨發展到蒲哩嚕（馬尼拉）。[8]

趙汝适藉著在泉州任職之便寫書，他提到婆羅洲之北的麻逸與「三嶼」風土相近，商人前往當地，跟海岸邊或河畔的聚落做生意。土人以腰布蔽體，用蜂蠟、椰子、粗纖維編織物與「番布」交換陶器、絲綢、琉璃珠與錫。[9]

趙汝适提到貿易井然有序：

商舶入港，駐於官場前。官場者，其國闤闠之所也；登舟與之雜處。酋長日用白傘，故商人必齎以為贐。[10]

當地統治者為了回報商人的贈物，會派手下的武士保護商人。一個世紀後，汪大淵提到麻逸人穿青布衫，行印度教的娑提（suttee）習俗，也就是寡婦殉夫，投焚屍的火堆而死。他還造訪蒲哩嚕，蒲哩嚕不像蘇祿，當地有豐富的稻米，可以釀酒。來自麻逸的商人造訪泉州，但汪大淵以鄙夷的口吻表示，相較於獲益，這些人居然更重視得到奢侈品，返鄉炫耀。[11]

船上進口的商品以陶器占多數。巴拉望西南岸的潘達南島外海，找到了一艘十五世紀中葉的沉船，船上載了大量的陶器，泰半產於越南，但也有中國與泰國陶器，另有裝琉璃珠的壺罐。這艘船長二十五至三十公尺，很可能屬於努山塔里亞人，出航的地方若非越南就是占婆——船上的各種貨物，可以在這兩個地方一次買齊。[12]船隻的目的地可能是婆羅洲、宿霧，或是民答那峨。根據費信所言，民都洛向馬來半島的狼牙脩輸出衣物。[13]即便我們不知道出口的是黃金、衣物還是森林物產，依然能從船上找到的大量中國、越南與泰國陶器，來證明進口貿易的規模。進口而來的陶器在整個菲律賓群島都有出土。

中國與蘇祿之間也有貿易往來，蘇祿是珍珠、玳瑁與其他物品的來源。不過，直到一四一七年，蘇祿才首度遣使中國——三名王族及其眷屬從分據的蘇祿而來，「為感謝天恩，渡海而來，抵達泉州，並前往北京。他們進獻巨珠一顆，皇帝根據馬六甲所受的待遇厚賜他們」。[14]

這三名王族成員是：

權蘇祿東國巴都葛叭答剌，權蘇祿西國麻哈剌吒葛剌麻丁，故權蘇祿峒者之妻叭都葛巴剌卜，各率其屬及隨從頭目，凡三百四十餘人，奉金縷表來朝貢，且獻珍珠寶石玳瑁等物。[15]

其中一人在山東過世，當地有立碑紀念。這件事顯示蘇祿的進貢可能來自鄭和的邀請。中國穆斯林商人的後續交流，或許也有助於伊斯蘭在蘇祿傳播，不久後蘇祿就成立了蘇丹國。

十六世紀初之前，已經有呂宋商人出現在馬六甲。托梅．皮萊資提到「呂宋人」：

他們幾乎都是異教徒；沒有國王，而是由一群群的長老所統治。他們性格粗野，在馬六甲行事欠缺考量。他們擁有的戎克船至多兩三艘。他們帶著商品到婆羅洲，從婆羅洲前往馬六甲。[16]

堪與馬尼拉匹敵的湯都王國，在巴石河對岸發展起來。明朝在一三七三年認可其王國的地位。明代大部分時間施行海禁，只有少數由官方認可的貿易，湯都就是在這段時間裡興起，構成福州貿易活動的一環。此外，湯都也與廣州進行非法貿易。作為日本—中國貿易的中繼站，湯都與馬尼拉皆蒙其利。這一切自然會吸引中國人移居馬尼拉灣地區。

儘管有這些小範圍的貿易與發展，但相較於努山塔里亞的一般標準，菲律賓群島依然是個人口稀少的落後地區，既不在主要貿易路線上，大部分地方又容易受到毀滅性的颱風所侵襲。呂宋島固然靠近中國與日本，平坦的土地比其他島嶼更多，四季分明的氣候也更適合稻米生長，但民答那峨與蘇祿這兩塊「風下方的土地」（意指颱風帶以南）發展出大規模對外貿易的時間卻早於呂宋島，這一點並非巧合。

菲律賓在政治上始終高度破碎。除了地形因素，地方勢力不斷競爭導致統治權繼承上的不確定性，加上缺少指導性的宗教概念（例如印度教王權觀或伊斯蘭信仰），都造成這樣的結果。[17]地方實體內部以及彼此之間為了地位而鬥，經常以設宴和贈禮的方式競爭。[18]

社會組織複雜，具階級結構，但並非一成不變。奴役相當常見，淪為奴隸的原因可能是出身、債務、戰俘或刑罰。但奴隸通常擁有自己的土地，利用空餘時間以勞動力還債。俘虜通常會立即受整合進入地方經濟與社會體系中，經常發生掠奪與奴役的地區都是如此。[19]

印度教－佛教的影響力停留在表面，而伊斯蘭的傳入則為蘇祿與馬京達瑙（Maguindanao）的發展提供了基礎。不過，貿易也為少數地方統治者提供著力點，得以增加財富，擴展力量。趙汝适提到，中國商人為了貿易，必須提供貴重物品給地方領主作為貢品。[20]宿霧與內格羅斯島（Negros）的塔內（Tanay）也一躍成為重要的地方實體。

儘管菲律賓一如西班牙人早期所說，相當缺乏政治方面的發展，但絕非不宜人居的地方。島嶼間的貿易雖然無所不在，但除了瓷器、絲綢雨傘、黃銅手槍等珍貴的物品之外，對進口品的需求其實有限——鐵製大砲當地就能製作。

事實上，菲律賓百姓可能比西班牙百姓吃得更好、更健康，人也更長壽。此外，他們活得可能也比爪哇或中國稻田中勞動的農人更好。儘管沒有統計數據能支持上述主張，但從當時對菲律賓，甚至是對台灣與馬里亞納居民的文字與圖像描述來看確實如此。況且，根據普遍為人所接受的理論，以穀類為主食、人口稠密的社會或許能帶來中央集權的國家，但也會帶來間歇的饑荒與瘟疫，反而人口較疏、營養來源較廣泛的社會比較不會出現這些情況。[21]

馬里亞納群島相當遙遠。最早抵達當地的西班牙人提到島上的居民身材高大結實，近年來對於遺骸的研究也指出他們的平均餘命為四十四歲，遠比當時的歐洲人來得高。大約三千年之前就有人到島上定居，若非來自呂宋，就是蘇拉威西。島上無論是母系社會、編織方法、稱為「拉提石」（Latte Stones）的巨石，以及語言——查莫羅語（Chamorro）方面，都具有典型的南島特徵。斐迪南·麥哲倫（Ferdinand Magellan）的馬來通譯大致上能理解查莫羅語。麥哲倫（他的名字在葡萄牙文拼作「Fernão Magalhães」，西班牙文拼作「Fernando Magallanes」）對於當地人的航海技術印象深刻，並根據他們無比靈活的帆船，將這裡稱為「拉丁帆群島」（Islas de Velas Latinas）。一份來自十六世紀晚期，稱為《謨區查抄本》（*Boxer Codex*）的西班牙文獻中提到，他們的船帆是用上了蠟的棕櫚葉做的，有許多種顏色與設計。[22] 無論風力與風向，他們的小船航行速度都非常之快。文獻中說當地人「身形壯碩，四肢〔……〕比我們都粗壯結實」。除去牙齒磨損與普遍的莓疹（yaws，一種會毀容，但不會致命的皮膚病，在熱帶地區相當常見）之外，他們「外表宜人」。不過，有些西班牙人不欣賞他們的共財觀念，稱此地為「強盜群島」（Islas Ladrones）。直到一六六八年，西班牙人以國王費利佩四世（Philip IV）的寡妻瑪麗亞娜（Mariana）之名為這個群島重新命名後，「強盜群島」一名依舊揮之不去。如今，馬里亞納群島分為兩部分，最大島關島是美國非建制屬地，其餘島嶼則稱為北馬里亞納群島，為美國自由邦。

台灣：幾近地圖邊緣

上述的南島文化與技術，有些也能在台灣原住民之間看到——航行能力除外。儘管台灣西部平原相當肥沃，鄰近中國沿岸、沖繩與日本，而且能以跳島方式前往呂宋，但這座島嶼一直以來幾乎都不在貿易地圖上。從地理上看，台灣與亞洲大陸相連——而且曾經是亞洲大陸的一部分——但跟呂宋島之間則有巴士海峽的深海隔絕。不過在其他方面，台灣卻更接近呂宋。許多台灣原住民與菲律賓原住民有共通的語言和文化。這座大島的居民為何不像菲律賓或琉球居民，反而背向海洋，以農地和森林為生呢？這個問題沒有明確的答案能解釋。儘管有證據顯示，距今約兩千五百年前曾有海上貿易活動——其他地方發現了台灣玉，而東印度琉璃珠則在台灣出土——但我們不知道這些商人的真實身分。台灣和菲律賓群島一樣，沒有明確的青銅器時代，鐵器與青銅器製作技術是在大致相同的時代出現的。

儘管相去不遠，但中國史書也很少提到台灣。偶爾會有來自大陸的商人和漁民到台灣，但幾乎沒有留下任何文字。其中少數寫到台灣的人是馬端臨，他蒐集了許多與中國鄰國有關的知識。馬端臨運用各種資料，在一三〇〇年前後完成其著作，描述台灣原住民的髮式、服飾、作物、食物、牲口、部落戰爭，以及青年男女選擇伴侶時無須父母同意的自由。他們沒有文字，按陰曆生活，身強體壯，是優秀的戰士。馬端臨提到，隋朝皇帝曾在六〇六年前後派使節前往台灣，一方面增進對當地的了解，一方面則是要求國王進貢。皇帝的要求遭到拒絕，於是他派兵殺了國王和許多的人，並摧毀其宮室，「自爾遂絕」。[23]（馬端臨將這座島稱為流求〔即琉球〕，但從島嶼的大小與位置來看，他說的顯然是台灣。）

十七世紀初，中國曾派兵遠征以台灣為基地的（大陸）海盜。陳第寫於一六〇三年的《東番記》（*An Account of the Eastern Barbarians*），正是由此而來。[24] 陳第提到母系社會，以及青年男女間輕鬆自在的關係。[25] 他對於台灣原住民追逐、獵捕野鹿的能力印象深刻。他們吃鹿的每一個部位，包括腸子與腸內物，讓中國人每每作嘔，但中國人吃雉雞也讓他們作嘔。[26]「異哉東番」，陳第如是說。[27] 陳第的說法與兩名荷蘭商人——雅各・康斯坦（Jacob Constant）與巴倫・佩謝特（Barent Pessaert）的文字一致。兩人在一六二三年來到台灣，描述了今天台南周遭地區。[28] 他們提到各自獨立的村落，而城鎮的規模則與荷蘭相仿，約五百至一千人。城鎮沒有城牆，居民住在堅固的泥草屋，幾乎家家戶戶都有自己的水井，種植棕櫚樹，還有儲藏食物的倉庫。人人「一樣地自由，也一樣地不自由。沒有誰比誰更高尚，因為他們不蓄奴，沒有僕人，也不會買賣、借貸」。他們經常人工流產，因此人口不多，但體格強健。當地有獵人頭的傳統，村落之間經常有小規模的戰事。

男人住在按年齡群分的屋子裡，而不是與妻子同住，但他們「似乎不太因為他們的妻子而嫉妒」。其中一名商人提到，他們「對交媾並不拘謹」，當著兩人的面與妻子行房，然後提議讓她與這位商人發生關係。商人出於有悖基督教教義而拒絕了，但他寫道：「我卻有一種印象，他們不像我遇過的其他民族，並未如此沉溺於情慾或不貞的欲望。」[29]

荷蘭教士干治士（Georgius Candidius）[30] 在一六二七年來到台灣，對西部平原的西拉雅族留下了豐富的紀錄。他在當地住了十二年，學會了西拉雅語。[31] 干治士用「野人」來形容西拉雅族人，但認為他們性格友善，身強體壯。男人裸體，女人著衣，但她們就算不穿衣服，也不因裸體而恥。他們不認為婚外性交與通姦有罪，但必須私下為之。不過說謊、偷竊與殺人則是非法的。社會平等，權力由長老議會行使，議會每兩年重組一次。但議會的權力有限，大多數的裁決都留交個人執行。雖然有語言鴻溝，但干治士仍幫助荷蘭人為西拉雅語創造羅馬化的文字——新港文，以便傳教。

西拉雅人沒有火器，想必有助於降低當地戰事的致死率。干治士花了許多篇幅描述他們打獵，以及用各種武器戰鬥的方式。島民多半結合稻米、小米與根莖類作物的旱作，加上打獵、養豬和若干近海漁業，男女長幼之間有勞動分工。丈夫與妻子並未共財。宴席中備有大量的酒。鹿皮是他們與日本人、中國人以物易物的商品。

西拉雅人一般比荷蘭人還高，干治士還提到族人外貌上的差異，尤其是平地與山地居民的不同。「男子大多健壯有活力，尤其是住在河谷與平地者。女子身形不若男子，但美貌驚人，面頰豐潤，大眼睛，扁鼻子」，膚色各異。[32]

簡言之，台灣原住民跟他們的南島鄰居有許多共通的特色，包括紋面、親屬制度與慣行流產。但他們擁有的努山塔里亞航海、貿易傳統不多，因此與其他地方所感受到的印度、中國、穆斯林影響力泰半隔絕。西方勢力侵入整個努山塔里亞地區時（泰半仍屬間接），台灣原住民受到的影響甚至更為劇烈。

第十七章 伊斯蘭大東躍

馬六甲蘇丹國的結束，絕不代表這個國家對伊斯蘭與馬來世界的影響力也隨之結束。馬六甲過去繼承了室利佛逝的語言與文化，因此成為整個島群的貿易中心之一，也是室利佛逝與爪哇貿易體系的一環。馬六甲為這個體系加入了伊斯蘭元素。許多人認為，馬來人與穆斯林是密不可分的。柔佛繼承了馬六甲蘇丹國，而另一個跟馬六甲王朝有王族血統關係的家族，則推動了霹靂蘇丹國的發展。霹靂雖然從來都不是貿易輻輳，但跟隨馬六甲的榜樣。作為錫與森林物產的來源，其地位愈來愈重要。馬來人的北大年跟馬六甲蘇丹國也有親戚關係，成為暹羅人的主要貿易對手。北大年更為關注東北方，關注跟中國的生意，而非南方。

從馬六甲出逃的流亡者，幫助了伊斯蘭的傳播。柔佛是汶萊統治者改宗伊斯蘭的重要推手，改宗之事發生在斐迪南．麥哲倫於一五二一年來到當地之前不久。汶萊宮廷的財富，以及婆羅洲的大小，都讓麥哲倫印象極為深刻。[1]（「婆羅洲」之名衍生自「汶萊」。婆羅洲的印尼語名稱「加里曼丹」（Kalimantan）則來自梵語，意為「酷熱之島」。）

「渤泥」——這是中國人對汶萊的稱呼——相當晚才跟中國建立聯繫。直到西元九七一年，官方才首度提到有使團前來中國，得知汶萊距離占婆有三十天的航程，距離室利佛逝則有四十五天的航程。他們帶來樟腦、龜甲，以及用中國人不認識的文字寫在表面光滑、捲起來的文件。使者描述了他們國家的一些情況：他們使用長弓與黃銅器，婚禮有戒指，用水牛耕田，喝椰酒，吃米、魚、雞與羊。[2]

直到一四〇五年，汶萊與中國的定期貿易，才因為一次使團的推動而姍姍來遲。汶萊跟占婆、呂宋和東部島嶼，以及爪哇和蘇門答臘都有得天獨厚的貿易聯繫，其影響力也沿著婆羅洲海岸延伸。汶萊統治者在十五世紀中葉改宗伊斯蘭，而伊斯蘭也強化了汶萊的貿易角色，其霸權也囊括蘇祿群島和呂宋島馬尼拉灣的兩處貿易聚落。馬來人將南邊的聚落稱為「瑟魯容」（Seludong），但當地的他加祿人則根據茂密的紅樹林植物，稱之為「馬尼拉」。總之，從葡萄牙人占領馬六甲開始，到一五七一年西班牙人取得馬尼拉之間的六十年，馬來伊斯蘭的擴張有部分得歸功於馬六甲的滅國。

長期以來，汶萊都是婆羅洲唯一信仰伊斯蘭的地方。至於更東的地方，伊斯蘭則是隨貿易而前進。摩鹿加群島中的特爾納特島（Ternate，丁香貿易重鎮）很早便改宗了。但由於葡萄牙人派遣傳教士的緣故，基督教已經在香料群島深深扎根了。耶穌會的發起人之一——方濟．沙勿略（Francis Xavier），便曾經造訪安汶島（Ambon）等島嶼，之後才前往中國與日本。不過，各方的貿易與權力利益卻會帶來宗教妥協。因此，即便葡萄牙人試圖讓其他島嶼都信奉基督教，但特爾納特的穆斯林依舊允許葡萄牙人在島上建立防禦工事。

無論統治者們是出於對一神信仰與普世性的真心真意，出於商業或其他現實利益，抑或因為受到征服，伊斯蘭都是由上而下的傳播。至於改宗的過程需時多久，滲透的程度多深，則取決於眾多因素。即便在蘇門答臘，伊斯蘭的傳播也是緩慢而反覆。托梅・皮萊資在十六世紀初提到蘇門答臘的統治者泰半都是穆斯林，但西邊與內陸居民多半都未開化，「有些人習慣在抓到敵人時把他們吃掉」。[3] 換句話說，從一百五十年前伊本・巴杜達造訪當地至今，情況沒有太大的改變。

伊斯蘭國家有時候會團結起來對付葡萄牙人，但伊斯蘭不見得會為彼此競爭的海岸國家帶來和平。皮萊資記錄了時人的口頭禪：「亞路攻打馬六甲，亞齊攻打皮狄兒（Pedir，蘇門答臘口岸），皮狄兒攻打吉打與暹羅，彭亨攻打暹羅，巨港攻打林加（廖內群島的島嶼），色拉提人（Celates，漫居海上的民族）攻打武吉士人（南蘇拉威西）。」[4] 阿瑜陀耶王國同樣不斷試圖把勢力向南推，迫使馬來國家承認其宗主權——不過，只要偶爾以金銀花（bunga mas）正式上貢，通常就能滿足阿瑜陀耶的要求。

淡目摧毀滿者伯夷

爪哇改宗伊斯蘭的時間比蘇門答臘晚，但早在一三六八年（根據爪哇曆法求得的年分），便有證據顯示滿者伯夷宮廷內有一座穆斯林墳墓。後續的改宗是由知名的爪哇伊斯蘭聖者「九聖」所主導的。第一位聖者叫馬利克・易卜拉欣（Malik Ibrahim），他出身波斯或中亞，一四一九年死於革兒昔（Gresik）。第一個蘇丹國——淡目，就是位於革兒昔西方的爪哇北岸，大約在一四七五年立國。建立淡目蘇丹國的人可能是阿拉伯與波斯穆斯林商人，與馬來人和中國人融合後的後裔。[5]

爪哇、占婆王室與商人家庭的通婚，是促進伊斯蘭信仰的關鍵。淡目的第一位蘇丹拉田巴達（Raden Patah）有滿者伯夷王室血統。馬利克・易卜拉欣的兒子蘇南・安佩也是九聖之一。安佩生於占婆，跟嫁給滿者伯夷王克達維惹亞的占婆公主是親戚。蘇南・安佩大約在一四四〇年來到爪哇，淡目之所以能發展為伊斯蘭重鎮，並建有大清真寺，都得歸功於他。儘管跟滿者伯夷關係匪淺——或許也正是因為這種關係匪淺，淡目才逐漸捲入各種王朝繼承、經濟與宗教紛爭，滿者伯夷因此逐漸衰弱，甚至一蹶不振。但淡目本身反而相當繁榮，一度成為爪哇最大口岸，讓蘇門達臘北岸的一連串對手——泗水、革兒昔、杜板、井里汶、噶喇吧（雅加達）與萬丹相形見絀，甚至將之收入囊中。

除了馬利克與安佩，九聖中的其他人全數生於爪哇，而且多數據說有王室血統。他們的墓地成為聖地。他們結合了貴族世系、虔誠，以及對周遭貿易社群的支持——當地人逐漸把伊斯蘭信仰與進步畫上等號，九聖們也因此成為新舊信仰體系之間的政治橋梁。兩人建立了萬丹與井里汶蘇丹國，其他人則推動了甘美朗音樂與哇揚皮影戲的發展——這些傳統藝術形式因伊斯蘭而茁壯，但仍保有爪哇文化認同。

伊斯蘭之所以能傳播，是因為這些都市中心有更好的組織與現今經濟，而且伊斯蘭似乎能帶來繁榮與先進理念——包括更成熟的司法制度。至少在理論上，伊斯蘭比較不具上下階級，因此更吸引商人與其他都市人。然而在實際上，因為富有的商人與貧窮但有貴族血統、後來改宗伊斯蘭的爪哇家庭聯姻，階級體系反而因此保留下來。

鄂圖曼哈里發國的威望進一步推動全球伊斯蘭的發展。在蘇丹蘇萊曼（Suleiman，一五二〇年至一五六六年治世）統治下，鄂圖曼帝國達到其巔峰。鄂圖曼的力量幫助古吉拉特口岸及其穆斯林商人崛起，他們透過經葉門、紅海的路線，將努山塔里亞島群與地中海連成一氣。鄂圖曼人為其他穆斯林提供外交與物資協助，向教宗投訴葡萄牙人對古吉拉特船隻的攻擊，後來更支援亞丁，對抗葡萄牙人與巴塔克人。明朝撤出南洋，有助於穆斯林商人深入當地。此前，鄭和下西洋的焦點擺在官方的朝貢關係，外國商人因此得到充分的空間。等到明朝後來加強對中國商人的控制時，穆斯林又再度得益。

同一時期，伊斯蘭信仰只有在西班牙與北非節節後退，但這對信仰在東方的發展有幫助。西班牙人在一四九二年征服阿拉伯人的格拉那達（Granada），後續又壓迫非基督徒，導致穆斯林大出走，甚至連遠東的摩鹿加都能聽見其迴響。葡萄牙人在二十年後來到該地，驚訝地發現居然有人講西班牙語。

伊斯蘭的傳播漸漸將印度教與佛教崇拜在整個東南亞島群中消滅，只有峇里島例外。但伊斯蘭從來無法深入大陸東南亞——這裡所信奉的佛教派別實際上能強化各王國（今天的緬甸、泰國與柬埔寨）的力量，而伊斯蘭難以與之匹敵。上座部佛教是一種起源自斯里蘭卡的佛教形式，注重僧伽的角色，透過修行來積德。這一點跟王權概念相輔相成，同時還吸收了早期信仰較底層的鬼神。不過更重要的是，這些國家以農業為主，人口多半更多，對外國貿易依賴較少，因此也比較不受外來穆斯林商人的影響。

蘇非派的影響

伊斯蘭信仰傳遍整個島群，但根據傳入的方式，以及既有信仰體系的強弱而有差異。前往人口較少，以貿易為導向的蘇門答臘與馬來半島的穆斯林人數，比前往爪哇者多了很多，因此爪哇傳統統治者是否改宗就成了關鍵。兩地的差異反映在許多方面，例如衍生自阿拉伯文的爪夷文，從十五世紀起就是蘇門答臘與馬來半島的常用文字，而爪哇的卡維文到了二十世紀仍廣為人使用。不過，兩者在二十世紀起多半都被拉丁字母所取代。

伊斯蘭信仰在東南亞（尤其是爪哇）傳播時，遜尼派的蘇非主義（Sufism）是很關鍵的因素。蘇非主義在遜尼派與什葉派中都有，恪守文字的穆斯林不時視之為異端，但蘇非主義在從古吉拉特到孟加拉的印度穆斯林之間，以及鄂圖曼帝國內都有很龐大的勢力。蘇非主義強調直接與神溝通，崇尚神祕體驗，崇拜聖人與苦修者，注重個別導師而非儀式與法律——這一切都有助於當地人接受之。在東南亞的印度教－佛教特色底下，其實潛藏著一種更古老的信念：精神與物質是合一的。自然之靈存在於此世，必須予以尊重。蘇非神祕信仰可以與這種信念相調和。因此，來自蘇門答臘巴魯斯的哈姆札・曼蘇里（Hamzah Mansuri）才會在十六世紀寫出：

他奪目的光芒
處於我們所有人之中

他是杯，也是亞力酒（arak），
無須往遠方求之啊，孩子[6]

或是爪哇語的：

並無差別
於崇拜者與受崇拜者之間
兩者皆是他，只有他[7]

歌唱、跳舞、鳴鼓與反覆唸誦都是蘇非信徒擁抱聖靈的途徑，與既有的傳統可以充分融合。蘇非主義通常也認可與過去導師之間的古老連結有其重要性，因此也接受人們對於統治者世系的重視。從庶民層面來看，這似乎影響不大，但至少是為漸進的改變留下了餘地。在許多實例中，伊斯蘭化幾乎只等於行割禮與停止食用豬肉。假如改宗的推手是當地人，而非外國的穆斯林，則改宗之後遵守戒律的情況便不會那麼嚴格，人們熟悉《古蘭經》與《聖訓》的程度也比較低。

從藝術與建築方面，也能明顯看到對伊斯蘭的漸進接受——早期清真寺更貼近傳統廟宇的設計，而非阿拉伯或土耳其的典範。淡目清真寺成為印尼清真寺的範本，為木造建築，以瓦片為頂，令人想起爪哇佛教建築，而非中東傳統中的圓頂與高聳宣禮塔。寺中也採用中國陶瓷做裝飾。當地清真寺的基本設計（從北蘇門答臘到民答那峨都能看到）演變成有多重屋頂的立方形建築，周圍有露台圍繞。

早期的清真寺有時會用雕像裝飾，甚至採用中式線香。北爪哇淡目附近的古都斯清真寺（Kudus，這座城鎮的名字來自阿拉伯語的「聖城」〔el-Quds〕，也就是耶路撒冷），是由九聖之一的蘇南・古都斯（Sunan Kudus）所建。他是蘇南・安佩的孫子。古都斯清真寺至今猶存，採用禪邸（candi，爪哇式印度教—佛教聖壇）形式，以磚頭興建，但有占婆製的波斯風格磁磚鑲嵌。蘇南・古都斯雖然與滿者伯夷作戰，但他對舊有風俗抱持寬容態度，同時也為了避免冒犯印度教信眾而禁止殺牛。

基本上，爪哇的穆斯林統治者多為實用主義者，在象徵性接受新信仰的同時從善如流，對舊有習俗表示寬容。[8] 這種共存在十七世紀達到最高點，信奉伊斯蘭的馬打蘭在大蘇丹（Sultan Agung，一六一三年至一六四五年治世）統治下，曾在此時短暫統治爪哇大部分地區。爪哇島上僅有的例外，也是印度教的最後堡壘，則是萬丹與位於極東的布蘭邦岸（Balambangan）。雖然正式公開信奉伊斯蘭，但馬打蘭結合了許多前伊斯蘭風俗與信仰，使用自己獨特的曆法，也保有自己版本的卡維文書寫體系，非常優美。儘管身為穆斯林，馬打蘭蘇丹卻同時對伊斯蘭學者（ulamas）的野心，以及各個貿易城市所握有的財富與深受外人影響的宗教正統觀抱持提防的態度。

對爪哇大部分地區來說，大蘇丹的統治讓舊制度得以嵌入新制度，從而創造出一套長久的文化，至今仍是現代印尼國家的核心，也讓印尼憲法表現出等同於有神論（theist）的原則。至於其餘地方，新與舊同樣並存——印度教史詩經過修改，同時以卡維文書寫的爪哇語，以及爪夷文書寫的馬來語形式形諸文字。因此，今天的印尼人才能說：「伊斯蘭是我們的宗教，卡維詩（kakawin，爪哇的有韻敘事詩，將印度教神話融入爪哇背景中）是我們的文化。」

馬打蘭蘇丹國還接受了前印度教的大海女神——奈伊羅姬都（Nyai Roro Kidul）的傳說。對於這位印度洋女神（有時候會以人魚的外貌呈現）神力的信仰，至今在南爪哇人與異他人的大眾文化中依然強烈。混合了印度教與早期信仰的其他傳說同樣流傳了下來。

馬來人也對《羅摩衍那》稍事修改，他們的版本稱為《室利羅摩傳》（*Hikayat Sri Rama*）。《室利羅摩傳》原本出現在口傳傳統中，已知最早的成文版大約在一六〇〇年成書。這部關鍵的馬來文化著作將《羅摩衍那》故事改寫為光明戰勝黑暗，因此得以為蘇非派穆斯林所接受。不同時代出現了幾個版本的故事，尤其是十九世紀時。只是當馬來西亞在二十世紀晚期，受到阿拉伯與伊朗對伊斯蘭的嚴格詮釋所影響之後，《室利羅摩傳》便無法走出馬來歷史的陰影。

爪哇的宗教兼容有部分原因與荷蘭殖民者有關。一八二〇年，英格蘭人約翰・克勞福（John Crawfurd）在《印度群島史》（*History of the Indian Archipelago*）當中提到：

> 在所有穆罕默德追隨者當中，爪哇人在信條和習俗上最不嚴格。之所以如此罕見，是因為荷蘭人在商業上的嫉妒心，導致他們在過去兩百年間鮮少與外國的穆罕默德追隨者互動，有時甚至完全不許與阿拉伯人交流。[9]

跟克勞福同時代的史丹福・萊佛士倒是歡迎阿拉伯商人，但他也抱怨許多阿拉伯人是來傳播武斷的伊斯蘭信仰，而不是帶來生意。

伊斯蘭有好幾種規定向來不容易推行。事實上，有些完全沒有實施過。比起戒酒，男性割禮通常更難為人所接受。放棄豬肉對於住在森林的人來說尤其困難，但對海岸或平原居民來說較為容易，畢竟魚類與禽類蛋白才是主流。女性地位同樣是個問題，畢竟女性在阿拉伯伊斯蘭社會中扮演的角色遠比南島語族社會來得順從。南島女性通常有相當大的經濟與政治影響力，在離婚時比較少受到男性宰制——蘇門答臘的米南佳保甚至是採用母系制度。

實質上的自由

就性事方面，傳到島群的伊斯蘭信仰恐怕沒有像後世的例子表現得那麼嚴格。來自丹吉爾（Tangier）的阿拉伯旅人伊本·巴杜達擁有哈的（qadi，伊斯蘭法官）的身分。他提到馬爾地夫群島（位於阿拉伯、蘇門答臘與斯里蘭卡的貿易路線上）的魚類與椰子飲食據說有催情的效果。馬爾地夫人原本信奉佛教，如今則改宗伊斯蘭蘇非信仰。這個群島令巴杜達心醉神迷，他稱之為「世界奇景之一」，居民愛好和平，飲水與食物充足，只不過女子的穿著對他的阿拉伯教條來說不夠莊重。[10] 對造訪當地的人來說，馬爾地夫還有個好處，那就是接受臨時婚的做法：「每當旅人來到這些島嶼，他隨時都能用很少的聘禮與一名非常漂亮的女子成親，離開時再離婚就好。」[11] 巴杜達本人便利用了這麼做的好處。他人在馬爾地夫的一年時間便娶了四名妻子，還納了妾，每天都會到她們每一個人的家裡。離開主島後，他又去了另一座島，在七十天的停留時間裡締結了兩段婚姻。

伊斯蘭化初期的蘇門答臘與爪哇不見得像馬爾地夫，但巴杜達的敘述可以證明，那些將廣州至格拉那達之間的穆斯林團結起來的紐帶，和讓伊斯蘭信仰得以生根的文化多元性，兩者是同時存在的。無獨有偶，荷蘭人雅各・范・內克（Jacob van Neck）在一六〇四年對伊斯蘭北大年的描述，放在勃固至摩鹿加之間的任何貿易中心也都成立：

> 外國人到這裡做生意（……）馬上會有婦女與女孩過來獻身（……）只要彼此談好價錢（不算高，相當合算），她就會住進他家（……）之後，他就不能跟其他女子相好，而她也不能與其他男子交談，但這樁婚姻只有在他住在這裡時才成立（……）一旦他準備動身（……）他們便友好分手，她可以隨自己意願再找下一個男人，完全不會有人說話。[12]

某些穆斯林法學家之所以接受暫時婚，實為順應當地既有風俗。一六〇三年，一位造訪萬丹的英格蘭人也提到女性地位相對平等，而中國人與當地人的習俗大不相同。他聽說有一名中國丈夫打自己的越南妻子，便表示這種事情不會發生在當地女性身上，畢竟「爪哇人幾乎不會打自己的妻子」。[13]

努山塔里亞各島與海岸等地始終認為，女性和男性一樣擁有性滿足的權利——對所謂更先進的中國與歐洲文明來說，這種觀念讓人相當陌生。短暫的姘居關係通常也涉及生意上的合作——暫時婚的妻子是不可或缺的貿易中間人。在某些非伊斯蘭的商業中心，性關係甚至更為開放。出使柬埔寨的中國使者周達觀提到：

國人交易皆婦人能之，所以唐人到彼，必先納一婦人者，兼亦利其能買賣故也。[14]

不只商人覺得柬埔寨是好地方。周達觀還說：「唐人之為水手者，利其國中不著衣裳，且米糧易求，婦女易得〔……〕往往皆逃逸於彼。」[15]

馬歡提到暹羅：

若有妻與中國人通美，則置酒飲以待，同飲共寢，其夫恬不為怪，乃曰：「我妻色美，中國人喜愛。」[16]

不過，中國人受到的歡迎日益減少。據周達觀推測：

往年土人最朴，見唐人頗加敬畏〔……〕見則伏地頂禮。近亦有脫騙欺負唐人者矣，由去人之多故也。[17]

綜觀整個地區，女性不僅擔任歌手、舞者、說書人，偶爾甚至成為操偶師。有些地方甚而以女性為外交使節，負責在敵對的統治者之間磋商。有些統治者（以亞齊最知名）建立女性衛隊，顯然是認為她們比男人更值得相信，也不像男人那樣容易覺得受人冒犯，結果捲入不必要的打鬥。有一次，負責指揮馬都拉守軍，對抗馬打蘭進攻的就是女性將領。儘管伊斯蘭與基督教先後傳入，女性在商業中的地位依然穩固。儘管有多年來的榮景，人口成長的速度依舊緩慢，女性扮演的貿易角色或許也是其中一個因素，何況性與貿易需求常常相輔相成。

一名外國商人寫道：「外來的生意人在當地停留期間多半會娶個妻子」，除了操持家務之外：

如果她們的丈夫有東西要賣，她們便會開店，用零售的方式賣出，畢竟能比批發賺更多的錢；有些女子還會帶著貨物前往內陸城鎮，以物易物，換得適合丈夫到市場上銷售的物品。[18]

跟地方上關係良好的女性，成為對外貿易重要的中間人。

萊佛士表示，爪哇的兩性關係相對平等，離婚容易且頻繁，賣淫也少。他寫道：「宗教格律〔……〕並不傾向創造堅貞或壓抑熱情。」爪哇雖然根據穆斯林法律而允許一夫多妻，但實際上只有君主（可以娶四名妻子）與酋長（可以取兩名妻子）才會有多個配偶，不過他們還會納妾。無獨有偶，儘管伊斯蘭信仰允許奴隸，但爪哇不准蓄奴。隨著時代的不同，某些地方採取更嚴格的信仰詮釋，女性的角色也受到限縮——有時候是因為跟基督教競爭之故，兩者的關係在十七世紀變得愈來愈緊張。

其他前伊斯蘭社會的特色（例如建築）則有各自不同的命運。印度教—佛教寺廟雖然漸漸消失於蘇門答臘與馬來半島，但沒有大規模的拆除，至於在爪哇則留存下來，成為聖地。綜觀全局，伊斯蘭化是一段緩慢、未經計畫的過程，不像葡萄牙人與西班牙人推行基督教化時的堅決。在連接東西方的貿易網絡中，努山塔里亞位居關鍵。整體而言，伊斯蘭化就是努山塔里亞內部（爪哇、蘇門答臘與馬來半島、馬六甲與望加錫）彼此間的互動，以及透過貿易網而來的外來影響力（阿拉伯人、古吉拉特人、中國人等等）所共同創造的結果。

第十八章　努山塔里亞：溫水中的青蛙

努山塔里亞遭受的新挑戰並非來自中國、印度或阿拉伯，而是此前鮮有人知的遠方小國。渡海而來的葡萄牙人成為最早的外部海洋力量，在長久保護努山塔里亞的海洋屏障上鑿出一個永久的漏洞。西班牙、荷蘭、英格蘭等更強大的國家隨後也穿過這個由葡萄牙人鑿出來的漏洞。相較之下，泰米爾人與中國人的入侵既短暫又局部。西方的入侵持續了超過五百年。一四一五年起，葡萄牙人便漸次探索西非海岸，並且在一四八八年繞過好望角。他們在這幾次航行時所使用的船隻，是採用拉丁帆的卡拉維爾帆船（caravel）。卡拉維爾帆船船體窄，吃水淺，使用的三角帆設計在阿拉伯世界相當常見，跟努山塔里亞和南太平洋的船帆在某些角度也很類似。這種船隻速度快，操控靈活，更能頂著風航行。

一四九八年，一支由四艘船組成的船隊在瓦斯科・達伽馬（Vasco da Gama）率領下沿著非洲東岸航行，途經莫三比克、蒙巴薩（Mombasa）等地由阿拉伯人控制的港口，接著在阿拉伯領航人的帶領下從馬林迪橫渡印度洋，抵達卡利卡特。咸認這名領航員，就是大名鼎鼎的阿拉伯航海家兼作家艾哈邁德・伊本・馬吉德（Ahmed Ibn Majid），他以航海術、風向、路線與洋流的著作聞名。但這個說法是錯的。伊本・馬吉德將數百年來累積的知識寫進書中，描述印度洋、阿拉伯海、紅海與波斯灣的詳細情形，以及路線選擇、最佳航行時間與須避開的眾多礁岩與暗沙，尤其是紅海海域。如此響噹噹的人物，恐怕不太可能為葡萄牙人效勞。有許多阿拉伯水手都熟悉前往印度馬拉巴爾海岸的途徑。葡萄牙人從莫三比克的索法拉（Sofala）出發，先往北再往東，而他們走的這條路線不過是阿拉伯人與印度人已經熟悉，而蘇門答臘與爪哇水手甚至更早了解的路線而已。伊本・馬吉德的著作中對於索法拉北邊的非洲，以及前往阿拉伯與印度途經的沿岸地區有詳細描述。[1]

自從知道了繞行非洲前往印度的途徑後，葡萄牙人便著手讓歐洲的香料貿易改道，在亞洲建立港口鏈，藉此奪走穆斯林中間人與其歐洲夥伴——威尼斯從貿易中獲得的利潤。在一系列的航海行動中，他們殘酷攻擊並攻陷兩個幾乎沒有軍事能力的貿易口岸——荷姆茲與果阿（Goa），接著前往馬六甲。

甚至在葡萄牙的口岸網形成之前，葡萄牙人便開始攻擊所有遭遇到的穆斯林船隻，導致香料貿易幾乎停擺。達伽馬就是殘忍的化身，殺害一整船從卡利卡特出發朝聖的穆斯林，連他在里斯本的上級都大為震驚。歐洲的香料進口量劇烈下跌，直到葡萄牙人在一五一一年攻陷馬六甲，專心貿易而非劫掠之後才止跌。

除了比較小的拉丁帆帆船之外，葡萄牙人也使用所謂的「拿烏式帆船」（又稱「克拉克帆船」〔carracks〕）。這種帆船有一面四角形的主帆，以及三角形的後桅縱帆與前帆，船艏與艉樓高聳，不僅載貨量更多，也更適合作戰。拿烏式帆船仍然比它們所遭遇到的努山塔里亞大型戎克船來得小，但更靈活，武裝也更強。

葡萄牙人在海上火力超群，但在陸上就需要當地人的合作。因馬六甲蘇丹處死盤陀訶羅（bendahara，宰相）而起的王室繼承爭議，很可能對葡萄牙人攻陷馬六甲有所助益。其他的助力還有對穆斯林享有的特權感到不悅的非穆斯林商人，或許還有來自八昔、認為馬六甲人囂張跋扈的其他穆斯林。葡萄牙指揮官阿爾布克爾克的阿方索率領約十六艘船與一千六百人（部分由印度招募而來）抵達馬六甲。正當面臨風向轉變，必須撤回果阿的關頭，阿方索孤注一擲，下令對馬六甲城發動攻擊。他激勵部屬：

> 我們應該把摩爾人（Moors）從此地趕出去，為吾王立大功〔……〕一旦我們能成就如此功業，便能讓仰賴對該國貿易的〔……〕摩爾人撤出印度〔……〕假如我們把對馬六甲貿易從他們手中搶走，便能完全摧毀開羅與麥加。除非威尼斯的商人到葡萄牙購買，不然就得不到任何香料。[2]

葡萄牙人如今掌握了香料貿易，富甲一方。據皮萊資所說，丁香在馬六甲的價格是在摩鹿加的十倍，到了印度港口（當地對香料也有需求）會再乘以六倍，從印度往歐洲的市場之後甚至還要再乘以十倍。馬來人被迫離開馬六甲，其他地方的穆斯林商人可能也是，但葡萄牙人還是得發展生意。他們派遣使者到阿瑜陀耶王國、馬打蘭等地，鼓勵人們繼續與馬六甲做生意。因此，皮萊資才會在三年後寫道：

古吉拉特人來了，馬拉巴爾人、羯陵伽人（Klings）、孟加拉人、勃固人也是，還有來自八塞（Pase，指八昔）的人與亞路人、爪哇人、中國人、米南佳保人，來自單重布囉（Tanjompura）、望加錫、汶萊與呂宋的人〔……〕馬六甲注定重返過往榮景，甚至更為繁榮。

皮萊資更宣稱：「相較於面對馬來人，他們更喜歡與我們做生意，畢竟我們更誠實，更公正。」[3]

葡萄牙人征服馬六甲一事，意外讓一名講馬來語的無名努山塔里亞人成為已知第一位環航世界的人。航海家斐迪南・麥哲倫（原為葡萄牙人效力）在馬六甲得到這名隨從，帶著他經好望角回到歐洲。後來恩里克（Enrique）又隨麥哲倫（此時效力於西班牙）往西環航世界。船隻西向通過馬六甲的那一刻，他就完整繞行地球一圈了。其他船員得等到返回西班牙，才完成這項壯舉。

儘管一開始對所有伊斯蘭事物皆抱持敵意，但阿爾布克爾克率領的葡萄牙人仍試圖向其他貿易中心表態，保證馬六甲依舊是開放的港口。中國人張燮曾經造訪馬六甲，提到「白」人——中國人——與「身長七尺，眼如貓，嘴如鷹，面如白灰，鬚密卷如烏紗，而髮近赤」的葡萄牙人。[4]

葡萄牙船隻旋即以商人而非征服者的身分，造訪摩鹿加與班達群島。他們與特爾納特蘇丹的關係特別友好，這位蘇丹對宗教事務的開放態度似乎能影響這些新來的人，讓他們專心做生意，而非傳教。班達群島的地方酋長樂於與新人做生意，但不願意接受基督教。相較於利益，傳教的狂熱此時仍居次要。

葡萄牙人對穆斯林的敵意一度激怒後者，亞齊與淡目試圖強行將葡萄牙人逐出馬六甲。淡目蘇丹帕帝．烏努斯在一五二一年的一場襲擊中戰死。這次攻擊行動的部分原因，跟葡萄牙人與信奉印度教的巽他王國結盟有關。巽他王國握有萬丹與噶喇吧（雅加達）等港口，首都位於巴古望（Pakuwan，今茂物〔Bogor〕）。巽他王國試圖尋求葡萄牙人協助抵抗淡目的攻擊，只是葡萄牙人雖然守住馬六甲，卻無法拯救巽他王國。淡目與井里汶蘇丹的聯軍旋即占領萬丹與噶喇吧，並在一五七九年消滅這個印度教王國。

葡萄牙人對基督教的熱情與襲擊穆斯林的狂熱泰半不敵商業利益，但他們從未主宰當地的香料貿易，只有跟信奉印度教的巽他建立孱弱的同盟。事實上，貿易總是高於宗教。葡萄牙人不時與馬六甲的馬來繼承者——信奉伊斯蘭的柔佛結盟。柔佛可是離間古吉拉特穆斯林與泰米爾印度教徒的專家。

競爭來自四面八方。葡萄牙商人雅克．德．庫特（Jacques de Coutre）提到馬六甲與柔佛之間的合作，而位於柔佛河上游的柔佛首都峇株沙瓦（Batu Sawar），則是他多年來做生意的根據地。[5] 但兩地之間也有關係緊繃的時候，導致柔佛的基督徒在一六〇二年遭到屠殺，德．庫特本人僅以身免。十七世紀初，荷蘭人突然以勢不可擋之姿抵達馬六甲海峽。

一六〇二年，荷蘭政府將對東方貿易的獨占權授予荷蘭聯合東印度公司（Verenigde Oost-Indische Compagnie，簡稱VOC）。VOC旋即在萬丹與查雅加達（Jayakarta）建立貿易據點，準備挑戰葡萄牙人。一六〇三年，VOC的艦隊擄獲一艘載滿貨物的葡萄牙克拉克帆船——「聖卡塔琳娜號」（Santa Catarina）。當時，聖卡塔琳娜號正從澳門出發，經馬六甲前往果阿的途中。此事促使一位荷蘭律師根據海洋自由觀點，寫成一部知名但虛偽的法理著作。事實上，這只是荷蘭與西班牙歐陸戰事的延伸。但VOC還有更大的野心。一六一九年，輪到查雅加達遭殃了。荷蘭人征服查雅加達，改名為巴達維亞（Batavia）。（巴達維亞原本是古羅馬人稱呼南尼德蘭〔Netherlands〕部分地區的名字。印尼獨立後，巴達維亞改回原名雅加達，但至今仍不時有人稱呼當地居民為巴達維人〔Betawi〕。）

另一項讓當地更為動盪的因素，則是亞齊崛起於馬六甲海峽兩側。亞齊是幾個從事貿易的蘇丹國中最強大的，時常掌握了各方競爭利益的權力平衡：柔佛、彭亨與北大年，以及葡萄牙人和荷蘭人。對柔佛來說，亞齊比葡萄牙人更危險，曾分別在一六一三年與一六一五年攻擊柔佛並摧毀民丹，迫使柔佛蘇丹遷往林佳與廖內。對荷蘭人來說，與亞齊的結盟無論多麼短暫，都是趕走葡萄牙人必須走的一步。

理論上，葡萄牙人握有優勢——一五八〇年至一六四〇年間，葡萄牙與西班牙統一在單一王權之下，可以從馬尼拉的西班牙人那兒得到幫助。但雙方的合作失敗了。

德．庫特對新加坡的位置印象深刻，為了強化葡萄牙人的地位，他向國王力陳應該「統治這個港口，才最能控制東印度群島〔……〕在此建立一座城市，成為這個王國的主宰」。[6] 葡萄牙人應為此興建一座要塞，由一支武裝艦隊巡邏馬六甲海峽。

德．庫特稱新加坡為「沙班德里亞島」（Islas de la Sabandria），名稱反映出負責掌管口岸的職位——沙班達爾。當時的歐洲人用「新加坡拉」（Cingaporla）一詞稱呼包括馬來半島西岸的麻坡（Muar）在內的半島尖端。這時的歐洲地圖仍然把該地畫成一座獨立的島嶼。製圖時的錯誤或許從側面反映了當時的人利用麻坡河、彭亨河，以及兩條河中間的一小段陸路，作為為貿易路線的做法。有些商人會採用這條古老的路線，以避免在新加坡海峽遭到荷蘭人與其他海盜攻擊的風險。[7]史丹福．萊佛士在兩世紀後建立了英屬新加坡。而在其他方面，卓有遠見的德．庫特也是萊佛士的前輩。他力陳新加坡應該成為自由港，透過民間商人的競爭，制衡荷蘭等國家的政府補助與獨占做法。他還建議引入中國農民與工匠，以提升馬六甲人口與實力。[8]

德．庫特在馬來世界顯然如魚得水，他說當地人「處事得體」且「穿著極有巧思」：

女子穿合身的長上衣，讓人得以一窺她們的體態〔……〕一件緊身短外套，以非常薄的材料剪裁而成，設計與顏色都經過精心安排。她們赤足行走，手指與腳趾戴著環，整體外貌非常美麗。[9]

但葡萄牙人現身馬來世界的時代即將終結——一六四一年，也就是葡萄牙與西班牙兩王國的聯合結束的隔年，荷蘭人就占領了馬六甲。戰爭幾乎沒有阻止貿易的成長——畢竟之所以打仗，主要就是為了控制貿易。儘管歐洲人船堅砲利，但他們也沒有主宰馬來世界。他們是來做生意，而且通常只有在跟蘇丹國合作的情況下，才能順利進行貿易。

前往沖繩與日本

即便在東部島嶼，葡萄牙人也未能成功征服香料群島：他們唯一控制的土地，是遙遠的帝汶島。葡萄牙人的成就在於主宰對歐洲的香料貿易達一世紀，並創造了從歐洲到中國與日本的貿易聯繫。他們多次試圖與中國正式建立關係，卻一再失敗，部分是因為葡萄牙占領中國主張的朝貢國馬六甲，引起中方不悅。不過，貿易利益終究證明比官方的命令更有影響力。一五五〇年，葡萄牙人獲准在長崎外海的一座島上建立貿易據點。中國船隻與航行於馬六甲與日本之間的葡萄牙船隻接頭，葡萄牙人甚至在浙江海岸建立基地。雖然遭到驅逐，但他們不斷在廣東努力，最終說服當局讓他們留下來——一開始是在珠江口的上川島，後來在一五五七年遷往澳門周邊。貿易與聚落的發展都很興盛：廣州當局在澳門邊境設立關閘，並於一五七八年規定一年繳交兩次貿易規費。

荷蘭人來到努山塔里亞的時間，比葡萄牙人晚了一百年。即便荷蘭人到來許久之後，努山塔里亞仍然是個眾多勢力存在之處。中國人在許多口岸建立社群，還有來自北爪哇各個蘇丹國的商人：西有柔佛、亞齊與馬六甲，東有汶萊與望加錫。爪哇商人始終相當活躍，以此為根據地的中國人也是——他們經營中國與「東西洋」之間的貿易，甚至遠至印度與波斯灣。在一張今稱「塞爾登地圖」（Selden Map）的中文地圖上，可以看到銜接福建與長崎、會安、爪哇、蘇門答臘與馬來半島口岸的各條路線。這張大約製作於一六一〇年的地圖相當不尋常，位於地圖中心的並非中國，而是從日本到爪哇、從呂宋到蘇門答臘之間的大海。[10] 塞爾登地圖製作精細，委託製作此圖的顯然是商人，而非官方，地圖的產地可能是爪哇或蘇門答臘。圖上雖有羅經花，但並未如當時的歐洲地圖一般試圖按比例繪製。十六世紀初期，歐洲人製作的地圖仍然以托勒密地理學為基礎，但一個世紀之後，歐人地圖正確性有了大幅的提升。

英格蘭人也在十六世紀時初次亮相。一五七七年至一五八〇年，武裝私掠船船長法蘭西斯・德瑞克（Francis Drake）西向繞行地球一周（後來他在一五八八年成為英格蘭擊退西班牙入侵的英雄），英格蘭商人也隨之而來。德瑞克在秘魯外海俘虜一艘正要前往馬尼拉的西班牙船隻，船上載有二十六噸的銀。他在特爾納特受到熱烈歡迎，但他並未購買丁香，這讓蘇丹大為意外；他的船上已經裝滿從西班牙人那搶來的戰利品了。

數十年來，澳門的葡萄牙商人坐享榮景，用購自馬六甲的香料與印度商品換取中國絲綢與瓷器，將絲綢、香料與棉布銷往日本，換得白銀、黃銅與漆器。馬六甲一如過去蘇丹國統治時期，依舊是琉球商人的重要目的地——尤其是以沖繩那霸為中心的中山王國。儘管琉球語言與文化與日本接近，但他們在元、明代時受到中國強烈的影響。琉球人跟努山塔里亞網絡，以及跟中國、朝鮮和日本都有聯繫。雖然沖繩有農、漁業資源，但貿易也扮演重要角色，這一點可以從一四五八年鑄造於首里城（位於那霸的沖繩王居）、重七百二十一公斤的銅鐘看出。這座鐘名叫「萬國津梁之鐘」（万国津梁の鐘），銘文寫著「以舟楫為萬國之津梁；異產至寶」，凸顯出那霸作為精緻商品（人工與天然商品皆有）貿易中心的角色，以及該國商人與海員對其榮景的貢獻。[11]

那霸商人不僅在不少日中貿易間扮演中間人，他們的船隻也年年造訪南方海域，購買熱帶商品銷往中國與日本，並販售奢侈品與精緻工藝品（尤其是日本製的）。皮萊資提到他們卓著的聲譽。人們普遍認為那霸商人誠實不二，「衣著得體，甚於中國商人，也更有威嚴」。他們賣「各種武器、鑲金葉的盒子、扇子〔……〕紙〔……〕絲綢〔……〕刀劍」，泰半來自日本。[12]

「琉國人」（Luqoes，葡萄牙人對琉球人的稱呼）參與努山塔里亞貿易已行之有年。雖然十五世紀前的史料付之闕如，但在一四三二年至一五七〇年之間，那霸便至少四十四次派遣正式使節前往暹羅、安南、北大年、馬六甲與巽他。已知琉球船隻曾造訪婆羅洲、蘇門答臘，而且幾乎肯定曾前往呂宋。來自努山塔里亞的孔雀經那霸傳至朝鮮，中國與朝鮮陶器經那霸傳至日本，日本的漆器、刀劍與屏風經那霸傳至中國。來自香蕉纖維布料與拼織布編織、染色技術也傳至日本。琉球宮廷高官採用的獨特頭巾設計來自馬來人，用髮簪固定的髮型則指出其人的地位——這些不僅指出努山塔里亞影響所及的程度，也令人想到努山塔里亞水手在琉球史前史中扮演的角色。琉球就像葡萄牙，是個在貿易史上扮演重要角色的小國，只是為時短暫。

十字架與金錢

葡萄牙為接下來三百年的發展定了調——葡萄牙人所受到的挑戰多半並非來自當地的國家與商人（他們通常與之合作），而是來自其他歐洲國家——國土更大、武裝更精良、財政更強大的國家。第一個是葡萄牙最大的鄰國與敵人——西班牙。當時的西班牙剛征服中南美洲大部分地區，勢力如日中天。西班牙與葡萄牙皆受到條約所限制（至少理論上如此）——在羅馬教宗主持下，雙方簽訂條約，將全世界分割成兩國各自的勢力範圍。西班牙原本同意摩鹿加屬於葡萄牙，菲律賓原本也是。西班牙人認為菲律賓並未盛產香料。但等到西班牙開始對菲律賓產生興趣時，葡萄牙國力正日薄西山。西班牙人是從美洲來到亞洲，而非途經好望角與印度，何況相較於美洲的白銀，經好望角的香料貿易可是微不足道。此外，西班牙人是征服者與天主教傳教士，不是貿

有入珠的林伽。中爪哇蘇庫禪邸（Candi Sukuh），滿者伯夷時代。（出處：Public domain）

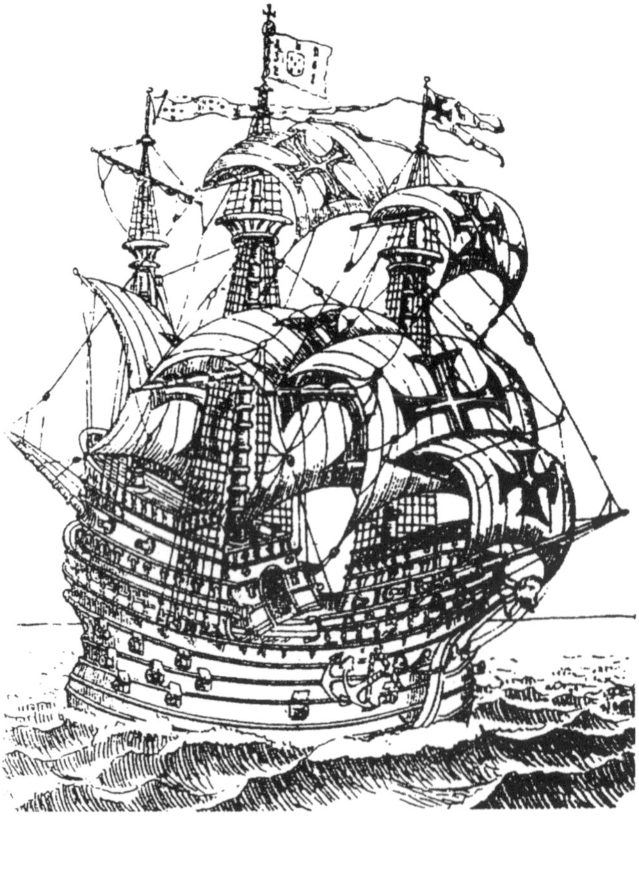

葡萄牙拿烏式帆船「海花號」，是阿爾布克爾克攻占馬六甲時乘坐的旗艦。1611年在蘇門答臘外海沉沒。（出處：Roteiro de Malaca / Wikimedia）

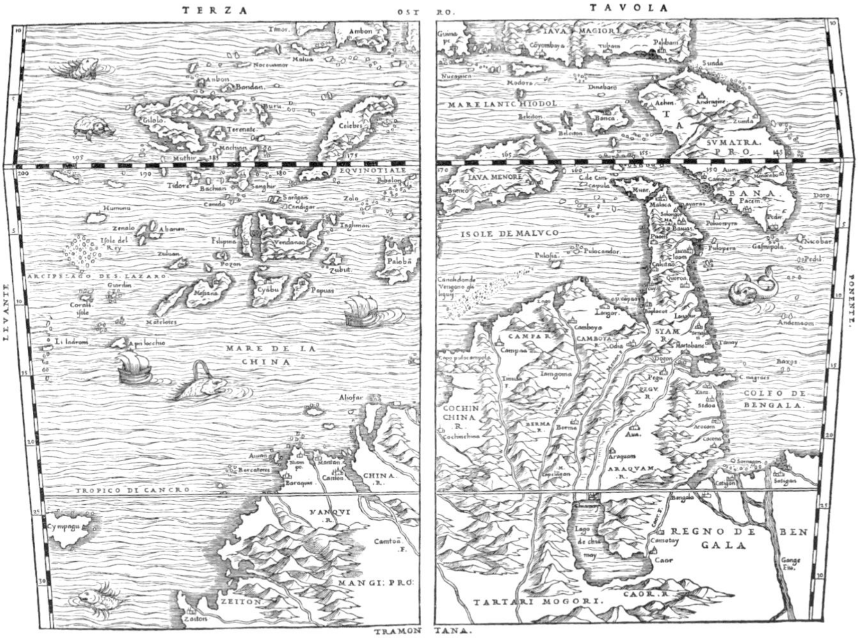

歐洲人對努山塔里亞的認知，1544年。
賈卡莫．迦斯卡爾迪（Giacomo Gastaldi）製作的地圖。
（出處：Peter Geldart, Manila）

根據揚．海根．范林蕭騰（Jan Huyghen van Linschoten）的《航海記》（*Voyage*，1595年）所繪的馬來人與爪哇人。書中的馬來人能言善道又有禮，爪哇人則頑強固執。
（出處：Universidad de Sevilla / Wikimedia）

爪哇萬丹外海的船隻，1601年：三艘爪哇船隻，一艘中式船隻。
特奧多雷．德．布里（Theodore de Bry）繪。
（出處：Author's collection）

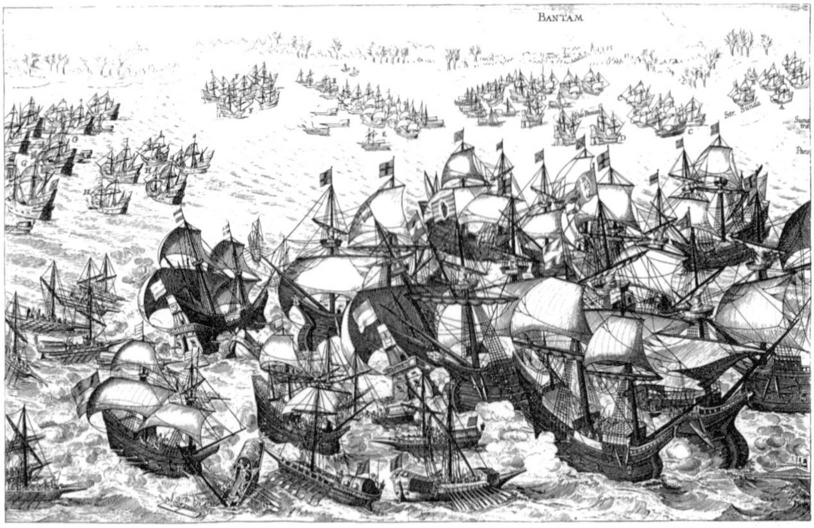

1603年，荷蘭人在萬丹外海襲擊葡萄牙人。
揚．奧爾勒斯（Jan Orlers）1610 年繪。
（出處：Wattis Fine Art）

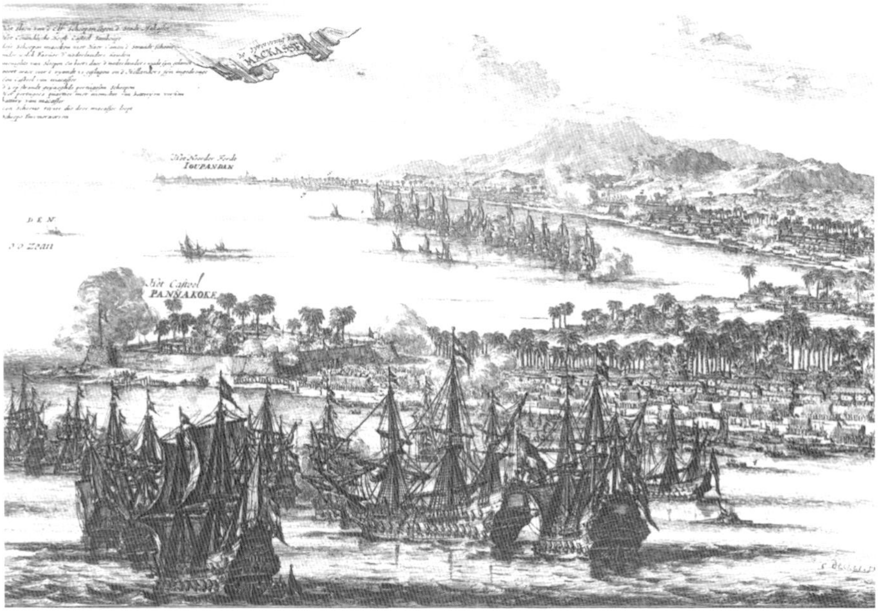

1660 年，荷蘭人攻擊望加錫。
沃特爾・肖騰（Wouter Schouten）1660年繪。
（出處：Wattis Fine Art）

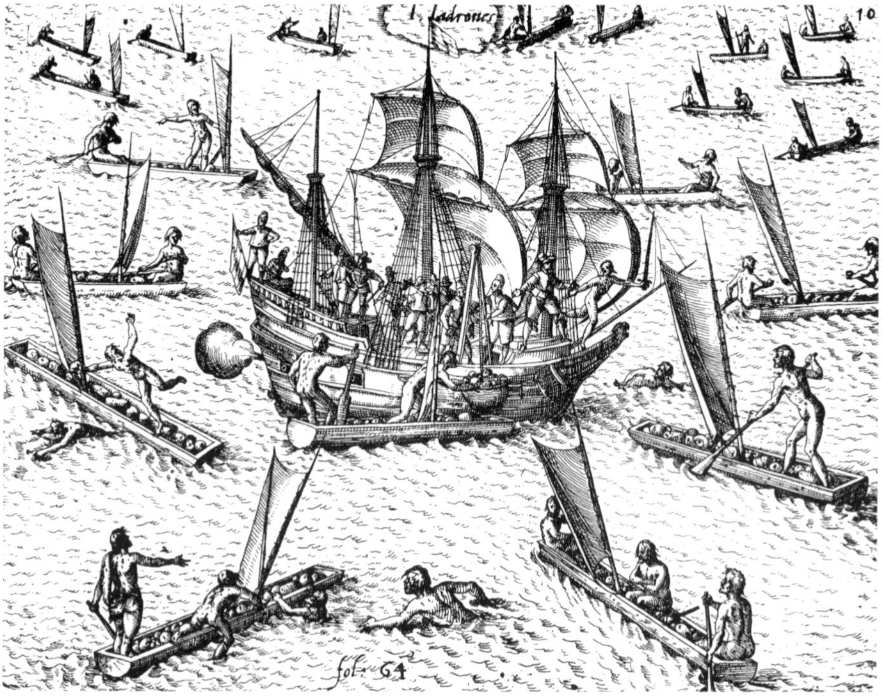

荷蘭船隻與令麥哲倫讚不絕口的強盜群島（馬里亞納）船隻。
特奧多雷・德・布里於1596年繪。
（出處：Granger Archive / Alamy）

台灣原住民，荷蘭人認為他們是「孔武有力的民族」，精於獵鹿。
奧爾弗爾特・達珀爾（Olfert Dapper）於1670 年繪。
（出處：Radboud University, Nijmegen）

爪哇人與爪哇船隻，約1691年。
文森佐・科洛內利（Vincenzo Coronelli）繪。
（出處：Author's collection）

望加錫一景，約1729年。
彼得・范德亞（Pieter van der Aa）繪。
（出處：Author’s collection）

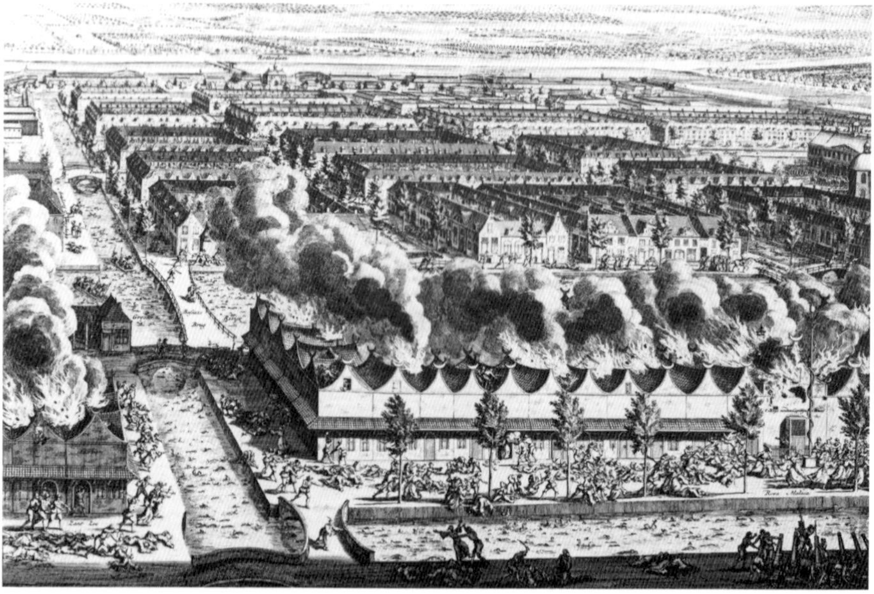

1740年的巴達維亞華人大屠殺。
阿德里安・范德拉恩（Adrian van der Laan）繪。
（出處：De Agostini Picture Library / Getty Images）

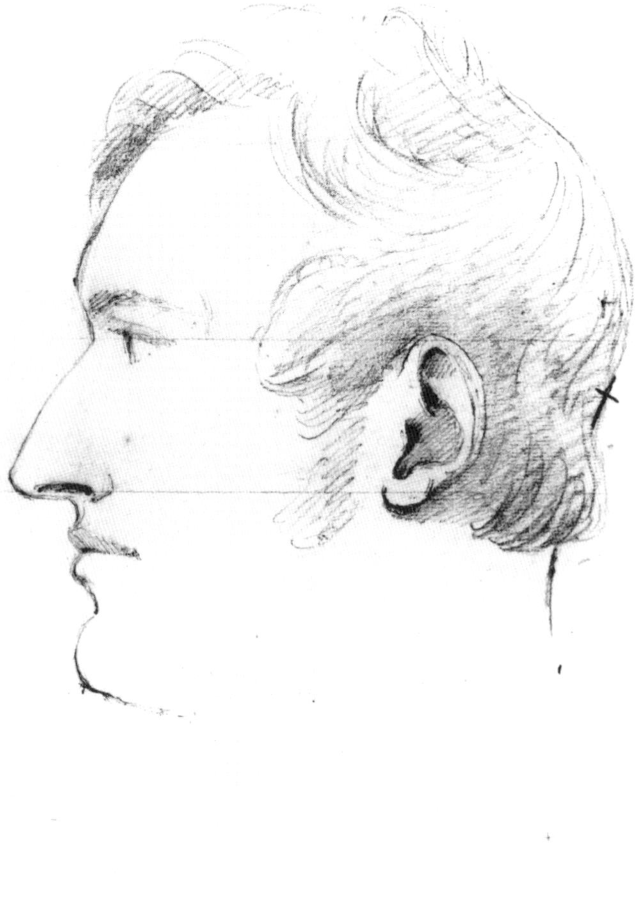

史丹福·萊佛士，鉛筆素描。1817年。
（出處：National Portrait Gallery, London）

DIPO NEGORO
Hoofd der Muitelingen
op Java.

日惹王子蒂博尼哥羅。1830 年鉛筆素描畫的石版印刷品。
（出處：Geheugen van Nederland / Alamy stock photo）

伊拉倫戰艦，約1800 年。船隻至少有三十公尺長，三排槳，可乘載高達一百九十人。
（出處：James Warren / Museo Naval）

霹靂怡保（Ipoh）附近的錫礦場，約1880 年。
（出處：Courtesy of ipohworld.org）

使用腳踏碾磨機的華工，
約1880 年。
（出處：ipohworld.org）

從香港上船的華人移工，約1890 年。
（出處：FormAsia Books）

蘇祿蘇丹賈邁爾．阿贊姆（Jamal ul-Azam，1862年至1884年治世）。
（出處：Dr J. Montano in Voyages au Philippines et en Malaisie /

知識分子間民族主義者扶西．黎剎、馬塞洛．德．皮拉爾與馬里亞諾．彭西。
約1883年攝於西班牙。
（出處：Alamy Stock Photo）

推動吉隆坡發展的重要人物，華人甲必丹葉亞來。葉亞來身穿清朝官服。約1880 年。
（出處：Alamy Stock Photo）

峇里島巴東的普普坦（為了不向荷蘭人投降而集體儀式性自殺），1906年。
（出處：Public domain）

1942年2月15日，新加坡的不列顛駐軍向日本投降。
（出處：Imperial War Museums. Shutterstock）

蘇卡諾在獨立運動遊行集會中致詞，1946年。
（出處：Getty Images）

馬來西亞爭議高峰會，1963年6月於東京舉行。印尼總統蘇卡諾、菲律賓總統迪奧斯達多．馬嘉柏皋（Diosdado Macapagal）與馬來西亞首相東姑．阿布都拉曼（Tunku Abdul Rahman）。
（出處：Alamy Stock Photo）

易民族。

葡萄牙人對於貿易的重視通常高於傳教，但他們確實有助於基督教在日本生根——知名的傳教士兼耶穌會創辦人之一方濟．沙勿略，曾在一五四九年造訪日本。大名織田信長對外國思想抱持寬容態度。在信長統治下，基督教迅速傳播，甚至有燒毀神道教與佛教寺院的情事發生。不過，信長的繼承人豐臣秀吉則認為外來的基督教妨礙他再統一日本（這或許不讓人意外）。有些基督徒遭到處刑，信眾與教會受到全面鎮壓。

因為北歐貿易（尤其是波羅的海貿易）而富的荷蘭人，除了傳播基督教福音之外，還有別的念頭。他們有野心，有航海技術，有錢，還有一個由商人所主持、為商人服務的政府。VOC本身在商業上是個打破窠臼的組織，是個將投資人與管理人區分開來的合股公司，因此能從形形色色的商人與投資團體手中獲得資金（包括義大利與日耳曼資金）。當時的荷蘭也是一個商人握有極大影響力的共和國。結果，儘管VOC理論上是私人公司，卻享有與政府非常緊密的關係。與此同時，此前從事海盜行為的英格蘭人也創立了他們的東印度公司（East India Company，簡稱EIC）。雖然EIC成立時間早於VOC，但擁有的資源較少，派船隻前往東方的腳步也較遲。不過，兩間公司都準備挑戰葡萄牙人與香料群島之間的貿易，同時發展對爪哇與蘇門答臘的胡椒貿易。EIC的另一個目標則是出口印度棉製品，在蘇拉特（Surat）與默蘇利珀德姆（Masulipatnam）設立據點，想方設法繞過澳門與馬六甲的葡萄牙人，直接與日本和中國進行貿易。荷蘭人在萬丹與查雅加達（當時對雅加達的稱呼）成立貿易站，英格蘭人也有樣學樣，在萬丹與安汶設置據點。VOC與EIC在阿瑜陀耶、北大年與日本都有商館。

荷蘭人的侵略旋即變本加厲。他們發現萬丹的競爭太過激烈，於是遷離萬丹，並控制查雅加達，使之成為VOC的亞洲總部。商業競爭不久後延燒到班達群島，荷蘭人試圖強迫當地酋長只跟他們貿易，結果導致一些荷蘭人遭到殺害。出於報復，荷蘭人在一六二一年將島民幾乎屠盡，或是賣為奴隸，並且從其他地方引進奴隸來種植肉豆蔻。

這起駭人聽聞的事件，僅僅導致VOC總督揚・皮特祖恩・科恩（Jan Pieterszoon Coen）受到輕微申誡。科恩的無情性格，同樣可以從一六二二年試圖驅逐澳門葡萄牙人的失敗行動，以及屠殺EIC安汶代表的做法中看到。那起大屠殺將EIC趕出香料群島，到了一六八三年，同樣是荷蘭人把EIC從萬丹趕走，迫使英格蘭人撤到相對遙遠的明古魯（Bengkulu，位於蘇門答臘西南），成為EIC在整個印尼群島唯一的根據地。（儘管蘇門答臘西岸的貿易有限，並不賺錢，但EIC仍興建一座大型要塞，並持續占領明古魯，直到不列顛在一八二四年用來交換馬六甲為止。）荷蘭人同樣在特爾納特與西班牙人纏鬥，他們與特爾納特蘇丹結盟，繼而成為摩鹿加的重要強權。

台灣先於中國

荷蘭人遭到中國強硬回絕，試圖占領澳門時又被葡萄牙人擊退，於是他們把注意力轉向台灣，作為對中國與日本貿易的根據地，在台南海岸建立要塞熱蘭遮城（Zeelandia）。西班牙在兩年後跟進，於台灣北海岸的基隆建立據點。但西班牙人不願投入其防務，因此在一六四二年遭到荷蘭人驅逐。此事影響深遠：台灣原本會成為西屬菲律賓的一部分，當時的台灣人泰半與菲律賓有共同的南島語族根源，而非以漢文化為基礎。

上述歐洲國家對台灣的興趣，讓人想起台灣在過去兩千多年始終沒有扮演重要角色的事實。荷蘭人看上台灣的農業潛力，以及作為貿易據點的用處，但台灣原住民太有自主性，生活也很舒適，沒有必要在食糖與其他作物的種植園中賺取薪水。荷蘭人因而鼓勵漢人移民，到了一六五〇年，據說已有百分之十五的人口（至少平原地區如此）為漢人。這就是所謂的「共同殖民」（co-colonization）——漢人跟荷蘭人都認為自己扮演開化的角色。[13] 但荷蘭人擔心潛在的中國勢力。一六六一年，鄭成功（國姓爺）率領一支據說有兩萬五千人的軍隊入侵台灣，荷蘭人投降。鄭成功是福建海盜領袖與日本女子之子，在清朝成立後仍忠於明室。清朝對台灣的控制始於一六八三年，大陸移民增加，但中國的地位仍不明確。驅逐荷蘭人之後，清朝支配了西部平原，但不時遭遇頑抗。他們把與漢人互動的平地原住民視為半開化的蠻人，至於山地原住民則完全未開化。直到十九世紀以前，漢人的人數恐怕都不占多數。

荷蘭人在台灣遭遇挫折，但他們是當時唯一得以留在日本的歐洲人——德川幕府驅逐其他國家的人，並迫害改信基督教的日本人——從中獲益不少。在德川幕府鎖國的兩世紀期間，獲准前來經商的只有長崎的荷蘭人與中國人，就連他們也受到嚴密的監控。日本的鎖國，加上VOC無法在中國立足，促使荷蘭與其他歐洲國家把重心轉移到努山塔里亞。

歐洲人湧向努山塔里亞的速度之快，導致倫敦一度出現多餘的胡椒。除了蘇門答臘與爪哇的船隻運往阿拉伯口岸的香料，現在又加上從印度與爪哇出發，經好望角運回歐洲的船貨。在如此的競爭之下，光是做香料貿易已經不夠了。歐洲商人必須尋找其他商品，在暹羅與印尼群島販賣印度棉布，購買日本與中國奢侈品回歐洲銷售。到了十七世紀下半葉，從東方運回歐洲的商品出奇地多樣。儘管香料帶來最高的利潤，但船貨的裝載方式與配重對於船隻的航行也很重要，貨品的組成比例與擺放因此受到影響。有一艘船隻的裝載細節留存至今，充分說明了船貨的情況：這艘船從巴達維亞出發，前往荷蘭，貨運量約三百噸，低於平均。[14]由下而上擺放的是：八塊鑄鐵船錨、四百箱日本銅器、一百三十四塊暹羅錫塊、二十五噸蘇木、兩百五十噸黑胡椒、四百袋硝石（火藥的材料）、十三桶薑、十四桶肉豆蔻、三噸「腐敗的」肉豆蔻、七十二袋白胡椒、三百一十二袋丁香與二十袋小豆蔻、五十二箱安息香、七十五箱瓷器、四十七捆的棉布與絲線、各式藥品數箱，以及幾大捆桂皮。船艙還塞了更多肉豆蔻、絲綢、兩箱燕窩、十五包中國茶葉、幾箱靛青，以及一壺麝香。所有貨品都必須綁好、固定好。除了這些船貨之外，船上還有一百五十人，以及他們的食物與日用品。[15]

以噸位來看，大部分船貨來自蘇門答臘，是用當地人與荷蘭的船隻運往巴達維亞的。這船貨也讓我們清楚了解巴達維亞作為日本、中國與香料群島物產轉口港的角色。

無止境的競爭

來自馬打蘭的大蘇丹，是當地對抗荷蘭人的主力。一六二九年，他試圖將荷蘭人逐出萬丹，但他的包圍網遭到荷蘭海軍挫敗。此次失敗反映了北爪哇口岸（例如大蘇丹掌控的淡目與泗水）

在海軍實力上的相對衰落。之所以衰落，也跟馬打蘭把重心擺在將陸地基礎擴大到幾乎整個爪哇，致力於發展行政體系有關。對蘇丹來說，強大的口岸城市雖然是機會，但也是威脅。其他因素還包括歐洲船隻之優越，以及當地華人在對中國貿易中扮演愈來愈重要的角色。

馬打蘭僅有的海外行動，是將因胡椒而繁榮的巨港與占碑納入其勢力範圍，但為時也不久。巨港因荷蘭人的干預而脫離，占碑也重獲獨立。爪哇島上的萬丹始終保持獨立，甚至控制了蘇門答臘的楠榜。不過，從十七世紀晚期到幾乎整個十八世紀之間，本土國家幾乎都困於彼此之間和對荷蘭人的無盡戰事。馬來半島國家則面臨暹羅的南向擴張。不請自來的歐洲人只是貿易競爭中的幾名玩家之一，但努山塔里亞人本身缺乏團結，對外人來說也是長期的優勢。

亞齊有著深受阿拉伯影響的伊斯蘭熱情，重要性日增，超越八昔成為北蘇門答臘首屈一指的貿易強權。亞齊短暫成為馬來世界的領袖，是宗教、文化與權力中心，曾三度試圖將葡萄牙人逐出馬六甲（但不果）。但亞齊同樣是股製造混亂的力量。知名的亞齊王伊斯坎達・慕達（Iskandar Muda，一六〇七年至一六三六年治世）威脅占碑與巨港，對整個馬來半島造成巨大的干擾，擊潰柔佛，並劫掠吉打與登嘉樓擄人為奴。穆斯林與馬來雖是聯繫當地的文化紐帶，但幾乎敵不過野心獨具的國家及其統治者。

為了將葡萄牙人逐出馬六甲，亞齊後來短暫與荷蘭人結盟，卻馬上發現荷蘭人是比其他歐洲人更危險的敵人——他們讓幾個小國不再效忠亞齊。儘管如此，亞齊仍然是重要的貿易國家。亞齊控制的內陸地區是胡椒的重要來源，其位於蘇門答臘尖端的地理位置又絕無僅有。此外，亞齊實際上控制著霹靂，因此也掌握了錫貿易。只是隨著荷蘭人勢力坐大，亞齊也被迫與荷蘭人分享生意。

亞齊在十七世紀初攀上巔峰，衰落的速度相對緩慢，享有長期的榮景，持續整個世紀。不過，亞齊的認同就是亞齊，而非馬來，對後來十八世紀時馬來人、米南佳保人與武吉士人三者複雜的互動中影響力也愈來愈低。

亞齊跟荷蘭人的問題對柔佛有利。一六四一年，柔佛曾協助荷蘭人將葡萄牙人逐出馬六甲。荷蘭總督安東尼歐・范・迪門（Antonio van Diemen）寫道：「若是沒有他們的協助，我們永遠無法主宰這個強大的地方。」[16] 因此，荷蘭人願意讓柔佛繼續憑藉控制廖內－林佳而繁榮。VOC將某些馬六甲原本的生意讓給柔佛，柔佛因此短暫重獲作為馬來人領袖的地位。但好景不常，馬來貴族在一六九九年暗殺暴虐的蘇丹馬哈穆德（Sultan Mahmud），導致國內動盪。貿易中斷，一系列的衝突導致錫亞（Siak）脫離柔佛控制。蘇拉威西島冒險犯難的武吉士商人獲得柔佛－廖內蘇丹國實際上的控制權。

柔佛勢力也在面對阿瑜陀耶時退卻。暹羅人往南推進，控制馬來北大年，最遠進軍到登嘉樓。儘管登嘉樓王族與柔佛仍維持關係，但他們始終害怕暹羅打算把登嘉樓從朝貢國化為附庸。馬來半島人口稀疏，無法在人數上與暹羅抗衡，能阻止暹羅進一步往南推進的，只剩緬甸人入侵的威脅而已。

王朝繼承爭議與商業利益上的競爭，讓小規模戰事幾乎延續不停，也讓人們無法團結對抗歐洲與暹羅異教徒。米南佳保的拉者易卜拉欣（Rajah Ibrahim）在一六七七年呼籲發動對抗基督徒的聖戰，但無人理會。統治者之間彼此競爭，而且都必須跟購買錫、胡椒與森林物產的外國人以有建設性的方式打交道，因此讓他們不可能採取共同行動。就算團結起來，他們也很難匹敵荷蘭的軍力，無法凌駕荷蘭人對馬六甲和巴達維亞轉口港的控制。不過，荷蘭的宰制並未帶來貧困。貿易機會常常隨荷蘭人而來。

VOC試圖實施獨占，卻少不了跟競爭的當地國家保持平衡的關係，想同時達成兩者並非易事。VOC因此深深捲入爪哇內部的衝突，損及其獲利。為了增加獲利，VOC進一步壓榨當地的附庸國，讓這些國家轉而與一七〇〇年前後逐漸活躍的英格蘭「官方」商人進行交易。EIC只獨占東方與英格蘭之間的貿易。這些「官」商可以在亞洲海域以自由商人的身分活動。他們不僅樂於打破荷蘭人的壟斷，而且英格蘭在造船與航海技術上也開始超越荷蘭人。更有甚者，EIC的印度領土不斷擴大，成為現有的棉製品與鴉片來源。儘管印度與荷蘭商人都有參與印度與努山塔里亞之間的貿易，但EIC立足印度一事確實促使貿易往更東方發展。

麻醉劑占的比重愈來愈重，西班牙人將菸草引進該地區，由菲律賓人種植，迅速傳播開來。檳榔膏（Gambier，廖內為主要供應地）除了與檳榔一同嚼食之外，也能用於鞣製皮革。原本在努山塔里亞鮮為人知的鴉片，也因為荷蘭人與英格蘭人從孟加拉引入而唾手可得。爪哇人、武吉士人、馬來人與中國人都會施用鴉片。

廖內——如今是柔佛蘇丹國的首都——在武吉士人統治下，幾乎整個十八世紀都很興盛。作為武吉士人勢力範圍西部的輻輳，廖內不僅吸引中國、歐洲與馬來商人前來，同時也是馳名的宗教與文化中心。吉打與登嘉樓同樣享有榮景，但暹羅的動向總是引人焦慮。一七六七年，阿瑜陀耶王國因緬甸的入侵而滅亡，但暹羅人恢復的速度出奇地快，不出幾年便在阿瑜陀耶下游幾公里處的曼谷建立新首都。

馬來人與武吉士人之間的衝突，讓港口之間的商業競爭雪上加霜。歐洲國家的對抗更是增添了不穩定性。英格蘭商人不僅成為跟荷蘭人打交道之外的另一個選擇，他們也跟VOC不同，願意將武器賣給蘇丹國，並提供軍事科技，因此比荷蘭人更受歡迎。此舉不僅加劇區域衝突，也損及VOC享有的軍事優勢。

努山塔里亞地區的國際貿易變得愈來愈競爭，面對英格蘭、亞美尼亞、武吉士與中國等地形形色色、資源豐富的商人，荷蘭人也愈來愈難保持獨占。中國商人的影響力在十八世紀時大幅上升：從區域內的各港口抵達巴達維亞的船隻，有大約二分之一屬於中國人，來到望加錫的則有三分之一是中國船隻。因此，儘管馬來群島與半島口岸仍然生意興隆，但愈來愈多生意掌握在中國人、武吉士人與歐洲人手中。荷蘭人控制北爪哇的港口，這一點對中國人尤其有利。

本地商人受到外來的競爭而削弱，本地國家則因為地方性與王朝的繼承戰爭而加速衰落。無獨有偶，暹羅、緬甸與越南也面臨一樣的情形。它們雖然能以政治實體存續，但心力全用於鞏固疆界，在國際貿易中扮演益發邊緣的角色。[17]除了香料與胡椒產地之外，經濟作物只占整體輸出的一小部分，而種植園幾乎都是為了中國人或歐洲人的利益所服務。他們累積資本時，當地貴族卻是把資本揮霍在戰爭與安逸的生活方式上。

爪哇屈服

儘管自己內部也有問題，蘇門答臘仍然比爪哇更繁榮——一連串毀滅性的戰爭，讓馬打蘭失去對爪哇大部分地區的控制。戰爭接連發生，叛變也不斷爆發。無論荷蘭人是否直接涉入，每一場戰爭都是他們擴大領土，或是提升對重大事件影響力的契機。荷蘭人順應時勢選邊站，分裂了馬打蘭的力量。

荷蘭人對於經濟作物的依賴逐漸多於貿易利益，這也讓他們對於控制當地有更高的要求。他們透過傳統的統治者與攝政（bupati）來掌握地方，後者則獲得一部分的農產。以咖啡為例，地方附庸可以獲得百分之十，其餘則由生產者以市場價格的半價售出，確保荷蘭人能有龐大的利潤。攝政們也把土地租給中國人建立種植園，園內的工人則過著苦不堪言的日子。

爪哇人仇視外人，而且鮮少長時間隱忍。這是一段暴力相向的時代——一七四〇年，巴達維亞的華人便遭到屠殺。這場殺戮是北爪哇糖業經濟成長所導致的間接結果。荷蘭人發展糖業，不僅吸引中國商人，也帶來數以千計的華人，在糖廠擔任可憐的工人。由於來自加勒比海的競爭，糖在歐洲市場的價格暴跌，荷蘭人便以遣送回國的做法來威脅許多華人。緊張與暴力開始滋長，荷蘭人擔心發生叛變，於是以大軍回應。爪哇人、武吉士人與其他憎恨華人的人匯聚起來，屠戮了上萬名華人。

荷蘭人一再施壓，終於在一七五五年帶來《吉揚提條約》（Treaty of Gyanti）——荷蘭因此控制萬丹以外的整個爪哇北岸，馬打蘭則分裂為日惹（Jogjakarta）與梭羅（Surakarta）兩蘇丹國。布蘭邦岸、馬都拉島與峇里島等地統治者之間的衝突依舊延續。對爪哇來說，整個十八世紀是一段令人難受的時光，一場場的戰爭造成某些地區的破壞與人口流失。作物產量提升，VOC的宰制漸強，爪哇北岸的其他中心隨著巴達維亞開始發展，華人移民人數也在增加。儘管一七四〇年曾發生大屠殺，但華人人口在一八二五年已達到九萬四千人，而爪哇島與馬都拉島的總人口才四百六十萬。[18] 精明強幹的武吉士人、中國人、英格蘭人與其他商人打擊了VOC的獨占主張，VOC的利潤也隨之減少。海上與陸上的軍事開銷很大，貪腐日益嚴重，各種因素也讓VOC失去印度洋的生意。不過，最後一根稻草則是一七八〇年至一七八四年的英荷戰爭——不列顛人俘虜了許多VOC船隻，並占領VOC在西蘇門答臘巴丹與印度那伽鉢亶那的聚落。荷蘭人在後來的和約中，把在東印度群島貿易的權利讓給了英格蘭人。

VOC一直掙扎到一七九六年遭收歸國有為止。此時，歐洲的戰事已經成為左右努山塔里亞政治疆界的決定性因素。歐洲人來到努山塔里亞的頭兩百五十年，造成許多的改變。努山塔里亞人顯然再也無法掌握自己的命運。不過還是有少數統治者維持其統治，他們的國家也和一五〇〇年的情況相去不遠。主要的例外則是受西班牙及其傳教士直接統治的島嶼，這些島嶼成為基督教阻止伊斯蘭推進的障礙。努山塔里亞如今有了新的分歧，彼此為敵的亞伯拉罕宗教從西方傳來，其競爭遠比過去的印度教與佛教更為激烈。不過，這無法掩蓋在該地區千變萬化的競爭之下，貿易與權力通常比宗教更為重要。除了菲律賓之外，歐洲勢力進入努山塔里亞所帶來的衝擊，也僅限於以貿易收益為其命脈的口岸與蘇丹國。

第十九章　描籠涯與貝貝因字母

一五二一年，西班牙人首次與菲律賓人接觸了——斐迪南．麥哲倫在歷史上首度環航世界的中途，來到了薩馬島與布湍之間的利馬薩瓦島（Limasawa）。這支探險隊伍中恰好有一名學者：安東尼歐．皮加費塔（Antonio Pigafetta）。他不僅記錄了航程，也是參加這場壯舉的兩百四十人中，最後活下來的十八人之一。[1]西班牙人一開始遇到的是幾艘稱為「描籠涯」（balanghai，英語拼作「barangay」）的大船，大約十五公尺長，是今天「螃蟹船」（banca）的前身。於是乎，他們遇到了努山塔里亞島群社會最基礎的一環——稱為「描籠涯」的聚落。這反映出島群社會是以乘船移動的小氏族、小家庭構成的。島嶼的地理形勢決定了一切，多數的社群因此都不大。描籠涯至今仍是菲律賓地方行政的基本單位。

除了常見的內容——例如牲口、作物種類與嚼食檳榔的習慣之外，皮加費塔還提到利馬薩瓦拉者可蘭布（Rajah Colambu）使用當地的文字，不像他後來很快就遇到的婆羅洲蘇丹（穆斯林）是不識字的。他喜歡當地的米酒，勝於棕櫚酒等其他酒類，並提到秤的使用——一五六七年這支西班牙探險隊的領袖，送了一對秤回去給國王，以佐證「這些人做生意時有多麼老實」。[2]拉者可蘭布（他是布湍拉者的兄弟）指引麥哲倫前往宿霧，受到一支女子樂隊的招待。宿霧的拉者胡馬邦（Rajah Humabon）改信了基督教，但西班牙人卻跟附近馬克坦島（Mactan）的達圖發生爭執，結果麥哲倫因此橫死。

概括而論，早期西班牙史料表示菲律賓社會分為四個階級，但定義並不明確，而且他加祿人與維薩亞斯人的階級體系也有差異。他加祿社會中的最上層是馬吉努（maginoos），達圖——描籠涯的領袖——便是其中一員。第二層為馬哈里卡（maharlikas），他們可以自由改變效忠對象，但必須提供服務——若非戰鬥，就是勞務。第三層是阿利濱（alipins），他們沒有真正的勞動自由，通常也有債務制約。最底層則是徹徹底底的奴隸，不僅沒有權利，還會遭人買賣。西班牙人把這四個階層等同於他們的貴族、騎士、農民與奴隸階級。但菲律賓人的情況卻流動得多。上述每一個階層裡都還有等第之分，不同階級通婚所生的孩子，也會繼承混合的社會階級。而且再怎麼不濟，都沒有歐洲人對待非洲奴隸那般殘虐。同時代的西班牙人在描寫時幾乎都誇大了名義上的分別，但階級確實很重要。菲律賓民族英雄扶西．黎剎（José Rizal）筆下的社會底層是：

由於他們在社會上的處境與人數使然，西班牙人的宰制幾乎沒有遭遇什麼抵抗，而菲律賓酋長們則輕易喪失了自己的獨立與自由。早已習慣枷鎖的老百姓，並未為酋長站出來抵抗入侵者，也沒有試圖為自己未曾享有的自由所奮鬥。對他們來說，這只不過是換了主子。至於早已習慣蠻力專橫的貴族，一旦外國展現的暴政比他們更厲害，他們也不得不接受。他們無法在受奴役的群眾中激發對他們的愛戴或崇高的感受，就這麼失去力量或權力。[3]

黎剎固然誇大，不過這段評論是他對某個版本的《菲律賓諸島記事》（*Sucesos de las Islas Filipinas*）所做的筆記。這本書出自安東尼歐・德莫加（Antonio de Morga）的手筆，於一六〇九年出版。儘管德莫加是西班牙高官，但這本書內容不僅精確，筆鋒也帶同情。黎剎相當推薦這部作品，認為書中對於西班牙占領之後的菲律賓百姓有著持平且正面的描寫。他把當時的菲律賓人，與一八八〇年代的菲律賓人看成天平的兩端。

根據德莫加的說法，菲律賓群島是由若干迷你國家所組成。統治者是拉者與達圖，他們彼此多有親戚關係，但競爭卻非常激烈。這種分裂的局面，讓西班牙輕輕鬆鬆征服了大部分的地方：

在所有島嶼中，都沒有國王或君主實施統治〔……〕反而每座島或區域都有許多公認的酋長，力量各有高低，每個酋長都有自己的追隨者，構成尊重、服從他們的聚落與家族〔……〕這些酋長得到威望與崇拜，在戰爭、遠航、農耕、打魚與興建宮室時有人為之效力〔……〕他們也需要上貢。[4]

小康度日

儘管這些社群泰半自給自足，但它們確實會彼此交易，尤其是當地工匠如陶匠、織工與工具匠的製品，以及豬隻與家禽。它們也會跟住在山區的人做生意，後者經常向平地人供應稻米與棉花，交換魚、鹽，以及其他日用品。多數的生意都是以物易物進行。菲律賓有水稻耕作，尤其是呂宋島與班乃島（Panay），但這並非常態。許多海岸聚落只靠魚、椰子、香蕉與各種根莖類作物為食。這些都不像旱稻那麼勞力密集，更別說勞心勞力去種植水稻了。

菲律賓人口少，或許是因為社會風俗讓家庭保持不大的規模。據說婦女對於生養眾多並不熱衷。墮胎相當常見，有婦女專職以按摩方式造成流產，殺嬰也時有耳聞。漫長的哺乳期也讓排卵產生延遲。性病相當常見，這想必對受孕造成衝擊，而各種小政治實體之間不時發生的戰爭也限制了人口的成長。儘管衝突中的死亡率或許不高，但它們造成的干擾卻很嚴重。付聘的做法也是遏制婚姻的因素。相較於他加祿與維薩亞斯地區，伊羅戈斯（Ilocos）的人口相當密集，這或許也跟當地沒有聘禮有關。在整個海洋地區，戰爭的焦點通常擺在獲取俘虜，而非土地，畢竟土地與海岸資源相當豐富，但勞力供應卻常短缺。

西班牙人首度接觸時，呂宋島與維薩亞斯群島的穆斯林人數相當少，而其中最重要的就屬馬尼拉統治者——汶萊王室出身的拉者蘇萊曼（Rajah Sulayman）。但德莫加認為，要不是因為西班牙及其傳道士來到這裡，原本伊斯蘭信仰很可能會迅速傳播的。原住民宗教無所不在，但缺乏制度性的組織，也沒有聖典。這類宗教的焦點是住在這世界上的諸多神靈，需要以祭品來取悅祂們。既然神靈無所不在，也就不需要興建廟宇，不過他們倒是會以酋長住所附近作為犧牲祭拜的場所。這些神靈稱為「阿尼托」（anitos），關注的是塵世間的事務，同時也是人間與天界的至高神「巴塔拉」（Bathala）之間的中介。總之，當地對至高的存在有一些想法，也有創世的神話，因此基督教的人類始祖、大洪水、來生的天堂與懲罰，多少都能在當地傳統中找到對應。島上缺乏宗教組織，宗教跟王權之間也沒有關聯，基督教與伊斯蘭信仰因此很容易進入，頂多有可能與若干社會風俗相衝突。

在德莫加寫作的時代，西班牙的統治相對新，而基督教的影響範圍也有限，因此他得以同時看到舊習俗與新習俗帶來的衝擊。他以呂宋島為主，間或論及其他島嶼，例如無所不在的紋身習俗（尤其是維薩亞斯人）。西班牙人有時候因為他們在身上裝飾用的紋身，而稱之為「有花紋的人」（Pintados）。男性上半身紋身（有時候範圍更廣）是南島語族的習俗，過去普及於整個海洋東南亞，而今天的玻里尼西亞仍舊有此習俗。伊斯蘭對紋身尤其抱持敵意，但這個宗教在菲律賓的勢力正在緩緩減退。在某些方言中稱呼紋身的字是「batik」，跟爪哇的衣物蠟染是同一個字，說不定當地人把蠟染手法視為紋身的替代品。[5]

一五九〇年前後有另一部西班牙語著作成書（或許是奉西班牙總督之命而編纂），上面有當時菲律賓人的詳細圖片，包括戴了金鍊與金手鐲的他加祿貴族夫婦、紋身的維薩亞斯人、持長矛的卡加揚勇士，以及持弓箭為武器的矮小鬈髮阿埃塔人（aeta，矮黑人）。如今，這部著作人稱《謨區查抄本》（*Boxer Codex*），用墨水畫在宣紙上的圖片活靈活現，讓今人對西班牙人征服後不久的各民族有深入的了解。

德莫加說，多數呂宋人「中等身高，膚色有如燉煮過的榲桲，男女五官都很漂亮（……）他們做什麼都很聰明」。他還提到前西班牙時期的服飾規則，以及金織項鍊與彩石等裝飾。「酋長夫人還會穿漂亮的鞋子，許多雙都是金絲裝飾的絨鞋。」[6] 百姓通常都很整潔，細心照顧自己的牙齒——德莫加說，保護得雖好，但很醜。另外，在呂宋島還有一支身材矮小的族群——阿埃塔人，他稱之為「野人」，居無定所，但身強體壯。[7]

對西班牙人來說，不只是貴族，老百姓擁有的金飾之多則是另一件值得大書特書的事。黃金價格相對低的原因，不只是漂砂沉積與礦脈的產量之眾，也是因為中國人做生意是以白銀為媒介，而非黃金。在菲律賓，人們認為白銀比黃金更有價值，因為當地沒有出產，而且跟中國的貿易需要白銀。

一部早期的西語—他加祿語辭典以有趣的方式點出了技術的層級，書中提到當地有高超的冶金與採礦手法，種稻也是。另一方面，陶器製作卻很粗糙，品質較好的器皿都來自中國、暹羅與越南。

造船技術

木作與造船是當地人特別擅長的領域，這自然跟地理形勢脫不了關係。西班牙人馬上把這些技術投入到修船，接著開始打造蓋倫式帆船。耶穌會士法蘭西斯柯．阿爾西納（Francisco Alcina）在維薩亞斯住了數十年，對當地的造船技術有詳盡的描述。他本身就懂造船，又學到了當地水手的船歌，於是在四卷本的《印度群島與維薩亞斯人的歷史》（*Historia de las Islas e Indios de la Bisayas*）裡鉅細靡遺地寫下了水手們的情況。[8]

爪哇的戎克船是為了越洋裝載大量貨物而打造，但菲律賓船隻不是。它們固然有很多尺寸，但多半注重速度與操控性，以便在群島多礁岩的海域中進行島間移動。相較於龍骨深水船，淺水船比較不受強勁的洋流與礁岩所影響。這種船隻順風時的速度之快，能輕易超越中國與西班牙船隻。但若碰上側風，又沒有短槳或長槳手的話，這種沒有龍骨的船隻就只能側著移動。在這個風力並不強勁，而且變化莫測的區域，這類船隻對人力的仰賴並不亞於風力。但船隻的雙頭結構讓它們格外靈活，短槳手能以帆船或甚至長槳船隻所無法的方式迅速改變方向。

造船手法是遵循該地區的傳統，順著從獨木舟演化成拼板舟的方向進行。比較小的船隻會從原木著手——阿爾西納提到，頂尖的工匠光是用一把斧頭與各種扁斧，便能在十天內造出一艘十公尺的船（即今天所謂的螃蟹船）。船體的造法讓船艏與船艉離吃水線甚高，接著工匠會鑿空樹幹，接上舷外撐架。大船則是以一塊寬木板作為龍骨，在龍骨兩側用一塊塊的木板打造出船體的左右，若非用木栓拼接，就是用植物纖維穿過木板上的把手綁在一起。工匠接著接上肋材，一方面提供側向的支撐力，一方面作為槳手的座位。阿爾西納認為菲律賓人是比中國人或歐洲人更好的領航員。儘管他們對羅盤一無所知，卻透過對自然產物與現象的了解，精於領航。

當地往來最常見的船隻就是描籠涯，通常約十五公尺長。至於更大的船隻則叫「卡拉夸」（caracoas），達二十五公尺，甚至三十公尺，作為戰船。這些船隻兩側配有槳手，中間有平台供戰士使用。這種船隻也以與福建做生意或劫掠而聞名，但它們的貨運量比戎克船小，比較適合國內貿易，載著稻米往來於島嶼之間，分銷瓷器等舶來品，並買賣奴隸。劫掠是很常見的事，不是擄人勒贖，就是賣為奴隸（而且通常是後者），畢竟描籠涯與小王國之間常有齟齬。婆羅洲、摩鹿加與穆斯林蘇丹國同樣都參與奴隸貿易。買主甚至有中國人。從一六三七年出版的西語—維薩亞斯語辭典中，各種不同交易類型、債務關係與夥伴關係的詞彙來看，區域內的商業活動已非常成熟。無獨有偶，阿爾西納等人也詳細提到紡織與冶金上的專業（包括煉鐵），只是鐵的原材料非常稀少，必須從婆羅洲或中國進口。

他說，婦女善於紡紗、織布與針線活。[9] 各種食物都有。四處種植棉花，有些甚至出口到中國。其他布料則是用香蕉葉織成的。飲用棕櫚酒（有時候甚至是蒸餾酒）極為常見。事實上，「結婚與喜宴經常離不開痛飲——由於不認為有什麼不光榮或不體面，他們總是喝到酩酊大醉」。[10]

從新大陸引進的作物，有幾種至今仍受人歡迎：番薯、鳳梨、木瓜、樹薯與菸草。當地有「顏色美妙」的野鳥，也有經常威脅人們性命，卻仍受到尊崇的鱷魚，連基督徒都經常用「願鱷魚咬死你」當作詛咒敵人的話。檳榔到處都是：「本地人與西班牙人——無論是平信徒或教士，男人或女人，都會在〔……〕宴會與拜訪別人時食用。〔檳榔〕要盛在厚覆金箔、裝飾精美的盤子上，就像新西班牙的巧克力那樣擺成排。」[11]

性與玩具

西班牙人接受了當地的某些習慣，不過傳教士還是成功漸次禁止了其他習俗，例如在陰莖皮下植入金屬物，增加女性快感的做法。這種習俗不僅遍及呂宋與維薩亞斯，甚至包括爪哇、勃固、暹羅與婆羅洲等東南亞地區，直到受到基督教、伊斯蘭與儒教等外來的男性中心正統論，以及歐洲、中國對社會風俗的影響所壓抑為止。一四三三年，中國人馬歡來到暹羅，他提到，這種風俗既是女性地位的一環，也是她們性滿足的權利：

> 男子年二十餘歲，則將莖物周回之皮，如韭菜樣細刀挑開，嵌入錫珠十數顆皮內〔……〕如國王或大頭目或富人，則以金為虛珠，內安砂子一粒，嵌之行走，玎玎有聲，乃以為美。[12]

皮萊資提到勃固男子當中也有類似的習俗。這種空心珠子大為風行，很可能在晚明中國便有人使用，畢竟當時對於春藥與性玩具的興趣突然增加，人稱「緬鈴」。[13]

西班牙人戈麥斯・達斯馬里亞納斯（Gomez Dasmarinas）在一五九〇年提到呂宋的人用「鷹嘴豆大的小球」，[14]皮加費塔則寫道宿霧的做法更是激進：

> 男人，無分年紀大小，都用一根鵝毛一樣粗的金或錫針，穿過他們小兄弟的頭；針的兩端有些裝上星形的裝飾，就像鈕釦，有些則像釘頭〔……〕這根針或管子的中間有孔，讓他們可以小解〔……〕他們告訴我，這是因為他們的女人想要他們這麼做，若是不照辦，就不能跟她們歡快。[15]

直到上世紀，婆羅洲仍有某些地方保留類似的習俗。陰莖植入物或許也是低生育率的原因之一。

德莫加寫菲律賓人的時候，並未表現出不贊同的意思：

> 無論是未婚或已婚女子，都不是特別貞潔；她們的丈夫、父兄對此也不太嫉妒或憂心

〔……〕即便丈夫發現妻子通姦，也能輕易拋諸腦後，毫無困難地平復情緒。[16]

阿爾西納大聲疾呼，應該要為了這種色慾而譴責女子。他用了好幾頁的篇幅談這個主題，整體論點是「向來都是女人要求他們〔男人〕對感官之樂放開一點，少一點克制」。[17] 這些描述不僅合於尚未改信基督教的人，而是人人皆如此。將近一百五十年後，傳教士仍在抱怨「性」是「罪孽中的君主〔……〕使這些地方燃燒著無法撲滅的地獄烈火」。[18]

阿爾西納還主張婦女喜歡：

與彼此之間有過度而不受控制的關係〔……〕在這方面，她們比男人對自己的妾室表現得還要飢渴〔……〕還有其他荒唐之事，但我可不想拿這些醜事玷汙這張貞潔的紙。[19]

道德拘謹的西班牙人容易因為當地的放縱而震驚，但他們同樣難以抗拒當地的風俗。自天主教傳入之後快轉兩百年以上，這些風俗似乎沒有多大的改變。一八五八年，一名造訪當地的人提到四處都是天主教教堂、聖人崇拜與儀式，但「似乎沒有人知道什麼叫貞潔，講個價錢就可以讓女人服務」。[20] 非婚生子與「破壞誓言」的程度非常嚴重。不過，前西班牙時期常見的離婚在此時遭到禁止，但交換伴侶和生下非婚生子的情況仍然相當普遍。[21]

阿爾西納還有幾次提到稱為「阿蘇佳」（asug）的女裝男子，說他們是陰陽人，或是陽痿的人，彼此為伴。不過，他認為「上述的情況沒有什麼猥褻的」。[22] 阿爾西納表示當地人原本不懂同性戀，直到「與中國人頻繁交往〔……〕畢竟是個以此聞名的國家——或是與某些西班牙人往來之後」才曉得。[23]（周達觀反而說柬埔寨「國內有許多陰柔男子〔……〕他們向中國人拉客，以得到慷慨贈禮」。）[24]

男女之間的互動並不拘禮，這也讓離婚既常見又直接，財產與子女則雙方平分。這種關係也反映在詩歌中，包括令人浮想聯翩的即興俏皮話，稱為「巴拉克」（balak）。據阿爾西納描述，這發生在：

> 男女之間，絕大多數都跟談情說愛有關。有兩種做法，其一是以口頭方式就性事答覆彼此〔……〕語帶機鋒〔……〕或是搭配兩種樂器〔……〕回覆彼此。[25]

這種「巴拉克」在該地區的其他社會也存在。

詩與貝貝因字母

詩——無論是背誦或即興鬥詩，都有好幾種複雜的形式，應對不同場合，採取不同類型的詩體。西班牙語文獻提到有些形諸文字的詩作，但都沒有流傳下來。人們會背誦長篇史詩，通常會搭配音樂，但通常都是代代口傳，文字記錄下來的都只是片段。基本上，菲律賓是個口說社會，多數的書寫都是出於實用。寫字相當容易，但閱讀長篇大論就困難得多，因為「其文字無法標示單獨的輔音」。[26]

阿爾西納提到，不善於補上輔音的人會犯許多閱讀錯誤，但「有些人——尤其是婦女——精於閱讀，毫不停頓」。[27]

中國人與歐洲人都對海洋地區婦女在經濟活動中（尤其是貿易）扮演的突出角色感到訝異。不過，即便識字能力相當普及，其中又以婦女為甚，但她們的文字能力卻只用於暫時或出於實際的目的，例如傳遞訊息，撰寫私信，而不會用於閱讀、書寫文學作品。西班牙神父佩德羅・奇里諾（Pedro Chirino）在一六〇四年寫道：「這些島民如此習慣書寫與閱讀，幾乎沒有哪個男人不會讀寫，至於女子就更稀少了。」[28]無獨有偶，德莫加也提到他加祿人可說是「幾乎所有居民無論男女，都能書寫這種語言，寫不好的人屈指可數」。[29]

印度文化經由室利佛逝與爪哇而來，留下來的影響就是文字體系。西班牙人在十六世紀來到這裡時，文字的使用非常普及，但在接下來的三百年間漸漸消亡。儘管文字體系隨地點而異，但全數皆源於爪哇、蘇門答臘甚或占婆一路傳來的卡維文字。[30]

早在伊斯蘭與歐洲勢力宰制，接連讓阿拉伯與拉丁字母成為優勢文字之前，源於卡維文字的各種文字便已遍布、使用於整個努山塔里亞，只是今人多半不知。卡維系統的文字具有多樣性，像呇里、馬都拉、爪哇文字儘管風格接近，但各自不同，而巽他也有自己的文字。蘇門答臘的米南佳保人與巴塔克人亦然（後者的文字寫在樹皮卷上）。望加錫人、武吉士人、巴拉望人與民都洛都有自己的文字體系。巴拉望的塔班瓦文字（Tagbanwa script）與他加祿的貝貝因字母類似。民都洛的文字跟前者也有關係，稱為曼尼揚文字（Mangyan script）。貝貝因字母究竟是出自武吉士人——有些特色是這兩種文字所獨有的——還是蘇門答臘或其他地方的影響？這一點仍有爭議。[31]但基本上，整個島群的人對當地的文字都有起碼的識讀能力。

等到紙張取代棕櫚葉與其他傳統書寫媒材，以及印刷術傳入之後，傳統文字體系的地位也受到削弱。另一項造成弱勢的原因，在於人們使用傳統文字時多半是出於暫時性的目的，例如簡短的信件，而非撰寫法條或文學作品。也有重大的例外，尤其是爪哇語的詩作與史詩，以及望加錫的曆書。西班牙神父利用貝貝因字母，將基督教信條翻譯為他加祿語，其餘某些地方的人也會用當地文字書寫伊斯蘭經典。但事實證明宗教正統、行政需求，以及商業上使用爪夷文書寫馬來語的做法，是傳統文字無法承受的重量。努山塔里亞在一五〇〇年時說不定是世界上識字率最高的地方——呂宋中部就是個很好的例子——結果卻在大眾識字率作為經濟成長必要條件的時代中，失去了自己獨一無二的優勢。

前西班牙時期的呂宋並非獨一無二。其他地方的舊有書寫體系也存在了幾個世紀。證據顯示峇里島的基本識字率水準極高，爪哇大部分地區與蘇門答臘部分地區亦然。遲至一九三〇年代，調查發現荷屬東印度群島識字率最高的地方就是蘇門答臘南部的楠榜。楠榜學校雖少，但男性識字率達百分之四十五，女性達百分之三十三，不過不是拉丁字母或爪夷文，而是當地的楠榜字母。[32]求愛的佳偶之間尤其會採用這種文字來交流詩作，一如人在維薩亞斯的阿爾西納所描述。年長者的識字率猶高，這代表知識並非透過正式教育，而是當時正慢慢消亡的家庭教育所傳遞。

儘管德莫加與阿爾西納等人寫作的時間點，是西班牙開始殖民該地之後五十至一百年間，但他們的紀錄，仍然能讓我們深入了解一個前西班牙時代的國家——缺乏高度發展的政治體系、成文法律，沒有與王權聯繫的國教。相較於爪哇、蘇門答臘與占婆，菲律賓固然是不在主要貿易路徑的閉塞之處，但我們曉得這兒也有許多共通的南島社會與文化傳統——從紋身到婦女地位，以及印度的文化遺產皆然，尤其是文字體系。

地理形勢如此支離破碎，政治凝聚實在很難達到，而且古今皆然。儘管有地形與各地語言的差異，整個島群的文化基礎還是相當一致，因此西班牙征服者很容易便把努山塔里亞視為整體，只有信奉伊斯蘭的馬京達瑙與蘇祿是令人困擾的例外。即使如此，差異也僅限於宗教——非穆斯林的民答那峨（占多數人口）與伊斯蘭化的地區，共享許多前伊斯蘭時代的傳統。菲律賓與努山塔里亞其餘逐漸伊斯蘭化的地區也是如此。不過，由於西班牙的緣故，兩者之間確實有一項不同：對自由貿易的信仰。菲律賓因此無視於整個地區的貿易榮景，而這也讓菲律賓與努山塔里亞其餘地方的分歧日漸嚴重。

第二十章　望加錫、武吉士人與海洋自由

趁著西班牙渾然不知的時候，貿易與寬容如膠似漆了起來，航海自由與獨占的終結也是。幾個努山塔里亞港口國家在十六世紀初與十七世紀末之間蓬勃發展，歐洲人與中國人帶來的貿易成長，它們可沒有放過。最好的例子莫過於蘇拉威西島西南的望加錫——望加錫繼承了馬六甲在貿易與善治方面的衣缽。[1]

望加錫是摩鹿加群島香料轉口港，也是將中國、印度製品分銷到努山塔里亞島嶼的中心，其地理位置與爪哇島不相上下。從一開始，望加錫就有稻米剩餘，蘇拉威西島又能提供森林物產，以及爪哇島製作格里斯短劍（kris）所必須的鐵、鎳和金。不過，相較於地理位置與資源，當地對商人的歡迎態度才是關鍵。

望加錫是由兩個小王國——戈瓦（Gowa）與塔路克（Talloq）聯合構成的。一開始會崛起，是因為馬來商人在馬六甲失勢後來到當地的緣故。南蘇拉威西成為葡萄牙基督徒與馬來、爪哇穆斯林之間角力的場所，而後者占了上風。但望加錫的成就有不少得歸功於統治者的睿智——直到一六〇四年，望加錫統治者才改宗伊斯蘭，不過仍舊維持對其他宗教的開放態度。

望加錫社會上層一改信，鄰近小國馬上風行草偃。但伊斯蘭花了一段時間，才勝過豬肉乾、

生鹿肝與棕櫚酒等本地珍饈，而且貿易始終比宗教更重要。望加錫本身也有幾間教堂。第一位蘇丹阿拉烏丁（Alauddin）的妻子之一就是基督徒，她生的兒子也是以基督教的教育撫養長大。望加錫是個有文化而寬容的地方。

過去的統治者已經發展出一套書寫體系，稱為隆塔拉文字（Lontara script）。望加錫有自己的成文法典，其史書受王室神話的影響也不深。統治者從馬來、阿拉伯與歐洲源頭取得書籍，並投身於引介外國科技，如軍火槍砲，以及船隻與堡壘的建造。他們將傳教者派往國外，同時歡迎來自各國、愛好和平的商人。貿易自由是金科玉律，阿拉烏丁拒絕了荷蘭人所提出的驅逐葡萄牙人的要求，說了一段名言：「陸地與海洋乃為神所造。祂分配陸地，卻讓大海為公。從來沒聽過有誰不該航行在海上。」[2]

諷刺的是，幾年後荷蘭法學家雨果．格老秀斯（Hugo Grotius）就用類似的言論，為荷蘭在公海扣押葡萄牙船隻的舉動提供合理性，其立論點就是「葡萄牙人想獨占丁香貿易」。從荷蘭人要求望加錫的蘇丹哈珊烏丁（Hasanuddin）不要派船前往特爾納特、蒂多雷（Tidore）、布魯（Buru）等島嶼，便能進一步看出他們的虛偽。事實上，儘管葡萄牙人與荷蘭人都想控制大海，但他們沒有這個能力，只能控制港口。

整體來說，望加錫統治者與政府崇尚秩序、誠信，以及對科學與藝術的投入。根據耶穌會士亞歷山．德羅（Alexandre de Rhodes）描述，蘇丹帕廷加隆（Pattingalloang）睿智而誠實，「手邊總是有我們的書，特別是討論數學的」。[3] 一六三二年來訪的荷蘭人翟格．范．瑞赫特倫（Seyger van Rechteren）提到王宮蓋在離地六公尺的高度，由四十六根柱子支撐，並有二十門砲

地圖13　1750年的大致情勢。

保護。望加錫有一支大型槳帆船組成的龐大艦隊，雕飾精美，甚至有象牙與黑檀木鑲嵌，是瑞赫特倫見過最精美的船隻。

望加錫的政策不僅有原則，也有手腕。望加錫需要平衡歐洲各國勢力，而當時歐洲國家的侵擾與競爭正愈來愈激烈：葡萄牙人接連受到西班牙人、荷蘭人以及英格蘭人的挑戰。對所有人敞開雙臂，是最好的方針。東印度公司（EIC）於一六一三年在望加錫建立商館，從遙遠國度而來的還有法國人、印度人、丹麥人，此外還有爪哇人、馬來人等。當局告訴英格蘭人：只要他們不處死任何人，不購買穆斯林為奴，或是建造石頭房屋或堡壘，就能自由從事貿易。

EIC寧可蘇丹別對葡萄牙人那麼寬容，但他們的探子在一六二七年回報：

他對英格蘭人喜愛有加，堪比歐洲任何一位明智的君主，但他的國家少不了葡萄牙人的補給，因此我們頂多只能期盼能保持平衡，在這個國王的庇護之下，不要惹惱任何一方。[4]

這個國家自己有船隻與商人，前往香料群島購滿船貨，賣給歐洲人與其他望加錫人。他們忽略荷蘭人想掌控一切的主張，有時候甚至支持反對荷蘭人的行動。他們自認為自己同時保護貿易與區域自由，對抗外來入侵。

望加錫人口在一六五〇年達到高點，約十萬人。只是如今城市相當擁擠，許多人因為不時發生的傳染病而死。相較於萬丹等港口，望加錫更是出了名的安全。一六四一年，荷蘭占領馬六甲，許多葡萄牙人於是遷往望加錫，為當地又注入一支強心針。此時，望加錫人口成長之多，已達必須從爪哇進口大量稻米的程度。

倒下，卻未出局

面對鄰近的波尼（Bone，武吉士人的故鄉）、曼達（Mandar）、羅裕（Lowu）及托拉查（Toraja）等蘇拉威西南部王國，望加錫不僅建立了優勢地位，對松巴與龍目也有一定的影響力。

該國將伊斯蘭信仰傳播到周遭國家，但對社會結構非常留意，不去影響既有的統治世系，舊有宗教的若干方面（例如跨性別祭司）也保留下來。戈瓦與塔路克王室之間的緊繃關係終究造成國內動盪，王室直接參與貿易的做法也讓某些商人心生不滿。武吉士人也反叛了。不過，望加錫的優勢之所以終結，多半還是荷蘭人的傑作——荷蘭人在一六六九年進攻望加錫，最終攻克其邊防。據說這場戰事，是荷蘭人在東方最慘烈的一仗。蘇丹哈珊烏丁被迫把貿易控制權讓給荷蘭人，望加錫商人與荷蘭控制的口岸通商前，也必須獲得許可。

不過，望加錫仍然是個重要港口，是棉製品、菸草、稻米與奴隸等貿易品的轉口港。債務奴隸與私有奴隸本是望加錫傳統中的一部分，努山塔里亞各地都有奴隸需求，而蘇拉威西正是其中一個源頭。十八世紀中葉，這座城市還曾因為海參貿易而再度繁榮——望加錫商人從各地蒐羅海參，最遠甚至達到澳洲西北，並直接從望加錫運往中國，以廈門為主要卸貨處。中國人在整體貿易中扮演愈來愈吃重的角色，馬來人、蘇拉威西人與自由市民（Burghers，歐亞混血）所擁的船隻因此生意大受影響。[5]

望加錫雖然堪稱典範，卻並非孤例。從特爾納特出發，經過望加錫、馬辰、汶萊、淡目、泗水、萬丹、柔佛、北大年與阿瑜陀耶到亞齊，一路上各地的貿易都很興盛。許多小港口也保持活躍，例如蘇門答臘的八昔與巨港，爪哇的革兒昔與井里汶，以及婆羅洲的蘇卡達納（Sukadana）與庫台（Kutai）。歐洲人固然是威脅，但也能提升貿易量與利潤。中國仍然是大多數商品供需的主體，但貿易多半交由境外商人主導，包括海外華人。中國銅錢是最常見的小額通貨，但幾個國家也有發行自己的金幣與銀幣。錫幣與寶貝亦有使用。在這個國際性的海洋世界裡，各種通貨之間的相對價值很快便為人所知曉。

對歐洲與中國的貿易成長，造成龐大的附帶作用。經濟作物的專門生產，創造了區域內的稻米與其他必需品貿易，現金經濟也有整體性的成長。富有的商人成為資本家，投資於胡椒、食糖、菸草、棉花與安息香的種植園。資本的投入進一步為這個人口稀少的地方創造了勞力需求，導致奴隸掠奪與貿易激增。胡椒尤其重要，估計有百分之五的蘇門答臘人口直接從事其生產，另外還有許多人投入胡椒運輸與買賣。統治者與商人仰賴胡椒貿易的利潤。棉花雖有大規模栽種，但以供應區域內消費為主。日本與中國則同時成為食糖的新興市場。[6] 農產與貿易的資金需求也創造了融資商人階級。

出口與財富回過頭來創造了進口的需求，而且不只是鐵器等實際使用的工具，還包括奢侈品，例如中國瓷器、鴉片等傳統進口品，以及精美、多彩的印度棉布。據估計，印度棉布一年的貿易額，就達到五十噸的銀。貿易財富意味著城市開始在海岸或鄰近地區發展起來，而這也有助於伊斯蘭信仰在各個島嶼的傳播。早期的歐洲人認為馬六甲與阿瑜陀耶的規模，不下於當時的倫敦與阿姆斯特丹，這些國家也比當時的歐洲各國更重視城市。金融體系健全發展，古吉拉特人與南印度的遮地人（Chettiars）扮演重要角色。各主要口岸通常有類似的低利率。不履行債務的後果非常嚴重，可能會導致淪為債務奴隸。

大約一六〇〇年起，荷蘭人與英格蘭人成為貿易活動中的一分子，他們起先把注意力擺在攻擊其他歐洲國家的船隻上，試圖藉此獨占貿易，而不是把意志強加在當地的統治者身上。歐洲各國的敵對關係以其他情勢展現出來。阿瑜陀耶向來對貿易抱持開放態度，但那萊王（King Narai）

非常希望維持荷蘭、英格蘭與後來的法國等國家之間的利益平衡。這導致非常奇特的局面：ＥＩＣ前雇員、希臘人康斯坦丁・華爾康（Constantin Phaulkon）成為宮廷要人，暹羅與法王路易十四世互派使節，還有法國傳教士前來傳教。另一位前ＥＩＣ雇員山繆・懷特（Samuel White）甚至獲命治理安達曼海的墨吉港（Mergui），由此對印度的船運發動攻擊。ＥＩＣ於是派兵登陸墨吉作為報復。這件事導致當地的英格蘭商人遭到屠殺。隔年（一六八八年），阿瑜陀耶王室發生宮廷政變。那萊與華爾康被殺，該國也轉為鎖國。阿瑜陀耶只剩下荷蘭商館還在營運。[7]

殖民者武吉士人

不過，其他島嶼與半島口岸依舊繁榮。望加錫本身漸漸失去重要性，但它的鄰人——武吉士人，卻在整個島群博得水手、商人、開拓者與劍及履及的名聲。今人把望加錫視為武吉士人與望加錫人的城市。「武吉士人」一詞如今可以套用在南蘇拉威西的多數人身上，但在望加錫蘇丹國如日中天時，武吉士人其實是敵對勢力。他們有自己的文字，有自己的史詩《加利哥》（*La Galigo*）——一部武吉士統治者傳說起源與歷史大全（不時帶有幻想成分），並論及他們與周遭民族的關係。《加利哥》未能完整傳世，但內容顯示一個高度階級性的社會，對武吉士人與其他民族的聯繫與爭執著墨甚深，並且將武吉士人在船運與貿易中扮演的角色上溯到室利佛逝時代——他們在此時吸收了馬來影響力，同時主宰了松巴島的檀木貿易。

在前伊斯蘭時期，他們和多數的努山塔里亞鄰居一樣，得以享有自由的兩性交往、入珠、鬥雞與音樂等。改宗伊斯蘭，他們居然能結合對宗教的投入（通常相當狂熱）與舊有傳統，包括一度遍及整個南島世界的跨性別祭司——武吉士人稱為「布蘇」（Bissu）。布蘇至今仍存在於武吉士人與托拉查人之間。（新加坡的武吉士街〔Bugis Street〕過去是跨性別者知名的聚會地點，直到當局在一九八〇年加以「整頓」，重新開發為止。）

跨性別男性伴侶廣為人所接納，此外也有一些跨性別女性伴侶存在。儘管嚴格的穆斯林強烈反對布蘇與某些非伊斯蘭傳統，但它們仍流傳了下來，而且通常是由這個階級森嚴的社會中，位居頂層的人所鼓勵的。習慣法（相當於馬來人習慣法的地方版本）仍然強大，王權繼承通常跟長幼順序有關，而非性別——武吉士人國家曾經有好幾個女性統治者。男女所發揮的經濟功能雖然有別，但界線是可以滲透的，甚至當船員出海時，經濟負擔也會落到女性身上。

望加錫的獨立地位終結之後，武吉士人得以一展其地區性航海與貿易長才。他們得益於位在島群核心的地理位置——東方與南方有香料群島，西有爪哇與蘇門答臘——成為區域貿易的關鍵中介者。來自爪哇與蘇門答臘的大型努山塔里亞船隻敵不過歐洲船隻或中國資本。但武吉士人可以負責集貨，他們靈活、吃水極淺的帆船，能前往區域內的每一個大小港口集貨與分送。

他們使用各種工藝、各種大小的船隻，有些帶有船外衍架。身兼造船家與水手的武吉士人，也發展出自己的造船技法。為了順應各種用途，傳統上常見於整個島群的綁製木板船也演化出新的設計，有時還吸納了西方元素。他們的船隻（今人分類為雙層帆船〔prahus〕）與時俱進，傳統的設計與新傳入的構想兩相結合。但三腳桅搭配方帆的基本配置（努山塔里亞多數地區都能見到）能讓甲板空間得到充分運用。透過傾斜帆面與轉動桅杆，就能讓帆改變角度，讓船隻能在與風向差距不到五十度的情況下航行。後來，武吉士人在十九世紀時發展出菲尼斯式帆船（pinisi），將細長船殼、曲線狀船艏與船艉等傳統元素，與從西方借來的艏斜桅與斜桁縱帆設計加以結合。摩托化版本的菲尼斯式帆船至今仍在島群航行著。

武吉士人在航海方面累積出令人敬畏的名聲，製作出自己的海圖。他們固然有羅盤，但主要還是靠觀察星辰、海象等自然環境來導航。這並非武吉士人的專利，但他們完美地在複雜的島嶼地形中航行。多虧了這種能力，他們願意前往大海的任何地方，對荷蘭人獨占貿易的意圖帶來嚴峻的挑戰。他們的成就對整個區域有重大的政治影響，實質上等於與英格蘭商人結盟，阻止聯合東印度公司，從而保持區域貿易的活力。

武吉士人也是殖民者。十七世紀末，他們開始到馬來半島上落戶，形成海上商人社群，也為馬來統治者擔任傭兵。許多人在望加錫與波尼的慘烈戰事之後離鄉背井。這些海外社群勢力龐大，甚至掌握了雪蘭莪，讓這個盛產錫的地區脫離柔佛的控制。一七二二年，武吉士人與馬來宮廷派系結盟，在柔佛—廖內的勢力大增，使廖內成為重要的自由貿易轉口港。廖內吸引各種商人，直到荷蘭人趁著武吉士人與馬來人、羅越人衝突時，將他們逐出廖內為止。

即便如此，武吉士人的冒險犯難仍然是貿易的關鍵，英格蘭人也逐漸意識到這一點的重要。建立英屬檳城（British Penang）的法蘭西斯・萊特在一七九六年寫道：「他們是東部島嶼最優秀的商人。他們的船貨極有價值〔……〕所有貿易民族都殷切期盼他們的來到。」[8] 無獨有偶，EIC代表史丹福・萊佛士也體認到武吉士人對區域貿易的重要性，希望他們多加利用不列顛人控制的自由港。他認為武吉士人是「誠實的商人」，許多都「擁有龐大的資本」。[9] 布吉人的影響力很可能在萊佛士與柔佛交涉時發揮了作用，讓不列顛人得以設立新加坡這類的口岸（就像他們此前在檳城的做法）。許多想躲避荷蘭貿易稅的武吉士商人馬上從廖內轉移到新加坡。

砂拉越的英格蘭拉者認為武吉士人不僅是商業冒險家：「在東方各民族間〔……〕只有武吉士人有足夠的水準，有權利意識，將自己從專制的枷鎖中解放」——但望加錫仍然是奴隸貿易的重鎮，多數的當地統治者與許多歐洲商人都有涉入。[10] 擁有遍布整個區域的貿易體系，並殖民於蘇門答臘、馬來半島等地的武吉士人，就是努山塔里亞傳統的化身：雖然是外來者，但在語言、宗教與文化上距離之密切，讓他們既能統治，也能為人所吸收。

小國倖存

隨著貿易與人口成長，出現了好幾波人口流動，而武吉士人的移民就是其中最主要的一波。來自西蘇門答臘高地的米南佳保人也大量移民到馬來半島。他們在西蘇門答臘時與馬來人為鄰，語言也很接近，但確實有些不同的風俗，最明顯的就是母系繼承體系與其他前伊斯蘭傳統。他們在柔佛西北方建立了森美蘭（Negri Sembilan，意為「九國」）蘇丹國。米南佳保人也在南蘇拉威西、巴達維亞與蘇門答臘各地落戶。

發生在努山塔里亞各地的這些人口流動，清楚證明了貿易成長與歐洲影響漸深確實驅動了改變。儘管幾個努山塔里亞小國再也無法把命運掌握在自己手中，但它們仍然保持繁榮。儘管貿易的主導權已經易主，但做生意就少不了港口。曾經叱吒風雲的巨港，在整個十八世紀都是重要港口；根據萊佛士的描述，巨港蘇丹是馬來世界最富有的人。不僅傳統森林、海洋物產與胡椒的需求增加了，鄰近邦加島的錫產量也有爆炸性的成長。巨港跟英格蘭人有良好的聯繫，從而取得軍火，而英格蘭人也在蘇門答臘西岸的明古魯建立了據點。巨港鑄造自己的錢幣，而且直到一八二一年才完全歸順於荷蘭人。

巨港跟武吉士人的關係向來緊密，武吉士人幫助巨港突破荷蘭人的限制，用他們的船隻與泗水以東進行貿易。不過，巨港蘇丹也擔心過多武吉士人湧入，他知道武吉士人過去是如何在廖內與馬來半島上奪權的。此外，華人也受到嚴密控制，多數必須生活在船上，不能上岸，也禁止與內陸做生意。阿拉伯人（尤其是來自葉門者）擁有重要地位，他們與王室聯姻，獲得貿易上的優遇。王室的聯姻對象是個賽義德（Sayyid）——也就是先知的直系後裔，而這能大大強化蘇丹的地位。巨港的繁榮有助於虔誠的宗教導師進行傳教活動，戮力整頓當地伊斯蘭信仰中的舊有傳統。

另一個在十八、十九世紀蓬勃發展的東蘇門答臘國家，則是錫國（Siak）——一名馬來王族成員在柔佛失勢之後，所成立的蘇丹國。一開始，錫國以望加麗（Benkalis）為首都，與馬六甲只有一海峽之隔。錫國也是通往米南佳保高地的門戶，只要經由錫河與甘巴河（Kampar River）便能抵達這個盛產稻米與咖啡的原鄉。錫國統治者憑藉融合馬來與米南佳保傳統，創造一個治理完善的國家而成功。雖然錫國拒絕了荷蘭人獨占的要求，但仍然與馬六甲做生意，並且分銷荷蘭人帶往馬六甲的蘇門達臘棉織品、鴉片等物產。錫國擔心敵國的進攻，兩度將首都遷往內陸，第二次更是遷往距離海岸一百五十公里遠的北乾巴魯（Pekan Baru）。

馬來人與武吉士人等族群間的對立、王室內部的繼承衝突，以及荷蘭人與英格蘭人先後為了提升實力而操弄王室派系與口岸，挑撥離間，長期下來都讓努山塔里亞國家愈加衰落。不過，這些國家的統治者並非歐洲人的應聲蟲。他們成功進行操作，既維持政治上的控制，保持口岸對所有貿易的開放，還能對內陸物產抽稅以供政府所需，累積財富。

即便如此，努山塔里亞本地船運仍然從十七世紀中葉開始急速式微，這是荷蘭人對巴達維亞發動猛攻並占領當地，以及中國商人崛起等接連衝擊所造成的結果。一七二二年至一七八六年間，來到望加錫的中國船隻從百分之七提升到百分之三十九；華人在爪哇海岸甚至勢力更大，在一七三一年抵達巴達維亞的非歐洲船隻中占了百分之六十二。[11]歐洲人主導的貿易中心實際上也傾向吸引華人移民，以提供有技術但低成本的勞動力。武吉士人的小規模貿易固然延續了蓬勃的發展，但船運已逐漸掌握在英格蘭船隻與華人所擁有的大型戎克船手中。英格蘭船隻有速度，有貨運量，而且能輕易取得印度鴉片與棉製品，而中國船隻則往來於努山塔里亞各地與中國。努山塔里亞口岸依舊興旺，但它們的船隊則不然。北爪哇港口一度停滿了自己的戎克船，如今卻成了歐洲與華人船隻的母港。對努山塔里亞來說，占人國家的消失就是不祥之兆。儘管會安港依然處於越南人統治之下，在十七與十八世紀時蓬勃發展，但會安的成就主要是因為中國與日本商人使用港口的關係，而非反映越南本身的海上實力。

馬來有恙

萊佛士認為，馬來各國早已因為其酋長所控制的獨占貿易而受到傷害。之所以如此，主要則是因為荷蘭人強行推動獨占，終結馬六甲與望加錫開放而自由的貿易傳統之故。他寫道：

這種破壞性的政策導致島群本土貿易一蹶不振，如今讓我們抱怨連連的諸多問題與所有的海盜活動，原因或許都在於此。假如一支海上商業民族突然間被奪去了所有體面的生計，或是正當的生存之道，他們要不是陷入懶散無用的境地，就是把他們本有的精力投入海盜行徑，憑藉武力與掠奪恢復自己因為政策與欺瞞而失去的一切。[12]

不過，對於從事貿易的舊有蘇丹國來說，萊佛士治下提倡自由貿易的新加坡，才是帶來最大打擊的元凶。新加坡立即性的成功不僅有損於廖內，貿易活動也從蘇門答臘與半島上的馬來口岸轉移到了新加坡。不列顛人打擊海盜，帶來新的思想與技術，馬來人也一度因為與不列顛人合作而獲益。海峽殖民地（Straits Settlements，新加坡、馬六甲與檳城）的不列顛統治者，將一把寶劍送給鄰近的柔佛統治者，刀刃上以馬來文銘刻著：「致尊敬的天猛公（Temenggong）柔佛拉者，紀念尊敬的大君為弭平海盜所做的傑出貢獻。」[13]

馬來作家阿卜杜拉．阿卜杜．卡迪爾（Abdullah Abdul Kadir）曾經為萊佛士工作。他欽佩萊佛士，對當時的馬來社會抱有深刻的敵意，認為蘇丹必須為這種情況負責：

馬來統治者實施的可不是一般的專制〔……〕看上眼的女子和小孩就拐〔……〕他們搶奪他人的財產〔……〕卻欠錢不還。他們沉迷於賭博、鬥雞、蓄奴〔……〕馬來統治者鄙夷自己的子民〔……〕許多地方都因為統治家族後裔造成的破壞而生靈塗炭。

有許多書籍與紀錄告訴我們，古代的統治者多麼偉大、強大、富有而睿智。倘若如此，為什麼他們的土地如今被阿拉所剝奪，落入異國奴役之下？難道不是因為太過不義，導致阿拉削弱他們，讓他們在異國統治下為奴？[14]

相較於中國人、阿拉伯人、印度人與歐洲人，馬來民族的地位一蹶不振，他為此哀呼：「馬來人無能改變自己的想法，讓觀念現代化，或是創造任何新的事物，這是他們又一次的共同墮落。」他們的衰亡顯而易見，尤其對過去的成就一無所知：「哪有其他民族把自己的語言忘到這種程度，讓傳授這個語言的地方毫無立錐之地？」他問。[15]阿卜杜拉看出背後的神意，是神在懲罰馬來人的惡行：

我的結論是，無論誰引起阿拉的不悅，必然會在時間長河中倒下。即便在我這輩子，我也注意到好幾個馬來公國已經淪為廢墟。有些甚至變回叢林，大象與老虎漫步於上……這些國家曾經富裕而繁榮，人口眾多。如今，它們只剩個名字。[16]

糟糕的治理也許是努山塔里亞國家衰亡的原因之一，但歐洲人漸漸控制貿易，將大部分的生意先後轉移到巴達維亞與新加坡，造成的衝擊無疑更為巨大。阿卜杜拉提到新加坡的迅速崛起是如何改變了世界：「新世界於焉誕生，舊世界就此摧毀。曾經的雨林變成有人居住的行政區，其他地方的聚落則復歸於雨林。」[17] 廖內、錫國、林佳與八昔等知名的貿易重鎮很快便將為人所遺忘，至於巨港、亞齊與北大年則大不如前。共同維繫努山塔里亞的活躍小國正屈服於外來勢力。

這是個緩慢的過程，西方的統治多半是以貿易為動力，來得毫無秩序，而非預先計畫的帝國建立過程，更別說是宗教狂熱了。然而，西班牙卻不作如是想。

第二十一章 國王當政，教士統治

一般的歐洲人最早是以商人的身分來到亞洲，但西班牙人卻是以征服者與傳教士的身分抵達菲律賓，過程中更斬斷了菲律賓群島與努山塔里亞其他地方之間泰半的語言、貿易與宗教紐帶。事實上，當政的雖然是西班牙國王，但治理的卻是神職人員。

西班牙人在西班牙與伊斯蘭鬥爭了數個世紀之後，反穆斯林的情緒來到高峰。他們剛抵達呂宋島不久，就發現穆斯林人數不僅因為通婚與改信而增加，馬尼拉的統治者甚至是個穆斯林，宗教狂熱也因此高漲。一五四三年至一五四五年，西班牙第一次派遣遠征軍，試圖殖民菲律賓群島未果，但米格爾・德・萊加斯皮（Miguel de Legazpi）在一五六五年率領了一支更大的艦隊，從墨西哥抵達維薩亞斯群島。

到了一五七〇年，西班牙人已經讓宿霧、班乃、民都洛等島嶼的酋長歸順了（有時候是先打了一仗）。接著他們派以維薩亞斯戰士（以對蘇祿穆斯林的敵意聞名）為主體的部隊前往馬尼拉，迫使統治者拉者蘇萊曼（Rajah Soliman）低頭，並且在當地興建要塞。後來，蘇萊曼與湯都統治者拉者拉甘・杜拉（Rajah Lakan Dula）反叛不果，西班牙因此鞏固了對馬尼拉與呂宋島中部的統治。他們憑藉一支僅幾百名西班牙人組成的部隊，便完成了初步的征服行動。當地的政治實體規模太小，也不夠團結，無法持續反抗。萊加斯皮親筆寫下：

> 儘管某些地區有大型城鎮，但百姓並未團結一致，也並不順服任何統治實體〔……〕我相信，只要善加對待，展現善意，就能輕易安撫這些土著，畢竟他們沒有領袖，內部分化嚴重〔……〕即便有些人一開始拒絕與我們和平相處，只要他們看到我們如何對待那些早已接受我們友誼的人，就自然會照做。但若是我們興兵以武力鎮壓他們，不僅會造成他們嚴重傷亡，還會同時失去朋友與敵人，畢竟他們馬上會拋下房舍與城鎮，前往他處。[1]

萊加斯皮固然真心希望能以和平手段征服，但情況經常事與願違：兵丁們（包括經常投入於呂宋島的維薩亞斯部隊）通常都很殘忍。西班牙人需要抽稅來給養自己。有些神職人員深信，為了讓野蠻人認識基督，動武是合理的。但許多菲律賓原住民確實有道德觀念，西班牙官員與軍人的行為多少也因此有所收斂。不過，縱使全面性的抵抗並不存在，地方性的抗命卻很常見，甚至零星延續了數十年。有些描籠涯自願歸順，有些在威脅下投降，有些則寧願抵抗。歸順的描籠涯很快便故態復萌，畢竟西班牙人（包括神職人員在內）人數實在不足以擺布人，也不足以令居民改信。地方上發生許多叛變，連改宗基督信仰的菲律賓人都曾經舉起叛旗，西班牙官員因此被殺。接下來，西班牙士兵就在得到菲律賓其他地區的部隊支援之下，展開懲罰性的軍事行動。其他地方的人（尤其是維薩亞斯群島）是西班牙人為對抗穆斯林海盜的保護者，只是他們的「保護」實在稱不上充分。

殖民剝削

西班牙人在馬尼拉建立歐式的城塞——王城區（Intramuros），有石造的房舍與教堂，城牆外則是本地民眾居住的木造房子。宿霧、怡朗（Iloilo）與美岸（Vigan）都有類似的西班牙人聚落。官方政策是發展這些殖民地，同時規定描籠涯只有神職人員可以長居，官員與握有「監護徵賦地」（encomiendas）的人則不時走訪。

「監護徵賦」是西班牙統治中的一項負面特色。當局透過這種制度，將土地授予「監護者」（encomienderos）——曾在西班牙的征服行動與統治初期出力的人。來到菲律賓群島的西班牙人不多，而對於已經先從西班牙前往新西班牙的人來說，他們還得冒險經歷一段更漫長的跨太平洋之旅。結果，得到監護徵賦土地的人，都是想迅速致富的西班牙冒險者，為的既非公義，亦非基督教倫理。為了報答監護者對於地方發展與改宗的幫助，他們有權收稅。但實際上，監護者有時會派兵，用槍口抵著人抽稅。

弊端雖然明顯，但難以匡正。早在一五九一年，菲律賓主教便寫道：「監護徵賦地的情況，比西班牙人還沒來之前更糟。」[2] 西班牙國王本人也表示，監護者無權收稅，因為印度人並未獲得世俗與精神領域的益處。派兵推行這整制度，也「不可能為這個地方帶來和平」。[3] 但國王的要求泰半為人所忽視。教士與官員人數極少，部隊薪餉不佳，監護者除了向本地人收稅以外，也別無其他方法。情況雪上加霜，一名神父提到：「〔監護者〕出身低微，一旦爬上了位，便想在地方作威作福，對印度人和他們的財產實施暴政。」[4]

儘管西班牙人對菲律賓人經常抱持不屑的想法，但他們馬上領會到當地盛產上好的木材，造船技術也很優越。造船工人精通木作，光是憑觀察就能複製其他船隻的設計，無須設計圖與丈量，讓西班牙人印象深刻。結果，大量的人被迫從事伐木，在造船廠中造新船，修舊船。人力匱乏與嚴苛的工作環境導致農業生產衰退。採石與興建教堂、堡壘的需求也很大。相較於本地的木造建築工法，這些都屬於勞力密集的建設。神職人員甚至要求人力支援其住所，加重勞力負擔，自然也造成在家內僱用少女等醜聞。

西班牙需要船隻與墨西哥進行貿易。長四十至五十公尺的巨型蓋倫帆船泰半是為了太平洋貿易而建造。這種帆船並非在西班牙打造，而是出自馬尼拉灣甲米地（Cavite）的造船廠，因為當地有現成的硬木供應（每艘蓋倫帆船消耗約兩千棵樹），又有技術成熟的工人。蓋倫帆船折損率很高，尤其是在馬尼拉與太平洋開放水域之間的水道，經常會遭受荷蘭人與英格蘭人的劫掠。航程不僅長，而且差距很大。從墨西哥阿卡普科（Acapulco）西行的航程比較直接，可以在北緯十到十五度之間找到穩定的風。但東渡太平洋卻得北航至北緯三十五度以北，才能乘上風與洋流，時間通常需要四到六個月，而西行卻只需要三至四個月。[5]

西班牙跟來自馬京達瑙與蘇祿，深入維薩亞斯群島與呂宋南部的海盜之間幾乎衝突不斷，對抗海盜也需要船隻。針對西班牙人控制整個群島的主張，海盜們的對抗既有宗教因素，也有經濟因素。西班牙人名義上控制的範圍還包括汶萊——他們雖然在一五七八年成功攻克汶萊，但事實證明這裡難以掌握。

西班牙人跟荷蘭人的海上衝突幾乎持續了整個十七世紀。一六〇〇年，荷蘭海軍將領奧利維爾．范．諾爾特（Olivier van Noort）的旗艦「模里西斯號」（Mauritius），在八打雁（Batangas，馬尼拉附近）外海的遭遇戰中，擊沉了一艘宿霧建造的大型拿烏式帆船——長三十五公尺的「聖迭戈號」（San Diego）。聖迭戈號原本是商船，後來在安東尼歐．德莫加——那位西班牙統治菲律賓初期留下知名紀錄的官員——指示之下改裝成戰船。偏偏這艘船的艦砲（部分來自馬尼拉的要塞）與甲板同高，船體又因為缺乏壓艙物而搖晃不穩。對於大小相近但更經得起風浪的模里西斯號來說，聖迭戈號是個輕鬆的獵物。一九九一年，聖迭戈號殘骸尋獲，各種文物打撈出水——由於船沉得很快，因此保留了許多骸骨。

德莫加本人寫道，從西班牙前往菲律賓並不方便，畢竟途中得取道墨西哥：

> 荷蘭人〔前往菲律賓群島〕的航程更快、更安全，他們經由印度往返，直到進入爪哇人的島嶼之前，都無須進港或靠岸，〔……〕他們對這些島嶼知之甚詳，多年來從東方得到豐厚的利潤，經驗豐富，很難把他們趕走。[6]

整體上，西班牙統治初期除了少數大城鎮之外，人口都在減少，某些區域甚至陷入貧困。儘管監護徵賦地與政府的控制範圍都有擴大，但從納稅的情況來看，人口在整個十七世紀的起伏幾乎達到五十萬人之譜。以呂宋島與維薩亞斯群島的總人口估計來看，人口最終有些許增加，表面上從一五九一年的六十六萬八千人，增加到一七三五年的八十三萬七千人。由於基督信仰降低了墮胎率，出生率也因此提高，這或許也是人口增加的因素之一。另一項因素則是政府控制範圍的增加。

改信也是個漸進的過程。一六一八年，據說只有四分之一的人口是基督徒。不過，宗教組織——四大修會（奧斯定會〔Augustinians〕、重整奧思定會〔Recollects〕、方濟會與道明會）加上耶穌會——仍然透過傳教與恩威並施的結合，漸漸讓低地與口岸的百姓成為信仰的羊群。聖水、聖體與聖人節日等天主教特色很容易吸收。相較於伊斯蘭，基督信仰的兩大特色——接受飲酒與豬肉——更合於當地傳統。

狼吞虎嚥

修士們建立起自己的權力體系，創造了稱為「教理區」（doctrinas）的領地。教理區內基本上已經基督教化，但這些修士認為當地在信仰上的發展還不足以成為「牧區」（parishes）——正規的教會區劃。每一個教理區由一個或多個修士所主持。他們根據自己定的規則生活，不用向馬尼拉主教報告，而是對他們在西班牙的上級負責。理論上，教理區應該要發展為牧區，由一名教區神父主持，而教區神父則對主教負責。但當地的教區神父人數少之又少，修士（主要是從西班牙的下層階級招募而來）則不願意放開自己的教理區領土，畢竟他們在裡面享受優遇、權力，有些甚至能獲得肉體逸樂。

這些修士不像其他西班牙人住在自己的城鎮聚落，而是生活在民眾之間，因此成為西班牙人對菲律賓社會的主要影響力來源。直到十九世紀，菲律賓才有來自西班牙的一般移民，當地人口成長，經濟也開始比較現代化。在此之前，修士主宰了整個社群。正式宗教活動非常密集，有日間禱告、教堂修築與頻繁的瞻禮日（feast day），要列隊唱聖詩，此外也嚴格要求天主教的規範，例如不得離婚。修士隨便以責打的方式處罰人，哪怕是沒有參加彌撒這樣的小過錯也不例外。

不過，即便西班牙統治將近三百年過後，內陸與山區民眾仍鮮少成為基督徒，幾乎可說是沒有。因此，一名不列顛觀察家才會在一八五〇年代提到，儘管城鎮裡隨處可見修會與教堂，但天主教信仰僅只浮於表面，參加彌撒的人屈指可數，只有瞻禮日例外。雖然修士能講當地的語言，但他們自成一格，住在富麗堂皇的建築裡，過西班牙式生活。前基督教的信仰在某些地區依舊盛行，即便到了十九世紀中葉，恐怕也只有三分之二的人口是基督徒。民眾的基督教信仰是以儀式來展現，而舊有傳統也已融入儀式中。事實就是如此。

對於經濟，對於菲律賓人與西班牙統治者之間的關係來說，修會帶來的效應整體而言是負面的。最明顯的問題點與土地權利有關，呂宋島中部在整個十八世紀一再發生的動盪與此脫不了關係。根據此前當地的習俗，土地是代代相傳的。如今土地卻是由國王所安排，偏偏保障一般民眾有充分土地權利的詔令卻又為人所忽視。

在馬尼拉附近的他加祿語地區，四大修會與耶穌會漸漸獲得了龐大的莊園——有些是初期征服者的後裔留給它們，有些則是犧牲百姓所獲得的。法律固然禁止某些土地的買賣，但政令不達，修會的莊園因此日益擴張。一七四〇年代，布拉干（Bulacan）、甲米地與馬尼拉近郊八打雁的他加祿村落爆發了一系列暴動。國王以大赦因應，並匡正某些土地問題，但整體而言還是當地西班牙人與修會的利益占了上風。馬德里天高皇帝遠，直到一八二〇年為止，馬尼拉都是對墨西哥的總督負責。

中國與蓋倫帆船貿易

西班牙抵達東亞的這一幕也不盡然負面。首先，這讓對中國的貿易迅速擴張。西班牙人在馬尼拉立足之後，創造了西班牙、新西班牙，抑或是馬尼拉當地對中國與日本奢侈品，以及對小麥等溫帶糧食的需求。西班牙人用開採自墨西哥與秘魯的白銀來購買中國商品。中國對白銀有所需求，儘管日本也出口白銀，不過經由馬尼拉而來的龐大數量，才能在整體上推動對中國的貿易。西屬墨西哥銀幣最終成為中國海外貿易的通用貨幣，直到二十世紀初為止。每年有數十艘戎克船往返於馬尼拉與中國之間，主要是前往福建的口岸，一年流入中國的銀披索約在二至三百萬之譜。如此的規模一方面與明代適度開放貿易有關，一方面則是葡萄牙人在中國與日本建立據點、推動貿易的緣故。

絲綢、陶器與其他中日奢侈品，是馬尼拉對阿卡普科最大的出口品項。船貨還包括印度棉花、島群香料、奴隸，甚至是來自波斯的地毯。至於產自菲律賓本地的物產則有蜂蠟、布匹與黃金。但最有利可圖的生意，仍然是白銀與中國商品的一來一往。

貿易讓菲律賓馬尼拉既有的華人社群開始擴大（日人社群一度也是如此），而這也讓華人益發活躍於菲律賓國內的經濟活動。在這些華人當中，有些本來就是商人，但許多則是試圖在商業、手工業甚至農業中碰運氣的投機者。西班牙人當時稱這些華人為「Sangleys」，這個詞來自閩南語的「生意」。但雙方的關係並不融洽，當地人對華人多半抱有敵意，西班牙人對他們也懷疑有加。

一五七四年，中國海盜林鳳率領數十艘船，試圖占領馬尼拉。雖然並未成功，但林鳳隨後在邦阿西楠省（Pangasinan province）建立了大型聚落，當局費了極大的工夫，才把他和他的艦隊逐出該地。到了一六〇三年，華人人口已經成長到數千人——至少是馬尼拉地區西班牙人的十倍之多。許多華人從事打雜工作。由於擔心當局會出於害怕而鎮壓他們，華人於是在一名原本受官方所信任的華商率領下發動叛亂。一開始雖然成功，但裝備不足的他們無法攻入城內，最後撤退到馬尼拉南邊的八打雁，建立營寨。西班牙當局組織了一支由「兩百名西班牙人，三百名日本人與一千五百名印度人——邦板牙人（Pampangos）與他加祿人」組成的大部隊，[7] 攻擊並屠殺了多數的華人，只有少數活下來，淪為划槳奴隸。

叛軍曾向中國求援，馬尼拉當局一度擔心可能的進犯，但明代中國並不同情這些僑民。前往海外就等於背叛國家。不過，中國仍然表示西班牙應該感謝華工對馬尼拉發展所做的貢獻。中國威脅，假如西班牙人未能善待剩餘的華商，就會終止貿易，還會組織艦隊宣戰，把呂宋王國交給「那些對中國進貢的人」。[8] 由於明代晚期對涉外事務不感興趣，上述的發言顯然只是虛張聲勢，但中國對外界的看法也可見一斑。

對中國的貿易在這段插曲之後恢復，但馬尼拉顯然缺乏許多日用品，因為中國人取代了本地人，而他們「不像過去崇拜偶像時，已經忘了農事，忘了如何養家禽與牲口，忘了種棉花與織衣袍」。[9] 這段引文顯示德莫加已經注意到西班牙統治的負面影響——菲律賓人對於華人廉價勞動力的仇視。

不消多少時間，新移民便補上了先前戰死者所留下來的空缺。事實上，菲律賓對中國人來說極有吸引力，儘管整個十七世紀不時有對華人的屠殺，但他們依然紛至沓來。當地人與西班牙人雖然重視華人移民對經濟的貢獻，但對他們的排外、對當地女子的需求（因為他們單身前來），以及他們的唯利是圖相當反感。

惡劣的治理

我們大致可以斷定，對外貿易在西班牙統治的頭一百五十年間固然非常興盛，但本地經濟則否。西班牙干擾本地的經濟活動，而且除了從美洲帶來的新作物之外，對於生產所需的新技術或新投資可說貢獻極少，至於教育更不用說。對外貿易在十八世紀時甚至出現衰退——西班牙國力式微，而英格蘭人、海盜與經常襲擊的颱風又造成極大損失。城內的西班牙人人數也在減少。人們認為他們不只懶散，而且沒有擔任官員或從事蓋倫帆船貿易之外的專長，而貿易只不過是季節性的活動。

偶有非西班牙的西方人拜訪菲律賓，而他們對這個地方的前景並不看好。當時，傑出的海軍軍官與探險家拉彼魯茲伯爵尚－富蘭索瓦・德・加洛（Jean-François de Galaup, Comte de La Pérouse）正率領法國的環球遠征隊，他寫道：

就連最不開化的社會，也很難建立比這些殖民地在過去兩百年間所經歷的更荒唐的統治體系〔……〕。〔菲律賓人〕顯然並不遜於歐洲人。他們就像聰明人那樣耕種，有木工、鐵匠、金匠、織工、泥水匠等等〔……〕儘管西班牙人以鄙視的態度談論、對待他們，但我認為，這些歸咎於印度人身上的問題，應該怪罪於西班牙人自己建立的政府才是。[10]

由於修會與宗教分子的統治，菲律賓成了知識黑洞。拉彼魯茲說，連本地的神職人員私底下也看不起西班牙人——他們的政令基本上出不了呂宋島中部，以及維薩亞斯群島與民答那峨島的少數海岸城鎮。拉彼魯茲寫道，西班牙人先是受到對黃金的慾念所驅使，接著來到的又是「大批來自各個修會的宗教人士〔……〕但他們的目標始終在於打造基督徒與聖人，而非公民」。[11]

馬尼拉附近的土地非常豐饒，西班牙人卻沒有好好經營，拉彼魯茲對此相當輕蔑。所謂「印度人好吃懶做」，只不過是對他們統治者的回應。「貿易受到各種禁令與干擾所影響，意味著來自印度與中國的商品就跟在歐洲一樣昂貴。」[12]他表示亞洲的菸草品質最好，幾乎家家都種，人人都抽。但政府居然為了增加稅收而規定菸草為政府專營。

結果，島上四處發生嚴重的動亂，需要士兵去鎮壓，動用大批的稅吏〔……〕許多稅吏遭到殺害，但法庭旋即在審理時報復——審判印度人時，他們完全不像審判其他國民時那麼按照程序。[13]

其他西方人也有類似的看法。他們提到，儘管馬尼拉是個重要口岸，不僅港口大，與中國、日本、太平洋地區、亞洲各島嶼及半島的相對位置極佳，卻難能發揮其潛力。有人寫道：「如此的地方假使掌握在更積極、勤勞的民族手中，說不定會成為全世界最富有的轉口港。」[14]

西班牙人經常栽在穆斯林海盜手中。但真正的挫敗則發生在一七六二年，不列顛人憑著一支不過六千人的部隊，從印度出發，只花了十天便攻下馬尼拉。由於不列顛人以現金購買商品，支付勞務，因此比西班牙人更得人心。他們也得到華人的幫助。不過，儘管西班牙統治的島嶼全數投降，不列顛人始終缺乏人力，無法把控制範圍擴大到馬尼拉近郊以外的地方。馬尼拉北邊仍然有一支完整的西班牙反抗軍，而且多數西班牙官員仍堅守據點。隨著席捲全球的七年戰爭（Seven Years' War）在一七六四年畫下句點，不列顛人也撤出了馬尼拉。

相較於將法國趕出北美洲與印度，菲律賓不過是衝突中的小插曲。西班牙失去了佛羅里達，但拿回古巴與菲律賓。不列顛人向來只是把馬尼拉當作貿易據點。假如真有意圖，他們是有能力控制呂宋島與維薩亞斯群島的。事實上，ＥＩＣ代表亞歷山大・達林普（Alexander Dalrymple）的確制定過這樣的計畫。達林普是個地理學家，在菲律賓群島有豐富的經驗。一七六一年，他透過協商，從蘇祿蘇丹手中獲得位於婆羅洲與巴拉望之間的巴蘭邦岸島，作為ＥＩＣ的一處根據地。[15]

達林普提到，這塊深具潛力的土地之所以情況並不理想，「全是因為西班牙人的懶散與糟糕的治理」。[16] 他對各個島嶼的發展可能充滿了熱情，其中就包括民答那峨。據他描述，民答那峨有三大族群：

> 河流民族三寶顏人（Subanons），他們是異教徒，人數眾多。伊拉倫人（Illanon）居於馬拉瑙湖（Mallanao）地區，由眾多小貴族統治；另外則是馬京達瑙人：後兩者是穆罕默德的追隨者，與西班牙人為敵。[17]

他接著說，伊拉倫人與馬京達瑙人在三寶顏、蘇里高與卡加延德奧羅（Cagayan de Oro）等地，只有幾個海岸邊的據點。他提到其他島嶼時，表示班乃島在維薩亞斯群島中「人口最眾，物產最豐」，而巴拉望則幾乎由蘇祿所管轄，蘇祿移民住在該島的東岸。

達林普建議入侵維薩亞斯群島，因為那裡的西班牙人不多，民眾也因為繳稅卻沒有得到保障，已經準備揭竿起義。他說，保和（Bohol）已經成功趕走西班牙人，有望成為盟友。他加祿人有不穩的跡象，達林普竭力主張要鼓勵他們全面反抗。計畫固然可行，但不列顛人更關心與法國和西班牙之間漫長而昂貴的戰事。

不列顛占領馬尼拉所帶來的直接衝擊雖然微乎其微，卻在當地種下反抗的種子。當馬尼拉陷落的消息傳開來之後，邦阿西楠與伊洛科斯（Ilocos）便爆發反抗。此外，儘管西班牙承諾不列顛，不會因為華人曾支持不列顛人而報復，但此事確實導致當局在一七六六年下令驅逐華人。不列顛人撤退之後，馬德里當局才從一名官員的報告中，得知菲律賓群島極為惡劣的情勢：

印度人（只有擔心受懲罰時才會聽話）看見他們的君主與西班牙民族受到英格蘭人、荷蘭人、法國人，甚至莫洛人（Moros）的羞辱之後，便不再尊重君主，鄙視西班牙人。[18]

報告的作者補充道，菲律賓人只是出於恐懼，才成為基督徒與西班牙的臣屬。

對於改革，馬德里方面有些構想。一七八九年，王室下令允許外國船隻在馬尼拉從事貿易，但僅限亞洲的商品——這項限制旨在保障王家菲律賓公司（Royal Company of the Philippines）。[19]這間成立於一七八五年的公司，是為了鼓勵種植園農業所做的遲來努力。菲律賓公司得到西班牙的免關稅優惠，可以取道好望角，與西班牙直接貿易。透過公司，西班牙投資在糖與靛青種植，但結果相當普通。由於西班牙過去都把焦點擺在蓋倫帆船貿易，因此缺乏英格蘭人與荷蘭人所擁有的那種亞洲貿易聯繫。菲律賓公司一直沒能賺錢，於一八三四年結束營業。不過，隨著菲律賓作為菸草產地的地位愈來愈重要，西班牙政府的菸草專賣也蒸蒸日上。

一七六〇年出現了重大的社會發展——政府承認麥士蒂索混血兒（mestizo）為社會階級。他們多半是成功的華人與當地貴族階級（principalia）女子通婚的後代。一七六〇年，麥士蒂索的人數為三萬六千人；到了一八一〇年，登記在案的麥士蒂索總數達十一萬九千人，其中只有一萬一千人是西班牙裔麥士蒂索。華裔麥士蒂索多半在村鎮中擔任買辦，管理修會與其他人的莊園。

西裔麥士蒂索則主要生活在馬尼拉。然而，由於當地社會階層化與婚外生子人數眾多之故，在法定的麥士蒂索身分之外，族群間的界線其實相當模糊。

對菲律賓來說，更大的經濟與社會改革契機，來自一八一二年西班牙本土發生的革命。但從美國、不列顛與法國借來的自由理念，卻無法在西班牙長久維持勝利。教會與王室重掌馬德里政權。菲律賓之所以在十九世紀初出現非常緩慢的改革，多半還是因為外國（尤其是不列顛）對於農產品貿易的關注，以及華人在整個區域的商業與聚落發展使然。外面的世界終將動搖菲律賓，讓菲律賓去掉身上的西班牙懶散病。但到了那時，三百年的西班牙統治已經讓菲律賓諸島與整個努山塔里亞之間的聯繫大為減少，影響所及甚至遮蓋了彼此共通的語言根源與前殖民時期文化。由於先是西班牙經墨西哥而來，接著又受到美國殖民，菲律賓重新放眼努山塔里亞與以西之處的過程仍然有待發展。但有一項聯繫雖然經常受到干擾，卻從未斷絕，且仍在延續：西民答那峨與蘇祿群島泰半都是穆斯林，對於外來統治者與基督徒的抵抗依舊。在努山塔里亞其餘各地——從北蘇門答臘開始，經過爪哇與蘇拉威西到摩鹿加群島，伊斯蘭與基督教通常都能共存。但西班牙強大的天主教遺緒，卻為北部島群帶來了分歧。蘇祿群島帶來的挑戰，就是這種分歧的縮影。

第二十二章　蘇祿因素——貿易、劫掠、奴役

努山塔里亞對海洋的影響力，在十九世紀大半是穩定衰落的。但有一個明顯的例外，而這正是「蘇祿區域」（Sulu Zone）一詞的由來。蘇祿的情況，以具體而微的方式展現了努山塔里亞的經驗。這個亞區域以蘇祿島為中心，由蘇祿群島、東北婆羅洲、西南民答那峨與南巴拉望構成。從不多的人口、破碎的族群與地理形勢來看，蘇祿區域在貿易與國際政局上扮演的角色遠超過一般所預期。蘇祿的聲勢在十九世紀初達到高峰，直到美國在一八九八年取代西班牙帝國主義，控制該地之後才不復存在。這段歷史的聲響持續在最近數十年間，這個區域蔚為特色的衝突中迴盪——菲律賓的這塊痛處，因為和馬來西亞與印尼的關係而惡化。

當鄭和艦隊的成員造訪時，蘇祿只是個小貿易中心，有自己的拉者。費信的紀錄中提到，一四一八年：

> 其酋長感慕聖恩，乃挈妻攜子涉海來朝，進獻巨珠一顆（……）皇上大悅，加勞厚賜金印冠帶歸國。[1]

伊斯蘭信仰後來則透過來自馬六甲的阿拉伯商人傳入當地。

根據中文史料稱，島上有四個小國，代表不同族裔與語言群體，而新宗教幫助這座分裂的島嶼團結凝聚。但伊斯蘭也讓蘇祿落入擴張中的汶萊蘇丹國管制之下。蘇祿至少在名義上一直是汶萊的臣屬，直到西班牙人在一五七八年進攻汶萊蘇丹國，間接導致蘇祿獨立為止。陶蘇格人（Tausug）是主宰蘇祿的族群，他們的世襲貴族「達圖」，成為整個蘇祿群島的領主，後來更是將影響力擴及婆羅洲海岸。他們主要的對手是西民答那峨的馬京達瑙蘇丹國，馬京達瑙的主要口岸為哥打巴托（Cotabato）。

蘇祿的重要性有部分跟位置有關——東有香料群島，西有印度與歐洲，北有中國，並同時與西、北兩個方向進行貿易。傳福音的西班牙人來到之後，蘇祿的穆斯林認同就成了關鍵因素。區域內的競爭，意味著常有的紛歧。對外貿易的成長帶來人力短缺，人力短缺刺激了奴隸掠奪，而奴隸掠奪對其他島嶼的人口形勢造成影響，尤其是呂宋島與維薩亞斯群島。蘇祿提供的戰俘不只會銷往望加錫與爪哇，也會在蘇祿蘇丹國內買賣。

十八世紀時，霍洛（Jolo，蘇祿主要城鎮）與中國之間的貿易迅速成長。戎克船（泰半來自廈門）載著瓷器、紡織品、金屬器與稻米而來，帶回香料、樟腦、檀香、蜂蠟、珍珠母、燕窩、海參與其他海產。霍洛的陶蘇格商人同樣會跟來自蘇拉威西、摩鹿加與婆羅洲的武吉士人做生意。武吉士人有能力在部分地區干擾荷蘭人獨占香料貿易的意圖，並且從四散的各個島嶼帶來森林與海洋物產（尤其是海參），商品最遠甚至來自澳洲北海岸阿納姆地（Arnhem Land）的離島。武吉士人也是中國商品的買主，將這些商品分配到東部島嶼。

EIC的中國難題

蘇祿蘇丹針對進口商品徵收百分之十的稅。實際上，中國商人還得滿足額外的要求——陶蘇格達圖希望賒帳或低價高買，不過貿易整體來說是賺錢的。中國船隻返程時攜帶的多半是小而高價的商品，利潤尤其豐厚。英格蘭人加入貿易行列中，一度對鞏固蘇祿的優勢地位很有幫助。EIC先前過度仰賴於購買中國茶葉，提供快速成長的不列顛市場，而購買茶葉多半得以白銀支付。EIC需要新的貿易商品。獨立的英格蘭貿易商在EIC的專賣範圍外推敲，視東南亞各島為潛在的新市場，也是香料的來源——荷蘭人正試圖獨占香料。一名EIC雇員在一七九五年寫道：

> 島群生產了無數的商品（無論是仰賴或獨立於荷蘭人），其中最有價值者為鑽石、珍珠貝、黃金、香料、胡椒、錫與燕窩。這些物產向來能從中國吸取錢幣（指白銀），未來很可能也如此，畢竟中國對島群商品的需求量很大，但島群對中國的需求卻很少。它們對孟加拉與印度的需求大得多，而孟加拉與印度對島群的需求卻很少。[2]

換句話說，這個區域能抵銷中國對英格蘭的貿易順差，同時為EIC及其印度領土提供在東邊的新市場——兩者最有價值的商品為印度棉織品、鴉片，以及英格蘭的彈藥。

早在一七六三年，ＥＩＣ就已經在巴蘭邦岸建立據點。這座島位於婆羅洲與巴拉望之間，頗具戰略價值。ＥＩＣ代表亞歷山大・達林普志在讓巴蘭邦岸對四方商人開放，特別希望能鼓勵中國商人前來。由於外國商人在廣州時得面對中國貿易制度的問題，因此最理想的情況，是鼓勵中國貿易改在ＥＩＣ控制的中轉港口進行，中國戎克船可以來此購買印度生產的鴉片等商品，以及經由霍洛而來的島嶼物產。

巴蘭邦岸一開始招商相當成功。陶蘇格人除了本身需要武器，也把多數的鴉片轉售給武吉士人，以滿足蘇拉威西一地的需求。但達林普的後繼者招惹了蘇丹，蘇丹也擔心巴蘭邦岸不再符合蘇祿的利益。他攻擊貿易站，趕走了ＥＩＣ的代表——公司的高層認為此人「展現的反常、欺瞞與傲慢，是本公司歷史上僅見」。[3]

儘管如此，英格蘭對蘇祿的貿易仍透過獨立商人而持續成長。十八世紀晚期，商品的需求與供給一飛衝天，而英格蘭有資本、船隻與願意冒險的商人能提供貿易手段，獨立商人的人數因此大增。關於貿易的規模，現有的資料不多，但將達林普自己的估計值與一八一四年的另一份報告相比，便能看出紡織品進口量至少在五十年間成長為兩倍，而且包含十四種來自印度不同地區的布料。霍洛的角色讓蘇丹有能力購買愈來愈多的武器，進而擴張自己的勢力範圍。達林普曾記錄蘇丹要求價值一萬元的武器，包括大砲。二十年後，另一位商人則提到蘇丹索要一千桶（每桶二十五磅）的火藥、六架迴轉砲（swivel gun）、六座大砲、六百把滑膛槍與手槍等。這可是非常強大的火力。

槍砲與鴉片

貿易在十九世紀上半葉持續成長，增加最多的則是鴉片需求。參與的貿易商人數也愈來愈多，美國人尤其投入軍火貿易。一八一一年，時任爪哇總督萊佛士抱怨道：

> 不管他們（美國人）去到哪裡，都只想著商業投機，對於怎麼獲利可是一絲不苟，武器則是需求量的大宗（……）他們已經用槍械塞滿了不同的南海島群，接著肯定會對各個東方島嶼故技重施，絕不失手。[4]

美國商人連本國政府也不太在乎。一八二三年，馬尼拉領事對國務卿約翰・昆西・亞當斯（John Quincy Adams）抱怨，他無法精確評估美國的貿易量，因為船長們拒絕向他透露船貨的內容。美國人與西班牙治下的菲律賓，以及蘇祿的貿易都很活絡。島群東部經常有來自塞冷（Salem）的獨立商人，他們也會跟蘇祿進行貿易。販賣武器與鴉片是他們的重要生意，只要事成，就能用收入購買珍珠、海參與燕窩，再銷售出去——這可是比毛皮與鐵器等美國本土商品更受歡迎（武器例外）。一八二九年的《新加坡紀事報》（*Singapore Chronicle*）提到：「從美國航向中國的船隻，幾乎每艘都載著滑膛槍、劍與火藥，要在途中賣給巴拉望與馬京達瑙的原住民。」[5]

建設新加坡作為自由貿易中心一事，本來對蘇祿是有好處的，畢竟蘇祿因此能與非荷蘭控制的市場聯繫。但陶蘇格達圖對貿易的掌控，開始遭受新加坡中國商人影響力的侵蝕——他們跟中國以及其他地方之間，有著更發達的網絡。即便如此，當蘇祿與西班牙之間的關係，因為馬尼拉試圖對抗英格蘭的影響力、打擊源自民答那峨—蘇祿地區的海盜而惡化時，新加坡仍然能為蘇祿提供生意機會。

蘇祿之所以能在面對西班牙時維持獨立，主要是因為統治者利用歐洲國家之間的對立，以及西班牙在歐洲缺乏制衡力的事實。一八四八年，西班牙人攻陷霍洛，但無法守住。這起衝突終結了霍洛與馬尼拉之間的所有生意，但蘇祿依舊透過與納閩（Labuan）和新加坡的貿易中獲利，無視西班牙試圖強迫該國透過三寶顏貿易的意圖。直到一八七〇年代，西班牙才利用蒸汽船長期封鎖霍洛，搶奪所有的貿易與每一艘發現的雙體船。一八七七年，不列顛與德國擊敗西班牙，終結蘇祿封鎖，並強迫蘇祿對世界貿易開放，才願意承認西班牙對蘇祿的主權。至此，蘇祿的獨立命運才短暫終結。隔年，蘇丹點頭接受這項安排，但檯面下蘇丹獨立認同的問題卻未曾遠去，即便西班牙的統治在一八九八年結束，對此也沒有影響。

在此之前，蘇祿區域早已有著奴隸掠奪與海盜的惡名，而且至今仍未消除。蘇祿在貿易中舉足輕重的時期，正好也是奴隸掠奪與買賣的高峰期。這兩者互有關聯，但影響奴隸貿易的因素還有很多。蘇祿的奴隸貿易無疑相當殘酷，但規模完全無法與西非奴隸貿易相比。

貿易的成長與武器的取得，創造出刺激劫掠增加的環境。人力供應短缺，生產者需要勞工。海盜以民答那峨與蘇祿為根據地，供應人丁，整個島群都有其市場。一開始，從事捕海參與採珠工作的，多半是人們所鄙夷的薩馬爾人，以及生活在海濱、礁岩島的船民巴瑤人。但隨著需求激增，以陸地發展為主的達圖也投入這項生意，需要採摘的勞力。從劫掠的情況，也能看出蘇丹國對其非陶蘇格子民的掌握不夠。地方統治者接受蘇丹為領主，（有時候）可以徵收貿易稅，但除此之外，他們可以自行其是。

主要的劫掠者是人稱「伊拉倫」（Iranun）的族群，這個詞的意思是「湖邊的人」。伊拉倫人起源於拉瑙湖（Lake Lanao）地區，因而得名。如今用來稱呼西民答那峨高地居民的「馬拉那峨」一詞，也來自拉瑙湖之名。伊拉倫人從湖區移居海岸與蘇祿群島，一來是為了爭取土地，二來則是想逃離嚴格的社會架構。一次大型火山爆發可能也有影響。伊拉倫人成為島際航行的專家，他們不只使用努山塔里亞常見的雙體船，也會打造結合了單、雙帆和短槳手平台的船隻。

最大的船隻可達兩百名船員，這種雙體無龍骨的船隻能在淺灘與島嶼之間航行，這是其他當地帆船、西式與中式船隻所辦不到的。在這個風向變化無常的赤道地區，槳手可以提供速度，而其他船隻只能靠風。各式各樣的船隻設計與時俱進。在蒸汽動力出現之前，伊拉倫人就是當地的海象專家，最遠能航行到呂宋島以北，西至馬六甲海峽，而且蒸汽船還無法在淺灘和珊瑚礁水域與之競爭。

伊拉倫人可說是獨立行事，但他們的活動多半得到陶蘇格領主的鼓勵，而後者能分得利潤，並提供他們武器——包括可以搭載於船艏的迴轉砲以及滑膛槍，與伊拉倫人傳統的格里斯短劍、劍、長槍與盾相輔相成。鎮壓涉及劫掠商品的海盜活動，是合於蘇祿利益的做法。但劫掠奴隸又是另一回事：販奴能提升霍洛作為市場的分量——武吉士人與其他商人會來到霍洛購買奴隸出口——又能為蘇祿提供人力。

這些海盜活動讓西班牙人顏面掃地。西班牙從未放棄征服莫洛人，讓他們改信天主教的念頭，而西班牙在維薩亞斯群島的子民經常是伊拉倫人的目標。一份一七七五年的文獻提到，伊拉倫人劫走一艘荷蘭船隻，得到七十名奴隸。根據萊佛士在一八一四年提供的情報，蘇祿地區光是專門從事造船與劫掠的就有好幾千人，半數在蘇祿，其餘則散布在巴西蘭島（Basilan）、塔威—塔威島（Tawi-Tawi）與巴拉望島等島嶼上。[6] 萊佛士的報告中提到伊拉倫人在蘇拉威西西北建立的一處據點，就有三千人、三百支槍，以及五十至六十艘雙體船。不斷增加的人數，讓他們能建立一個個的小型聚落，最遠可達蘇門答臘的占碑，女性與奴隸則定居下來，種植糧食，並提供其他勞務。他們除了擄人為奴之外，也劫掠其他戰利品，特別是曾數度襲擊出產錫的邦加島。劫掠讓邦加島上的人口減少，導致當地為了採礦而引進華工。

席捲全區

季風讓人一年到頭都能活動。海盜在一年中的某些時節往東南與西南方打劫，等到風向改變，就往北方前進。鄰近的西班牙領土經常是他們的主要目標。粗略估計，將近有百分之六十五的奴隸來自維薩亞斯群島與呂宋島南部。大艦隊從霍洛出發，駛入內格羅斯島、民都洛島與呂宋島之間的錫布延海（Sibuyan Sea）。他們有能力建立半永久的根據地，抵抗西班牙。據說在民都洛島東部有四百至五百名戰士，還有耕田的奴隸。這個據點有十艘大船，包括一艘劫掠來的廣東戎克船。海盜的聚落還能發揮棧房的功能，留置奴隸，等到他們的體態可以上蘇祿的市場為止。

他們簡直讓島嶼之間的海域成為「穆斯林湖」，從民答那峨東北遠至馬尼拉灣外圍，整個區域的濱海社群都受到威脅。法國探險家拉彼魯茲走訪巴丹半島（Bataan peninsula）的馬里維萊斯（Mariveles），發現當地在一七八〇年遭到襲擊之後，已幾乎成為一片斷垣殘壁。居民若非斷送性命，就是被迫離開這裡。西班牙部隊幾無能力一口氣對付六十艘由數十名奴隸划槳，載有伊拉倫戰士的雙體船，何況伊拉倫人還備有大砲與迴轉砲。

濱海社群多半得憑藉瞭望塔與尖木柵自己保護自己，用教堂當庇護所。修會在組織防務上發揮相當大的影響力，但居民通常別無選擇，只能往山上或雨林裡逃，任海盜燒掉他們的聚落。數十年來，濱海地區的民眾都擔心海盜襲擊，島際貿易也受到嚴重干擾。因此，當蘇祿聲勢高漲時，許多西班牙統治的島嶼卻遭逢人口銳減之苦。整體而言，區域貿易正迅速成長，但菲律賓的貿易反而一度萎縮。

日子一久，伊拉倫人把一流海盜的頭銜，讓給了以巴蘭吉尼島（Balangingi）等蘇祿群島島嶼為根據地的薩馬爾人——不過，伊拉倫人與巴蘭吉尼島的薩馬爾人之間，其實沒有明確的分野。薩馬爾人主要採用小型船艦，更適合奇襲與分頭劫掠。但維薩亞斯群島各地所遭受的攻擊頻率並沒有改善，有些島嶼年年都有海盜上門。一八四八年，終於備有汽船的西班牙人對巴蘭吉尼島發動攻擊，在突襲中殺了四百五十多人，許多人被捕。他們釋放成千上百的奴隸，破壞數十艘船隻，砍伐椰子樹，並摧毀村落。許多被捕的薩馬爾人被當局押送到呂宋島北部的卡加揚（Cagayan）河谷。[7]

薩馬爾人雖然遭逢此難，但打劫並未因此終結。他們重整旗鼓，只不過縮小襲擊維薩亞斯群島的規模而已。他們的注意力也轉移到更遙遠的蘇拉威西、摩鹿加與帝汶海岸。除了西班牙人，不列顛人與荷蘭人也加大打擊海盜的力量，加上他們獨占了汽船，於是漸漸逮捕更多海盜，也釋放更多奴隸。不過，西班牙人仍然難以掌控穆斯林的土地。直到一八九八年為止，海盜不斷從三寶顏的根據地出發，干擾貿易與通訊。

經年累月的劫掠與奴役，對該地區的人口與政治帶來深遠的影響。蘇祿群島人口大幅增加，甚至在十九世紀中葉時有半數人口為奴隸或其後裔。蓄奴一方面是財富的象徵，一方面則是獲取勞力的方法，有時更是達圖多娶妻或中國商人納妾的管道。俘虜的命運差異很大，這多少跟他們原先的地位、健康狀態、性別、年齡與才藝有關。

根據非常粗略的估計，從十九世紀開始到一八七〇年，伊拉倫與薩馬爾海盜就抓了二十至三十萬名奴隸，在蘇祿販奴。[8] 相較於今天的人口，這數字似乎不多。但以當時的標準來看，卻是龐大的人數。奴隸也是一種可以移動的人口，在穆斯林世界流轉，有時候甚至轉手於好幾個奴隸主之間。如果幸運一點——像是年輕、有一技之長，或是長得好看的人，便會被陶蘇格社會結構吸收。運氣最差的老年人與體弱多病者，最後會被海盜賣給婆羅洲內陸的非穆斯林族群，作為人祀的犧牲品。地位高的人可以設法贖身：據說在一八〇〇年，一名修士值兩千披索，一名歐洲人值三百披索，而一名菲律賓人值三十至五十披索。也有一些奴隸得到奴隸主的釋放，或是在奴隸主死後恢復自由身。[9]

貿易與掠奪經濟同樣在區域政局留下深刻的痕跡。一方面，蘇祿蘇丹國的力量，意味著西班牙與天主教會的勢力無法及於整個菲律賓，而且從未延伸到西民答那峨或蘇祿群島。這些地方的政府結構始終發展遲緩，甚至比不上西班牙人為呂宋島與維薩亞斯群島所發展的組織框架。陶蘇格人、馬京達瑙人、伊拉倫人、馬拉那峨人與薩馬爾人彼此競爭。民俗化的伊斯蘭信仰盛行，原有的達圖傳統依舊，權力因此分散，蘇丹勢力有限。不同的族群自有其以伊斯蘭信仰為靈感的口傳史詩。他們通常能團結起來，對抗西班牙及其傳教的目標，但「單一穆斯林國家」的構想從未實現。這個理念仍然需要時間才能落實。儘管地位崇高，但伊斯蘭信仰仍無法克服努山塔里亞社會因地理形勢所導致的破碎。先是基督教與西班牙，後有美國及其太平洋發展方向，菲律賓因此進一步在貿易聯繫與語言上，與周遭的親人漸行漸遠。

第二十三章　努山塔里亞認同危機

無論劫掠與奴役的情況多麼猖獗，蘇祿區域畢竟曾經是努山塔里亞世界地方自主權全面崩潰時唯一的例外。十九世紀起，歐洲帝國主義從商業動機的冒險轉為直接統治，最終在十九、二十世紀之交的土地掠奪狂熱中達到最高點。歐洲帝國主義的無情推進，漸漸吞沒了原先與東南亞島群與半島貿易國家密不可分的努山塔里亞認同。

面對外來者更大的船和更強的火力，這些貿易國家早已退居二線。如今，它們漸漸被蒸汽與槍砲科技排除在大海外，他們的城市成為外國人統治、華人主宰的飛地，他們的統治者在帝國體制中成為附庸，受到全球性而非區域性的事件所宰制。

至於它們自己釀成了多少問題——不斷內鬨，與外人建立投機的同盟關係，面對競爭時未能運用自己的貿易專長，因為引進閃族宗教（Semitic religions）而分裂、失去部分的共同文化——則未有定論。根本的事實是，它們現在沒有足夠大的版圖與科技，無法長時間自保。工業革命不僅催生了西方宰制性的軍事力，也創造出對努山塔里亞資源的龐大新需求。外國人不只想從貿易中獲利，更想控制其土地與礦藏。沒有什麼能摧毀努山塔里亞的文化認同與歷史，但它維持這個地區為己所用的能力，已經受到削弱。

帝國主義之所以從商業力量逐漸轉型為直接統治，有幾個原因。其一相當弔詭，是自由貿易在西方的興起。這一點也與宗教與政治體系的自由理念有關。自由貿易既符合長久經營亞洲、冒險犯難的英格蘭「港腳商人」的需求，也利於工業革命所帶來的新製造業利益。ＥＩＣ的獨占權最終將面臨與ＶＯＣ一樣的命運。過程稍微久一些，但到了十八世紀末，ＥＩＣ在對華貿易中的地位已經遭到競爭所削弱，不列顛國內要求解除其特權的政治壓力也在累積。ＥＩＣ在印度掌控的領土仍然在擴張，但倫敦當局在公司事務有愈來愈大的影響力。

支應中國茶葉

十八世紀時，東西貿易出現大幅成長，但主要的對象並非東南亞島群，而是中國。這個現象泰半是因為歐洲人，尤其是不列顛人對茶葉的愛好所致。茶葉貿易為ＥＩＣ帶來龐大利潤，不列顛政府也從稅收中獲益甚豐。但購買茶葉通常必須以白銀支付，畢竟中國認為自己對於外來物產所需甚少。貿易活動井然有序安排在廣州進行，由西方的專賣商與少數得到地方官府允許的中國商人打交道。這種稱為「一口通商」行之有年，但西方人缺少白銀與可交易產品的現實，卻限制了進一步的成長。

英格蘭的「港腳商人」靈光一閃，想到有一項產品具有龐大的潛力——鴉片。中國本來就是鴉片消費大國，消費的鴉片泰半產自國內，由西疆的人所種植。歐洲商人在東南亞島嶼上已經有鴉片市場，但隨著印度的貨源愈來愈便宜，中國的需求也愈來愈大。由於中國禁止白銀流出，因此鴉片商人把他們的銷貨收入提供給ＥＩＣ，換取可以在倫敦兌現的匯票。由於印度鴉片相當便宜，需求量因此迅速超越靛青與紡織品，成為印度主要出口品，而且泰半產自ＥＩＣ控制的孟加拉地區。鴉片貿易因此成為ＥＩＣ進口中國茶葉與奢侈品的經費來源。在未來的一個世紀，鴉片將成為金錢與戰爭的源頭。不過，相較於後來出現的毒品（例如海洛因），鴉片對社會造成的傷害恐怕是有所誇大。幾個世紀以來，大半個亞洲的富人都有使用鴉片的情形。即便在十九世紀，中國進口鴉片的最高峰，不列顛的人均鴉片使用量也高於中國。

鴉片與茶是兩種不占空間的商品，但ＥＩＣ仍然為其他商品打造了海上最大的船隻，人稱「印度艦」（Indiaman），是載運量達一千噸的武裝船隻。這種船隻的建造與操作，加上印度、中國與加勒比海的貿易需求，讓不列顛在十八世紀時大幅躍進，成為海上霸權。這樣的情況，也讓該國有志於在亞洲建立可以投射其軍力的據點。ＥＩＣ與倫敦當局的切身利益不見得一致，但倫敦傾向於跟著商人走，尤其是不列顛在一七七六年失去美洲殖民地之後。移民澳洲的推動力，與建立檳城殖民地作為對華貿易路線據點，就是結果。

然而，相較於歐洲，不列顛在亞洲的利益仍屬次要。荷蘭人的影響力大幅衰退，已經不再是需要嚴肅以對的對手。因此，拿破崙戰爭期間，不列顛人才會占領馬六甲、檳城，以及安汶島和特爾納特島上的要塞，以免遭到法國控制。爪哇也在一八一一年陷落。戰後，上述地方都歸還給荷蘭人，只有馬六甲是在一八二四年時用於交換明古魯。乍看之下，這似乎是不公平的交易，但馬六甲卻因為檳城與新加坡的競爭而衰落。

事實上，正是一八一五年將爪哇連同其資源與豐饒的歷史歸還給荷蘭人之舉，促成史丹福・

萊佛士在一八一九年透過協商方式建立了新加坡。將爪哇歸還給荷蘭人（但不歸還斯里蘭卡與開普殖民地〔Cape settlement〕），顯示了倫敦當局在當時沒有興趣獲取大片領土來統治，也不支持萊佛士將不列顛帝國往東擴展的計畫。甚至連透過英格蘭「港腳商人」法蘭西斯．萊特（Francis Light）奔走，建立檳城之舉，一部分也是為了回應另一個強權——暹羅——往馬來半島的擴張。札克里王朝（Chakri dynasty，今天的統治王朝）的第一任君主在一七八二年奪權，殺害先王達信（Taksin），著手將暹羅的統治範圍擴大到各個馬來蘇丹國。北大年蘇丹趁先前緬甸人攻陷阿瑜陀耶時恢復自立，拒絕前往曼谷歸順，暹羅於是入侵北大年。猛烈的入侵行動後，四千名上了鐐銬的馬來人被帶往暹羅首都，同行的還有兩架巨型攻城砲，作為北大年兵工廠美名的代表。這兩架砲名叫「室利內加拉」（Sri Negara）與「室利北大年」（Sri Patani），長六公尺。後者擺放在曼谷的泰國國防部外，作為暹羅征服馬來穆斯林的象徵。

札克里統治者也入侵吉蘭丹與登嘉樓。出於對暹羅的擔憂，吉打將檳城租給EIC以獲得不列顛人的幫助，背後推波助瀾的正是久居普吉（Phuket）的商人法蘭西斯．萊特。落腳清奈聚落的不列顛商人與馬六甲海峽各口岸有密切的貿易往來，希望在當地有永久的據點。但亞齊與荷蘭人不斷阻撓，直到檳城的契機浮上檯面。但萊特所做的承諾，卻是孟加拉的高層不會支持的，這對吉打蘇丹來說相當不幸。蘇丹呼籲馬來人、武吉士人、米南佳保人與亞齊人幫助他驅逐異教徒，但無人來援。雪蘭莪、柔佛、森美蘭與霹靂提防彼此的程度不亞於提防暹羅，經常向英格蘭人尋求貿易機會與武器，以強化自己的地位。

對萊佛士來說，若要擴大不列顛的影響力，以檳城為基地還不夠。他利用柔佛—廖內王室內部的衝突，勸說以蘇丹封臣身分統治柔佛的天猛公，將新加坡島租給不列顛，並宣布新加坡為自由港。這步棋馬上取得成效，尤其是吸引不少中國商人。不過，新加坡的迅速崛起，還需要兩個因素才會成真。其一是廖內的衰落——直到十八世紀晚期，繁榮的廖內始終是印度、中國、努山塔里亞島群東部商品與往來商人的重要轉口港，也是檳榔膏和錫的產地。但廖內卻因為不列顛影響力漸增，以及檳城殖民地的發展而受到削弱。其二則是因為新加坡與柔佛早已有大量華人，生產檳榔膏與胡椒。[1] 新加坡不僅搶走巴達維亞許多的生意，更為屬於廖內與巨港等馬來轉口港的時代敲響結束的鐘聲。

咽喉之地新加坡

一連串發生在十九世紀的事件，決定了這個地區的地緣政治，而第一件事就是不列顛取得新加坡。商業是一項驅力，歐洲權力平衡是另一項驅力，還有一項則是帝國願景。萊佛士心中有個大場面：不列顛將成為從吉打到峇里島的整個馬來世界進行改革、自由化與現代化的關鍵，透過與當地國家簽訂條約的方式終結戰爭，確保自由貿易，並鎮壓海盜。一八一一年至一八一五年，不列顛短暫統治爪哇。期間，身為代理總督的萊佛士有許多嘗試。他既理想又無情，深信歐洲國家在亞洲不該以賺錢為主要目標，而是要為各個一度繁榮、如今衰退的國度帶來現代化的條件。就爪哇來說，這意味著攻破日惹（Yogyakarta）的王城區，強迫日惹放棄實質的自治。

萊佛士在《爪哇史》（*The History of Java*）一書中大力批評荷蘭的統治：

大約六十年前，荷蘭政府首度對東方的行政區有了決定性的影響力。從那一刻起，這幾個受荷蘭統治的行政區不再發展，本地王公統治的地方也發生大規模的人口移出。[2]

他筆下的荷蘭統治「自私、好妒、令人惱怒、專橫〔……〕無論荷蘭人的影響力及於東方海域何處，人口就跟著減少」。[3]他宣稱荷蘭的強迫勞動與種植需求是人口減少的元凶，明明爪哇的自然條件會讓人口逐漸增加才是。在統治沒那麼壓迫性的地方，生育率雖然沒有特別高，但死亡率也是。

他推動措施解放農民，廢除獨厚地方攝政（bupati）的租田制度，並制定以村落為單位的稅收體系，取代原本多半掌握在華人手中的包稅制。荷蘭人憑藉強迫勞役，建設一條從巴達維亞到泗水的驛馬道，爪哇人犧牲無數。萊佛士終結了這種做法。但改革未能深入，不久後荷蘭重新統治，爪哇則在前蘇丹長子蒂博尼哥羅（Diponegoro）的領導下叛旗林立。

蒂博尼哥羅擁有王室血統，致力於更嚴格的伊斯蘭信仰，對於農民也有吸引力——荷蘭人曾指定許多貴族擔任攝政與行政長官，而農民與他們衝突不斷。爪哇戰爭（Java War）隨後爆發，延續五年之久，傷亡慘重。戰事最後以蒂博尼哥羅戰敗，流放望加錫而告終。荷蘭完全掌控爪哇。控制蘇門答臘則是一步一步，長達九十年的過程——起於一八一七年占領勿里洞，接著是巨港、占碑、因陀羅吉里（Indragiri）與錫國，一個個蘇丹國在壓力或武力下屈服。

一八二〇年代，荷蘭人加入了米南佳保高地的改革戰爭（Padri War），協助傳統統治者抵抗受到阿拉伯瓦哈比派（Wahabism）影響的伊斯蘭純粹主義者，保障他們的權力與母系繼承等當地傳統。一份研究寫道：

> 改革戰爭是一場慘烈的新瓦哈比聖戰。改革派領導人抨擊母權制度，焚燒長屋，殺害傳統派領袖並謀害氏族女族長。他們要求嚴格奉行他們所認為的、《古蘭經》中所規定的生活方式。改革派村落遵行伊斯蘭律法，男性穿著白袍、戴頭巾、蓄鬍，而女性則必須罩袍，只有眼睛能露出來。[4]

米南佳保的傳統留了下來，但荷蘭統治深入該地的程度也遠甚於蘇門答臘其餘地方，巴丹（Padang）與米南佳保的環境因此成為未來的民族主義醞釀的溫床。

亞齊的情況則大為不同。亞齊之所以能維持獨立，部分是因為過去與不列顛簽訂的條約，但荷蘭人在一八七一年與倫敦達成協議，從而有了入侵的機會。不過，直到一九〇七年，荷蘭才完全控制亞齊。峇里島有幾個小王國，其中有些和亞齊撐得幾乎一樣久——巴東（Badung，以丹帕沙〔Denpasar〕為中心）在一九〇六年的一場屠殺中陷落，以稱為「普普坦」（puputan）的貴族殉死儀式告終。北岸的布勒冷（Bulaleng）先前在一八四九年就曾經舉行過普普坦，後來克隆孔（Klungkung）在一九〇八年也有相同的事件，但最駭人的依舊是有千人殉死的巴東大屠殺。這起事件讓外界對荷蘭留下極差的印象，並迫使荷蘭對殖民統治採取更廣泛的改革，史稱「倫理政策」（Ethical Policy）。

至於婆羅洲，馬辰蘇丹在一八一七年簽訂放棄主權的條約，但荷蘭後來仍舊廢除了該蘇丹國，進行直接統治。這種做法漸漸用於婆羅洲北部以外的地區——不列顛人逐步取得北婆羅洲的控制權。

所謂「荷屬東印度群島」，向來是個在政治與經濟規劃上東拼西湊的實體。爪哇島除了日惹與梭羅蘇丹國例外，都是以相當直接的方式進行統治。當地的攝政保有不少的權力，但他們始終得聽命於荷蘭的行政官員。荷蘭人開始採取措施，以創造共同的認同，其中一種做法就是以馬來語為通用語。經歷了巨港與馬六甲對島嶼貿易的長久影響，至少海岸地帶的人已經對馬來語相當熟悉。馬來語後來成為早期民族主義者建立交流與認同的工具，在日本占領時期正式取代荷蘭語，並且在獨立後成為官方語言。

領頭羊不列顛

帝國主義的發展是間歇性的，在利益範圍之外就完全沒有任何整體性的計畫。不僅荷蘭如此，不列顛也是如此。一八二四年的《英荷條約》（Anglo-Dutch Treaty）勾勒出的正是這種情況——兩國互換馬六甲與明古魯，並同意以廖內和新加坡為界，荷蘭人不入馬來半島，不列顛人不入蘇門答臘。控制海峽以及檳城、馬六甲與新加坡等聚落，從而控制對華貿易路線，才是不列顛人的打算。島群東部就此處於荷蘭隱隱約約的霸權之下，不列顛對此沒有意見，畢竟他們更擔心法國對這個地區圖謀不軌。

一八六〇年前後的不列顛官員認為，島群東部假如不在荷蘭人手中，那也會落入其他海權國家的掌控，最有可能的就是法國。一旦法國在東方擁有龐大的帝國領土，便能威脅不列顛在印度與澳洲的利益。

十九世紀晚期，統一的德國加入了帝國競賽，為歐洲帝國建立過程中既有的貿易壓力增添了戰略維度。暹羅成為半島上阻擋不列顛影響力擴張的屏障，但馬來統治者對此並不樂見。暹羅在一八二一年達到南進的高峰，入侵吉打，迫使吉打蘇丹逃亡檳城。暹羅試圖將霸權延伸到霹靂，但由於馬來人抵抗，加上不列顛利益使然，於是暹羅與不列顛簽訂協議，後者不介入吉打，而前者不干預霹靂。

不列顛勢力在半島上的擴張是漸進的，暹羅對馬來蘇丹擁有主權，任何挑戰的意圖都會受到交趾支那（Cochin-China，越南南部）的法國利益所限制。（「交趾支那」一詞源於古馬來語對該地的稱呼——「Kuchi」，加上「支那」是為了區別位於印度的科欽〔Cochin，高知（Kochi）〕。越南語稱當地為「南圻」（Nam Tien），意為「南地」，讓人聯想到越人征服占婆。）

長久以來，法國一直懷抱著在該地區據有一方的渴望。一七八七年，統治者阮暎（Nguyen Anh）與法王路易十六簽訂《凡爾賽條約》（Treaty of Versailles），法國承諾以陸海軍協助阮暎擊敗他的西山王朝（Tay Son）對手，條件是將崑崙島（Con Son Island）與沱瀼（Danang）割讓給法國。法國在戰爭中提供的幫助相當有限，但確實有助於阮暎鞏固其權力，統一越南，登基為嘉隆帝（Emperor Gialong），同時為法國提供一條推動基督教與法國商業利益的途徑。

法國人逼得愈緊，不列顛人就愈希望暹羅維持獨立。他們也有興趣讓暹羅對外開放貿易，而這一點是暹羅貴族長期反對的。然而，學養豐富的泰國新王蒙固（Mongkut），與時任香港總督兼不列顛東亞全權大使的激進政治家、文化人約翰・寶寧（John Bowring）建立了誠摯的關係，兩人敲定了正式的條約。暹羅開放通商（尤其是稻米貿易），並廢除許多專賣制度。貿易與來自中國的移民大增。儘管這紙條約讓不列顛人獲得治外法權，但不列顛人承認暹羅的主權，蒙固王與不列顛維多利亞女王地位平起平坐。暹羅隨後與其他西方國家也簽訂了類似的條約。

不列顛對努山塔里亞的觀點，是根據該國在印度的領土與澳洲的經驗所形成的。帝國主義的邏輯占了上風。後來擔任不列顛印度總督的寇松勛爵（Lord Curzon）評論道：

> 印度像一座堡壘（……）牆內是寬度、深度不斷變化的斜堤。我們不打算占領這座堡壘，但也經不起讓我們的敵人占領之（……）不過，假如對手（……）鬼鬼祟祟接近（……）我們也不得不干預。[5]

馬來半島——尤其是新加坡——主要跟戰略考量有關，只是後來從錫與橡膠獲得的經濟利益超過了戰略利益。

自一八五〇年代起，法國一步步控制了交趾支那、安南、柬埔寨與寮國，不列顛與法國的競爭關係也變成一項關鍵因素。老牌帝國荷蘭與不列顛也往同樣的方向前進，只是步調慢得多。就馬來半島而言，兩國強烈希望與暹羅保持友好，因此不會就自己的利益，對馬來的各蘇丹國過度施壓。馬來人漸漸傾向與不列顛人打交道——不列顛不僅是貿易與歲入的來源，而且不像暹羅，過往跟他們也沒有衝突的歷史。

不列顛透過貿易、王族受的英式教育，以及政治壓力，將影響力擴及整個馬來世界，甚至有造成蘇丹國內部權力鬥爭的事例發生。其中一次對霹靂的干預（涉及一連串與太平〔Larut〕錫產區的華人礦工之間的衝突），導致新上位的蘇丹不得不接受《邦咯條約》（Pangkor Treaty），將包含邦咯島在內的口岸天定（Dinding，今稱曼絨〔Manjung〕），劃歸於海峽殖民地。但第一任的駐辦公使實在不願意接受馬來風俗，甚至因此遭到殺害，結果涉案的三人處以絞刑，蘇丹流亡，由比較聽話的王室成員所取代。

不列顛統治的延伸也是有不流血的情況。吉蘭丹甚至在一八六七年派大使前往倫敦，希望成為被保護國。不列顛當局不希望破壞與暹羅關係而拒絕，但該國逐漸落入不列顛掌控，接受了稱為「駐辦」的顧問。一八九五年，雪蘭莪、森美蘭、霹靂和彭亨組成了馬來聯邦（Federated Malay States）。馬來聯邦名義上「受不列顛保護」，在蘇丹與百姓之間夾了一層不列顛殖民地官僚。柔佛沒有加入聯邦。儘管柔佛是農業發展前沿，採用許多不列顛的制度，但直到一九一四年才接受不列顛駐辦公使。後來柔佛加入了所謂的馬來屬邦——成員還包括吉蘭丹、登嘉樓、吉打與玻璃（Perlis），全部都有不列顛駐辦公使，受到「保護」，但並非直接統治。一九〇九年，暹羅國王朱拉隆功（Chulalongkorn）試圖專注於暹羅本部的中央集權與現代化，於是接受了失去對所有蘇丹國主權的事實（北大年除外）。

不列顛人也把影響力延伸到東南亞島群，但多半跟野心勃勃的個人所採取的行動有關，而非倫敦或加爾各答下的指令。儘管一八二四年的《英荷條約》並未提及，但一般認為婆羅洲屬於荷蘭的勢力範圍。不過，荷蘭人只跟婆羅洲南岸的小國簽訂條約，而汶萊（至少在名義上）則是北岸的霸主。一八三九年，不列顛冒險家詹姆斯·布魯克（James Brooke）來到汶萊，幫助汶萊的拉者慕達（Rajah Muda）鎮壓砂拉越河（Sarawak River）沿岸的馬來酋長所掀起的動亂。作為回報，布魯克得到一大片土地（如今的砂拉越第一區〔Division 1〕），並定都古晉（Kuching）。

汶萊在一八四二年承認布魯克為有統治權的拉者。布魯克向愈來愈窮的汶萊蘇丹租得更多土地，他的帝國也繼續擴張。原本他還會占領更多土地，但倫敦不希望破壞跟汶萊的關係。砂拉越等於不列顛帝國非官方的一部分。但布魯克後來捲入與伊班人（Ibans，又稱海達雅人〔Sea Dayaks〕）的鬥爭——伊班人就像羅越人與伊拉倫人，海盜活動是他們生活的一環。他與不列顛海軍以及其他伊班人合作，採取血腥鎮壓，導致倫敦當局大力批評——不列顛駐中國大使還抨擊他的「自私自利與駭人屠殺」。[6]

汶萊與其前附屬國——蘇祿蘇丹國（實際上兩國互不統屬）爭奪著婆羅洲東北。咸認蘇祿海峽對於澳洲與中國之間的船運非常重要。西班牙有可能以鎮壓蘇祿海海盜為名而出兵，德國也在為了新領土伺機而動。商業代理人為不列顛提供了出手的方式。香港—不列顛貿易商寶順洋行（Dent & Co）與奧地利領事奧弗爾貝克男爵（Baron von Overbeck）協商出一份租約，向汶萊租借一千七百萬公頃的土地。同時，他們說服蘇祿蘇丹以每年五千銀元的代價，將權利讓渡給汶萊。一八七八年，不列顛旗幟在山打根（Sandakan）升起，但管理則交由北婆羅洲公司（North Borneo Company）進行。歐洲國家割據努山塔里亞的過程中，商業機會再次與戰略考量齧合。

至於更東邊，雖然新幾內亞（又稱伊里安〔Irian〕）與特爾納特、安汶與班達群島距離不遠，但荷蘭人長期以來都忽略了這座大島。不過，荷蘭卻因為不列顛殖民澳洲而對新幾內亞燃起興趣，宣稱其西半部為蒂多雷（Tidore）蘇丹國的附屬國，並主張對未經探索的內陸握有權利。隔年，德國宣布占領伊里安島東北。

日本與美國

接下來，日本也登上舞台，開始在努山塔里亞邊緣攫取土地。一八九四年，日本擊敗清帝國，得到的就包括清廷割讓的台灣——當時，中國對台灣大部分地區僅有名義上的統治。事實上，日方過去曾就台灣島的海盜殺害其船員而抗議，但北京卻回覆這是置之化外的「生番」所為。這顯示北京有多麼疏遠這座島——漢人恐怕到十九世紀才成為島上的多數族群，其中有許多人還是大陸人與當地女子通婚所生下的子嗣。日本的統治將額外的漢人元素帶進荷蘭統治的土地：他們視出身台灣島的漢人為日本人，繳的稅比荷屬東印度群島的華人來得低。台灣人與講福建話、來自福建的龐大海外華人社群，在語言上也頗能相通。

西方帝國的最後一次大動作發生在一八九八年：美國策劃了一場與西班牙的戰爭，表面上是為了支援菲律賓的獨立運動，實則是打算將西班牙趕出古巴，並且在西太平洋地區伸張美方的利益。美國立刻在馬尼拉掌權，宣布將為菲律賓的「棕皮膚小兄弟」帶來善政（語出美國第一任菲律賓總督，也是未來的總統——威廉・霍華德・塔夫特〔William Howard Taft〕）。經歷短暫但慘烈的戰爭後，美國設法吸收了菲律賓菁英，而行政當局也做出值得一提的貢獻——引進教育，建構有利的司法制度，並創造政治架構，最終讓地方與全國層級的民主選舉得以實現。弔詭的是，選舉結果反而讓多數的麥士蒂索地主與商業菁英掌握了政治體系。信奉伊斯蘭的西民答那峨與蘇祿漸漸受到美國安撫，但並未融入這個以基督徒為主的國家，而穆斯林的祖傳財產也沒有受到非穆斯林的維薩亞斯移民而有所減損。但美國的殖民不只是統治者換人而已。地理形勢破碎的努山塔里亞社會已經籠罩了外來宗教的競爭，而美國又為此帶來一層新的複雜關係。此外，美國也強化了菲律賓往太平洋的發展方向，與其努山塔里亞親人的關係愈來愈淡薄。

到了十九世紀末，整個努山塔里亞已經確立的邊界，幾乎與今天的樣貌一致。僅有的例外，是一九四五年後台灣脫離日本，以及過去由不列顛統治的領土形成了馬來西亞與新加坡。但事實證明，相較於當地人短暫失去政治控制，經濟衝擊帶來的傷害要嚴重得多。努山塔里亞不再能控制自己的海洋、貿易以及生產力。這一點在外國的政治控制消失之後變得益發明確。在政治的破碎之外，又多了經濟的依賴。

第二十四章 勞力、資本與「公司」：華人的力量

歐洲人對努山塔里亞最深遠的影響，來得相當間接：從一七八〇年到一九三〇年，這一個半世紀的經濟蓬勃發展與社會動盪，為華人移民、資本與商業活動所帶來的空間。一七八〇年之前，華商與工匠社群就已經頗有規模，但若相較於接下來一百五十年內抵達的人數，尤其是一八五〇至一九三〇年間，那簡直是微不足道。

對於一樁為未來定調的事件來說，西婆羅洲實在是個令人意想不到的地點。今日的坤甸（Pontianak）一帶原本是由一位馬來蘇丹所統治。對於住著婆羅洲原住民——非穆斯林的達雅克人（Dayaks）的內陸地區，他的控制力相當薄弱。當地雖有發現金礦，但開採黃金少不了辛勞且卑微的勞動，達雅克人不願意從事。然而，對於華人來說，勞力是種源源不絕的商品，可以用來換錢。於是，蘇丹在十八世紀晚期招來華人。來到當地的人數之多，甚至在一八二〇年估計已達兩萬至三萬人。[1]

機會吸引了赤貧的中國人——對他們來說，在錫礦、金礦和種植園的危險工作，比故鄉能提供的生活更好。中國勞力與生意人及當地或外國統治者的商業利益結合，在人口稀少的東南亞島群發展出契機。「中國人離鄉背井，這驚人的情況正在創造，也將繼續創造非凡而持久的結

果」，[2] 加上西方的資本與貿易，讓一名一八五〇年代的不列顛觀察家津津樂道。

大約和婆羅洲的發展同時期，吉蘭丹的馬來統治者也開始鼓勵華人礦工前來開採金礦。巨港亦然，尋找中國人來開發邦加的錫礦，當地產量因此增加七倍。不久後，從廣東來到邦加的人就有大約六千人。拿破崙戰爭（結束於一八一五年）之後，歐洲對於東南亞物產的需求有爆炸性的成長，讓中國人的大規模移出獲得推動力。這些中國人並非戎克船東，甚至連小商人都稱不上，只是沒有一技之長的勞工。馬來半島、爪哇與蘇門答臘等地的胡椒、食糖與檳榔膏種植園也能找到華人勞工的蹤影。多數人認為自己不會久居，並未攜家帶眷，打算賺了一點錢就回到中國。大多數人都回國了，但出國的人甚至更多。他們從來不受歡迎，但多數人都會容忍他們，因為他們至少對統治者來說很有用，而且通常都很守法。他們的同鄉組織（稱為公司）讓當地統治者能輕鬆從採礦活動中收到稅。公司也讓商人得以集資。

這些移民有時候組織得實在相當完善，甚至在西婆羅洲的坤甸蘇丹國內建立了一個名叫「蘭芳」（Lanfang）的迷你國家。蘭芳自視為清帝國的一部分，領袖非世襲，以廣東村落的方式安排防務組織和準民主式的政府架構——只不過人口占多數的達亞克人並沒有發言權。

然而，公司也有可能分裂成敵對的幫派，為社群帶來傷亡與失序。他們也有可能激起當地民眾與歐洲統治者的敵意。一八二八年，馬來人屠殺了生活在森美蘭的寧宜河（Linggi River）河畔的華人，而荷蘭人也曾與婆羅洲的公司打了三場小型戰爭，第一場發生在一八二〇年，最後一場則是一八八四年。但整體而言，華人會自己照顧自己，對統治者來說也是資產，畢竟不用擔心能從他們的鴉片與其他商品的貿易中抽稅。甚至早在一七九四年，人在檳城的法蘭西斯・萊特便說：「中國人〔……〕是唯一不需要政府大費周章，就能從他們身上獲得歲入的東方民族。」[3]

納稅多多益善

在華人人數眾多的地區，他們會堅守自己的社群、語言與風俗。但那些深入遠離城鎮的遙遠地區與礦場的華人，則傾向在當地娶妻，慢慢融入，尤其是菲律賓與婆羅洲等地——比起禁止豬肉與必須割包皮的社群，這兩個地方比較願意接納他們。

對華貿易與華人社群原本便成長飛快，此時更是因為不列顛建立海峽殖民地而進一步提升。新加坡尤其是中國、不列顛、武吉士等商人關注的焦點。早在一八四五年，新加坡已有半數人口為華人，而他們也漸漸成為砂拉越大城古晉的主體人口。[4] 憑藉一點點的資本與俯拾皆是的便宜華人勞力，糖、木薯、檳榔膏與胡椒種植園紛紛出現。中小企業迅速從海峽殖民地發展到蘇丹國境內，像柔佛就提供農業土地，而雪蘭莪與霹靂則擠滿錫礦工人。汽船與蘇伊士運河先後顛覆了對歐洲的貿易。隨著十九世紀的腳步，歐洲與美國的工業化激發了新的需求，尤其是錫。到了一八四〇年，從海峽殖民地出口的錫，只有百分之十是運往中國。不列顛一度是最大的錫出口國，如今則成為進口國。馬來半島的錫產量一飛衝天，到一八八〇年時已經比全世界其餘地方的總產量更多。

公司制度既有助於生意，也利於與統治者保持良好關係。但公司也保護了華裔資本家所建立的、極端剝削勞力的體系——無論資本家是礦場老闆，還是立足已久、為地方或殖民統治者擔任中間人的華人社群領袖。礦場工人的預期壽命非常短，一八七九年至一八八二年間，光是霹靂一地的礦場，每年都有三千名華人喪生，多半是死於隨著營養不足而來的疾病。死亡率多少能解釋為何從中國招募來的人多半不打算久留，只想為了返鄉成親的那一天存錢。由於能輕易取得移工勞力，以及從當地形成已久、講馬來語的華人社群（能與英格蘭人和馬來人交流）得到資本，華人企業因此漸漸主宰市場。

光是華工的人數，便足以對商業帶來一股自我強化的衝勁。薪水與利潤不斷循環，高速的金流刺激著投資。另一方面，馬來統治者則傾向於累積財富，或是花在奢侈品上。華人對其他種類的交易也是股巨大的刺激，其中又以鴉片為甚。鴉片業蓬勃發展，富有的華人成為鴉片專賣的農場主，而所有階層的華人都是施用者。來自孟加拉的便宜鴉片供應，以及從礦場掙得的現金，將這種藥品從上層階級的縱樂，轉變為離鄉背井、無親無故的勞工醉生夢死，撫平傷痛的手段。

到了十九世紀下半葉，「鴉片」、「殖民統治」與「經濟的迅速發展」之間出現了重要的聯繫，尤其是西馬來半島國家的情況。來自鴉片專賣與種植的收入，是海峽殖民地與周遭蘇丹國相當重要的政府歲入來源。與此同時，擁有鴉片專賣證的華人通常也控制了賭博與賣淫，變得財富無邊。他們轉而投資礦場、種植園等生意。隨著移民人數增加，有多達百分之六十以上的稻米必須進口，而這種需求又讓華商有進一步的機會，和從暹羅與緬甸出口稻米而來的其他華商建立關係。工業化帶來了各種商品的成長，有些華商也透過加工與零售致富。

華人的河床礦脈開採活動不僅有利於蘇丹，對於馬來人通常也有有限的直接影響。雙方多少會合作：礦場老闆會聘請馬來「巴旺」（pawang），人們相信這種巫師有特殊的眼光，甚至有法力能尋找礦床。無論巴旺對自己的法力有什麼說法，礦工和不列顛當局都很信任他們，畢竟他們對當地地理形勢與環境的認識非常有用。巴旺得到的獎賞相當豐厚。巴旺就像基督宗教的聖人與聖骨匣，是蘇門答臘與馬來半島獨有的蘇菲派伊斯蘭特色。只是，隨著時間一久，他們的影響力逐漸小於蘇丹——蘇丹的世俗角色式微，但宗教角色更形重要——也敵不過更正統的伊斯蘭信仰。5

葉亞來的職業生涯，是錫產繁榮時代的縮影。他是來自廣東的客家人，一八五四年抵達馬來半島，在森美蘭與雪蘭莪的錫礦場工作，最後成為華人甲必丹（Kapitan China，華人社群領袖）的左右手。他繼承了這個頭銜，但客家人和廣東人為了吉隆坡與礦場的控制權而打仗。這場雪蘭莪戰爭（Selangor War）不僅有王室成員涉入，衝突也把馬來—武吉士，以及其他王朝繼承和國與國之間的競爭關係都捲了進來。最後，葉亞來得勝，繼續控制鴉片、賭博、賣淫與其他行業。這場戰爭讓不列顛涉入地方事務的程度更深。不列顛指派「駐辦」擔任蘇丹顧問，並且將首都由巴生（Klang）遷往吉隆坡。葉亞來與瑞天咸（Frank Swettenham）合作特別密切。瑞天咸是推動馬來聯邦成形的駐辦。儘管兩人有時為了賭博專營而有所齟齬，但瑞天咸對葉亞來相當讚賞。他寫道：

> 我相信，他僅憑自己的毅力，便管理好了這個地方的華人〔……〕他為病者提供庇護，主持正義令鄉里信服，開設的磚廠生意興隆，而他的木薯種植園更是整個殖民地最大的。6

葉亞來並非吉隆坡的建立者，但他對華人的管理，以及與馬來、不列顛統治者的合作，幫助吉隆坡從一處礦區變成馬來聯邦的首都，也是今日馬來西亞的首都。

商業階級

國際海路貿易出現了發展上的轉折。歐洲人挾其更精良的船隻與武器，取代了努山塔里亞船隻，往來於前往印度與西方的遠洋航線上，把次要航道與區域貿易留給本地人。後者依舊繁榮，畢竟陸運又貴又慢，許多小港口自然能生存下來。但中國對南洋的貿易在十八世紀迅速成長，中國的戎克船隊因此稱霸了區域貿易。中國在乾隆年間（一七三六年至一七九六年）蒸蒸日上，戎克貿易也在這段漫長的統治期有長足的發展。隨著華人移民南洋的人數與日俱增，中國的進口需求也在提升，雙向貿易因此得益。

這樣的形勢一直延續到十九世紀，直到西方的資本與輪船帶來競爭，侵蝕中國人在南洋海上貿易的影響力為止。此外，中國還受到太平天國影響，中國市場的利潤也因為歐洲與美國主宰了需求而萎縮。不過，努山塔里亞本身倒是有不同的發展。出口需求、人口移入，以及因安全與衛生改善而帶來的人口成長相互結合，刺激了經濟成長，為既有的華商提供了在當地拓展生意的契機，同時又能與區域內離散的其他華人建立聯繫。

新加坡與馬來半島是華商走上坡路的關鍵。不列顛統治時期（至少在半島西側）不僅與錫產的大幅增加時間重疊，更是與一九〇〇年前後展開的廣植橡膠樹搭上了同一班車。儘管招來擔任種植園人力的多半都是來自印度的泰米爾人，但人口增加最誇張的還是華人。一八九一年至一九三一年間，海峽殖民地的華人人口增加了三倍，同一時間馬來人口只多了百分之五十。因為錫礦開採之故，一八九一年的霹靂人口已經有百分之四十四是華人，一九三一年的雪蘭莪人口有百分之四十五的華人，而柔佛則有百分之四十一。華人人口在馬來半島東岸國家的比例低得多，但這些國家的人口本來就不多。

總而言之，馬來半島見證了華人進入傳統努山塔里亞本土人數最多、速度最快的一波浪潮。華人不見得都在礦場或都市地區生活。許多人種稻、種菜，或是小橡膠園主。在這種外來人口的混合中，還有來自印度與斯里蘭卡的泰米爾人，他們或者成為契約工，或者擔任公務員。過程中，原本獨立的米南佳保和武吉士認同泰半與馬來認同融合，而努山塔里亞人整體的人數也不再占多數，更別說是優勢族群了。馬來半島也吸引來自蘇門答臘與爪哇的移民，但這完全無法抵銷華人與印度人人數的增加。

華人的創業精神和勞動力，與西方的公司和採礦、橡膠製作技術相結合，讓資本主義體系出現在馬來半島上，而這對馬來人相當不利。半島的經濟蓬勃發展，但馬來人從他們的豐富資源中得到的卻是最少。隨著歐洲經濟力的重要性漸漸降低，華人及其資本、組織此時占據最有利的位置，充分運用了經濟成長的果實。華人新移民也是一股不可輕忽的力量——他們出身寒微，費盡千辛萬苦才來到新的土地，接著又因為疾病而承受高死亡率，而且通常沒有妻子與家人的安慰。相形之下，落腳已久的移民不僅擁有資本，而且受到其人際關係網絡的保護。

其他地方也有小範圍的華人群聚，例如巴達維亞、婆羅洲海岸、馬尼拉等地。不過，從新加坡到檳城，來到馬來半島西岸的華人卻為當地帶來人口組成上的劇變。相較於本地人，華人等移民對現代思想也更為開放。馬來作家阿布杜拉．阿布杜．卡迪爾筆下的馬來人：

> 無能改變自己的想法，讓觀念現代化，或是創造任何新的事物〔……〕這些無知的習俗對他們一點好處都沒有，他們內心的守舊心態讓他們不知不覺間故步自封，守著從祖先繼承來的一切。[7]

荷蘭統治的地方則有更複雜的移入模式。荷蘭人原本試圖限制人口的移動，但經濟發展自有其動向。東蘇門答臘種植園的勞力絕大多數來自爪哇與馬都拉，而非中國或印度。因債務和掠奪而來的奴隸也創造出了人流，泰半是從東部的島嶼與蘇祿經望加錫而來。直到荷蘭在一八六三年立法禁止之後，奴隸貿易才漸漸式微。華人聚落集中在爪哇，以巴達維亞、泗水與三寶瓏為主。荷蘭當局為非歐洲的外國群體設置了「甲必丹」一職，正式確立華人——至少是說中國方言的人——有獨立的社會身分。[8]此時，華人人數最多，但也有一些阿拉伯人、孟加拉人與其他「東方外國人」，另外還有來自荷蘭勢力範圍的其他移民：武吉士人、馬來人等等。「歐洲人」的人口在十九世紀末大約占百分之零點四，其中也包含大量的混血兒，而他們的母語並非荷蘭語。族群身分與「歐洲裔」或「開化」等地位之間沒有法律上的關係——一八九九年，日本移民也得到與歐洲人等同的地位——但荷語人口仍然位居社會階級的最高層。

菲律賓華人幾乎都住在都市。一八四八年時，有紀錄可稽的華人有百分之九十二生活在馬尼拉。到了一八九四年，比例降到百分之四十八，這是因為怡朗（Iloilo）與宿霧等城市發展起來的關係，而華人人口也已經增加了十倍，達到約十萬人。[9] 然而，這些數據並未納入華裔麥士蒂索，其中有不少人成為大地主。

落地生根或客居異鄉

有時候，把「離散華人」（Chinese diaspora）視為某種一貫性的群體，多少是有點誇大。這種觀點反映了漢人後來的自我形象，認為自己是一股教化的力量，此外也反映出中國在一九〇九年所立的一項法律：所有父親或母親是華人的人，都是中國國民。儘管人們經常把華人視為單一的整體，但他們其實可以分成許多方言群體，守著中國不同地方的語言與風俗。在東南亞，新來的華人與「峇峇娘惹」也不一樣。——峇峇娘惹是久居南洋、接受馬來語言，有時甚至接受若干馬來風俗，但仍舊形成獨立、非穆斯林社群的華人。（峇峇娘惹的自稱「Peranakan」，意為「後代」。這個詞衍生自馬來語的「anak」，意思是「孩子」。）峇峇娘惹經常擔任當地人與殖民統治者的中間人，而客居異鄉者雖然確實居住在當地，卻認為自己只是短暫停留在海外。其他華人則視生意或其他機會所需，來回往返。

華人之間跨地域的聯繫，有時候恐怕沒有後人以為的那麼重要。不過，類似「公司」這種地域層級的團體，不僅對讓華人保有有別於當地人、殖民統治者與貿易者的身分認同來說相當重要，也是他們商業成功的基礎。宗教——或者說缺少宗教，則是另一個讓華人與其他族群有別的特色，尤其是和禁止吃豬肉與飲酒的伊斯蘭社會主體不同。這多少可以解釋在信奉佛教的泰國，華人的影響力與融入的程度，為何都比在群島或馬來半島上來得高。貿易、人口移入，以及文化與外交上的交流，讓泰國在扎克里王朝頭三代君主統治期間（一七八二年至一八五一年）大幅漢化。直到一八三〇年代前後，泰國貴族才開始逐漸把目光投向西方，而非中國。以菲律賓來說，華裔麥士蒂索多半是基督徒。比起懷念故土，他們把更多心力放在做生意與教育上，但新來的華人則會保有中國認同一兩代人的時間。

趁帝國之勢而起

儘管對生產與貿易來說，西方資本的重要性愈來愈高，但華商的影響力漸漸壓倒了本地商人。無論是外國統治者，還是當地蘇丹，都很少視華人社群為政治威脅——對馬來人來說，武吉士人或亞齊人可是頗有威脅。當權者不見得認為華人聚落多多益善，但他們至少願意容忍這些創造財富的人。華人、華人的公司，以及華人的語言群體網絡，可以取得本地商人與生產者所缺乏的資本。[10]不過，華人社群的發展所帶來的長期影響，卻是讓傳統統治者遭到邊緣化，地方菁英抵抗西方的能力也受到削弱。馬來傳統、不列顛人帶來的「現代化」壓力，以及獨立、龐大、成長中的華人社群的存在，讓蘇丹動彈不得。

中國人前往海外，既有推力，也有拉力。太平天國在中國造成的動盪，讓中國南方的人覺得離開家鄉比留下來更有吸引力。一八四二年不列顛人占領香港，加上中國沿岸開放通商口岸，帶來與其他地方的新聯絡管道。當然，許多中國人只在異鄉短暫停留。即便是長居者，原本也沒有打算定居下來。但隨著南洋經濟一波波的成長，前來的華人總人數也愈來愈多。整體而言，殖民政權對華人抱持接納態度，認為華人工作勤奮，懂得貨幣化經濟，除了保護其社群與傳統之外就別無政治野心，而且願意前往歐洲人不願冒險的遠方推動發展。

華人「華人性」的重要性通常遠遠不及他們的方言團體，何況「華人性」都是透過社會組織與風俗展現，而非化為對遙遠北京的異族清朝皇帝的忠誠心。尤其是馬來亞華人，由於人數與其多元性，他們跟其他華人、馬來人以及不列顛人的關係可說是千絲萬縷，端視當地的政治、商業情勢，以及家族和語言群體的關係而定。比方說，人在沒有加入聯邦的馬來國家——吉打的華人，就跟人在不列顛直接統治的海峽殖民地的華人有不一樣的利益。[11]

儘管許多華人漸漸在商業上，甚至社會上融入努山塔里亞，但當地人仍常常認為華人是正逐漸主宰地方商業的外人——整個地區的華人都無法躲過這個現實。而且，他們不像西方統治者，是在此定居賺錢的。當統治者更迭，華人也不會離開。努山塔里亞又多了一種得與之競爭的外來元素。

第二十五章　日正當中

努山塔里亞因為歐洲頭兩個世紀的侵擾所改變的程度，經常受到人們誇大——至少統治階級是如此。一名歷史學家說：「一七〇〇年前後的爪哇，其實跟七〇〇年的爪哇是一樣的。」[1]帶來新思想的外國人人數其實不多，何況人也無法改變島嶼地形的宰制。不過，從十九世紀初開始，變化的速度變得愈來愈快。

從一八二〇年到一九三〇年這漫長的一百多年間，努山塔里亞各地以前所未有的速度發生改變。大海的屏障一度讓這個地區雖然小國林立，但外人難以置喙，如今這個屏障終於也倒下了。短期內，變遷的過程令它們被殖民者與移民踩在底下。但長期下來則是讓新的、更大的國家由此誕生，區域的人口分布形勢轉變，而這兩個過程將延續整個二十世紀。

既有的商業資本主義（mercantile capitalism）在西方的推動與華人移民的支撐下擴大，主導了這個爆炸性世紀的早期階段。舊架構的商業機制崩潰，例如ＶＯＣ與ＥＩＣ、一口通商制度，以及許多海洋國家用於挹注自身的各種壟斷做法。貿易本身——無論是對西方，或是區域之內的貿易——隨著人口的成長與流動而發展，這也是造成改變的原因之一。更多的華人，更多的英格蘭「港腳商人」，以及更多的武吉士人與伊拉倫人也隨之而來。不列顛人開始宣揚的自由貿易理

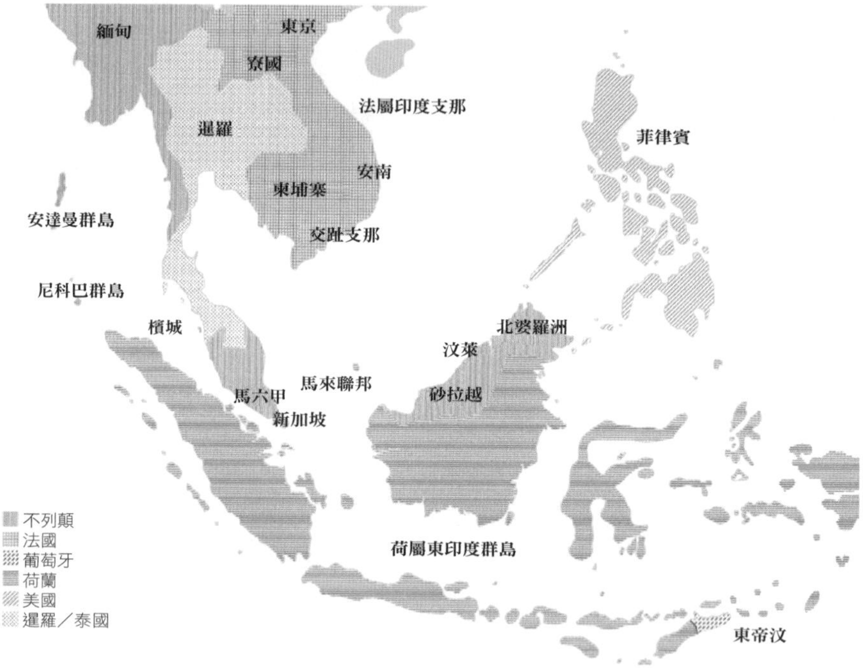

地圖14　1908年：殖民體制底定。

念，也有助於壟斷做法的瓦解。不列顛在印度的統治範圍日益擴大，刺激了經濟作物的發展，其中又以鴉片與靛青為甚。

整體來說，商業資本主義對於統治當地的國家不感興趣，只想確保這些國家遵循的政策能符合其商業利益。甚至連萊佛士在爪哇呼風喚雨時，也認為自己的角色在於讓既有的國家現代化、營利化，而非取代它們。但是，當貿易利潤因為競爭而衰退時，荷蘭人與西班牙人卻試圖創造供應面的獨占。西班牙人在美洲的礦脈枯竭之後，從蓋倫帆船貿易中得到的收入隨之遽減。為了因應，西班牙人試圖從當地種植的菸草中獲利。國家專賣與強迫種植的做法引進了呂宋。在爪哇，傳統統治者依舊在位，強迫性的經濟作物生產（即所謂的「強迫種植制度」〔Cultivation System〕）為獨占的政府買家帶來巨大的利益，卻傷害了生產的農民。

強加的自由主義

西方整體漸漸發展出直接掌控這些國家的興趣，並且在十九世紀晚期達到高峰。生意機會、帝國間的競爭，以及「西方人身懷現代化、自由化與『教化』之使命」的信念綜合起來，激發出這種興趣。一切的背後，則是始於十八世紀晚期的不列顛，在一八五〇年前後發展至巔峰的工業革命與科技革命。這種現象引發了對原物料與市場永無止境的需求。光是為東方的物產提供市場，尋找支付手段，已經無法滿足這個過程。如今，西方需要這些經濟體成長，為它們自己的製造品提供出口，而這少不了用更直接的政治控制來終結地方的獨占、殖民新土地、引進勞工、鼓勵資本，以及創造更完善的貨幣與支付體系。因此，強行推動新的司法體系與管理架構，終究勢在必行。

甚至連菲律賓——受到西班牙統治，而西班牙已經跟歐洲主流脫隊了——都在一八四〇年代出現明顯的改變。適度的自由化，讓不列顛與美國資本得以透過與麥士蒂索大莊園主合作，涉足糖與檳榔種植事業。這段過程相當緩慢。直到一八五〇年代，馬尼拉之外的港口才對外貿開放。當時一名來訪的不列顛人提到這個國家的潛力：

> 菲律賓的母國心中嫉妒，害他們自己任命的總督綁手綁腳。對菲律賓的發展，以及對菲律賓龐大資源的開發來說，最大的阻礙，可說是母國推行的可悲守舊政策。[2]

他還意識到，當地對於外界缺乏認知，「報紙上的聖人生平，篇幅遠多於政治世界中最動盪的事件」。[3]

不過，外國資本的衝擊卻讓變化的腳步加快——例如引進機器，進行大規模甘蔗加工。當局再度允許華人移入。整體來說，財富的增加（至少包括呂宋島中部、馬尼拉，以及怡朗與宿霧等少數城鎮）讓一整代受過教育的富有麥士蒂索階級得以在一八五〇年代出現。扶西・黎剎、馬塞洛・德・皮拉爾（Marcelo de Pilar）、阿波利納里奧・馬比尼（Apolinario Mabini）與胡安・路納（Juan Luna）都屬於這個所謂的知識分子（illustrado）階級。他們帶領要求平等的運動，而最終目標則是獨立。

這種受過教育、事業有成，但並非貴族的新階級，是政治變遷背後的動力。黎剎身上就展現出經濟發展與新階級興起之間的關聯。黎剎也很清楚，整個大馬來世界受到外國宰制，而菲律賓只是其中一環。「馬來性」（Malay-ness）是他菲律賓認同中的一部分。他對歐洲以及整個世界的認識，讓他對自己的文化根源，有著比經驗泰半局限於本地的人更寬廣的視野。

不列顛人在兩個大陸國家推動自由貿易理念，也讓這兩國更融入海洋世界。一八五五年的《英暹條約》（Anglo-Siam Treaty）為廢除多種專賣，以及終結稻米等其他商品的出口限制提供了基礎，影響相當劇烈。暹羅迅速成為主要稻米出口國，這不僅有利於曼谷以北平原區的農民，對主宰稻米貿易的華人也相當有利。蒙固王展開的經濟轉型與政府中央集權化，在他的繼承人朱拉隆功王統治時變得勢不可擋。為了提供基礎建設所需的勞力，當局允許人口大規模移入（主要來自中國）。隨著不列顛人在一八五二年占領下緬甸（Lower Burma，包括伊洛瓦底江三角洲、仰光與勃固在內的區域），該地的稻米與其他貿易也開始走向自由化，激發出農產與印度人、中國人移入的一波高峰。仰光成為東南亞最大的城市之一，與曼谷、巴達維亞齊名，取代曼德勒（Mandalay）成為首都，也是重要商業大城。

仰光、曼谷與西貢等城市座落於伊洛瓦底江、昭披耶河、湄公河流域等稻米產區與商業、海洋世界的交會點，成為一八七〇年至一九三〇年間爆炸性發展的舞台。出口撐起了進口的激增——主要是來自西方的機械與消費性商品。有時候，人們也進口棉織品，但幾乎每個地方都有這種家庭手工業，當地生產者的利益因此受損。專業化生產迅速發展，十九世紀末的菲律賓一面引進稻米，一面出口食糖、麻蕉、菸草與椰製品。

荷屬東印度群島也經歷了若干相同的過程。主要靠著犧牲爪哇農民而利於荷蘭政府的強迫種植制度，讓位給鼓勵市場力量、私人投資的自由經濟。政府投入鐵路與其他交通建設的興建。截至一九〇〇年，爪哇的主要城鎮已經有鐵路銜接，連接各島嶼與巴達維亞的輪船網也迅速發展。殖民政權大量挹注交通，以期能刺激經濟作物的生產。荷屬東印度群島的軌道長度也因此在一九三〇年代達到七千公里，而同時法國統治的海外領土則只有三千公里。

結果，小地主與大種植園所生產的蔗糖、咖啡、菸草與橡膠出口激增。荷屬東印度群島的稻米產量也一飛衝天，但多半都運往缺乏稻米的島嶼。這些發展讓鄉村得以維持所需，儘管瘟疫不時爆發，但非城市人口仍迅速增加。不過，這裡的情況就像菲律賓與馬來各國，新經濟中最賺錢的部門幾乎都掌握在政府、外國或中國資本手中，令本地資本家與商人階級難以再度出現。比方說，荷蘭人擁有的輪船得益於巴達維亞貿易，卻降低了武吉士船隻在島際商業活動中的影響力。

掌握財富

西方與中國投機商忙著從馬來半島前往北婆羅洲，尋找可以開採的新礦脈、可以收成的新作物，以及可以居住的新土地。在馬來亞，容易開採的錫礦已經枯竭，但西方資本透過殖民政府的施壓而得以長期承租土地，資本密集的錫礦泥開採也開始出現。到了十九世紀末，努山塔里亞又出現了另一種因工業化而起的榮景：對橡膠的需求。在馬來亞與東蘇門答臘，大量的土地與政治影響力，讓西方公司相當容易便能獲得大片土地開闢種植園。馬來與移民小地主小農人數激增，他們通常同時種植糧食與經濟作物。當地的出口逐漸以歐洲與美國為導向，區域市場的角色也愈來愈不重要。努山塔里亞企業因此進一步式微。

當地的種植園以前所未有的速度增加，但資本卻多半累積在殖民者與海外華人企業手中。大多數的利潤重新投資在當地，但財富的累積幾乎都是透過低薪，以及礦場與種植園惡劣的勞動環境而來。原住民受到影響的情況各有不同。有些原住民完全不受影響，有些因為經濟作物更容易銷往市場而獲利，其他人則因為引進勞力的競爭，或是土地被債主奪走，抑或是大型建設徵收而蒙受損失。水利工程對小農與種植園的生產都是助力，但這需要政府更多的介入。勞力密集的農產創造出人力需求，人力需求則促進大家庭的形成。努山塔里亞的工業化與西歐有類似之處。新科技與迅速的人口成長，帶來高度的工廠與基礎建設投資率，代價則是家戶實際收入減少。

因此對努山塔里亞的大多數人來說，儘管在城市與運輸系統興建等方面有明顯而長足的進步，但經濟成長的好處要到很晚之後才感受得到，受到商品價格循環影響的程度也愈來愈高。雖然整體公共衛生隨著經濟發展與中央集權而改善，但一次次的霍亂流行仍帶來大面積的受災，加上其他疾病，民俗治療師、預言家與靈性導師的人氣因此高漲。

憤怒造反

長足的發展伴隨著嚴重的混亂與困難，無怪乎人們對外國統治者，以及對社會與經濟變局的激烈反應也隨之而來。種植園與貨幣經濟造成的商品價格崩盤，特別讓農民感到憤怒。小農經常因此欠債——這一點在呂宋島中部的食糖經濟特別嚴重，他們的土地於是抵押給華裔麥士蒂索在丹轆（Tarlac）與潘帕嘉（Pampanga）經營的大莊園，最後甚至失去土地。農民的不滿在基層宗教運動中得到宣洩，但許多運動遭到激烈鎮壓。在菲律賓，他加祿天主教平信徒阿波利納里奧・德・拉・克魯茲（Apolinario de la Cruz，人稱波利弟兄〔Hermano Pule〕）成立了名叫「兄弟會」（Cofradía）的信仰團體，與教會官方和政府漸漸疏遠。當局試圖取締兄弟會，卻導致支持者暴動，犧牲了許多人命才鎮壓下來。波利在一八四一年被捕處死。這段期間，本地出身的神職人員與西班牙上級之間的分歧也日益嚴重。

來到爪哇，在蒂博尼哥羅起義之後，荷蘭人將土地貴族（priyayi）階級吸收進官僚體系中，但農民對於稅賦與商品價格過低的不滿卻在醞釀，並且在正統伊斯蘭信仰與地方性的宗教崇拜中找到出口。瓦哈比派在蘇門答臘的影響力與日俱增，而亞齊人起身反抗荷蘭的做法也得到努山塔里亞各地的讚賞。至於越南，法國人面對仕紳的抵制，即便越南皇帝對法方做出讓步也無法平息。南方（交趾支那）則出現地方宗教領袖為了信徒，與佛教及基督教競爭的情況。不列顛人罷黜緬甸的錫袍王（King Thibaw），將首都由曼德勒遷往仰光，終結了佛教與政府之間的正式關係，但此舉卻導致當地僧人的激進行動與基層民眾的反抗。改變與動盪的力量幾乎四處瀰漫，即便如今西方的統治早已結束，但他們強加的制度與引發的人口結構轉變仍將延續。

第二十六章　無人之地不再

過去兩百年間最劇烈、最持續不斷的發展，始終是努山塔里亞的人口統計數據，而且無論是數字本身，抑或相對於周遭地區皆然。這段時期的大部分時間，人口幾乎每年成長百分之二，堪稱前所未有的事件。一八〇〇年前後，爪哇人口估計約三至五百萬人；到了一九三〇年，已經增加到四千一百萬人。菲律賓一八三〇年的人口為兩百五十萬，到一九四〇年已增加到一千六百萬。馬來國家則在一世紀內增加了十倍，一九三〇年時幾乎達到四百萬，到了一九九〇年則有一千四百萬。從一八二〇年到一八七〇年，努山塔里亞人口以每年百分之二點零七的速度成長，一八七〇年至一九一三年間提升到每年百分之三點一九，此後直到一九五〇年，才降回每年百分之二點零一。就馬來亞與新加坡來說，人口移入是相當重要的因素。一九二一年，馬來國家有百分之四十三的居民是在國外出生，新加坡的數字則是百分之七十。中國人與印度人在十九世紀晚期與二十世紀初期以勞工身分來到馬來各國，最後留在當地，但移民當中也有來自蘇門答臘的。然而，落戶生根的勞工仍然是少數——每十名中國與印度勞工中，只有兩名留了下來。[1]

菲律賓華人人數從一八四〇年的六千人，增加到一八八〇年的十萬人。[2]美國從一八九八年開始統治菲律賓，華人雖然繼續移入，但此後的規模則小得多。

然而，相較於自然增加，移民對人口成長來說始終居於次要位置。這是幾個因素造成的，曾經出現的包括：地方性的戰爭與奴隸掠奪減少，安全提升；公共衛生環境改善；早婚；預期壽命增加；人工流產的情況因為宗教或政府施壓而減少；技術的改進提升了糧食產能；家庭需要勞力來種植經濟作物，或是多一個人賺錢以彌補低薪之不足。不過，這幾點不見得同時發生，而且會因地而異。

在人口增加的第一個階段，主要的因素是出生率的提升，而非壽命增加。這個地區向來苦於幼年高死亡率，但活下來的人則過著相對健康的生活。西方的統治也許帶來經濟收益，但直到在二十世紀時開始了解霍亂、瘟疫等嚴重傳染病之前，西方的醫學對降低死亡率幾乎毫無幫助。

人口遷徙抵銷了部分的人口成長，因為人流會帶來新的傳染疾病，而擁擠的都市或礦場勞動環境也比不上鄉間的衛生。為了開闢種植園而砍伐森林，以及因為開採錫礦而產生的人工湖，都有可能提升瘧疾發生的機率。醫藥對於一九一八年至一九一九年間的流行性感冒完全沒有幫助，當時估計有一百五十萬印尼人喪命。直到公共衛生在二十世紀初大幅改善之前，西方人唯一引進的重要措施只有天花接種。

印尼的情況說明了，壽命增加一開始對人口成長的影響可說是微乎其微。一九〇〇年至一九三〇年間，印尼人口增加了百分之五十，但預期壽命仍然是相當低的三十歲，主因是嬰兒的高夭折率。菲律賓亦然，十九世紀與二十世紀初期的人口成長多半是因為出生率增加，而非死亡時間的延後。結婚或同居年齡提早，人工流產率或許也因為教會的影響而降低。

死亡率下降

相較於這種因出生率而推動的人口成長，二十世紀下半葉的發展令壽命增加，為人口帶來進一步的激增。以印尼為例，預期壽命在一九三〇年至一九九〇年間變成兩倍，而嬰兒死亡率則降低百分之七十五。人口成長率在一九七〇年達到單年度百分之二點六的高峰。島群國家的成長尤其迅速，其中又以菲律賓最高，原因主要是天主教會反對用所謂的人工方法控制生育。菲律賓直到二十世紀，都維持每年百分之一點六的人口成長率。生育率開始下降，主因是孩童死亡率的降低。但生育率的下降相當緩慢，以菲律賓來說，生育率（每名婦女在可分娩期間所生的胎數）漸漸下降，但在二〇一五年時仍有三點零胎。相較之下，印尼的生育率在一九七〇年達到高峰——五點六胎之後，接下來這個數字在二十年間少了一半。下降還在持續，但速率降低，在二〇一五年來到二點四胎。下降速率的維持，最終讓印尼人口穩定維持在三億兩千五百萬人。

馬來西亞的生育率也持續降低，從一九五〇年的六點零胎降到二〇一五年的二點零胎，但不同族群間的數字差異極大——馬來裔為二點六胎，而華裔與印度裔則落在一點四胎左右。這種差異的長期政治影響顯而易見——一九六〇年，少數族群組成馬來半島百分之五十的人口，如今卻只占百分之三十一，而且注定會日益邊緣化。

人口流動讓國家改頭換面的程度，絲毫不亞於人口的增加。國內遷徙自然持續——印尼的情況更是有官方的鼓勵。一九七〇年代與八〇年代，印尼透過人口遷徙計畫（transmigrasi programme），讓農民從爪哇與馬都拉遷往加里曼丹與蘇門答臘。但都市化的影響比島際遷徙更重要。馬尼拉與雅加達等集合城市已經不亞於亞洲大陸城市。

亞洲大陸國家生育率降低的情況比努山塔里亞快得多。到了二〇一五年，中國與泰國的人口自然增加已經停止，而且兩國皆不鼓勵大規模人口移入，因此將在不久後的未來面臨人口衰退。越南與緬甸若非已經達到，就是逼近少子化的程度。因此到二〇五〇年，努山塔里亞與其大陸鄰國之間的人口均勢將出現劇烈的翻轉。前者的人口雖然仍將相對少，但情勢已經轉變，努山塔里亞不再是個缺乏人力的地區。

雖然這種現象帶來的影響尚不明朗，但努山塔里亞再也不是人口稀少、四面環海，百姓住在水邊或鄰近水邊，且財富與權力以船隻和貿易為主體的地方了。至於這種情況是否會維持下去，是否會改變後殖民時代的努山塔里亞國家與鄰國之間的權力平衡，則是懸而未決的問題。

大幅增加的人口所帶來的不只是優點，也有風險。從經濟觀點來看，印尼有能力支撐從兩千五百萬人到兩億五千萬人的這種成長，但民眾遭受自然災害威脅的風險也在增加——生活在容易發生地震、海嘯與火山爆發的島上，天災實在難以抵擋。人口密度以濱海地區增加最快，結果在二〇〇四年的南亞海嘯，光是印尼一國就有十七萬人喪生。

二〇〇四年的海嘯令人想起，十四世紀晚期與十五世紀時或許曾發生過兩起海嘯，摧毀北蘇門答臘的若干印度教—佛教港口城市，連地名都消失了，後來穆斯林商人填補了海嘯後的這種真空狀態。無獨有偶，默拉皮火山在九世紀時爆發，摧毀了馬打蘭，讓這個高度發展的文明大為衰退，導致爪哇權力中心就此遷往布蘭塔斯河流域。一八八三年，巽他海峽的喀拉喀島（Krakatau）

火山爆發，引發的海嘯導致三萬六千人罹難，而當時人口只有今日的十分之一。類似的事件至今依然能導致上百萬人的傷亡。一八一五年，松巴哇島坦博拉山（Mount Tambora）的爆發不僅造成上萬人死亡，甚至改變全球氣候達一年以上，引發糧食歉收，使歐亞各地民眾普遍產生不滿之情。距今七萬四千年前，一次火山爆發創造了蘇門答臘的多巴湖（Lake Toba）。據估計，這次的爆發規模為坦博拉山爆發的百倍，整個南亞都蒙上了一層火山灰。

談到菲律賓群島，隨著人口帶來的土地壓力，百姓開始砍伐森林，破壞原本能保護海岸不受海浪侵襲的紅樹林，颱風的危害也因為洪水與山崩而增加。

在世界上的各個地區中，就數努山塔里亞最容易受到各種天災的威脅——火山、地震、颱風、海嘯與海平面的變化。過去，相對小規模甚至地區性的氣候變化，對歷史的衝擊或許比以往認為的更大。我們不難想像，如今先進的科技能讓各個社會支持內部人口的增加，度過更長的乾旱期與更高的溫度。但水資源始終是糧食生產的關鍵，至少眼下如此。當今全球暖化導致海平面上升，令人不禁想起巽他古陸的過去。努山塔里亞實在禁不起最有生產力、人口最多的土地因此縮水。別說一百二十公尺，光是增加一公尺的高度，就會使最豐饒的三角洲地區泰半被水淹沒或土壤鹽化，幾座主要大城——雅加達、泗水、西貢與馬尼拉——也免不了為防洪而付出極高的代價。海水將淹過呂宋島大部分最優良的農地。

總之，一開始創造努山塔里亞的地理與自然變化，正是如今努山塔里亞所面對的新挑戰。

第二十七章　自由、恐懼與未來

自由、恐懼與未來——一百多年前，當西方列強君臨一切時，這幾個議題似乎讓人無法想像。只有努山塔里亞的傳統菁英，或是想取而代之的國家，才能對列強造成少許麻煩。第一波受到西方影響的重要民族主義運動出現在菲律賓，這多少令人感到意外。扶西・黎剎在馬德里受教育，受英格蘭人影響。他浸淫於西班牙自由主義，對抗的不只是外國的宰制，也反對過時、壓迫、受教會與君主制支配、落後於歐洲先進國家的西班牙。

一八九六年遭到西班牙人處死的黎剎，是現代民族主義的先驅——不只是努山塔里亞，也是整個廣大殖民世界的先驅。雖然他是麥士蒂索，以西班牙文為主要寫作語言，但他認為自己和同胞都是馬來人。他推動以他加祿語為國語，並翻譯日耳曼詩人與劇作家弗里德里希・席勒（Friedrich Schiller）的劇作《威廉・泰爾》（*Wilhelm Tell*）等困難的外國著作。他還創造了新的詞彙與新字，以表達西方思想與政治理念。[1] 其他人則將西班牙文的激進著作（包括無政府主義）翻譯出來。黎剎雖然有部分的華人血統，但他不喜歡人家稱呼他為華人，並且在他的小說《起義者》（*Il Filibusterismo*）中大加批判華商的貪婪，以及他們對西班牙統治者的諂媚態度。

黎剎的創意與智慧鼓舞人心，他一八八七年的小說《不許犯我》（*Noli Me Tangere*）開篇融合了小說與政治宣傳：

> 將近十月底時，人稱提亞哥上校（Captain Tiago）的桑提亞哥・德洛斯桑托斯（Don Santiago de los Santos）閣下舉辦了一場晚宴。雖然他一反常態，直到當天下午才宣布這個消息，但甫一公布，不僅岷倫洛區（Binondo），連城裡的其他地方，甚至王城區（Intramuros）人人都在討論。當時，提亞哥上校素有待客慷慨之名。大家都曉得，他府上就像他的祖國一樣廣納一切，唯有商業與任何嶄新的、大膽的想法不在其列。[2]

激進思想

由於不列顛統治的香港距離菲律賓不遠，菲律賓人因此容易參與國際貿易網絡，並引進自由思想。這個殖民地成為改革勢力的避風港，甚或是策畫基地。一八九一年，黎剎流亡香港，開始擔任執業眼科醫生，並且在此遇見了後來成為他妻子的女孩。埃米利奧・阿奎納多（Emilio Aguinaldo）也在一八九七年流亡至此。無獨有偶，中國革命家孫逸仙醫師也在一八九〇年代初期以香港為根據地。他後來和同是醫生的菲律賓革命家馬里亞諾・彭西（Mariano Ponce）合作，兩人在日本會面，他則協助彭西從日本獲得軍火，對抗美國人。孫逸仙也在一九〇五年前往馬來亞與新加坡散播反清的共和理念，在當地建立同盟會支部，致力於革命自由與民族主義理念，驅逐「韃虜」之枷鎖。各地的民族主義都和激進、共和思想相結合。

一八九六年，黎剎遭當局處死。這件事不僅激起了其他民族主義者的熱情，也顯示西班牙統治的本質有多麼落後。埃米利奧·阿奎納多帶領下一代的民族主義者，接連反抗西班牙與美國，但他們後來發現跟重視教育的美國世俗帝國主義妥協會比較容易——後者帶來一定程度的繁榮，也為他們的階級利益與權力創造一定空間。天主教會仍然有其重要性，但不再主宰所有的基督徒，對檯面上的政局影響力也有限。

有不少例子顯示，殖民對其他地方的影響反而是提升了當地宗教認同與宗教組織的重要性。不列顛人小心翼翼，不去干涉各個馬來國家的宗教事務，結果政治權力大為縮水的蘇丹，漸漸在伊斯蘭信仰中扮演遠比過去重要的角色。相較於荷蘭統治的其他地區，亞齊的宗教復

地圖15　重要海峽與航道。

興與反抗異國統治的關係尤其密切，而且並不保守。埃及改革家穆罕默德・阿布都（Muhammad Abduh）提倡伊斯蘭信仰能與科學創新、社會變革相容，吸引學生從印尼前來開羅的艾茲哈爾大學（al-Azhar）就讀。他們影響了一九一二年正統但改革的爪哇穆罕默迪亞（Muhammadiyah）運動。遵循爪哇地方化伊斯蘭信仰的傳統人士，則形成了伊斯蘭教士聯合會（Nahdlatul Ulama）分庭抗禮。本地商人也在爪哇組成伊斯蘭聯盟（Sarekat Islam）——這個團體以伊斯蘭為非華人、非外國的認同來源，但他們的目標與其說宗教性，不如說更偏重政治與社會。西方世俗自由與激進思想也吸引不少人的支持，尤其是受西方教育的人。

馬來的角色

努山塔里亞島群就像不列顛印度，政治安排有如一塊百衲被。在荷蘭統治的地方，新的交通連結有助於為整個島群創造些許共同關懷。使用馬來語的人愈來愈多，甚至連荷蘭行政官員亦然，許多語言鴻溝也開始消失。講爪哇語的人雖然比較多，但馬來語比較好上手，而且數世紀以來都是該區域各口岸使用的通用語。荷蘭人不像英格蘭與法國殖民當局，並未致力於在統治者之間推行自己的語言。荷語是專屬統治菁英的語言，是用來展現其優越的標誌。一旦荷蘭人需要一種廣土眾民都能懂得的語言，他們多半會採用馬來語。他們也推動拉丁化的拼寫方式，原因不只是因為殖民者的偏好，也是因爪哇大部分地區都還在使用從帕拉瓦文發展出來的卡維文。

這種語言與文字多元體系的其中一種影響，就是被統治者在尋求與荷蘭人抗衡的共通點時，

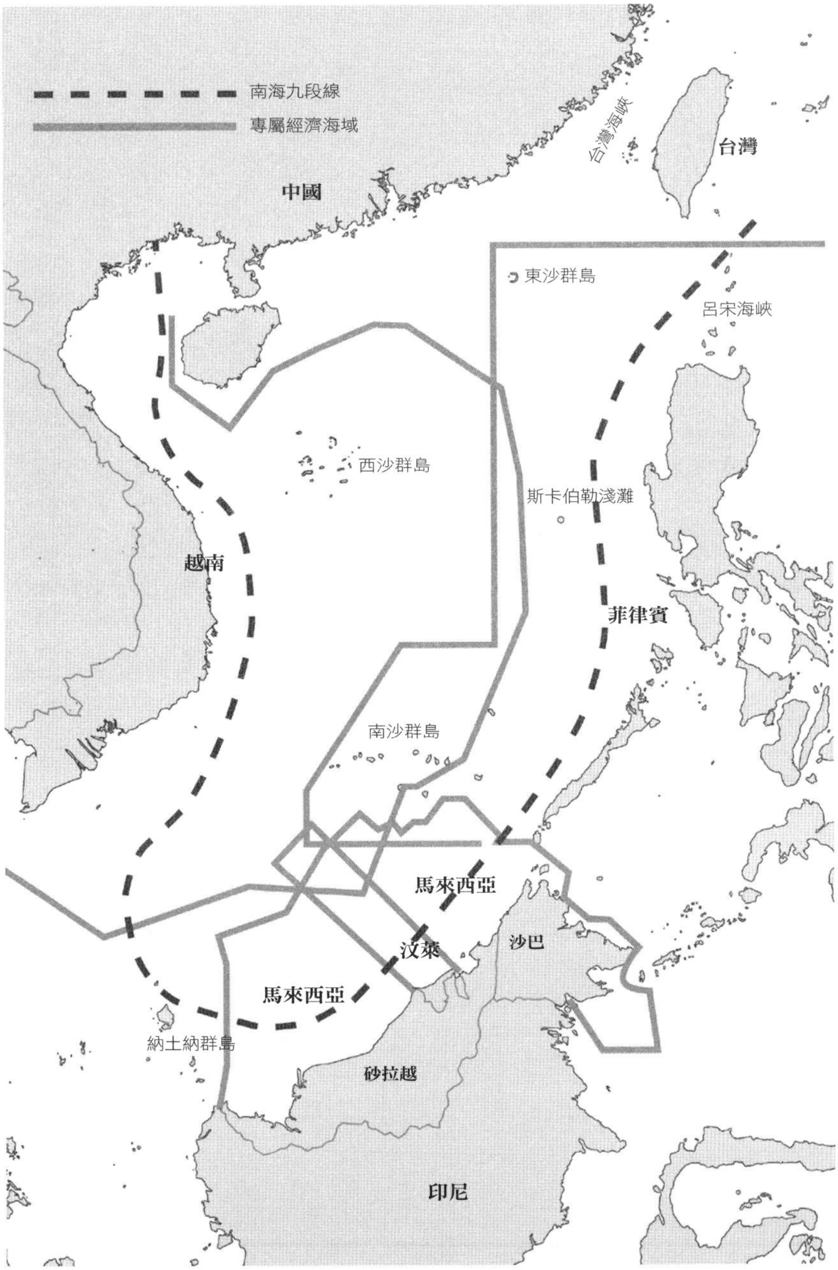

地圖16　中國對努山塔里亞：南海九段線與各國專屬經濟海域。

會使用馬來語溝通，而且通常會以羅米文（拉丁字母）書寫——即便馬來語只是少數被統治者的母語，但羅米文卻是普遍的元素。傳統穆斯林學校走的是當地路線。非宗教學校開始在二十世紀初期如雨後春筍般出現，教學時不僅使用馬來語，甚至使用相同的課本與教學大綱：巴達維亞與萬隆（Bandung）最好的學校讓來自島群各地的人齊聚一堂，進而發現彼此有著超越地方忠誠的共同利益。一九四二年至一九四五年間，日本占領當地，徹底終結荷語的使用。印尼總統蘇卡諾（Sukarno）與其他獨立運動領導人自然無須試圖創造某種凝聚全國的要素，而是理所當然讓馬來語（今天稱為「印尼語」）成為國語和教育的媒介。

西式教育與城市中產階級的擴大，慢慢為有別於傳統貴族菁英的現代民族主義運動創造了環境。教育帶來一群決心改變政治結構的新群體。有人到日本留學，更多人視日本為明燈。按照外國路線推動現代化，以及驅逐外國人，成為民族主義的目標。以獨立的泰國為例，類似的潮流在一九三二年浮現，推翻了專制君權。然而在不列顛人主宰的馬來半島，他們的間接統治卻傾向於讓馬來人受高等教育，以此作為維持保守馬來貴族階級的方式。

日本也激起了各地的種族認同——至少是反歐洲人的情緒。日本的現代化過程早已成為其他民族的標竿，但日本在一九〇四年至一九〇五年間擊敗俄羅斯一事，更是讓世人了解到亞洲人也能走向工業化，走向勝利。日本本身則是在一八八〇年代轉向帝國主義，試圖模仿西方，創造自己的亞洲帝國，並且占領台灣、朝鮮與部分的滿洲。儘管如此，亞洲人仍多半對日本感到欽佩，包括中國的革命人士。一九三〇年代，日本變得更加窮兵黷武。雖然未能成為「大東亞共榮圈」的共主，但日本確實靠著在一九四二年之後顛覆整個海洋，成為瓦解歐洲人自負心態的催化劑。

印尼民族主義者（至少在一開始）與日本有志一同，因為日本承諾他們一條馬上獨立的道路。許多菲律賓菁英在日本軍事占領時與日方合作。過了不久，他們開始對日本幻想破滅，尤其是經濟困頓與強迫勞動的要求，讓名義上的獨立有如鏡花水月。

事後來看，日本是個觸媒，但它的短暫征服幾乎未能讓獨立的潮流加速多少。一九四一年時，菲律賓幾乎已經等於獨立，而其他地方的西式教育與經濟發展也已經創造出一個新的階級，強硬挑戰歐洲人認為「殖民統治百利而無一害」的自以為是。對於一九四一年之前，以及獨立之後的努山塔里亞來說，日本最長久的貢獻在於參與這個地區的經濟網絡，為歐洲人與海外華人帶來競爭。一九四五年起，日本在二十年間便取代了歐洲企業對努山塔里亞各地大半的影響力。

穆罕默德加上馬克思

另一種吸引眾多民族主義者的西方思想，是馬克思列寧主義（Marxism-Leninism）。馬列主義承諾打擊兩項關鍵問題：「貧窮」與「帝國主義」。一九一八年後，在俄羅斯的例子煽風點火下，馬克思主義者站穩腳跟。一九三〇年代的經濟違紀導致商品出口價格崩盤，失業率激增，共產主義與其他激進思想因此變得特別有魅力。雖然努山塔里亞地區的每一個國家，都不具備馬克思認定的革命根源——獨占資本主義與都市無產階級，但對某些民族主義者、農民運動，以及受西式教育的知識分子來說，共產主義仍然是集結眾人的旗幟。新加坡都會區的勞工階級華人迴響特別熱烈。日軍占領期間，共產主義在新加坡、馬來亞等地與反日抗爭結合，後來也成為反殖民革命的先鋒——不過，馬來人鮮少加入這種由華人主導的運動。

隨著威權與宗教為基礎的理念成為主流，曾經讓黎剎等人心生嚮往的西方自由主義也漸漸失去吸引力。在印尼人陳馬六甲（Tan Malaka）的生平，或許最是能總結反殖民鬥爭背後產生作用的幾股衝突力量。陳馬六甲是出身西蘇門答臘的米南佳保人，本名易卜拉欣．格拉（Ibrahim Gelar），後來獲得「達圖蘇丹馬六甲」（Datuk Sutan Malaka）的頭銜。他學業成績優秀，並於一九一三年至一九一九年至尼德蘭進修。到了當地的他，對於馬克思、列寧與尼采的理論非常佩服。回到印尼之後，他前往東爪哇教書，並活躍於東印度社會民主黨（Indies Social Democratic Party）——成立於一九二四年，是印尼共產黨（Communist Party of Indonesia，簡稱ＰＫＩ）的前身。

馬六甲也跟伊斯蘭聯盟有關聯。他相信伊斯蘭與共產主義可以合作，用宗教力量幫助伊斯蘭國家的工人階級團結一致。他造訪歐洲，與蘇聯領導的共產國際（Comintern）搭上線，但歐洲共產主義者多半認為伊斯蘭跟他們的無神論主張無法兼容。儘管如此，馬六甲依舊以各種化名，花了好幾年時間推動革命，並走訪馬尼拉、曼谷、新加坡等地。日軍占領期間，他保持低調，接著走上檯面，參與東爪哇對抗荷蘭人的武裝運動。蘇卡諾與副總統穆罕默德．哈達（Mohammad Hatta）的共和體制，在一九四五年之後四年間的混亂與血腥中與荷蘭人妥協，但馬六甲對此堅決反對。共和國部隊抓到了他，將他處死。革命吞噬了它們的父母，卻沒有吞噬孩子。

ＰＫＩ本身延續了下來，甚至一度在蘇卡諾的統治下興盛發展，後來在一九六五年試圖政變之後，才遭到民族主義派的軍方、保守穆斯林與西方勢力的聯盟激烈鎮壓。接下來幾年不時發生零星衝突，一邊是分離主義叛軍、伊斯蘭激進派與激進左派，另一邊則是軍隊、民族主義者與主流穆斯林群體。最後，世俗、集權、有產勢力大獲全勝。

一九四五年之後，不列顛人意識到緬甸的獨立運動，而菲律賓也開始獨立。荷蘭與法國竭盡全力回到殖民時代的過去，但事實證明吃力不討好。荷蘭人試圖擊敗一九四五年宣布獨立的新生印尼共和國，結果反而提升了民族意識，而且讓當地與荷蘭人合作的地方貴族勢力幾乎告終。

另一方面，馬來亞地區在一九四五年之後的殖民衝突，主要是由華人左派引起的。馬來蘇丹向來保有一定的權力，而且通常也和馬來社會上層一樣，採取與不列顛人合作的態度。譴責蘇丹與不列顛妥協做法的激進馬來民族主義者確實存在。一位名叫易卜拉欣·雅庫布（Ibrahim Yaacob）的老師成立了馬來青年協會（Kesatuan Melayu Muda）與一家民族主義報紙，在一九三八年推動馬來亞與荷蘭統治地區的獨立。他希望形成單一的「大印度尼西亞」（Indonesia Raya），而「馬來人之地」（Tanah Melayu）則是其中的一環。他與日方合作，以期能在日軍一九四二年的征服行動後達成獨立目標。

儘管留有馬六甲蘇丹國的文化與貿易傳統，但馬來半島既沒有重要的馬來遺跡，也沒有馬來統一的歷史。只有少數非王室馬來人接受過高等教育，而政治忠誠通常都指向蘇丹，而非整個馬來社群，而且馬來人主要的精力多投注於華人與印度人的宰制造成的威脅——當時，這兩個移入群體已經在人數上超過馬來人。直到一九四六年，不列顛提議建立馬來亞聯邦，讓移民社群也擁有平等的權利之後，馬來人才為了反對提案而在政治上團結起來。馬來菁英根據能鞏固蘇丹、馬來人、伊斯蘭地位的設計，成功推動獨立，進而確保對鄉間人口的宰制。

商業與文化

西方的統治強調商業，這強化了雅加達、西貢與仰光等濱海城市的影響力，但代價卻是弱化日惹、順化與曼德勒等內陸的王都。不過，本地資本與商業也因為同樣的原因而衰落，畢竟外國政權與大公司偏好與非本地的亞洲商人（華人與印度人）打交道，或是以麥士蒂索為中間人。爪哇的本地資本家曾經在二十世紀初興起，但這個新生的商業階級卻在一九三〇年代的經濟大蕭條中徹底消失。經濟大蕭條也激起針對外國商人的民族情緒——面對欠債累累的農民，外商經常扮演債主的角色。日本軍事占領在本地與移民群體之間更添新仇。這一切促成了後殖民時期之初程度不一的排外行動與政府經濟干預。

後殖民國家一開始便經歷創傷：印尼有分離主義，越南有內戰，馬來西亞則有族群衝突。印尼必須接受國界範圍內各種對伊斯蘭的詮釋，以及龐大的非穆斯林人口。這個國家的回應方式，則是透過「建國五項原則」（Pancasila）的概念，自視為保存各種理念的寶庫。第一任總統蘇卡諾以生動的方式總結了這五項原則：「我讓我自己成為各種意識形態匯聚的地方。我一而再、再而三將它們互相融合，直到它們化為現在的蘇卡諾。」[3]

印尼對於建國時納入砂拉越與沙巴的馬來西亞帶來挑戰。但馬來西亞各州與國界卻比眾人所預期的更為鞏固——無論讓國界合理化的舉動看起來多麼符合邏輯，各方對於這種做法的風險都相當害怕。殖民體制強加的國界——例如分割婆羅洲——能否長久維持？這始終是個問題，就像穆斯林民答那峨—蘇祿與泰國馬來裔地區的地位一樣不明。

度過一開始的不穩局面後，幾乎整個努山塔里亞的收入、教育與公共衛生在後殖民時期的頭七十年出現巨幅的改進。美國、歐洲與日本引領整個全球經濟體系，其他東北亞國家也扮演重要的影響力。努山塔里亞及其鄰國則融入這個體系，發揮曾有的力量。不過，儘管為全世界供應商品、勞力密集產業與勞動力，但努山塔里亞仍然高度仰賴外來的投資與知識。努山塔里亞國家仍然跨坐在商業的動脈上，貿易並不由它們控制。甚至連該區域的國際貿易重鎮，也不再是雅加達、泗水、柔佛、馬尼拉或曼谷，而是華人為主體的新加坡。

殖民母國（至少後來）以官僚體系與正規的統治方式，取代了構成過去兩千年作為努山政治局勢基礎的統治者恩庇關係、相互義務與報償等。與此同時，歐洲統治者避免讓當地統治者涉足獲利甚豐的貿易，讓咸認不會對權力構成威脅的華人提供坦途，在國內與國際貿易中的影響力與日俱增。

無獨有偶，兩名二十世紀晚期的獨裁領導人——菲律賓總統馬可仕（Marcos）與印尼總統蘇哈托（Suharto），也採用與殖民者類似的方式。他們並未把獨占權交給既有的本地菁英，而是交給此前位居次要的華商——例如初到印尼的林紹良，期待這些人忠心、無涉政治，並且為政權提供現金，潤滑整個政治體系。至於在馬來西亞，政府則是用國家權力維持財富與教育方面的均衡，但這並未成功創造出一批馬來商業階級，而是讓馬來菁英離不開他們所控制的國家機器，成為受恩庇者。

對於努山塔里亞的大部分地區來說，宗教——無論是不是國教，都是政治認同的重要一環，在國界之內與國家之間建立障礙。尤其是馬來西亞，穆斯林不僅跟國內龐大的非穆斯林、非本地出身的少數族群有所分歧，連馬來族群認同與蘇丹的地位也跟宗教脫離不了關係。從各方面來看，這等於是以出乎意料的方式，拋棄了馬來人自己的歷史、馬來人的室利佛逝與占碑根源，以及信奉印度教—佛教的馬來國家吉打在國際貿易中的角色。至於菲律賓，穆斯林區域仍然保持孤立、問題重重、內部分裂。

努山塔里亞各族群對於來自西方、相互競爭的閃語宗教進入本地之前的歷史缺乏認知，這等於是侵蝕了努山塔里亞的共有認同。歷史原本可以作為團結的要素，但宗教認同經常壓倒了歷史——尤其是一九八〇年之後數十年間，來自阿拉伯世界的金錢與傳教者成功在馬來西亞推動更保守、毫不通融的伊斯蘭信仰形式，馬來風俗也遭受阿拉伯風俗削弱。印尼受到前述阿拉伯世界影響的程度稍輕，但某些傳統規範與服儀也被外來習俗所取代。

菲律賓希望與國內信奉伊斯蘭的西南部化解分歧，但政府實際上認同基督宗教，尤其是認同天主教會及其反對離婚、避孕的態度，對此卻毫無幫助。

一般來說，無論調整殖民時期留下來的國界，對於化解國內叛亂的問題來說多麼符合邏輯——例如讓過去的北大年蘇丹國加入馬來西亞——但各國政府仍設法避免打開潘朵拉的盒子。只要有助於商業與投資，維穩與保守主義通常能占據上風。

地理與命運

儘管努山塔里亞國家受到地理形勢妨礙，難以與其他同區域的國家建立更為中央集權的政府，但各國之間多半仍能維持政治上的和諧。但是，它們既沒有自視為單一的泛馬來實體，有著共同的歷史、文化與語言基礎，也無法跨越西方國家所留下來的宗教或政治邊界。曾經有人在一九六〇年代倡議泛馬來實體，稱為「馬菲印」（Maphilindo，馬來亞、菲律賓與印尼），但這樣的提案在面對意識形態的差異與各種殖民遺緒時，卻無法取得進展。馬來激進民族主義者認為東南亞島嶼與馬來半島可以團結於共同的認同之下，但其他的分歧（以及掌權者的私利）實在是太大了。隨著伊斯蘭意識的興起（特別是馬來西亞），宗教也成了障礙。

研究東南亞的學術圈受到西方影響，許多學者帶有偏見，選擇否定歷史與語言，等於把菲律賓群島跟整個馬來世界割裂。以馬來世界為主題的專書與論文若非忽略菲律賓，就是只研究信奉伊斯蘭的邊緣地區。[4] 國立新加坡大學（National University of Singapore）的馬來研究系（Malay Studies department）雖然納入馬達加斯加，但整個菲律賓卻只研究信仰伊斯蘭的南部。這種態度等於無視於黎剎與其他菲律賓人對於現代泛馬來意識的貢獻，[5] 也顯示在政治上強調宗教認同的做法，對於整個區域的族群團結多麼具有破壞性。

對於菲律賓來說，組織嚴謹的天主教為這個受西班牙統治的國家提供了某種凝聚力，直到今天仍然如此。天主教為地理形勢與方言所區隔的菲律賓人民帶來些許共同的認同，此前的他們從未統一於一個大國當中。因此，即便這個國家有許多共同的前殖民時期、前伊斯蘭的傳統與文化特色，穆斯林仍然幾乎不覺得自己是這個天主教優勢國家的一分子。

就維持伊斯蘭認同，以及接連對抗西班牙、美國與獨立後的菲律賓來說，穆斯林取得了一定的成功，但他們距離成為一個團結的民族非常遙遠。馬拉那峨、陶蘇格與馬京達瑙的對立太過嚴重。民答那峨的各族群有許多共通點，但仍然因為族裔與宗教而分裂——除非菲律賓公開、主動成為一個世俗國家，否則分裂注定將持續下去。數十年來，維薩亞斯人移入非伊斯蘭的民答那峨，讓當地的認同遭到更嚴重的侵蝕——犧牲的通常是合稱為「魯馬德人」（Lumads，意為「原住民」）的非穆斯林原住民群體。如今在民答那峨與蘇祿群島的兩千兩百萬人口中，穆斯林只占大約百分之二十。

西方的自由民主觀念，是不列顛與美國為時已晚才留下的政治遺產，前景複雜，但整體來說仍然是眾人所渴望的目標。源於西方的社會與治理原則深植於一九四五年後的國際結構中。無論實際上可能多麼不民主，普選仍然成為努山塔里亞各地的常態，而蘇丹至多只扮演象徵角色。

由於受西方所啟發的教育模式以及經濟整合帶來的影響使然，西方思想對後殖民時期之初的衝擊就跟過去一樣巨大。事實證明美國的影響廣泛且深遠，無論是直接的影響，抑或是透過日本以及後來的韓國與台灣企業——這幾個國家本身也深受西方的標準所影響。數十年來原本偏好鎖國民族主義、排斥諸多西方規範的國家，也漸漸接受更開放的發展方向，以趕上鄰國憑藉貿易、外國投資與寬鬆社會規範而取得的經濟與社會成長。

一旦美國的戰略利益與東南亞各國共同的經濟利益結合，催生出區域組織東南亞國協

（Association of Southeast Asian Nations，簡稱ＡＳＥＡＮ）之後，幾個海洋國家就更容易尋求彼此間的共識。東協原本是冷戰時代的政治組織，後來發展成鬆散的經濟團體。美國、海外華人、日本與歐洲的商業關係一如前殖民時代，凝聚了島嶼與大陸國家的共同利益。中型國家還有一項共同利益，也就是不受大國所左右。

其中三個國家在領海方面還有重要的利益問題。一九五七年，印尼單方面宣布自己是個島群國家，主張對構成該國的幾個大島之間所畫出的直線基線（straight baselines）範圍內海域握有主權。菲律賓也採取類似的做法。幾個西方大國漸漸被迫重新思考「領海範圍只能向外延伸五點六公里」與「其他國家享有通過的完整自由」等立場。二十五年的複雜協商，終於在一九八二年以《聯合國海洋法公約》（United Nations Convention on the Law of the Sea，簡稱ＵＮＣＬＯＳ）畫下句點——公約接受島群原則，制定漁業與海床資源的專屬經濟區範圍，確立島群間的海峽有無害通過權（innocent passage），並且將領海從五點六公里擴大到二十二公里範圍。[6] 此外，公約也為若干複雜問題提供解決之道——例如馬來西亞在半島部分與婆羅洲部分之間的權利。這些領土的範圍與印尼島群有所重疊，ＵＮＣＬＯＳ可以作為將爭議提交給國際法庭的一種機制。

ＵＮＣＬＯＳ在一九八七年正式生效，成為海洋國家的巨大勝利。但各國之間的紐帶依舊脆弱，宗教、眼前的國家利益與各種經濟發展層面的嚴重差距，讓這些國家面對棘手難題時很難團結一致。就連對海洋國家來說，團結也是遙不可及——馬來西亞與印尼因為共通語言和對伊斯蘭的觀點而有分歧，而信奉基督教的菲律賓眼望美國的程度，就跟關注鄰國的程度不相上下。但對ＡＳＥＡＮ這個實體來說，最大的挑戰還是中國。

中國攫取大海

一九四五年後的半世紀中，中國在南方鄰國事務中扮演微乎其微的角色。毛派中國尤其排斥為了支援華裔少數族群而出手干預。但一九八〇年之後的三十年間，中國因貿易驅動的經濟成長而創造出信心與財富。對鄰國來說，這既是機會，也是威脅。中國的被害者心態助長了新的民族主義，其言詞表面上指向西方與日本，實際目標卻是將其國界推向距離南中國海的非中國海岸距離不到幾公里之處，這在史上還是頭一遭。簡言之，中國志在將一度屬於馬來人的海洋，變成中國的內海。中方主張其國界及於距離中國大陸兩千公里的礁岩與暗沙，距離其他沿海國家不過數公里遠。這些主張早在一九三〇年代便已首次提出，但各國到了一九九〇年代才開始嚴肅以待——此時，海床已經成為越南、馬來西亞與菲律賓的重要天然氣來源。中國的主張還納入距離印尼納土納群島（Natuna Islands）不遠、富含天然氣的海域。

二〇一六年，常設仲裁法院（Permanent Court of Arbitration）對於菲律賓和中國的主權爭議做出裁決，駁回中國主張的海權，並肯定其他沿海國家的兩百海里專屬經濟區範圍（EEZ）。但這些國家沒有能力對抗中國，而中國則繼續擴張，深入位於他國專屬經濟區的小島上建立防禦工事。美國與日本、澳洲等盟邦只關心航行自由，對於沿海國家的權力或海中的各個小島與礁岩沒有興趣。但它們並未積極反對中國在他國EEZ中軍事化的行為，反而使它們弱化自己的立場。

對於團結對抗中國來說，ASEAN顯然效果有限。臨海國家對於抵抗中國目標的關注，並未得到其他成員國的全力支持。中國聲稱美國及其盟國試圖箝制中國，但實情分明是努山塔里亞國家與越南尋求美國幫助，阻止中國往它們的水域擴張。海洋國家重新控制其水域與貿易的可能性，似乎遙不可及。但相較於過去兩千年的發展脈絡來看，這只是一段非常短暫的時間。在鄭和的時代，中國最大的挑戰並非來自南方的國家，而是在於其北疆與西疆及朝鮮人、俄羅斯人、蒙古人、維吾爾人和圖博人的漫長陸地國界。努山塔里亞的航海技術曾經保護該地區不受外來入侵，直到歐洲人來臨為止。努山塔里亞人或許沒有機會重新在這方面恢復地位，但該區域的人口從稀疏而稠密，這多少也讓努山塔里亞不再薄弱。

中國的經濟力固然在二十、二十一世紀之交大幅提升，但華人企業網絡的角色卻似乎逐漸降低——畢竟移入努山塔里亞的華人愈來愈少，而既有的華人社群若非更融入當地，就是在官方偏好本地人的族群政策中受到邊緣化。儘管如此，憑中國版圖之大，經濟影響力之驚人，只要稍加注意，便足以令鄰國神經緊張。它們始終無法決定，究竟是該起身讓中國清楚了解擴張其帝國將付出什麼代價，還是表現出恭順的態度，實則虛與委蛇。

以中長期來看，人口數字恐怕不利於中國。自十九世紀以降，努山塔里亞人口成長的速度已經超越中國。等到中國推動小家庭制度，生育率逐漸在自願的情況下降低之後，兩者的差距也愈來愈大。努山塔里亞傳統上性別相對平等，而中國的新生兒卻出現龐大的男女差異。但從另一方面來看，努山塔里亞也面臨政治凝聚與經濟效率的問題，發展航空業與電子媒體業只能解決一部分的問題。殖民主義固然創造了更大的國家，卻也加深了宗教與其他方面的分歧。問題不在於努山塔里亞國家能否成為強權，而是它們是否能有效合作，避免再度成為帝國主義的魚肉——這一回的對手來自更近的鄰國，而且這個國家有著自視為文明世界中心的歷史。

努山塔里亞人很難透過歷史與文化角度看待自己。儘管菲律賓的非穆斯林地區與泛馬來世界有明確的語言與文化關係，但如今以後者為題的著作與學術研究，卻經常把前者排除在外。造成這種分野的，正是殖民主義及其遺緒。馬來語是從吉打到古邦（Kupang），從亞路到亞齊之間所使用的官方與教育語言。但菲律賓地區的商業通用語與官方語言卻是英語，而非馬來語。

從權力觀點來看，光是人口與收入的成長還不夠：努山塔里亞過去素來以商業與貿易網絡聞名，如今卻有一大部分掌握在別人手中。美國、日本、韓國以及後來的中國資本成為經濟的動力，國際貿易與船運多半也掌握在外國人的手中。國內主要的商業活動仍然由華裔主宰，而他們融入當地社會的程度差異不小。相較之下，為了政治目的而成立的國家企業卻鮮少有影響力。本地私人資本家經常毫不費力便能取得合約，透過與政治權力的恩庇關係取得資本，而非透過商業冒險精神。

努山塔里亞生活

儘管有這些弱點，努山塔里亞在全球商業中的角色依然重要。國內需求與對外貿易迅速成長，新加坡則延續了過往由馬六甲等口岸所扮演的角色。船隻仍然是全球貿易的主要媒介。努山塔里亞也運用其地理位置與舊有的商業關係，在整合後的製造業體系中扮演要角——多個國家的公司都參與了成品的生產過程。然而，這多半是外國公司採取主動，提供資本與市場造成的結果，利潤也留在外人手中。

因此，今天的努山塔里亞雖然有了更大的國家，卻不再擁有當年歐洲人抵達之前，曾保護著它的海上本領與技術。在可預見的未來，努山塔里亞恐怕也無法恢復這兩者。另一方面，當地如今更多的人口卻也是另一種保護。無論過去半世紀間形成的開放性全球貿易與製造業整合體系是否會延續下去，至少努山塔里亞的海洋與海峽仍然與以往一樣重要。無論全球局面如何演變，地理形勢始終是努山塔里亞經濟的關鍵，刺激這個地方與中國、印度以及區域內的貿易。一如往常，努山塔里亞很可能繼續維持專業生產，而非自給自足。

東北亞與歐洲之間的貿易，或許會因為北冰洋航道開通而轉向。但至少東亞與印度洋國家的貿易——例如與印度次大陸、伊朗、阿拉伯與東非海岸國家——很可能還會成長。展望未來，印度洋說不定正走上超越大西洋與太平洋，恢復全球貿易輻輳地位的道路。如此一來，努山塔里亞將篤定在貨物與思想的交流中占有一席之地，而不會是中國、印度或西方的卒子。

至此，無論國家與宗教如何分裂這個地區，故事都已經講到了尾聲。努山塔里亞的認同有別於亞洲大陸的國家，也有別於其佛教、印度教與儒家政府體系和理念。它不是個像中國那樣的國家，它的地理也不像印度那樣是個整體，它的文化也不像日本那樣界線分明。但就語言來說，它有著印度所缺少的、根本的一致性。努山塔里亞語言的差異不僅沒有中國各地方言那麼嚴重，甚至比歐洲語言還要一致。以仰賴海洋與貿易的程度來說，努山塔里亞勝過世界上其他重要的地區，只有地中海沿岸國家能與之匹敵。這個地區的核心——蘇門答臘、爪哇與馬來半島——擁有一段至少能回溯兩千年的交流歷史。統治者知道它們是某個共同體系的一環；它們不屬於暹羅、高棉、泰米爾、越南、緬甸或中國。菲律賓與東部島嶼也共享大部分的文化、語言與航海根柢，而且自從史前時代以來就是努山塔里亞貿易網絡中的一部分。

這種認同感泰半消失於只關注晚近現代國家發展的歷史中。古老傳統與幾個外來、彼此較勁的閃語宗教行為準則，以及其男性神職人員與先知之間的衝突，仍然困擾著各國社會。本書所講的並非努山塔里亞國家、語言、宗教與文化的線性歷史，而是一般讀者與大眾所知不多的、島群與鄰近海岸地區（以及其馬達加斯加拓殖過程）的共有認同。這個島群遠比地球上的其他島群範圍更廣，必須視其為一個次大陸，而非當代政治與學術高塔中的「東南亞」附屬品。

現代國家需要比二十世紀的獨立宣言，或是十六世紀的宗教改信更深刻的根源。它們必須對共同的文化有所記憶，才能藉此抗衡那些分裂、利用它們的人。為了找回記憶，努山塔里亞人必須回溯數千年前將這整片土地切割開來的事件：最後一次冰河期過後的大洪水。洪水的阻隔讓所有努山塔里亞島嶼共享的認同得以產生，形塑了生活在海岸地區的族群，造就了世界上這個稱為「努山塔里亞」、居民以南島航海民族後裔為主的地區。隨著分化的力量與外來的宰制逐漸退去，他們的故事也繼續下去。局面已經改觀，現代的努山塔里亞人正開始意識到他們共有的身分。

詞彙表

名稱與拼音轉寫方式有所異動者

- Amoy：廈門，中國東南
- Bago：緬甸勃固（Pegu）
- Bantam：萬丹（Banten），印尼爪哇島西北
- Bencoolen：明古魯（Bengkulu），印尼蘇門答臘島西南
- Boni：勃泥（Poni），即汶萊
- Burma：緬甸（Myanmar）
- Calcutta：加爾各答，今稱喀爾加達（Kolkata），印度東北
- Calicut：卡里卡特，今稱科澤科德（Kozhikode），印度西南
- Canton、Khanfu（阿語）：廣州，中國東南
- Chaiya：猜耶，泰國南部
- Dai Viet：大越，今越南
- Jambi：占碑、占卑，古稱末羅瑜（Melayu），印尼蘇門答臘島中北部
- Kauthara：古笪羅，今越南芽莊（Nha Trang）

- Ligor：古名洛坤、六坤或單馬令，今稱 Nakorn Si Thammarat，即偉大單馬令市，泰國南部
- Madagasikara、el-Qomr（阿語）：馬達加西卡拉、庫目爾，今馬達加斯加
- Malacca：馬六甲
- Panduranga：潘杜郎迦，今潘郎（Phan Rang），越南東南
- Peking：北京，中國
- Sanfoqi：三佛齊，室利佛逝（Srivijaya）曾經的中文名，今巨港（Palembang），印度蘇門答臘島東南
- Suvarnadwipa、Zabag（阿語）：意指「黃金之地」，可能在下緬甸或泰南半島
- Taprobane：錫蘭，今斯里蘭卡
- Temasek：淡馬錫，今新加坡
- Tugu：都固，雅加達北部的村名
- Yavadipa：闍婆（中文）、耶婆提（中文），今爪哇
- Zaiton（阿語）：泉州，中國東南

今已不存在的國家

- 阿里卡梅杜（Arikamedu）：古港口，位於印度東南
- 亞路（Aru）：古國，印尼蘇門答臘島東北
- 阿克蘇姆（Axum）：古國，衣索比亞西北

- 巴巴里貢（Barbaricon）：古港口，位於巴基斯坦境內的印度河出海口
- 巴魯斯（Barus）：古代港口國家，印尼蘇門答臘島西北
- 巴里加札（Barygaza）：古港口，印度西北
- 貝勒尼基（Berenice）：古港口，位於紅海埃及一岸
- 日裡（Deli）：古國，印尼蘇門答臘西北
- 頓遜（Dun Sun）：古國，今廷那沙林（Tenasserim），緬甸南部
- 拉敏（er-Ramin）：阿拉伯人對蘇門答臘西北的稱呼
- 扶南（Funan）：古國，位於今柬埔寨境內的湄公河三角洲
- 訶陵（Holing）：古國，爪哇中北部海岸
- 因陀羅補羅（Indrapura）：占人古都，今越南沱瀼（Danang）附近
- 干陀利（Kan To Li）：古國，蘇門答臘東南
- 諫義里（Kediri）：東爪哇古王國
- 歌營（Ko Ying）：古國，可能位於蘇門答臘東南或西爪哇
- 蘭佛（Laem Pho）：古港口，泰國灣西岸
- 狼牙脩（Langkasuka）：古國，馬來半島吉打到泰南北大年之間
- 林邑（Lin-yi）／占婆（Champa）：古國，今越南中部峴港到歸仁一帶
- 馬里卡（Mahilaka）：古港口，馬達加斯加西北
- 馬打蘭（Mataram）：中爪哇古王國

- 幕希里斯（Musiris）：古港口，印度西南
- 米奧斯荷爾默斯（Myos Hormos）：古港口，位於紅海埃及一岸
- 美山（My Son）：古代占人宗教重鎮，靠近越南會安
- 喔吠（Oc Eo）：古國，扶南的城市，位於今柬埔寨面向泰國灣的城市
- 盤盤（Panpan）：古國，今泰國南部素叻他尼（Surat Thani）
- 八昔（Pasai）：古國，蘇門答臘東北
- 皮狄兒（Pedir）：古國，蘇門答臘東北
- 拉普塔（Rhapta）：古港口，非洲東南
- 達瓜巴（Takua-pa）：安達曼海古港口，位於今泰國
- 單馬令（Tambralinga）：古國，馬來半島中部
- 塔魯瑪（Taruma）：古國，爪哇西北
- 多烏蘭（Trowulan）：滿者伯夷首都，如今為東爪哇的一個村落
- 毘闍耶（Vijaya）：占人舊都，今越南歸仁（Quy Nhon）

9. Nicholas Tarling (ed.), *The Cambridge History of Southeast Asia*, vol. 2, part 1 (Cambridge: Cambridge University Press, 1999), p. 161.
10. Andaya and Andaya, *A History of Malaysia*, pp. 140–1.
11. Wu Xiao An, *Chinese Business in the Making of a Malay State, 1882–1941* (Singapore: National University of Singapore Press, 2010).

第二十五章　日正當中

1. B.J.O. Schrieke quoted in Introduction to David Henley and Henk Schulte Nordholdt, *Environment, Trade and Society in Southeast Asia* (Leiden: KITLV, 2001), p. 4.
2. John Bowring, *A Visit to the Philippine Islands* (London: Smith, Elder & Co, 1859; Manila: Filipiniana Book Guild, 1963), p. 207.
3. Ibid., p. 209.

第二十六章　無人之地不再

1. Anthony Reid, 'Malaysia/Singapore as immigrant societies', Working Paper 141 (Singapore: Asia Research Institute, July 2010), pp. 5–8.
2. Ibid.

第二十七章　自由、恐懼與未來

1. Ramon Guillermo, *Translation and Revolution: A Study of José Rizal's* Guillermo Tell (Quezon City: Ateneo de Manila Press University Press, 2009).
2. José Rizal, *Noli Me Tangere*, trans. Charles Derbyshire (Manila: Philippine Education Company, 1912 and Project Gutenberg e-books), loc. 822, Kindle.
3. Quoted in Adam Schwarz, *A Nation in Waiting* (Crows Nest, Australia: Allen & Unwin, 1994), p. 1.
4. Rommel A. Curaming, 'Filipinos as Malay: historicizing an identity', in Maznah Mohamad and S.M.K. Aljunied (eds), *Melayu: The Politics, Poetics and Paradoxes of Malayness* (Singapore: National University of Singapore Press, 2011), ch. 10.
5. Zeus A. Salazar, *The Malayan Connection: Ang Pilipinas sa Dunia Melayu* (Quezon City: Palimbagan ng Lahi, 1998), pp. 113–39.
6. John G. Butcher and R.E. Elson, *Sovereignty and the Sea: How Indonesia Became an Archipelagic State* (Singapore: National University of Singapore Press, 2017).

第二十二章 蘇祿因素—貿易、劫掠、奴役

1. Fei Xin, *Overall Survey of the Star Raft*, trans. J.V.G. Mills, ed. Roderich Ptak (Wiesbaden: Harrassowitz Verlag, 1996), pp. 96–7.
2. Graham to Dundas, quoted in James Francis Warren, *The Sulu Zone 1768–1898: The Dynamics of External Trade, Slavery, and Ethnicity in the Transformation of a Southeast Asian Maritime State*, 2nd edn (Singapore: National University of Singapore Press, 2007), p. 17.
3. Quoted in John Keay, *The Honourable Company: A History of the English East India Company* (London: HarperCollins, 1993), p. 357.
4. Quoted in Warren, *The Sulu Zone*, p. 50.
5. Ibid., p. 51.
6. Ibid., p. 153.
7. Ibid., pp. 147–91.
8. Ibid., pp. 207–11.
9. Ibid., p. 229.

第二十三章 努山塔里亞認同危機

1. Carl A. Trocki, *Prince of Pirates: The Temenggongs and the Development of Johor and Singapore, 1784–1885*, 2nd edn (Singapore: National University of Singapore Press, 2017), pp. 41–3.
2. Stamford Raffles, *The History of Java*, vol. 1, 2nd edn (London: John Murray, 1830), p. 10.
3. Ibid.
4. Jeffrey Hadler, *Muslims and Matriarchs: Cultural Resilience in Indonesia through Jihad and Colonialism* (Singapore: National University of Singapore Press, 2009), p. 9.
5. Quoted in Nicholas Tarling (ed.), *The Cambridge History of Southeast Asia*, vol. 2, part 1 (Cambridge: Cambridge University Press, 1999), p. 17.
6. Letter from John Bowring, Rylands Library MSS 1229/176.

第二十四章 勞力、資本與「公司」：華人的力量

1. Robert E. Elson, 'International commerce, the state and society: economic and social change', in Nicholas Tarling (ed.), *The Cambridge History of Southeast Asia*, vol. 2, part 1 (Cambridge: Cambridge University Press, 1999), p. 159.
2. John Bowring, *A Visit to the Philippine Islands* (London: Smith, Elder & Co, 1859; Manila: Filipiniana Book Guild, 1963), p. 109.
3. Ibid.
4. Barbara Watson Andaya and Leonard Y. Andaya, *A History of Malaysia* (Basingstoke: Palgrave Macmillan, 2001), p. 140.
5. Teren Sevea, 'The "Magic" of Modern Malaya', lecture given at the Nalanda-Srivijaya Centre, ISEAS, Singapore, November 2016.
6. Quoted in Henry Sackville Barlow, *Swettenham* (Kuala Lumpur: Southdene Sdn Bhd, 1995), p. 237.
7. Abdullah bin Abdul Kadir, *Hikayat Abdullah*, trans. A.H. Hill (Kuala Lumpur: Malayan Branch of the Royal Asiatic Society, 1954; Oxford: Oxford University Press, 1970), pp. 312–13.
8. Robert Cribb, *Historical Atlas of Indonesia* (Richmond, Surrey: Curzon Press, 2000), p. 132.

3. Ibid., p. 60.
4. Ibid.
5. Gerrit Knaap and Heather Sutherland, *Monsoon Traders: Ships, Skippers and Commodities in Eighteenth-Century Makassar* (Leiden: KITLV Press, 2004), pp. 167–73.
6. Nicholas Tarling (ed.), *The Cambridge History of Southeast Asia*, vol. 1, part 2 (Cambridge: Cambridge University Press, 1999), p. 125.
7. Maurice Collis, *Siamese White* (London: Faber and Faber, 1936 and Eland Books, 2013).
8. Quoted in Barbara Watson Andaya and Leonard Y. Andaya, *A History of Malaysia* (Basingstoke: Palgrave Macmillan, 2001), p. 84.
9. Stamford Raffles, *The History of Java*, vol. 1, 2nd edn (London: John Murray, 1830), pp. 224–5.
10. Quoted in Reid, 'Pluralism and Progress in Seventeenth-Century Makassar', p. 67.
11. Anthony Reid (ed.), *The Last Stand of Asian Autonomies* (London: Macmillan, 1997), pp. 63–4.
12. Stamford Raffles, 'Introduction', in *The Malay Annals*, trans. John Leyden (London, 1821), p. ix.
13. Abdullah bin Abdul Kadir, *Hikayat Abdullah*, trans. A.H. Hill (Kuala Lumpur: Malayan Branch of the Royal Asiatic Society, 1954; Oxford: Oxford University Press, 1970), p. 302.
14. Ibid., p. 314.
15. Ibid., p. 302.
16. Ibid., p. 271.
17. Ibid., p. 162.

第二十一章　國王當政，教士統治

1. Quoted in O.D. Corpuz, *The Roots of the Filipino Nation*, vol. 1 (Quezon City: University of the Philippines Press, 2005), p. 63.
2. Ibid., p. 98.
3. Ibid., p. 99.
4. Ibid., p. 106.
5. William Lytle Schurz, *The Manila Galleon* (New York: Dutton, 1939), ch. 6.
6. Antonio de Morga, *Sucesos de las Islas Filipinas*, trans. Henry E.J. Stanley (London: Hakluyt Society, 1868), p. 264.
7. Ibid., pp. 240.
8. Ibid., p. 249.
9. Ibid., p. 241.
10. Jean-François de Galaup de la Pérouse, *The Journal 1785–1788*, vol. 2, trans. John Dunmore (London: Hakluyt Society, 1995), p. 238.
11. Ibid.
12. Ibid, p. 240.
13. Ibid., p. 241.
14. Quoted in Schurz, *The Manila Galleon*, p. 29.
15. John Keay, *The Honourable Company: A History of the English East India Company* (London: HarperCollins, 1993), p. 355.
16. Ibid., p. 241.alrymple quoted in O.D. Corpuz, *The Roots of the Filipino Nation*, vol. 1 (Quezon City: University of the Philippines Press, 2005), pp. 363–5.
17. Ibid., p. 241.
18. Ibid., p. 401.
19 Schurz, *The Manila Galleon*, p. 58.

3. José Rizal, Notes on Antonio de Morga, *Sucesos de las Islas Filipinas* quoted in Eng. trans. in Megan Christine Thomas, *Orientalists, Propagandists, and Ilustrados: Filipino Scholarship and the End of Spanish Colonialism* (Minneapolis, MN: University of Minnesota Press, 2012), pp. 190–1.
4. Antonio de Morga, *Sucesos de las Islas Filipinas*, trans. Henry E.J. Stanley (London: Hakluyt Society, 1868), p. 296.
5. Anthony Reid, *Southeast Asia in the Age of Commerce 1450–1680*, vol. 1 (New Haven, CT: Yale University Press, 1988 and 1993), p. 76.
6. de Morga, *Sucesos de las Islas Filipinas*, p. 269.
7. Ibid., p. 268.
8. Francisco Alcina, *History of the Bisayan People in the Philippine Islands*, vol. 3, trans. Cantius Kobak and Lucio Gutierrez (Manila: University of Santo Tomas, 2002), pp. 158–231.
9. Ibid., p. 270.
10. Ibid., p. 271.
11. Ibid., p. 281.
12. Ma Huan, *Overall Survey of the Ocean's Shores*, trans. and notes J.V.G. Mills (London: Hakluyt Society, 1970; Banglamung, Thailand: White Lotus Press, 1997), p. 104.
13. Sun Laichen, 'Burmese bells and Chinese eroticism: Southeast Asia's cultural influence on China', *Journal of Southeast Asian Studies*, vol. 38, no. 2 (June 2007).
14. Quoted in Reid, *Southeast Asia in the Age of Commerce*, vol. 1, p. 100.
15. Antonio Pigafetta, trans. Paula Spurlin Paige from edition in the William L. Clements Library, University of Michigan (Englewood Cliffs, NJ: Prentice-Hall, 1969), ch. 26.
16. de Morga, *Sucesos de las Islas Filipinas*, p. 270.
17. Alcina, *History of the Bisayan People in the Philippine Islands*, vol. 3, pp. 421–7.
18. Quoted in Reid, *Southeast Asia in the Age of Commerce*, vol. 1, p. 165.
19. Alcina, *History of the Bisayan People in the Philippine Islands*, vol. 3, p. 427.
20. John Bowring, *A Visit to the Philippine Islands* (London: Smith, Elder & Co, 1859; Manila: Filipiniana Book Guild, 1963), p. 125.
21. According to the National Statistical Office, Philippines, 37 per cent of all births in 2008.
22. Alcina, *History of the Bisayan People in the Philippine Islands*, vol. 3, p. 421.
23. Ibid.
24. Zhou Daguan, *A Record of Cambodia: The Land and Its People*, trans. Peter Harris (Chiang Mai: Silkworm Books, 2007), ch. 6.
25. Alcina, *History of the Bisayan People in the Philippine Islands*, vol. 3, p. 45.
26. Ramon Guillermo et al., 'The Tagalog Baybayin text of the *Doctrina Christiana* of 1593 and the Legend of Unreadability', in Ramon Guillermo et al., *3 Baybayin Studies* (Quezon City: University of the Philippines Press, 2017), p. 7.
27. Alcina, *History of the Bisayan People in the Philippine Islands*, vol. 3, p. 51.
28. Reid, *Southeast Asia in the Age of Commerce*, vol. 1, p. 126.
29. de Morga, *Sucesos de las Islas Filipinas*, p. 294.
30. Geoff Wade, 'On the possible Cham origin of the Philippine scripts', *Journal of Southeast Asian Studies*, vol. 24, issue 1 (March 1993), pp. 44–87.
31. Guillermo et al., 'The Tagalog Baybayin text of the *Doctrina Christiana*', pp. 29–39.
32. Reid, *Southeast Asia in the Age of Commerce*, vol. 1, p. 218.

第二十章　望加錫、武吉士人與海洋自由

1. Anthony Reid, 'Pluralism and progress in seventeenth-century Makassar', *Bijdragen tot de Taal-, Land- en Volkenkunde*, vol 156, no. 3 (Leiden: Brill, 2000), pp. 55–71.
2. Ibid., p. 59.

11. Ibid., p. 234.
12. Ibid., p. 155.
13. Quoted in Reid, *Southeast Asia in the Age of Commerce*, p. 153.
14. Zhou Daguan, *A Record of Cambodia: The Land and its People*, trans. Peter Harris (Chiang Mai: Silkworm Books, 2007), ch. 20.
15. Ibid., ch. 38.
16. Ma Huan, *Overall Survey of the Ocean's Shores*, trans. and notes J.V.G. Mills ((London: Hakluyt Society, 1970; Banglamung, Thailand: White Lotus Press, 1997), p. 104.
17. Ibid., ch. 20.
18. Alexander Hamilton, *A New Account of the East Indies*, vol. 2 (1727), reprint, ed. William Foster (London: Argonaut Press, 1930), p. 28.

第十八章　努山塔里亞：溫水中的青蛙

1. G.R. Tibbetts, *Arab Navigation of the Indian Ocean Before the Coming of the Portuguese*, translation of Ahmad b. Majid al-Najdi, *Kitab al-Fawa'id fi usul al-bahr wa'l qaqa'id*, with notes and introduction (London: Royal Asiatic Society and Routledge, 1981), pp. 435–6.
2. Quoted in John Keay, *The Spice Route* (London: John Murray, 2005), p. 191.
3. Tomé Pires, *Suma Oriental*, trans. and ed., Armando Cortesão, vol. 2 (London: Hakluyt Society, 1948; New Delhi Asian Educational Services 2015), p. 283.
4. Quoted in Frank Dikötter, *The Discourse of Race in Modern China* (Oxford: Oxford University Press, 2015), p. 10.
5. Peter Borschberg, ed., *Jacques de Coutre's Singapore and Johor 1594–c.1625* (Singapore: National University of Singapore Press, 2015), pp. 27–38.
6. Quoted ibid., pp. 21–6.
7. Peter Borschberg, *Singapore and the Melaka Straits: Violence, Security and Diplomacy in the 17th Century* (Singapore: National University of Singapore Press, 2010), pp. 48–59.
8. Ibid., p. 121.
9. Quoted in Borschberg, *Jacques de Coutre's Singapore and Johor*, p. 32.
10. *Selden Map of China*, Bodleian Library, Oxford University.
11. George H. Kerr, *Okinawa: The History of an Island People* (Rutland, VT: Tuttle Publishing, 2000), pp. 99–100.
12. Pires, *Suma Oriental*, vol. 1, pp. 128–31.
13. Ibid.
14. An old measure of the volume of a ship's cargo.
15. Quoted in Keay, *The Spice Route*, p. 228.
16. Quoted in Barbara Watson Andaya and Leonard Y. Andaya, *A History of Malaysia* (Basingstoke: Palgrave Macmillan, 2001), p. 72.
17. Anthony Reid, 'Economic and social change, c.1400–1800', in Nicholas Tarling (ed.), *The Cambridge History of Southeast Asia*, vol. 1, part 2 (Cambridge: Cambridge University Press, 1993), p. 159.
18. Stamford Raffles, *The History of Java*, vol. 1, 2nd edn (London: John Murray, 1830), p. 70.

第十九章　描籠涯與貝貝因字母

1. Antonio Pigafetta, *Magellan's Voyage: A Narrative Account of the First Circumnavigation*, trans. and notes R.A. Skelton (New Haven: Yale University Press, 1969), chs XXX–LXI.
2. O.D. Corpuz, *The Roots of the Filipino Nation*, vol. 1 (Quezon City: University of the Philippines Press, 2005), p. 19.

16. Tomé Pires, *Suma Oriental*, trans. and ed. Armando Cortesão, vol. 1 (London: Hakluyt Society, 1948; New Delhi Asian Educational Services 2015), pp. 132–3.
17. Junker, *Raiding, Trading and Feasting*, p. 344.
18. Pires, *Suma Oriental*, vol. 1, pp. 133–5.
19. Junker, *Raiding, Trading and Feasting*, pp. 132–4.
20. William Henry Scott, *Prehispanic Source Materials for the Study of Philippine History* (Manila: University of Santo Tomas Press, 1968), pp. 68–71.
21. James C. Scott, *Against the Grain: A Deep History of the Earliest States* (New Haven: Yale University Press, 2017), introduction.
22. George Bryan Souza and Jeffrey Scott Turley, *The Boxer Codex: Transcription and Translation of an Illustrated Late Sixteenth-Century Spanish Manuscript concerning the Geography, History and Ethnography of the Pacific, South-East and East Asia* (Leiden: Brill, 2015).
23. Ma Duanlin, *Wenxian Tongkau*, trans. Marquis d' Hervey de Saint-Denys as *Ethnographie des Peuples Etrangers de la Chine*, vol. 1 (Paris: H. Georg, 1883), pp. 419–24.
24. J. Bruce Jacobs, 'A history of pre-invasion Taiwan', *Taiwan Historical Research*, 23/4 (2016), pp. 10–13.
25. Ibid.
26. Ibid.
27. Ibid., p. 10.
28. Ibid.
29. Ibid., p. 11.
30. Candidius also made history by marrying Saartje Specx, the half-Japanese daughter of the pioneering Dutch merchant Jacques Specx, who became governor of Batavia. She was being cared for by Specx' brutal successor Jan Coen when, aged 12, she was caught having sex in Coen's quarters with a 15-year-old Eurasian soldier. He was executed, she publicly flogged. She died not long after she married Candidius.
31. Jacobs, 'A history of pre-invasion Taiwan', pp. 14–19.
32. Quoted in Chiu Hsin-hui, 'Glimpses of Aboriginal Taiwan', in Chin Hsin-hui, *The Colonial 'Civilizing Process' in Dutch Formosa 1624–1662* (Leiden: TANAP/IGEER, Leiden University, 2007).

第十七章　伊斯蘭大東躍

1. Antonio Pigafetta, *Magellan's Voyage: A Narrative Account of the First Circumnavigation*, trans. and notes R.A. Skelton (New Haven: Yale University Press, 1969), ch. 32.
2. Johannes L. Kurz, *Boni in Chinese Sources*, Working Paper 4 (Singapore: Nalanda-Sriwijaya Centre, ISEAS, 2011).
3. Tomé Pires, *Suma Oriental*, trans. and ed., Armando Cortesão, vol. 2 (London: Hakluyt Society, 1948; New Delhi Asian Educational Services 2015), p. 137.
4. Ibid., p. 147. Celates is a Portuguese name derived from the Malay *selat* meaning 'strait' and hence a reference to the sea people who roamed the Melaka straits and Sumatra coast.
5. Barbara Andaya and Yoneo Ishii, 'Religious developments in Southeast Asia c.1500–1800', in Nicholas Tarling (ed.), *The Cambridge History of Southeast Asia*, vol. 1, part 2, pp. 173–83.
6. Ibid., p. 178.
7. Ibid.
8. Ibid.
9. Quoted in Anthony Reid, *Southeast Asia in the Age of Commerce 1450–1680*, vol. 2 (New Haven, CT: Yale University Press, 1988 and 1993), p. 173.
10. Ibn Battuta, *The Travels of Ibn Battuta*, trans. H.A.R. Gibb, ed. Tim Mackintosh-Smith (London: Picador, 2002), pp. 231–41.

16. Quoted in Reid, *Southeast Asia in the Age of Commerce*, vol. 1, p. 147.
17. *Hikayat Patani* quoted in Reid, *Southeast Asia in the Early Modern Era*, p. 156.
18. Ahmad Ibn Majid quoted ibid., p. 79.
19. Pires, *Suma Oriental*, vol. 2, p. 268.
20. *The Book of Duarte Barbosa: An Account of the Countries Bordering on the Indian Ocean and Their Inhabitants*, trans. M.L. Dames, vol. 2 (London: Hakluyt Society, 1918, reprint 2017), p. 176.
21. Reid, *Southeast Asia in the Early Modern Era*, p. 156.
22. *Duarte Barbosa*, vol. 2, p. 174.
23. Quoted in John Keay, *The Honourable Company: A History of the English East India Company* (London: HarperCollins, 1993), p. 64.
24. Sher Banu A.L. Khan, *Sovereign Women in a Muslim Kingdom: The Sultanahs of Aceh, 1641–1699* (Singapore: National University of Singapore Press, 2017), pp. 257–64.
25. *Sejarah Melayu* quoted in Barbara Watson Andaya and Leonard Y. Andaya, *A History of Malaysia* (Basingstoke: Palgrave Macmillan, 2001), p. 49.
26. Ibid.
27. Quoted in Mashudi Kader, 'Some aspects of seventeenth century Malay via Thomas Bowrey's bilingual dictionary, published in 1701', *The Asian Journal of Humanities*, vol. 16 (Penang: Universiti Sains Malaysia, 2009), pp. 83–113.

第十六章　北方的局外人

1. Peter Bellwood, James J. Fox and Darrell Tryon, *The Austronesians: Historical and Comparative Perspectives* (Canberra: ANU E-Press: 1995), p. 245.
2. Geoff Wade, 'An early age of commerce in Southeast Asia', *Journal of Southeast Asian Studies*, June 2009, pp. 221–65.
3. Ayala Museum, Makati, Philippines.
4. Quoted in Luis H. Francia, *A History of the Philippines: From Indios Bravos to Filipinos* (New York: Overlook Press, 2014), p. 19.
5. Chau Ju-kua, *His Work on the Chinese and Arab Trade in the Twelfth and Thirteenth Centuries, Entitled Chu-fan-chi*, trans. Friedrich Hirth and W.W. Rockhill (St Petersburg: Imperial Academy of Sciences, 1911), p. 10, note 1.
6. Quoted in William Henry Scott, *Cracks in the Parchment Curtain and other Essays in Philippine History* (Quezon City: New Day Publishers, 1982/1998), p. 87.
7. Laura Lee Junker, *Raiding, Trading, and Feasting: The Political Economy of Philippine Chiefdoms* (Honolulu: University of Hawaii Press, 1998), p. 344.
8. O.D. Corpuz, *The Roots of the Filipino Nation*, 2 vols (Quezon City: University of the Philippines Press, 2005), pp. 14–15.
9. Ibid., pp. 159–62.
10. Quoted in Junker, *Raiding, Trading, and Feasting*, p. 209.
11. W.W. Rockhill, 'Notes on the relations and trade of China with the eastern archipelago and coast of the Indian Ocean', *T'oung Pao*, 2nd series, vol. 16, no. 3 (Leiden: Brill, 1915), p. 473.
12. John N. Miksic, *Singapore and the Silk Road of the Sea, 1300–1800* (Singapore: National University of Singapore Press, 2013), p. 202.
13. Fei Xin, *Overall Survey of the Star Raft*, trans. J.V.G. Mills, ed. Roderich Ptak (Wiesbaden: Harrassowitz Verlag, 1996), pp. 59–60.
14. Ibid., p. 96.
15. Geoff Wade, trans., *Southeast Asia in the Ming Shi-lu: an open access resource* (Singapore: Asia Research Institute and the Singapore E-Press, National University of Singapore). Available at http://epress.nus.edu.sg/msl/reign/yong-le/year-15-month-8-day-8.

4. Ibid., p. 276.
5. Ibn Battuta, *The Travels of Ibn Battuta*, trans. H.A.R. Gibb, ed. Tim Mackintosh-Smith (London: Picador, 2002), p. 258.
6. Pierre-Yves Manguin, 'Trading ships of the South China Sea: shipbuilding techniques and their role in the history of the development of Asian trade networks', *Journal of the Economic and Social History of the Orient*, vol. 36, no. 3 (Leiden: Brill, 1993), p. 261.
7. Wang Da Yuan quoted in John N. Miksic, *Singapore and the Silk Road of the Sea, 1300–1800* (Singapore: National University of Singapore Press, 2013), p. 170.
8. Tomé Pires, *Suma Oriental*, trans. and ed. Armando Cortesão, vol. 1 (London: Hakluyt Society, 1948; New Delhi Asian Educational Services 2015), p. 123.
9. Correspondence with Dr Stephen Davies.
10. Duarte Barbosa, *The Book of Duarte Barbosa: An Account of the Countries Bordering on the Indian Ocean and Their Inhabitants*, trans. M.L. Dames, vol. 2 (London: Hakluyt Society, 1918, reprint 2017), pp. 173–5.
11. Anthony Reid, *Southeast Asia in the Age of Commerce 1450–1680*, vol. 2 (New Haven, CT: Yale University Press, 1988 and 1993), p. 40.
12. James Hornell, *Water Transport: Origins and Early Evolution* (Cambridge: Cambridge University Press, 1946), p. 257.
13. Ibid., p. 261.

第十五章　馬來國家馬六甲的長久遺緒

1. Friar Odoric of Pordenone, *The Travels*, trans. Sir Henry Yule, ed. Paolo Chiesa (Cambridge: William B. Eerdmans, 2002), p. 105.
2. Ibid.
3. Ibn Battuta, *The Travels of Ibn Battuta*, trans. H.A.R. Gibb, ed. Tim Mackintosh-Smith (London: Picador, 2002), p. 256.
4. Ma Huan, *Overall Survey of the Ocean's Shores*, trans. and notes J.V.G. Mills (London: Hakluyt Society, 1970; Banglamung, Thailand: White Lotus Press, 1997), pp. 115–24.
5. John N. Miksic, *Singapore and the Silk Road of the Sea, 1300–1800* (Singapore: National University of Singapore Press, 2013), p. 188.
6. Tomé Pires, *Suma Oriental*, trans. and ed. Armando Cortesão, vol. 2 (London: Hakluyt Society, 1948; New Delhi Asian Educational Services 2015), p. 287.
7. Miksic, *Singapore and the Silk Road of the Sea*, p. 167.
8. Fei Xin, *Overall Survey of the Star Raft*, trans. J.V.G. Mills, ed. Roderich Ptak (Wiesbaden: Harrassowitz Verlag, 1996), pp. 53–5.
9. Ibrahim Syukri, *History of the Malay Kingdom of Patani*, trans. Conner Bailey and John N. Miksic, University of Ohio monograph, Southeast Asia Series, no. 68 (Athens, OH: 1985), p. 21.
10. Pires, *Suma Oriental*, p. 269.
11. Ibid.
12. Quoted in Anthony Reid, *Southeast Asia in the Age of Commerce 1450–1680*, vol. 2 (New Haven, CT: Yale University Press, 1988 and 1993), p. 10.
13. Quoted in Anthony Reid, *Southeast Asia in the Early Modern Era: Trade, Power, and Belief* (Ithaca, NY and London: Cornell University Press, 1993), p. 86.
14. *Hikayat Hang Tuah*, trans. Muhammad Haji Salleh (Kuala Lumpur: Institut Terjemahan Negara Malaysia, 2011).
15. Shaharuddin b. Maaruf, *Concept of a Hero in Malay Society* (Singapore: Eastern Universities Press, 1984), pp. 20–34.

12. Wang Dayuan quoted in Rockhill, 'Notes on the relations and trade of China', p. 267.
13. Ma Huan, *Overall Survey of the Ocean's Shores*, trans. and notes J.V.G. Mills (London: Hakluyt Society, 1970; Banglamung, Thailand: White Lotus Press, 1997), p. 93.
14. Ibid.
15. Ibid., p. 97.
16. Stamford Raffles, *The History of Java*, vol. 2, 2nd edn (London: John Murray, 1830), p. 54.
17. Yohanes Sulaiman, 'Indonesia's strategic culture: the legacy of independence', *Understanding Strategic Cultures in the Asia-Pacific*, National Bureau of Asian Research, November 2016.

第十三章　顫抖臣服：鄭和下西洋

1. Robert Finlay, 'How not to (re)write world history', *Journal of World History*, vol. 15, June 2004, pp. 229–42.
2. Chia Lin Sien and Sally Church (eds), *Zheng He and the Afro-Asian World* (Singapore: International Zheng He Society, 2012), chs 1 and 2.
3. Sun Laichen, 'Assessing the Ming role in China's southern expansion', in Geoff Wade and Sun Laichen (eds), *Southeast Asia in the Fifteenth Century: The China Factor* (Singapore: National University of Singapore Press, 2010), p. 62.
4. Ibid.
5. Peter C. Purdue, *China Marches West: The Qing Conquest of Central Eurasia* (Cambridge, MA: Harvard University Press, 2010), p. 56.
6. Fei Xin, *Overall Survey of the Star Raft*, trans. J.V.G. Mills, ed. Roderich Ptak (Wiesbaden: Harrassowitz Verlag, 1996), p. 33.
7. Geoff Wade, *The Ming Shi-lu as a Source for Southeast Asian History, 14th to 17th Centuries* (Singapore: National University of Singapore Press, 2005), p. 22.
8. Ibid.
9. Fei Xin, *Overall Survey*, pp. 57–8.
10. Chau Ju-kua, *His Work on Chinese and Arab Trade in the Twelfth and Thirteenth Centuries*, trans. Friedrich Hirth and W.W. Rockhill (St Petersburg: Imperial Academy of Sciences, 1911), p. 149.
11. Geoff Wade, *The Ming Shi-lu as a Source for Southeast Asian History, 14th to 17th Centuries* (Singapore: National University of Singapore Press, 2005), p. 22. This text is a summary of and introduction to an on-line text of relevant Ming Shi-lu references searchable by name, date and location. See http://epress.nus.edu.sg
12. Ibid., p. 24.
13. Ibid., p. 23.
14. Ibid., p. 22.
15. Niccolò de Conti quoted in Poggio Bracciolini, *The Travels of Niccolò de Conti in the East*, trans. Michèle Guéret-Laferté (Turnhout: Brepols Publishers, 2004), p. 115.
16. Ibid., p. 118.

第十四章　鐵釘、暗榫、難造之船

1. Joseph Needham with Wang Ling and Lu Gwei-Djen, *Science and Civilisation in China*, vol. 4, part 3: *Civil Engineering and Nautics* (Cambridge: Cambridge University Press, 1971).
2. Stephen Davies, *East Sails West: The Voyage of the Keying 1846–1855* (Hong Kong: Hong Kong University Press, 2014), p. 230.
3. Pierre-Yves Manguin, 'The Southeast Asian ship: an historical approach', *Journal of Southeast Asian Studies*, vol 11, no. 2 (Cambridge: Cambridge University Press, 1980), p. 275.

25. Bennet Bronson, 'Wrapping Up Malagasy Textiles', in Chapurukha M. Kusimba, J. Claire Odland and Bennet Bronson (eds), *Unwrapping the Textile Traditions of Madagascar* (Los Angeles, CA: Field Museum and UCLA Fowler Museum of Cultural History, 2004), p. 165.
26. A.M. Jones, *Africa and Indonesia: The Evidence of the Xylophone and Other Musical and Cultural Factors* (Leiden: Brill, 1971), pp. 1–142.
27. Dick-Read, *The Phantom Voyagers*, pp. 155–70.

第十一章　中國昂首

1. John M. Miksic, *Singapore and the Silk Road of the Sea, 1300–1800* (Singapore: National University of Singapore Press, 2013), p. 63.
2. Ibid., p. 66.
3. Ibid., p. 99.
4. Marco Polo, *The Travels*, book 3, trans. and notes Ronald E. Latham (London: Penguin, 1958 and 2015), ch. 10.
5. Ma Huan, 'The Country of Man-la-Chia [Melaka]', in *The Overall Survey of the Ocean's Shores*, trans. and notes J.V.G. Mills (London: Hakluyt Society, 1970; Banglamung, Thailand: White Lotus Press, 1997), pp. 108–14.
6. Miksic, *Singapore and the Silk Road of the Sea*, p. 123.
7. Wang Dayuan quoted in W.W. Rockhill, 'Notes on the relations and trade of China with the eastern archipelago and coast of the Indian Ocean', *T'oung Pao*, vol. 15 (1914), pp. 419–47, 2nd series, vol. 16 (1915), pp. 61–159, 236–71, 374–92,435–67,604–26.
8. Miksic, *Singapore and the Silk Road of the Sea*, pp. 169–81.
9. Ibn Battuta, *The Travels of Ibn Battuta*, trans. H.A.R. Gibb, ed. Tim Mackintosh-Smith (London: Picador, 2002), chapters 21 and 24.
10. Geoff Wade, in Geoff Wade and Sun Laichen (eds), *Southeast Asia in the Fifteenth Century: the China Factor* (Singapore: Singapore University Press, 2010), pp. 3–33.

第十二章　滿者伯夷的美好生活

1. Paul Michel Munoz, *Early Kingdoms of the Indonesian Archipelago and the Malay Peninsula* (Singapore: Editions Didier Millet, 2006), pp. 260–74.
2. Fei Xin, *Overall Survey of the Star Raft*, trans. J.V.G. Mills, ed. Roderich Ptak (Wiesbaden: Harrassowitz Verlag, 1996), p. 41.
3. Kenneth R. Hall, *Maritime Trade and State Development in Early Southeast Asia* (Honolulu, University of Hawaii Press, 1985), p. 246.
4. *Hikayat Raja-Raja Pasai* quoted by A.H. Hill in Nicholas Tarling (ed.), *The Cambridge History of Southeast Asia*, vol. 1 (Cambridge: Cambridge University Press, 1999), p. 218.
5. Shaharuddin b. Maaruf, *Concept of a Hero in Malay Society* (Selangor, Malaysia: Eastern Universities Press, 1984), p. 22.
6. Wang Dayuan quoted in W.W. Rockhill, 'Notes on the relations and trade of China with the eastern archipelago and coast of the Indian Ocean', *T'oung Pao*, 2nd series, vol. 16 (Leiden: Brill, 1915), pp. 236–71.
7. Ibid.
8. John M. Miksic, *Singapore and the Silk Road of the Sea, 1300–1800* (Singapore: National University of Singapore Press, 2013), pp. 171–9.
9. Ibid.
10. Ibid.
11. Fei Xin, *Overall Survey of the Star Raft*, p. 95.

12. Tomé Pires, *Suma Oriental*, trans. and ed. Armando Cortesão, vol. 1 (London: Hakluyt Society, 1948; New Delhi: Asian Educational Services 2015), pp. 112–4.
13. Benedict Anderson, *Imagined Communities*, 2nd edn (London: Verso, 2006).

第十章　馬拉加斯基因與非洲迴音

1. Mervyn Brown, *A History of Madagascar* (Princeton, NY: Markus Wiener Publishers, 2000), pp. 4–5.
2. James Hornell, 'Indonesian influence on East African culture', *Journal of the Royal Anthropological Society of Great Britain* (London: 1934), p. 316.
3. Solofo Randrianja and Stephen Ellis, *Madagascar: A Short History* (London: Hurst, 2009), p. 34.
4. From Joao de Barros, *Decadas da Asia* (1553), quoted in Stamford Raffles, *The History of Java*, vol. 1, 2nd edn (London: John Murray, 1830), p. 21.
5. Otto Christian Dahl, *Migration from Kalimantan to Madagascar* (Tayen: Norwegian University Press, 1991).
6. Chantal Radimilahy, *Mahilaka: An Archaeological Investigation of an Early Town in North-Western Madagascar* (Uppsala: University of Uppsala, 1998), pp. 11–37.
7. Ibid.
8. Alfred Maury, 'Examen de la route que suivaient, au IXe siècle de notre ère, les Arabes et les Persans pour aller en Chine', *Bulletin de la Société Géographie de Paris*, vol. 3 (Paris, 1846), pp. 203–38.
9. K.A. Adelaar, 'The Indonesian migrations to Madagascar: making sense of the multidisciplinary evidence', in Truman Simanjuntak, Ingrid H.E. Pojoh and Mohammad Hisyam (eds), *Austronesian Diaspora and the Ethnogenesis of People in the Indonesian Archipelago. Proceedings of the International Symposium* (Jakarta: LIP Press, 2006).
10. Philip Beale, a former naval officer, and Nick Burningham, an expert on traditional Indonesian vessels. The Keangan boatbuilders were led by As'ad Abdullah.
11. Yusi Avianto Pareanom, *Cinnamon Route: The Samudraraksa Borobudur Expedition* (Jakarta: The Lontar Foundation, 2005), p. 101.
12. Pierre-Yves Manguin, 'The Southeast Asian ship: an historical approach', *Journal of Southeast Asian Studies*, vol. 11, no. 2 (Cambridge: Cambridge University Press, 1980).
13. Quoted in Frank Dikötter, *The Discourse of Race in Modern China* (Hong Kong: Hong Kong University Press, 1992), p. 9.
14. Archives of the Verenigde Oostindische Compagnie (VOC), 1641. Available at www.atlasofmutualheritage.nl
15. Wendy Wilson-Fall, *Memories of Madagascar and Slavery in the Black Atlantic* (Athens, OH: Ohio University Press, 2015), chs 1 and 2.
16. Randrianja and Ellis, *Madagascar: A Short History*, p. 55.
17. Ibn Said quoted in Hornell, 'Indonesian influence on East African culture', p. 317.
18. Randrianja and Ellis, *Madagascar: A Short History*, p. 55.
19. *Book of the Wonders of India* quoted in Hornell, 'Indonesian influence on East African culture', p. 307.
20. Al-Mujawir quoted in Hornell, 'Indonesian influence on East African culture', p. 312.
21. Robert Dick-Read, *The Phantom Voyagers: Evidence of Indonesian Settlement in Africa in Ancient Times* (Winchester: Thurlton Publishing, 2005), pp. 76–84.
22. Ibid., pp. 108–25.
23. Hornell, 'Indonesian influence on East African culture', pp. 320–2.
24. Ibid., p. 318.

9. Michael Flecker, 'A ninth-century Arab or Indian shipwreck in Indonesian waters', *International Journal of Nautical Archaeology*, 29/2 (2000), pp. 199–217.

第七章 爪哇成為要角

1. Kenneth R. Hall, *A History of Early Southeast Asia*, p. 121, and *Maritime Trade and State Development in Early Southeast Asia*, p. 115.
2. G. Coedès, *The Indianized States of Southeast Asia*, trans. Susan Cowing, ed. Walter Vella (Honolulu: University of Hawaii Press, 1968), p. 91.
3. Ibid.
4. Paul Michel Munoz, *Early Kingdoms of the Indonesian Archipelago and the Malay Peninsula* (Singapore: Editions Didier Millet, 2006), p. 144.
5. Kenneth R. Hall, *Maritime Trade and State Development in Early Southeast Asia* (Honolulu, University of Hawaii Press, 1985), pp. 118–9.
6. Ibid., p. 253.

第八章 貿易之虎泰米爾

1. Al-Maqdisi quoted in Hermann Kulke, K. Kesavapany and Vijay Sakhuja (eds), *Nagapattinam to Suvarnadwipa: Reflections on the Ghola Naval Expeditions to Southeast Asia* (Singapore: Institute of Southeast Asian Studies, 2009), p. 2.
2. Paul Michel Munoz, *Early Kingdoms of the Indonesian Archipelago and the Malay Peninsula* (Singapore: Editions Didier Millet, 2006), p. 161.
3. Leyden, John (trans.) and Sir Stamford Raffles (introd.), *The Malay Annals (Sejarah Melayu)* (London: 1821), p. 13.

第九章 占婆：東海霸主

1. Stele from Po Nagar quoted in Georges Maspéro, *The Champa Kingdom: The History of an Extinct Vietnamese Culture*, trans. Walter E.J. Tips (Bangkok: White Lotus Press, 2002), p. 21.
2. Chau Ju-kua, *His Work on the Chinese and Arab Trade in the Twelfth and Thirteenth Centuries, Entitled Chu-fan-chi*, trans. Hirth and Rockhill (St Petersburg: Imperial Academy of Sciences, 1911), p. 49.
3. Ibid.
4. Maspéro, *The Champa Kingdom*, pp. 20–2.
5. Marco Polo, *The Travels*, Book III, trans. and notes Ronald E. Latham (London: Penguin, 1958 and 2015), pp. 249–51.
6. Friar Odoric of Pordenone, *The Travels*, trans. Sir Henry Yule, ed. Paolo Chiesa (Cambridge: William B. Eerdmans, 2002), pp. 111–12.
7. Ma Huan, *The Overall Survey of the Ocean's Shores*, trans. and notes J.V.G. Mills (London: Hakluyt Society, 1970; Banglamung, Thailand: White Lotus Press, 1997), p. 80.
8. Ibid., pp. 77–84.
9. Fei Xin, *Overall Survey of the Star Raft*, trans. J.V.G. Mills, ed. Roderich Ptak (Wiesbaden: Harrassowitz Verlag, 1996), p. 34.
10. Poggio Bracciolini, *The Travels of Niccolò de Conti in the East*, trans. Michèle Guéret-Laferté (Turnhout: Brepols Publishers, 2004), p. 119.
11. Chau Ju-kua, *His Work on Chinese and Arab Trade in the Twelfth and Thirteenth Centuries*, trans. Friedrich Hirth and W.W. Rockhill (St Petersburg: Imperial Academy of Sciences, 1911), p. 50.

12. Marianne Vedeler, *Silk for the Vikings* (Oxford: Oxbow Books, 2014), chs 1–2.
13. S. Frederick Starr, *Lost Enlightenment: Central Asia's Golden Age from the Arab Conquest to Tamerlane* (Princeton, NJ: Princeton University Press, 2013), p. 43.
14. John Keay, *The Spice Route* (London: John Murray, 2005), p. 79.
15. Quoted in Pierre-Yves Manguin, 'The Southeast Asian ship: an historical approach', *Journal of Southeast Asian Studies*, vol. 11, no. 2 (Cambridge: Cambridge University Press, 1980), pp. 266–76.

第五章　文化來自印度，商品來自中國

1. Kanakalatha Mukund, *Merchants of Tamilakam: Pioneers of International Trade* (New Delhi: Allen Lane, 2012), p. 53.
2. Fa Xian, *A Record of Buddhistic Kingdoms*, trans. James Legge (Oxford: Clarendon Press, 1886; New Delhi: Munshiram Manoharlal reprint, 1998), pp. 111–15.
3. Ibid., pp. 116–7.
4. Quoted in Paul Michel Munoz, *Early Kingdoms of the Indonesian Archipelago and the Malay Peninsula* (Singapore: Editions Didier Millet, 2006), p. 106.
5. Ibid., p. 204.
6. Quoted in O.W. Wolters, *Early Indonesian Commerce: A Study of the Origins of Srivijaya* (Ithaca, NY: Cornell University Press, 1967), p. 221.
7. Paul Wheatley, *The Golden Khersonese: Studies in the Historical Geography of the Malay Peninsula before AD 1500* (Kuala Lumpur: University of Malaya Press, 1961), pp. 41–5.
8. Quoted in Hermann Kulke, K. Kesavapany and Vijay Sakhuja (eds), *Nagapattinam to Suvarnadwipa: Reflections on the Ghola Naval Expeditions to Southeast Asia* (Singapore: Institute of Southeast Asian Studies, 2009), p. 16.
9. Ibid., p. 165.
10. Quoted in Munoz, *Early Kingdoms of the Indonesian Archipelago and the Malay Peninsula*, p. 101.
11. Ibid., p. 107.
12. Janice Stargardt, *Satingpra I: The Environmental and Economic Archaeology of South Thailand*, British Archaeological Reports, International Series 158 (Oxford: 1983).
13. Michel Jacq-Hergoualc'h, *The Malay Peninsula: Crossroads of the Maritime Silk Road*, trans. Victoria Hobson (Leiden: Brill, 2008), pp. 278–83.

第六章　室利佛逝：消失的巨幅曼荼羅

1. Georges Coedès, 'Le Royaume de Çrivijaya'. *Bulletin de l'École française d'Extrême-Orient*, vol. 1, 1918.
2. Quoted in Paul Michel Munoz, *Early Kingdoms of the Indonesian Archipelago and the Malay Peninsula* (Singapore: Editions Didier Millet, 2006), p. 123.
3. Ibid., p. 124.
4. Ibid., p. 125.
5. G. Coedès, *The Indianized States of Southeast Asia*, trans. Susan Cowing, ed. Walter Vella (Honolulu: University of Hawaii Press, 1968), p. 109.
6. Ibn al-Faqih al-Hamadani quoted in O.W. Wolters, *Early Indonesian Commerce: A Study of the Origins of Srivijaya* (Ithaca, NY: Cornell University Press, 1967), p. 250.
7. Frank Dikötter, *The Discourse of Race in Modern China* (Hong Kong: Hong Kong University Press, 1992), p. 8.
8. Robin A. Donkin, *Between East and West: The Moluccas and the Traffic in Spices up to the Arrival of Europeans* (Philadelphia, PA: American Philosophical Society, 2003), pp. 89–90.

5. Miller, *The Spice Trade of the Roman Empire*, pp. 12–16.
6. Strabo, *The Geography*, Book XVII, trans. H.C. Hamilton and W. Falconer (London: George Bell & Sons, 1903 and Archive.org), ch. 1.
7. Miller, *The Spice Trade of the Roman Empire*, pp. 119–52.
8. Raoul McLaughlin, *The Roman Empire and the Indian Ocean: The Ancient World Economy and the Kingdoms of Africa, Arabia and India* (Barnsley: Pen and Sword Books, 2014), p. 19.
9. Valerie Hansen, *The Silk Road: A New History* (Oxford: Oxford University Press, 2011), pp. 6–7.
10. Miller, *The Spice Trade of the Roman Empire*, p. 65.
11. Kanakalatha Mukund, *Merchants of Tamilakam: Pioneers of International Trade* (New Delhi: Allen Lane, 2012), pp. 14–34.
12. McLaughlin, *The Roman Empire and the Indian Ocean*, p. 93.
13. Ibid., p. 151.
14. Ibid., p. 126.
15. *Periplus* quoted ibid.
16. Virgil quoted ibid., p. 108.
17. Ibid., p. 106.
18. Ibid., p. 96.
19. Ibid., p. 109.
20. Vimala Begley, 'Arikamedu reconsidered', *American Journal of Archaeology*, vol. 87, no. 4 (1983).
21. William J. Bernstein, *A Splendid Exchange: How Trade Shaped the World* (New York: Atlantic Monthly Press, 2008), p. 40.
22. Lionel Casson (trans. and ed.), *The Periplus of the Erythrean Sea* (Princeton, NJ: Princeton University Press, 1989), pp. 1–39.
23. Ibid.
24. Ibid.
25. Ibid.
26. Ibid.
27. Wheatley, *The Golden Khersonese*, p. 141.
28. Georges Coedès, *The Indianized States of Southeast Asia*, trans. Susan Cowing, ed. Walter Vella (Honolulu: University of Hawaii Press, 1968), ch. II–VI.

第四章　早期帝國的幢幢鬼影

1. Kenneth R. Hall, *Maritime Trade and State Development in Early Southeast Asia* (Honolulu: University of Hawaii Press, 1985), p. 48.
2. *Han Shu*, quoted in Wang Gungwu, 'The Nanhai trade: a study of the early history of Chinese trade in the South China Sea', *Journal of the Malayan Branch of the Royal Asiatic Society*, vol. 31, part 2, no. 182 (1959), pp. 19–20.
3. Hall, *Maritime Trade and State Development in Early Southeast Asia*, pp. 48–62.
4. Ibid., p. 64.
5. *Liang Shu*, quoted in Paul Wheatley, *The Golden Khersonese: Studies in the Historical Geography of the Malay Peninsula before AD 1500* (Kuala Lumpur: University of Malaya Press, 1961), p. 16.
6. Ibid.
7. Quoted in O.W. Wolters, *Early Indonesian Commerce: A Study of the Origins of Srivijaya* (Ithaca, NY: Cornell University Press, 1967), p. 41.
8. Ibid., p. 60.
9. Ibid., p. 176.
10. Ibid., p. 169.
11. Ibid., p. 53.

9. Oppenheimer, *Eden in the East*, pp. 1–44.
10. Sathiamurthy and Voris, 'Maps of Holocene sea level'.
11. Brian Rolett et al., 'Holocene sea-level change and the emergence of Neolithic seafaring in the Fuzhou Basin', *Quaternary Science Reviews* 30 (2011), pp. 788–97.
12. Oppenheimer, *Eden in the East*, ch. 5.
13. Wilhelm G. Solheim II, *Archaeology and Culture in Southeast Asia: Unraveling the Nusantao* (Quezon City: University of the Philippines Press, 2006), pp. 183–90.
14. William Meacham, *The Archaeology of Hong Kong* (Hong Kong: Hong Kong University Press, 2009), pp. 69–102.

第二章　努山塔里亞的特色與早期居民

1. Robert Cribb, *Historical Atlas of Indonesia* (Richmond, Surrey: Curzon Press, 2000), p. 21.
2. Ibid., p. 20.
3. Peter Bellwood, *Man's Conquest of the Pacific: The Prehistory of Southeast Asia and Oceania* (New York: Oxford University Press, 1979), pp. 121, 282.
4. Peter Bellwood, 'Southeast Asia before History', in Nicholas Tarling (ed.), *The Cambridge History of Southeast Asia*, vol. 1, part 1 (Cambridge: Cambridge University Press, 1993), p. 132.
5. J. Innes Miller, *The Spice Trade of the Roman Empire 29 BC – AD 641* (Oxford: Oxford University Press, 1969), ch. 3.
6. Peter Bellwood, *Prehistory of the Indo-Malaysian Archipelago* (Acton, Aus.: Australian National University Press, 2007), pp. 271–5.
7. Robert B. Fox, *Pre-History of the Philippines* (Manila: National Museum of the Philippines, 1967).
8. Gaudenz Domenig, *Religion and Architecture in Premodern Indonesia: Studies in Spatial Anthropology* (Leiden: Brill, 2014), pp. 1–18.
9. Bellwood, *Prehistory of the Indo-Malaysian Archipelago*, pp. 214, 285–95.
10. Wang Gungwu, 'The Nanhai trade: a study of the early history of Chinese trade in the South China Sea', *Journal of the Malayan Branch of the Royal Asiatic Society*, vol. 31, part 2, no. 182 (1959), p. 15.
11. Charles Higham, *The Bronze Age of Southeast Asia* (Cambridge: Cambridge University Press, 1996), p. 302.
12. Berenice Bellina and Ian Glover, 'The archaeology of early contacts with India and the Mediterranean world from the fourth century BC to the fourth century AD', in Peter Bellwood and Ian Glover (eds), *Southeast Asia: From Prehistory to History* (London: Routledge Curzon, 2004), p. 68.
13. Julian Reade, 'Commerce or conquest: variations in the Mesopotamia–Dilmun relationship', in Shaikha Haya Ali Al Khalifa and Michael Rice (eds), *Bahrain through the Ages: The Archaeology* (Routledge: London and New York, 2010), p. 331.

第三章　往返巴比倫

1. Robert Dick-Reid, *The Phantom Voyagers: Evidence of Indonesian Settlement in Africa in Ancient Times* (Winchester: Thurlton Publishing, 2005), p. 22.
2. James Hornell, 'Indonesian influence on East African culture', *Journal of the Royal Anthropological Society of Great Britain* (London: 1934), p. 325.
3. J. Innes Miller, *The Spice Trade of the Roman Empire 29 BC–AD 641* (Oxford: Oxford University Press, 1969), pp. 60–1.
4. Paul Wheatley, *The Golden Khersonese: Studies in the Historical Geography of the Malay Peninsula before AD 1500* (Kuala Lumpur: University of Malaya Press, 1961), p. 179.

注釋

導論

1. Raoul McLaughlin, *The Roman Empire and the Indian Ocean: The Ancient World Economy and the Kingdoms of Africa, Arabia and India* (Barnsley: Pen and Sword Books, 2014), p. 25.
2. Approximately 440 and 240 million respectively.
3. Wilhelm G. Solheim II, *Archaeology and Culture in Southeast Asia: Unraveling the Nusantao* (Quezon City: University of the Philippines Press, 2006), pp. 1–155.
4. Robert Dudley, *Dell'Arcano del Mare Carta Generale dell'Asia* (Florence, 1646) in Peter Geldart exhibition catalogue, *Mapping the Philippine Seas* (PHIMCOS, 2017).
5. Robin A. Donkin, *Between East and West: The Moluccas and the Traffic in Spices up to the Arrival of Europeans* (Philadelphia, PA: American Philosophical Society, 2003), pp. 89–90.
6. George F. Hourani, *Arab Seafaring in the Indian Ocean in Ancient and Early Medieval Times*, revised John Carswell (Princeton, NJ: Princeton University Press, 1995), p. 71.
7. Stamford Raffles, *The History of Java*, vol. 1, 2nd edn (London: John Murray, 1830), p. 64.

第一章　水下家世

1. Harold K. Voris, 'Maps of Pleistocene sea levels in Southeast Asia: shorelines, river systems and time durations', *Journal of Biogeography* 27 (2000), pp. 1153–67.
2. Awang Harun Satyana and Margaretha E.M. Purwaningsih, 'Sumba area: detached Sundaland terrane and petroleum implications', *Proceedings of the Indonesian Petroleum Association*, May 2011.
3. Nicholas Tarling (ed.), *The Cambridge History of Southeast Asia*, vol. 1, part 1 (Cambridge: Cambridge University Press, 1999), pp. 56–65.
4. Edlic Sathiamurthy and Harold K. Voris, 'Maps of Holocene sea level transgression and submerged lakes on the Sunda Shelf', *Natural History Journal of Chulalongkorn University* (August 2006), pp. 1–44.
5. Ibid.
6. Stephen Oppenheimer, *Eden in the East: The Drowned Continent of Southeast Asia* (London: Weidenfeld and Nicholson, 1998), chs 1–3, ch. 6.
7. Berenice Bellina and Ian Glover, 'The archaeology of early contacts with India and the Mediterranean world from the fourth century BC to the fourth century AD', in Peter Bellwood and Ian Glover (eds), *Southeast Asia: From Prehistory to History* (London: Routledge Curzon, 2004).
8. Peter Bellwood, James J. Fox and Darrell Tryon (eds), *The Austronesians: Historical and Comparative Perspectives* (Acton, Aus.: Australian National University, 1995), chs 1 and 5.

Vedeler, Marianne, *Silk for the Vikings* (Oxford: Oxbow Books, 2014).
Verenigde Oostindische Compagnie (VOC), Archives (1641). Available at www.atlasofmutualheritage.nl.
Voris, Harold K., 'Maps of Pleistocene sea levels in Southeast Asia: shorelines, river systems and time durations', *Journal of Biogeography* 27 (2000), pp. 1153–67.
Wade, Geoff, 'On the possible Cham origin of the Philippine scripts', *Journal of Southeast Asian Studies*, vol. 24, no. 1 (March 1993).
——— *The Ming Shi-lu as a Source for Southeast Asian History, 14th to 17th Centuries* (Singapore: National University of Singapore Press, 2005).
——— 'An early age of commerce in Southeast Asia', *Journal of Southeast Asian Studies*, vol. 40, no. 2 (June 2009).
——— *Southeast Asia in the Ming Shi-lu: an open access resource* (Singapore: Asia Research Institute and the Singapore E-Press, National University of Singapore). Available at http://epress.nus.edu.sg/msl/reign/yong-le/year-15-month-8-day-8.
Wade, Geoff and Sun Laichen (eds), *Southeast Asia in the Fifteenth Century: The China Factor* (Singapore: Singapore University Press, 2010).
Wallace, Alfred Russel, *The Malay Archipelago*, 1890, 10th edn (Hong Kong: Periplus, 2000).
Wang Gungwu, 'The Nanhai trade: a study of the early history of Chinese trade in the South China Sea', *Journal of the Malayan Branch of the Royal Asiatic Society*, vol. 31, part 2, no. 182 (1959).
——— *The Chinese Overseas: From Earthbound China to the Quest for Autonomy* (Cambridge, MA: Harvard University Press, 2002).
——— *Nation-Building: Five Southeast Asian Histories* (Singapore: Institute of Southeast Asian Studies, 2005).
Warren, James Francis, *The Sulu Zone 1768–1898: The Dynamics of External Trade, Slavery, and Ethnicity in the Transformation of a Southeast Asian Maritime State*, 2nd edn (Singapore: National University of Singapore Press, 2007).
Westad, Odd Arne, *Restless Empire: China and the World Since 1750* (Cambridge, MA: Harvard University Press, 2012).
Wheatley, Paul, *The Golden Khersonese:*
Studies in the Historical Geography of the Malay Peninsula before AD 1500 (Kuala Lumpur: University of Malaya Press, 1961).
Whitfield, Susan, *The Silk Road: Trade, Travel, War and Faith* (London: British Library, 2004).
William, Friar of Rubruck, *The Mission of Friar William of Rubruck: His Journey to the Court of the Great Khan Monke, 1253–125*, trans. and notes Peter Jackson (London: Hakluyt Society, 1990; Indianapolis, IN: Hackett Publishing, 2009.
Wilson-Fall, Wendy, *Memories of Madagascar and Slavery in the Black Atlantic* (Athens, OH: Ohio University Press, 2015).
Wolters, O.W., *Early Indonesian Commerce: A Study of the Origins of Srivijaya* (Ithaca, NY: Cornell University Press, 1967).
Wu Xiao An, *Chinese Business in the Making of a Malay State, 1882–1941* (Singapore: National University of Singapore Press, 2010).
Zhou Daguan, *A Record of Cambodia: The Land and Its People*, trans. Peter Harris (Chiang Mai: Silkworm Books, 2007).

Shepherd, John Robert, *Statecraft and Political Economy on the Taiwan Frontier, 1600–1800* (Stanford, CA: Stanford University Press, 1993).

Smithies, Michael (ed.), *Alexander Hamilton: A Scottish Sea Captain in Southeast Asia, 1689–1723* (Chiang Mai: Silkworm Books, 1998).

Solheim, Wilhelm G., II, *Archaeology and Culture in Southeast Asia: Unraveling the Nusantao* (Quezon City: University of the Philippines Press, 2006).

Souza, George Bryan, *Portuguese, Dutch and Chinese in Maritime Asia c.1585–1800: Merchants, Commodities and Commerce* (Farnham, Surrey and Burlington, VT: Ashgate Publishing, 2014).

Souza, George Bryan and Jeffrey Scott Turley, *The Boxer Codex: Transcription and Translation of an Illustrated Late Sixteenth-Century Spanish Manuscript concerning the Geography, History and Ethnography of the Pacific, South-East and East Asia* (Leiden: Brill, 2015).

Stargardt, Janice, *Satingpra I: The Environmental and Economic Archaeology of South Thailand*, British Archaeological Reports, International Series 158 (Oxford: 1983).

Starr, S. Frederick, *Lost Enlightenment: Central Asia's Golden Age from the Arab Conquest to Tamerlane* (Princeton, NJ: Princeton University Press, 2013).

Strabo, *The Geography*, trans. H.C. Hamilton and W. Falconer (London: George Bell & Sons, 1903 and Archive.org).

Stuart-Fox, Martin, *A Short History of China and Southeast Asia: Tribute, Trade and Influence* (Crows Nest, Australia: Allen & Unwin, 2003).

Suárez, Thomas, *Early Mapping of Southeast Asia* (Hong Kong: Periplus (HK), 1999).

Sulaiman, Yohanes, 'Indonesia's strategic culture: the legacy of independence: the legacy of independence', *Understanding Strategic Cultures in the Asia-Pacific*, National Bureau of Asian Research, November 2016.

Sun Laichen, 'Burmese bells and Chinese eroticism: Southeast Asia's cultural influence on China', *Journal of Southeast Asian Studies*, vol. 38, no. 2 (June 2007).

——— 'Assessing the Ming role in China's southern expansion', in Geoff Wade and Sun Laichen (eds), *Southeast Asia in the Fifteenth Century: The China Factor* (Singapore: National University of Singapore Press, 2010).

Sutherland, Heather, 'Southeast Asian History and the Mediterranean Analogy', *Journal of Southeast Asian Studies*, 34 (2003).

Syukri, Ibrahim, *History of the Malay Kingdom of Patani*, trans. Conner Bailey and John N. Miksic, University of Ohio monograph, Southeast Asia Series, no. 68 (Athens, OH: 1985).

Székely, Ladislao, *Tropic Fever: The Adventures of a Planter in Sumatra*, trans. Marion Saunders (New York: Harper & Brothers, 1937; Oxford: Oxford University Press, 1985).

Tagliacozzo, Eric and Wen-chin Chang (eds), *Chinese Circulations: Capital, Commodities, and Networks in Southeast Asia* (Durham, NC and London: Duke University Press, 2011).

Tan, Samuel K., *A History of the Philippines* (Quezon City: University of the Philippines Press, 2009).

Tarling, Nicholas, *A Concise History of Southeast Asia* (New York: Frederick A. Praeger, 1966).

Tarling, Nicholas (ed), *The Cambridge History of Southeast Asia*, 4 vols (Cambridge: Cambridge University Press, 1993).

Thomas, Megan Christine, *Orientalists, Propagandists, and Ilustrados: Filipino Scholarship and the End of Spanish Colonialism* (Minneapolis, MN: University of Minnesota Press, 2012).

Tibbetts, G.R., *Arab Navigation of the Indian Ocean Before the Coming of the Portuguese*, a translation of Ahmad b. Majid al-Najdi, *Kitab al-Fawa'id fi usul al-bahr wa'l qaqa'id*, with notes and introduction (London: Royal Asiatic Society and Routledge, 1981).

Tran, Nhung Tuyet and Anthony Reid (eds), *Viet Nam: Borderless Histories* (Madison, WI: University of Wisconsin Press, 2006).

Trocki, Carl A., *Prince of Pirates: The Temenggongs and the Development of Johor and Singapore, 1784–1885*, 2nd edn (Singapore: National University of Singapore Press, 2017).

——— 'Economic and social change, c.1400–1800', in Nicholas Tarling (ed.), *The Cambridge History of Southeast Asia*, vol. 1, part 2 (Cambridge: Cambridge University Press, 1993).
——— 'Pluralism and progress in seventeenth century Makassar', *Bijdragen tot de Taal-, Land- en Volkenkunde*, vol 156, no. 3 (Leiden: Brill, 2000), pp. 433–49.
——— 'Malaysia/Singapore as immigrant societies', Working Paper 141 (Singapore: Asia Research Institute, July 2010).
Reid, Anthony (ed.), *Southeast Asia in the Early Modern Era: Trade, Power, and Belief* (Ithaca, NY and London: Cornell University Press, 1993).
——— *The Last Stand of Asian Autonomies* (London: Macmillan, 1997).
Richter, Anne, *Arts and Crafts of Indonesia* (London: Thames and Hudson, 1993).
Ricklefs, M.C. et al. (ed.), *A New History of Southeast Asia* (Basingstoke: Palgrave Macmillan, 2010).
Rizal, José, *Noli Me Tangere*, trans. Charles Derbyshire (Manila: Philippine Education Company, 1912 and Project Gutenberg e-books).
Rockhill, W.W., 'Notes on the relations and trade of China with the eastern archipelago and coast of the Indian Ocean', *T'oung Pao*, 2nd series, vol. 16, no. 3 (Leiden: Brill, 1915).
Rolett, Brian et al., 'Holocene sea-level change and the emergence of Neolithic seafaring in the Fuzhou Basin', *Quaternary Science Reviews* 30 (2011), pp. 788–97.
Rossabi, Morris (ed.), *China Among Equals: The Middle Kingdom and Its Neighbors, 10th–14th Centuries* (Berkeley, CA: University of California Press, 1983).
Rubinstein, Murray A. (ed.), *Taiwan: A New History* (Armonk, NY: M.E. Sharpe, 1999).
Salazar, Zeus A., *The Malayan Connection: Ang Pilipinas sa Dunia Melayu* (Quezon City: Palimbagan ng Lahi, 1998).
Saleeby, Najeeb M., *The History of Sulu* (Manila: Bureau of Science, 1908 and Filipiniana Book Guild, 1963).
Salleh, Muhammad Haji (trans.), *Hikayat Hang Tuah* (Kuala Lumpur: Institut Terjemahan Negara Malaysia, 2011).
SarDesai, D.R., *Southeast Asia: Past and Present* (London: Hachette, 2012).
Sathiamurthy, Edlic and Harold K. Voris, 'Maps of Holocene sea level transgression and submerged lakes on the Sunda Shelf', *Natural History Journal of Chulalongkorn University* 2: 1–44 (August 2006).
Satyana, Awang Harun and Margaretha E.M. Purwaningsih, 'Sumba area: detached Sundaland terrane and petroleum implications', *Proceedings of the Indonesian Petroleum Association*, May 2011.
Schurz, William Lytle, *The Manila Galleon* (New York: Dutton, 1939).
Schwarz, Adam, *A Nation in Waiting* (Crows Nest, Australia: Allen & Unwin, 1994).
Schweyer, Anne-Valérie, *Ancient Vietnam: History, Art and Archaeology* (Bangkok: River Books, 2011).
Scott, James C., *Against the Grain: A Deep History of the Earliest States* (New Haven: Yale University Press, 2017).
Scott, William Henry, *Prehispanic Source Materials for the Study of Philippine History* (Manila: University of Santo Tomas Press, 1968).
——— *Cracks in the Parchment Curtain and other Essays in Philippine History* (Quezon City: New Day Publishers, 1982/1998).
——— *Looking for the Prehispanic Filipino and Other Essays in Philippine History* (Quezon City: New Day Publishers, 1992).
Sen, Tansen, 'The formation of Chinese maritime networks to South Asia, 1200–1450', *Journal of the Economic and Social History of the Orient*, vol. 49, no. 4 (2006).
Sevea, Teren, 'The "Magic" of Modern Malaya', lecture given at the Nalanda-Srivijaya Centre, ISEAS, Singapore, November 2016.
Shaffer, Lynda Norene, *Maritime Southeast Asia to 1500* (Armonk, NY: M.E. Sharpe, 1996).

Munoz, Paul Michel, *Early Kingdoms of the Indonesian Archipelago and the Malay Peninsula* (Singapore: Editions Didier Millet, 2006).

Needham, Joseph with Wang Ling and Lu Gwei-Djen, *Science and Civilisation in China*, vol. 4, part 3: *Civil Engineering and Nautics* (Cambridge: Cambridge University Press, 1971).

Nery, John, *Revolutionary Spirit: José Rizal in Southeast Asia* (Singapore: Institute of Southeast Asian Studies, 2011).

Nield, Robert, *The China Coast: Trade and the First Treaty Ports* (Hong Kong: Joint Publishing (H.K.), 2010).

Odoric of Pordenone, Friar, *The Travels*, trans. Sir Henry Yule, ed. Paolo Chiesa (Cambridge: William B. Eerdmans, 2002).

Oppenheimer, Stephen, *Eden in the East: The Drowned Continent of Southeast Asia* (London: Weidenfeld and Nicholson, 1998).

Paine, Lincoln, *The Sea and Civilization: A Maritime History of the World* (New York: Alfred A. Knopf, 2013).

Pan, Lynn, *Sons of the Yellow Emperor: The Story of the Overseas Chinese* (London: Secker and Warburg, 1990).

Pareanom, Yusi Avianto, *Cinnamon Route: The Samudraraksa Borobudur Expedition* (Jakarta: The Lontar Foundation, 2005).

Park, Hyunhee, *Mapping the Chinese and Islamic Worlds: Cross-Cultural Exchange in Pre-modern Asia* (Cambridge: Cambridge University Press, 2012).

Pearson, Michael, *The Indian Ocean* (London: Routledge, 2003).

Pelras, Christian, *The Bugis* (Oxford: Blackwell, 1996).

Pérouse, Jean-François de Galaup de la, *The Journal 1785–1788*, trans. John Dunmore, 2 vols (London: Hakluyt Society, 1995).

Pigafetta, Antonio, *The Voyage of Magellan*, trans. Paula Spurlin Paige from edition in the William L. Clements Library, University of Michigan (Englewood Cliffs, NJ: Prentice-Hall, 1969).

——— *Magellan's Voyage: A Narrative Account of the First Circumnavigation*, trans. and notes R.A. Skelton (New Haven: Yale University Press, 1969).

Pires, Tomé, *Suma Oriental*, trans. and ed. Armando Cortesão, 2 vols (London: Hakluyt Society, 1948; New Delhi: Asian Educational Services 2015).

Polo, Marco, *The Travels*, trans. and notes Ronald E. Latham (London: Penguin, 1958 and 2015).

Prapanca, Rakawi, *The Nagara-Kertagama*, trans. Theodore Gauthier Pigeaud (The Hague and New York: Martinus Nijhoff, 1960).

Pringle, Robert, *Understanding Islam in Indonesia: Politics and Diversity* (Singapore: Editions Didier-Millet, 2010).

Purdue, Peter P., *China Marches West: The Qing Conquest of Central Eurasia* (Cambridge, MA: Harvard University Press, 2010).

Radimilahy, Chantal, *Mahilaka: An Archaeological Investigation of an Early Town in North-Western Madagascar* (Uppsala: University of Uppsala, 1998).

Raffles, Sir Thomas Stamford, *The History of Java*, vol. 1, 2nd edn (London: John Murray, 1830, reprint on demand).

Randrianja, Solofo and Stephen Ellis, *Madagascar: A Short History* (London: Hurst, 2009).

Rafael, Vicente L., *Contracting Colonialism: Translation and Christian Conversion in Tagalog Society Under Early Spanish Rule* (Manila: Ateneo de Manila University Press, 1988).

Reade, Julian, 'Commerce or conquest: variations in the Mesopotamia–Dilmun relationship', in Haya Al-Khalifa and Michael Rice (eds), *Bahrain through the Ages: The Archaeology* (Routledge: London and New York, 2010)

Reid, Anthony, *Southeast Asia in the Age of Commerce 1450–1680*, 2 vols (New Haven, CT: Yale University Press, 1988 and 1993).

Ma Duanlin (Ma-Touan-Lin), *Wenxian Tongkau*, trans. Marquis d' Hervey de Saint-Denys as *Ethnographie des Peuples Etrangers de la Chine*, 2 vols (Paris: H. Georg, 1883).
Ma Huan, *Overall Survey of the Ocean's Shores*, trans. and notes J.V.G. Mills (London: Hakluyt Society, 1970; Banglamung, Thailand: White Lotus Press, 1997).
Maaruf, Shaharuddin b., *Concept of a Hero in Malay Society* (Selangor, Malaysia: Eastern Universities Press, 1984; New York: Select Books, 2014).
Mandeville, Sir John and others, *Travels*, pub. Wynkyn de Worde, 1499 (Basingstoke: Macmillan, 1900; Mineola, NY: Dover Publications, 1964).
Manguin, Pierre-Yves, *Les Portugais sur les côtes du Vietnam et du Champa* (Paris: Ecole Française d'Extrême Orient, 1972).
——— 'The Southeast Asian ship: an historical approach', *Journal of Southeast Asian Studies*, vol. 11, no. 2 (Cambridge: Cambridge University Press, 1980).
——— 'Trading ships of the South China Sea: shipbuilding techniques and their role in the history of the development of Asian trade networks', *Journal of the Economic and Social History of the Orient*, vol. 36, no. 3 (Leiden: Brill, 1993), pp. 253–80.
Manguin, Pierre-Yves, A. Mani and Geoff Wade (eds), *Early Interactions between South and Southeast Asia: Reflections on Cross-Cultural Exchange* (Singapore: Institute of Southeast Asian Studies, 2011).
Marsden, William, *The History of Sumatra*, 3rd edn (London: Longman, Hurst, Rees, Orme and Brown, 1811; Project Gutenberg e-books, 2005).
Maspéro, Georges, *The Champa Kingdom: The History of an Extinct Vietnamese Culture*, trans. Walter E.J. Tips (Bangkok: White Lotus Press, 2002).
Matsuda, Matt K., *Pacific Worlds: A History of Seas, People, and Cultures* (Cambridge: Cambridge University Press, 2012).
Maury, Alfred, 'Examen de la route que suivaient, au IXe siècle de notre ère, les Arabes et les Persans pour aller en Chine', *Bulletin de la Société Géographie de Paris*, vol. 3 (Paris, 1846).
McGrail, Seán, *Boats of the World: From the Stone Age to Medieval Times* (Oxford: Oxford University Press, 2004).
McLaughlin, Raoul: *The Roman Empire and the Indian Ocean: The Ancient World Economy and the Kingdoms of Africa, Arabia and India* (Barnsley: Pen and Sword Books, 2014).
Meacham, William, 'Austronesian origins and the peopling of Taiwan', in P.J.K. Li, C. Tsang, Y. Huang, D. Ho, C. Tseng (eds), *Austronesian Studies Relating to Taiwan* (Taipei: Institute of History and Philology, 1995), pp. 227–53.
——— *The Archaeology of Hong Kong* (Hong Kong: Hong Kong University Press, 2009).
Miksic, John N., *The A–Z of Ancient South East Asia* (Lanham, MD: Scarecrow Press, 2010).
——— *Singapore and the Silk Road of the Sea, 1300–1800* (Singapore: National University of Singapore Press, 2013).
Miksic, John N., Marcello Tranchini and Anita Tranchini, *Borobudur: Golden Tales of the Buddhas* (Hong Kong: Periplus Editions, 1991).
Miller, J. Innes, *The Spice Trade of the Roman Empire 29* BC–AD 641 (Oxford: Oxford University Press, 1969).
Milner, Anthony, *The Malays* (Chichester: Wiley-Blackwell, 2011).
Milton, Giles, *Nathaniel's Nutmeg: Or, The True and Incredible Adventures of the Spice Trader who Changed the Course of History* (London: Hodder & Stoughton, 1999).
Mithen, Steven, *After the Ice: A Global Human History*, 20,000–5000 BC (London: Weidenfeld and Nicholson, 2003; Orion Books, 2004).
Morga, Antonio de, *Sucesos de las Islas Filipinas*, trans. Henry E.J. Stanley (London: Hakluyt Society, 1868).
Mukund, Kanakalatha, *Merchants of Tamilakam: Pioneers of International Trade* (New Delhi: Allen Lane, 2012).

Jacobs, J. Bruce, 'A history of pre-invasion Taiwan', *Taiwan Historical Research*, 23/4 (2016).
Jacq-Hergoualc'h, Michel, *The Malay Peninsula: Crossroads of the Maritime Silk Road*, trans. Victoria Hobson (Leiden: Brill, 2008).
Johnstone, Paul, *The Sea-Craft of Prehistory* (London: Routledge and Kegan Paul, 1980).
Jones, A.M., *Africa and Indonesia: The Evidence of the Xylophone and Other Musical and Cultural Factors* (Leiden: Brill, 1971).
Jumsai, Manich M.L., *King Mongkut of Thailand and the British: The Model of a Great Friendship* (Bangkok: Chalermnit, 2000).
Jumsai, Sumet, *Naga: Cultural Origins in Siam and the West Pacific* (Oxford: Oxford University Press, 1988).
Junker, Laura Lee, *Raiding, Trading, and Feasting: The Political Economy of Philippine Chiefdoms* (Honolulu: University of Hawaii Press, 1998).
Kader, Mashudi, 'Some aspects of seventeenth century Malay via Thomas Bowrey's bilingual dictionary, published in 1701', *The Asian Journal of Humanities*, vol. 16 (Penang: Universiti Sains Malaysia, 2009).
Kadir, Abdullah bin Abdul, *Hikayat Abdullah*, trans. A.H. Hill (Kuala Lumpur: Malayan Branch of the Royal Asiatic Society, 1954; Oxford: Oxford University Press, 1970).
Kahn, Joel S., *Other Malays: Nationalism and Cosmopolitanism in the Modern Malay World* (Honolulu: University of Hawaii Press, 2009).
Keay, John, *The Honourable Company: A History of the English East India Company* (London: HarperCollins, 1993).
——— *The Spice Route* (London: John Murray, 2005).
Kerr, George H., *Okinawa: The History of an Island People* (Rutland, VT: Tuttle Publishing, 2000).
Khan, Sher Banu A.L., *Sovereign Women in a Muslim Kingdom: The Sultanahs of Aceh, 1641–1699* (Singapore: National University of Singapore Press, 2017).
Knaap, Gerrit and Heather Sutherland, *Monsoon Traders: Ships, Skippers and Commodities in Eighteenth-Century Makassar* (Leiden: KITLV Press, 2004).
Kottak, Conrad Phillip, Jean-Aimé Rakotoarisoa, Aidan Southall and Pierre Vérin (eds), *Madagascar: Society and History* 38 (Durham, NC: Carolina Academic Press, 1986).
Kulke, Hermann, K. Kesavapany, Vijay Sakhuja, Bijay (eds), *Nagapattinam to Suvarnadwipa: Reflections on the Ghola Naval Expeditions to Southeast Asia* (Singapore: Institute of Southeast Asian Studies, 2009).
Kurz, Johannes L., *Boni in Chinese Sources*, Working Paper 4 (Singapore: Nalanda-Sriwijaya Centre, ISEAS, 2011).
Larkin, John A., *Sugar and the Origins of Modern Philippine Society* (Berkeley, CA: University of California Press, 1993).
Legarda, Benito J., Jr., *After the Galleons: Foreign Trade, Economic Change and Entrepreneurship in the Nineteenth-Century Philippines* (Manila: Ateneo de Manila University Press, 2002).
Leur, J.C. van., *Indonesian Trade and Society: Essays in Asian Social and Economic History* (The Hague: W. van Hoeve, 1955).
Leyden, John (trans.) and Sir Stamford Raffles (introd.), *The Malay Annals (Sejarah Melayu)* (London: Longman, 1821 and facsimile reprint, 2017).
Liberman, Victor, *Strange Parallels: Southeast Asia in Global Context, c. 800–1830*, vol. 2 (Cambridge: Cambridge University Press, 2009).
Linschoten, John Huyghen van, *The Voyage*, ed. Arthur Coke Burnell and P.A. Tiele (London: Hakluyt Society, 1935; New Delhi: reprint Munshiram Manoharlal, 1997).
Lockard, Craig, *Southeast Asia in World History* (Oxford: Oxford University Press, 2009).
Lodewyckz, Willem, *Premier livre de l'histoire de la navigation aux Indes Orientales* (Amsterdam: 1609; reprint on demand, SN Books World).

Flecker, Michael, 'A ninth-century Arab or Indian shipwreck in Indonesian waters', *International Journal of Nautical Archaeology*, 29/2 (2000), pp. 199–217.
Fox, Robert B., *Pre-History of the Philippines* (Manila: National Museum of the Philippines, 1967).
Francia, Luis H., *A History of the Philippines: From Indios Bravos to Filipinos* (New York: Overlook Press, 2014).
Frankopan, Peter, *The Silk Roads: A New History of the World* (London: Bloomsbury, 2015).
Giraldez, Arturo, *The Age of Trade: The Manila Galleons and the Dawn of the Global Economy* (Lanham, MD: Rowman and Littlefield, 2015).
Glendinning, Victoria, *Raffles and the Golden Opportunity* (London: Profile Books, 2012).
Gowing, Peter G. and Robert D. McAmis (eds), *The Muslim Filipinos: Their History, Society and Contemporary Problems* (Manila: Solidaridad, 1974).
Guillermo, Ramon, *Translation and Revolution: A Study of José Rizal's* Guillermo Tell (Quezon City: Ateneo de Manila Press University Press, 2009).
Guillermo, Ramon, Myfel Joseph D. Paluga, Maricor Soriano and Vernon R. Totanes, 'The Tagalog Baybayin text of the *Doctrina Christiana* of 1593 and the Legend of Unreadability', in Ramon Guillermo et al., 3 *Baybayin Studies* (Quezon City: University of the Philippines Press, 2017).
Hadler, Jeffrey, *Muslims and Matriarchs: Cultural Resilience in Indonesia through Jihad and Colonialism* (Singapore: National University of Singapore Press, 2009).
Hall, Kenneth R., *Maritime Trade and State Development in Early Southeast Asia* (Honolulu: University of Hawaii Press, 1985).
——— *A History of Early Southeast Asia: Maritime Trade and Societal Development, 100–1500* (Lanham, MD: Rowman and Littlefield, 2011).
Hall, Richard, *Empires of the Monsoon: A History of the Indian Ocean and Its Invaders* (London: HarperCollins, 1996).
Hamilton, Alexander, *A New Account of the East Indies*, 2 vols (1727), reprint, ed. William Foster (London: Argonaut Press, 1930).
Hang Tuah, *The Epic of Hang Tuah*, trans. Muhammad Haji Salleh, ed. Rosemary Robson (Kuala Lumpur: Institut Terjemahan Negara Malaysia, 2011).
Hansen, Valerie, *The Silk Road: A New History* (Oxford: Oxford University Press, 2011).
Hayase, Shinzo, *Mindanao Ethnohistory Beyond Nations: Maguindanao, Sangir, and Bagobo Societies in East Maritime Southeast Asia* (Manila: Ateneo de Manila Press, 2007).
Hayton, Bill, *The South China Sea: The Struggle for Power in Asia* (New Haven: Yale University Press, 2014).
Heng, Derek, *Sino–Malay Trade and Diplomacy from the Tenth through the Fourteenth Century* (Athens, OH: Ohio University Press, 2009).
Henley, David and Henk Schulte Nordholdt (eds), *Environment, Trade and Society in Southeast Asia: A Longue Durée Perspective* (Leiden: KITLV, 2015).
Higham, Charles, *The Bronze Age of Southeast Asia* (Cambridge: Cambridge University Press, 1996).
Hornell, James, 'Indonesian influence on East African culture', *Journal of the Royal Anthropological Society of Great Britain* (London: 1934).
——— *Water Transport: Origins and Early Evolution* (Cambridge: Cambridge University Press, 1946).
Horridge, G. Adrian, *The Design of Planked Boats of the Moluccas*, Monograph 38 (London: National Maritime Museum, 1978).
——— *The Lambo or Prahu Bot*, Monograph 39 (London: National Maritime Museum, 1979).
——— *The Lashed-lug Boat of the Eastern Archipelagos, the Alcina MS and the Lomblen Whaling Boats*, Monograph 54 (London: National Maritime Museum, 1982).
Hourani, George F., *Arab Seafaring in the Indian Ocean in Ancient and Early Medieval Times*, revised John Carswell (Princeton, NJ: Princeton University Press, 1995).

Chaudhuri, K.N., *Trade and Civilisation in the Indian Ocean: An Economic History from the Rise of Islam to 1750* (Cambridge: Cambridge University Press and New Delhi: Munshiram Manoharlal, 1985).
Cheng Wei-chung, *War, Trade and Piracy in the China Seas, 1622–1683* (Leiden: Brill, 2013).
Chhay, Chanda, *The Cambodian Royal Chronicle including Chou Ta-kuan's Report on the Customs of Cambodia* (New York: Vantage Press, 2009).
Chia Lin Sien and Sally Church (eds), *Zheng He and the Afro-Asian World* (Singapore: International Zheng He Society, 2012).
Chiu Hsin-hui, *The Colonial 'Civilizing Process' in Dutch Formosa, 1624–1662* (Leiden: TANAP/IGEER, Leiden University, 2007).
Coedès, Georges, *The Indianized States of Southeast Asia*, trans. Susan Cowing, ed. Walter Vella (Honolulu: University of Hawaii Press, 1968).
Collis, Maurice, *Siamese White* (London: Faber & Faber, 1936; Eland Books, 2013).
Conti, Niccolò de, *India in the 15th Century: A Collection of Narratives of Voyages*, trans. J. Winter Jones (London: Hakluyt Society, 1857).
Cornelius, Charles, *A History of the East African Coast* (Kindle edition, 2013).
Corpuz, O.D., *The Roots of the Filipino Nation*, 2 vols (Quezon City: University of the Philippines Press, 2005).
Cribb, Robert, *Historical Atlas of Indonesia* (Richmond, Surrey: Curzon Press, 2000).
Cunliffe, Barry, *By Steppe, Desert, and Ocean: The Birth of Eurasia* (Oxford: Oxford University Press, 2015).
Curaming, Rommel A., 'Filipinos as Malay: historicizing an identity', in Maznah Mohamad and S.M.K. Aljunied (eds), *Melayu: The Politics, Poetics and Paradoxes of Malayness* (Singapore: National University of Singapore Press, 2012).
Dahl, Otto Christian, *Migration from Kalimantan to Madagascar* (Tayen: Norwegian University Press, 1991).
D'Alleva, Anne, *Art of the Pacific* (London: Everyman Art Library, 1998).
Davies, Stephen, *East Sails West: The Voyage of the Keying 1846–1855* (Hong Kong: Hong Kong University Press, 2014).
Dick-Read, Robert, *The Phantom Voyagers: Evidence of Indonesian Settlement in Africa in Ancient Times* (Winchester: Thurlton Publishing, 2005).
Dikötter, Frank, *The Discourse of Race in Modern China* (Hong Kong: Hong Kong University Press, 1992).
Dikötter, Frank, Lars Laamann and Xun Zhou (eds), *Narcotic Culture: A History of Drugs in China* (London: Hurst & Company, 2004).
Domenig, Gaudenz, *Religion and Architecture in Premodern Indonesia: Studies in Spatial Anthropology* (Leiden: Brill, 2014).
Donkin, Robin A., *Between East and West: The Moluccas and the Traffic in Spices up to the Arrival of Europeans* (Philadelphia, PA: American Philosophical Society, 2003).
Doronila, Amando, *Afro-Asia in Upheaval: A Memoir of Front-Line Reporting* (Manila: Anvil, 2008).
Dreyer, Edward L., *Zheng He: China and the Oceans in the Early Ming Dynasty, 1405–1433* (New York: Pearson Longman, 2006).
Dudley, Robert, *Dell'Arcano del Mare Carta Generale dell'Asia* (Florence, 1646) in Peter Geldart exhibition catalogue, *Mapping the Philippine Seas* (PHIMCOS, 2017).
Fa Xian, *A Record of Buddhistic Kingdoms*, trans. James Legge (Oxford: Clarendon Press, 1886; New Delhi: Munshiram Manoharlal reprint, 1998).
Fei Xin, *Overall Survey of the Star Raft*, trans. J.V.G. Mills, ed. Roderich Ptak (Wiesbaden: Harrassowitz Verlag, 1996).
Finlay, Robert, 'How not to (re)write world history', *Journal of World History*, vol. 15 (June 2004).

Battuta, Ibn, *The Travels of Ibn Battuta*, trans. H.A.R. Gibb, ed. Tim Mackintosh-Smith (London: Picador, 2002).

——— *The Travels of Ibn Battuta: in the Near East, Asia and Africa, 1325–1354*, trans. and ed. Samuel Lee (London: Oriental Translation Society, 1829, Mineola; NY: Dover Publications, 2004).

Begley, Vimala, 'Arikamedu reconsidered', *American Journal of Archaeology*, vol. 87, no. 4 (1983).

Bellina, Berenice and Ian Glover, 'The archaeology of early contacts with India and the Mediterranean world from the fourth century BC to the fourth century AD', in Ian Glover and Peter Bellwood (eds), *Southeast Asia: from Pre-History to History* (London: Routledge Curzon, 2004).

Bellwood, Peter, *Man's Conquest of the Pacific: The Prehistory of Southeast Asia and Oceania* (New York: Oxford University Press, 1979).

——— 'Southeast Asia before History', in Nicholas Tarling (ed.), *The Cambridge History of Southeast Asia*, Vol. 1 (Cambridge: Cambridge University Press, 1993).

——— *Prehistory of the Indo-Malaysian Archipelago* (Acton, Aus.: Australian National University Press, 2007).

Bellwood, Peter, James J. Fox and Darrell Tryon (eds), *The Austronesians: Historical and Comparative Perspectives* (Canberra: ANU E-Press: 1995).

Bernstein, William J., *A Splendid Exchange: How Trade Shaped the World* (New York: Atlantic Monthly Press, 2008).

Blussé, Leonard, *Visible Cities: Canton, Nagasaki, and Batavia and the Coming of the Americans* (Cambridge, MA: Harvard University Press, 2008).

Boomgard, Peter (ed)., *A World of Water: Rain, Rivers and Seas in Southeast Asian Histories* (Singapore: National University of Singapore Press, 2007).

Borschberg, Peter, *Singapore and the Melaka Straits: Violence, Security and Diplomacy in the 17th Century* (Singapore: National University of Singapore Press, 2010).

Borschberg, Peter, *Jacques de Coutre's Singapore and Johor 1594–c.1625* (Singapore: National University of Singapore Press, 2015).

Bowring, John, *A Visit to the Philippine Islands* (London: Smith, Elder & Co, 1859; Manila: Filipiniana Book Guild, 1963).

——— *The Kingdom and People of Siam*, 2 vols (London: John W. Parker, 1857; Oxford: Oxford University Press, 1969).

Boxer, C.R., *The Dutch Seaborne Empire 1600–1800* (London: Penguin Books, 1973).

Bracciolini, Poggio, *The Travels of Niccolò de Conti in the East*, trans. Michèle Guéret-Laferté (Turnhout: Brepols Publishers, 2004).

Bradt, Hilary, *Madagascar* (Chalfont St Peter, Bucks.: Bradt Travel Guides, 2008).

Bronson, Bennet, 'Wrapping Up Malagasy Textiles', in Chapurukha M. Kusimba, J. Claire Odland and Bennet Bronson (eds), *Unwrapping the Textile Traditions of Madagascar* (Los Angeles, CA: Field Museum and UCLA Fowler Museum of Cultural History, 2004).

Brown, Mervyn, *A History of Madagascar* (Princeton, NY: Markus Wiener Publishers, 2000).

Butcher, John G. and R.E. Elson, *Sovereignty and the Sea: How Indonesia Became an Archipelagic State* (Singapore: National University of Singapore Press, 2017).

Caron, Francois and Joost Schouten, *A True Description of the Mighty Kingdoms of Japan and Siam*, English edn 1663 with notes by C.R. Boxer (London: Argonaut Press, 1933).

Casson, Lionel (trans. and ed.), *The Periplus of the Erythrean Sea* (Princeton, NJ: Princeton University Press, 1989).

Chandra, Satish and Himanshu Prabha Ray, *The Sea, Identity and History: From the Bay of Bengal to the South China Sea* (New Delhi: Manohar Publishers, 2013).

Chau Ju-kua, *His Work on the Chinese and Arab Trade in the Twelfth and Thirteenth Centuries, Entitled Chu-fan-chi*, trans. Friedrich Hirth and W.W. Rockhill (St Petersburg: Imperial Academy of Sciences, 1911).

參考書目

Abdul Kadir, Abdullah, *Hikayat Abdullah*, trans. A.H. Hill (Kuala Lumpur: Malayan Branch of the Royal Asiatic Society, 1954; Oxford: Oxford University Press, 1970).
Abu-Lughod, Janet L., *Before European Hegemony: The World System* AD *1250–1350* (Oxford: Oxford University Press, 1989).
Acharya, Amitav, *Civilizations in Embrace: The Spread of Ideas and the Transformation of Power; India and Southeast Asia in the Classical Age* (Singapore: Institute of Southeast Asian Studies, 2012).
Adelaar, K.A., 'The Indonesian migrations to Madagascar: making sense of the multidisciplinary evidence', in Truman Simanjuntak, Ingrid H.E. Pojoh and Mohammad Hisyam (eds), *Austronesian Diaspora and the Ethnogenesis of People in the Indonesian Archipelago. Proceedings of the International Symposium* (Jakarta: LIPI Press, 2006).
Agatharchides, *Agatharchides of Cnidus on the Erythrean Sea*, trans. and ed. Stanley M. Burstein (London: Hakluyt Society, 1989).
Alcina, Francisco, *History of the Bisayan People in the Philippine Islands*, vols I and III, trans. Cantius Kobak and Lucio Gutierrez (Manila: University of Santo Tomas, 2002).
Al Khalifa, Shaikha Haya Ali and Michael Rice (eds), *Bahrain through the Ages: The Archaeology* (Routledge: London and New York, 2010).
Alpers, Edward A., *The Indian Ocean in World History* (Oxford: Oxford University Press, 2013).
Ammarell, Gene, *Bugis Navigation* (New Haven: Yale University, Southeast Asian Studies, 1999).
Andaya, Barbara Watson, *The Flaming Womb: Repositioning Women in Early Modern Southeast Asia* (Honolulu: University of Hawaii Press, 2008).
Andaya, Barbara Watson and Leonard Y. Andaya, *A History of Malaysia* (Basingstoke: Palgrave Macmillan, 2001).
Andaya, Barbara and Yoneo Ishii, 'Religious developments in Southeast Asia c.1500–1800', in Nicholas Tarling (ed.), *The Cambridge History of Southeast Asia*, vol. 1. (Cambridge: Cambridge University Press, 1999).
Anderson, Benedict, *Imagined Communities*, 2nd edn (London: Verso, 2006).
Armitage, David and Alison Bashford (eds), *Pacific Histories: Ocean, Land, People* (Basingstoke: Palgrave Macmillan, 2014).
Aymonier, Etienne, *The History of Tchampa* (Woking, Surrey: Oriental University Institute, 1893; reprint 1983).
Barbosa, Duarte, *The Book of Duarte Barbosa: An Account of the Countries Bordering on the Indian Ocean and Their Inhabitants*, trans. M.L. Dames, 2 vols (London: Hakluyt Society, 1918; reprint 2017).
Barlow, H.S., *Swettenham* (Kuala Lumpur: Southdene Sdn Bhd, 1995).
Bastin, John and Harry Benda, *A History of Modern Southeast Asia* (Sydney: Prentice-Hall, 1977).

South書房

風之帝國：全球貿易的關鍵地帶，海洋亞洲的盛世繁華

2021年2月初版
2021年9月初版第二刷
定價：新臺幣480元

著者 Philip Bowring
譯者 馮奕達
叢書主編 王盈婷
校對 陳佩伶
內文排版 極翔企業
封面設計 許晉維

出版者 聯經出版事業股份有限公司
地址 新北市汐止區大同路一段369號1樓
叢書主編電話 (02)86925588轉5316
台北聯經書房 台北市新生南路三段94號
電話 (02)23620308
台中分公司 台中市北區崇德路一段198號
暨門市電話 (04)22312023
台中電子信箱 e-mail：linking2@ms42.hinet.net
郵政劃撥帳戶第0100559-3號
郵撥電話 (02)23620308
印刷者 文聯彩色製版印刷有限公司
總經銷 聯合發行股份有限公司
發行所 新北市新店區寶橋路235巷6弄6號2樓
電話 (02)29178022

副總編輯 陳逸華
總編輯 涂豐恩
總經理 陳芝宇
社長 羅國俊
發行人 林載爵

行政院新聞局出版事業登記證局版臺業字第0130號

本書如有缺頁，破損，倒裝請寄回台北聯經書房更換。
ISBN 978-957-08-5693-4 (平裝)
聯經網址：www.linkingbooks.com.tw
電子信箱：linking@udngroup.com

國家圖書館出版品預行編目資料

風之帝國：全球貿易的關鍵地帶，海洋亞洲的盛世繁華/
Philip Bowring著．馮奕達譯．初版．新北市．聯經．2021年2月．
416面＋32頁圖片．14.8×21公分（South書房）
譯自：Empire of the winds: the global role of Asia's great archipelago
ISBN 978-957-08-5693-4（平裝）
[2021年9月初版第二刷]

1.亞洲史 2.國際貿易

730.1 110000027